Research on Promoting the Deep Integration of
Modern Service Industry with
Advanced Manufacturing Industry
and Modern Agriculture

推动现代服务业同先进制造业、现代农业深度融合研究

姜长云　等◎著

中国财经出版传媒集团

经济科学出版社
Economic Science Press

·北京·

研究阐释党的十九届五中全会精神

国家社会科学基金重大项目（项目批准号：21ZDA027）

序　言

当今世界，产业融合，尤其是现代服务业同先进制造业、现代农业深度融合，正在不断改写诸多产业的发展方式、商业模式和成长路径，拓展升级建设现代化产业体系的市场、要素和创新版图，促进优质资源和新型生产要素加快植入产业链供应链；也在不断开辟产业发展新领域新赛道，塑造产业发展新动能新优势。产业融合的深化，正在加快拓展改造提升传统产业、培育壮大新兴产业、布局建设未来产业的新空间，推动产业发展方式由生产或制造决定向用户驱动转型，改善产业发展的消费体验和社会福利影响。数字技术、数字经济发展及其与实体经济融合的深化，不仅为激发劳动、知识、技术、管理、资本和数据等生产要素活力创造优越条件，还在不断释放对产业融合发展的乘数效应，放大其对建设现代化产业体系的赋能作用。推动产业融合，日益成为推动高质量发展、建设现代化产业体系的重要路径，也是因地制宜发展新质生产力的新增长点，因而成为许多国家抢占全球科技竞争和产业竞争制高点的重要抓手。从形形色色的智能工厂到代表全球智能制造最高水平的"灯塔工厂"，从司空见惯的传统产业到由前沿技术驱动的新兴产业、未来产业，技术融合直至产业融合正在不断丰富着建设现代化产业体系的魅力和精彩。从"村BA""村超"爆火到智能网联汽车影响力的迅速提升，甚至人工智能产业进入密集应用期，都绕不开产业融合的话题。在城市，许多领域的高科技初创企业、凸显颠覆性引领式创新的独角兽企业，乃至形形色色的产业发展"新势力"，彰显着通过产业融合发展新质生产力的蓬勃活力。在乡村，许多地方"手机变成新农具"，直播变成"新农活""农文旅商体融合"，彰显乡村产业和农民增收新气象，都是深化产业融合的生动场景。

长期以来，产业融合特别是制造业与服务业融合发展，一直是产业经济学的研究热点之一。国内外支持产业融合发展的政策导向日趋鲜明，政策支持不断加力。许多发达国家推动的重大战略、计划或行动，都将推进产业融合发展作为重要方向，促进产业链创新链深度融合，提升产业链供应链韧性和安全水平。例如，美国白宫发布的 2022 年版《先进制造业国家战略》将增强制造业供应链韧性作为与开发和实施先进制造技术、培养先进制造业劳动力并列的三大目标之一，强调美国制造业供应链是一个复杂的生态系统，连接着原材料和零部件生产商、物流公司、集成商和商业支持服务。支撑增强制造业供应链韧性的又有三个子目标，即增强供应链互联互通、加大力度减少制造业供应链的脆弱性、加强和振兴先进制造业生态系统。① 这三个子目标实际上从不同角度注释着推动产业融合的极端重要性。德国的"工业 4.0"计划倡导"互联网＋制造"的理念，通过企业内部的灵活生产和不同企业间的横向集成，实现生产端、消费端和物流系统更高水平的互联互通，从而重塑德国制造业竞争优势，通过不断融合服务要素推动制造业现代化转型。② 继德国工业 4.0 之后，欧盟 2021 年提出了"工业 5.0"的概念，作为对德国工业 4.0 的迭代跃升，成为指导欧盟国家工业发展的新范式。欧盟工业 5.0 旨在推动工业生产模式和技术发展进一步向可持续、以人为本和韧性弹性的方向转型，凸显了经济数字化、环境友好型和重视劳动者福祉等工业发展新趋势。欧盟工业 5.0 具有四个方面的主要特征，即强调经济价值和生态效益的平衡、推动部门间合作以改善价值链弹性、通过有目的的数字化实现综合赋能、借助金融市场实现转型，后三个特征与推动产业融合高度相关。③

2015 年国务院发布《中国制造 2025》，强调"坚持走中国特色新型工业化道路，以促进制造业创新发展为主题，以提质增效为中心，以加快新一代信息技术与制造业深度融合为主线，以推进智能制造为主攻方向""积极发展服务型制造和生产性服务业"，凸显了促进产业融合发展的鲜明政策导向。④

2019 年，国家发展和改革委员会联合工业和信息化部等部门发布了《关于推动先进制造业和现代服务业深度融合发展的实施意见》，要求"深化业务

---

① 参见美国国家制造业创新网络，https：//www.manufacturingusa.com/reports/national－strategy－advanced－manufacturing。

② 中国社会科学院财经战略研究院课题组：《促进制造业与服务业高效融合》，载《经济日报》2022 年 1 月 4 日第 11 版。

③ 前滩综研专报与简报研究室：《欧盟工业 5.0：韧性可持续的工业未来》，https：//www.thepaper.cn/newsDetail_forword_20377425？comnTag＝true，根据欧盟委员会官网内容整理。

④ 《国务院关于印发〈中国制造 2025〉的通知》，中国政府网，2015 年 5 月 19 日，https：//www.gov.cn/zhengce/zhengceku/2015－05/19/content_9784.htm。

关联、链条延伸、技术渗透，探索新业态、新模式、新路径，推动先进制造业和现代服务业相融相长、耦合共生"①。2014年12月召开的中央农村工作会议提出，"要把产业链、价值链等现代产业组织方式引入农业，促进一二三产业融合互动"②。此后，推动农村一二三产业融合发展一直是农业农村工作的重要政策导向。

由于长期关注服务业发展和农业农村经济，近年来，产业融合问题一直是我的研究重点之一。担任国家发展和改革委员会产业经济与技术经济研究所（以下简称"产业所"）副所长并分管产业所科研工作的经历也为我用产业融合思维研究产业经济问题提供了便利。2020年4月，我与产业所时任服务业研究室副主任洪群联共同应时任国家发展改革委产业发展司服务业处长李际平的委托，起草了《促进服务业繁荣发展》的研究材料，并于4月17日正式提交，考虑到长期研究农业农村发展问题的情结，我借此在其中第三部分"培育新兴服务业可持续发展潜能"中写了一句"实施服务业产业融合推进工程和'文化＋服务业''互联网＋服务业'发展工程，提升现代服务业与先进制造业、现代农业融合发展水平"。巧合的是，党的十九届五中全会通过的《中共中央关于制定国民经济和社会发展第十四个五年规划和二〇三五年远景目标的建议》和随后发布的《中华人民共和国国民经济和社会发展第十四个五年规划和2035年远景目标纲要》，特别是习近平总书记在党的二十大报告中提出，"推动现代服务业同先进制造业、现代农业深度融合"。看到之后，深感振奋，也更加感到有必要加强这方面的研究工作。

幸运的是，2020年11月，全国哲学社会科学工作办公室发布了《研究阐释党的十九届五中全会精神国家社科基金重大项目招标公告》，"推动现代服务业同先进制造业、现代农业深度融合研究"成为其中第20项选题。根据2021年4月发布的《研究阐释党的十九届五中全会精神国家社科基金重大项目立项名单》，我申报的国家社科基金重大项目"推动现代服务业同先进制造业、现代农业深度融合研究"顺利中标。

---

① 《15部门印发〈关于推动先进制造业和现代服务业深度融合发展的实施意见〉》，中国政府网，2019年11月15日，https://www.gov.cn/xinwen/2019-11/15/content_5452459.htm。

② 《中央农村工作会议在京召开 李克强作重要讲话 张高丽出席》，共产党员网，2014年12月23日，https://news.12371.cn/2014/12/23/ART11419341779808852.shtml。

　　本书汇集了我们承担的研究阐释党的十九届五中全会精神国家社科基金重大项目"推动现代服务业同先进制造业、现代农业深度融合研究"的主要研究成果。在作为项目总报告的第一章之后，将该项目的五个子报告成果各作为本书的一篇。推动现代服务业同先进制造业、现代农业深度融合本身就是跨界融合特征鲜明的研究领域，各子课题研究之间难免有些"越界"和融合现象。考虑各章研究内容之间的逻辑关系，在本书出版前将各章排序进行了适当调整。

　　推动现代服务业同先进制造业、现代农业深度融合是一个方兴未艾的产业发展趋势，也是一个容易让人兴奋着迷的研究领域。日益丰富多彩的产业发展实践将为推动现代服务业同先进制造业、现代农业深度融合不断提出新的选题、新的要求，亟待研究者冷静观察、深入思考，回答好这一产业发展领域的时代之问、中国之问、世界之问。本书是对"推动现代服务业同先进制造业、现代农业深度融合"研究的阶段性总结，期待更多研究者加入该领域共同为我国建设现代化产业体系、推进强国建设与民族复兴伟业贡献力量。

目 录
CONTENTS

第一篇

研究基础和国内外经验

第二篇

推动现代服务业同先进制造业深度融合

第三篇

推动现代服务业同现代农业深度融合

第五篇

深化产业融合提升产业链供应链现代化水平

第一章

总 论

当今世界，产业融合发展正在重新定义诸多产业的发展方式、商业模式甚至思维方式，为科技、人才、金融、文化、信息、数据等现代要素有效植入产业（链）供应（链）提供有效路径，日益成为现代产业发展的新趋势和培育产业发展新动能的新增长点，成为推动企业或产业转型升级并重构产业链供应链价值链的主导力量，拓展了培育新产业新业态新模式、促进传统产业转型升级的路径选择空间，对提升产业质量效益和核心竞争力，日益发挥着重要的引领、支撑和带动作用。推动产业融合发展，正在深刻重塑推动高质量发展的动力源，日益成为增强产业创新力竞争力和可持续发展能力的"杀手锏"。建设以实体经济为支撑的现代化产业体系，日益需要产业融合作为重要而又活跃的动力源发挥作用。数字技术等通用目的型技术创新，不仅为推动产业融合发展发挥了重要的"催化剂"和"加速器"作用，还不同程度地改写着产业融合的方向、路径、重点和供求对接、利益联结方式，拓展着产业融合的市场、要素和创新版图。现代服务业、先进制造业、现代农业分别是服务业、制造业、农业中最具活力的生长点，分别代表着服务业、制造业、农业转型升级的方向。现代服务业与先进制造业、现代农业深度融合，日益成为推动产业融合的领头雁和骨干力量，成为深化供给侧结构性改革的重要方式，在加快构建新发展格局、推动高质量发展中的重要性和紧迫性迅速凸显。本书将以党的十九届五中全会和党的二十大精神为指导，就推动现代服务业同先进制造业、现代农业深度融合问题进行专门研究。

一、研究目的、意义和研究视角

产业融合即不同产业或同一产业不同行业之间相互渗透、交叉、重组，导致产业之间的边界逐步模糊、消融和重构，直至融为一体并形成新产业新业态新模式的动态发展过程，也是产业间分工内部化和产业间、企业间竞合关系深度调整的过程。借此，实现产业价值链的分解、重构和转型升级，引发产业功能、形态、组织方式甚至商业模式的重大变化。它不同于产业之间的分立发展或并行发展，不是产业之间"你是你，我是我"的简单相加、组合或拼盘，而是产业"你中有我，我中有你，似你非你，似我非我"的有机相融和深度整合。通常，技术创新特别是基于通用技术突破、技术重组或集成的创新，往往是产业融合形成和发展的内在动力，市场需求变化是产业融合的外部牵引力，政府管制的放松是催生产业融合的外部环境和制度基础，降低交易成本是产业融合的组织追求。新一轮科技革命与产业变革的深化，不仅拓展了产业融合发展的选择空间，也为数字技术、数字经济赋能产业融合提供了重要机制，加速了实体经济与虚拟经济甚至供给端与需求端融合发展的进程。

（一）研究目的和意义

1. 贯彻党的十九届五中全会和党的二十大精神，为全面建设社会主义现代化国家提供理论支持和学理支撑

党的十九届五中全会和党的二十大都提出了"推动现代服务业同先进制造业、现代农业深度融合"的新思想、新观点、新论断。全面建设社会主义现代化国家的成色和质量，不仅取决于现代服务业、先进制造业、现代农业的发展水平和质量，还取决于现代服务业同先进制造业、现代农业深度融合发展的进展、成效和质量。推动现代服务业同先进制造业、现代农业深度融合，不仅是激发新产业新业态新模式成长壮大、培育产业发展新动能新优势的要求，更是推动传统产业转型升级、提升产业链供应链韧性和安全水平的

迫切需要。面向新时代、新征程，加快构建新发展格局、着力推动高质量发展，也必须把推动现代服务业同先进制造业、现代农业深度融合放在突出地位。借此，引领带动建设以实体经济为支撑的现代化产业体系，以便更好地抢占全球科技竞争和产业竞争的制高点，并在未来发展和国际竞争中赢得战略主动。现代化产业体系日益呈现融合化等重要特征。建设现代化产业体系不仅要求产业之间相融相长、融合共生，借此推动产业链延伸、供应链打造、价值链升级和创新链重构，还导致完善产业生态的重要性、紧迫性和复杂性迅速凸显。而复杂的产业生态往往是产业之间深度融合的产物，对于增强产业链供应链创新力、竞争力、可持续发展能力和提升产业链供应链的韧性和安全水平，日益具有重要意义。

基于本书研究，围绕强国建设、民族复兴新征程的需求，深入探讨推动现代服务业同先进制造业、现代农业深度融合过程中亟待回答的重大理论和实践问题，推动实践基础上的理论创新，形成部分具有理论说服力和较强学术影响力的理论和政策创新成果，这将有助于更好地立足新发展阶段、贯彻新发展理念、构建新发展格局，更深刻地理解"以推动高质量发展为主题，以深化供给侧结构性改革为主线，以改革创新为根本动力，以满足人民日益增长的美好生活需要为根本目的，统筹发展和安全，加快建设现代化经济体系"① 提出的新要求、新挑战和新任务，为更好地宣传贯彻党的十九届五中全会和党的二十大精神服务，增强建设制造强国、农业强国、质量强国、网络强国、文化强国、教育强国、人才强国、体育强国、科技强国，以及推进数字中国、健康中国等的主动性、积极性和创造性。

2. 坚持问题导向、系统思维，为发展实体经济、提高经济质量效益和核心竞争力提供有理论指导意义、有决策参考价值的研究成果

当前已进入全面建设社会主义现代化国家开局起步的关键时期。从长远来看，强国建设、民族复兴，特别是建设现代化产业体系、巩固壮大实体经济根基，对推动现代服务业同先进制造业、现代农业深度融合日益提出新的更高层次的要求。从当前和近期来看，需求收缩、供给冲击、预期转弱三重压力仍未根本缓解，推动经济实现质的有效提升和量的合理增长仍

---

① 《中国共产党第十九届中央委员会第五次全体会议公报》，中国政府网，2020 年 10 月 29 日，https://www.gov.cn/xinwen/2020－10/29/content_5555877.htm。

然面临较大难度。在此背景下，以党的十九届五中全会和党的二十大精神为指导，紧扣"推动现代服务业同先进制造业、现代农业深度融合"的实践需求，立足当前，着眼长远，坚持实践出题、聚焦回答本土实践问题，结合相关国际经验研究，统筹处理服务当前与面向未来的关系，聚焦分析中国现代服务业同先进制造业、现代农业融合发展的现状、问题和制约，并将深化苗头性、趋势性、倾向性问题研究与增强研究的战略性、全局性、前瞻性结合起来，提出推动中国现代服务业同先进制造业、现代农业深度融合的战略思路和对策建议，推动部分研究成果得到中央政府有关部门、地方政府重视，形成一批可能受到党中央、国务院或有关部委采纳重视的决策咨询建议。这有利于更好地为促进经济实现质的有效提升和量的合理增长提供服务，为提升产业链供应链韧性和安全水平、为推动创新链与产业链深度融合提供决策支持。

3. 深化产业融合理论和政策研究，为丰富产业经济学和中国特色社会主义政治经济学的理论体系提供素材

关于产业融合问题的研究，国外较多关注技术融合或信息技术及其关联、延伸领域，重视对相关案例的描述和剖析，并从技术创新、政府管制、市场、企业战略等角度探讨产业融合的动因、过程、效应等具体问题，但对产业融合问题的理论性、体系性、综合性的深入研究仍然较为少见。国内相关研究较多关注制造业与服务业融合，近年来农村一二三产业融合发展问题也日益引起重视，但就总体而言，产业属性因素对产业融合发展的影响尚未引起足够重视，关于产业融合的综合性、系统性、集成性研究成果仍不多见，特别是关于现代服务业同先进制造业、现代农业深度融合的研究成果极其少见。就总体而言，关于产业融合的理论和政策研究仍然严重滞后于实践，属于现行产业经济学研究中的短板，影响其理论说服力、实践指导意义和决策参考价值的提升。产业融合发展涉及许多生产关系问题，如不同类型融合主体或产业组织之间、不同利益相关者之间、产业链供应链不同环节之间的相互作用和利益关系。深化本书研究，努力挖掘新素材、发现新问题、提出新观点、采取新视角，可以同构建中国特色社会主义政治经济学有效对接，将发挥中国特色社会主义政治经济学的指导作用同增强产业融合研究的借鉴作用、丰富产业经济学研究成果结合起来。

（二）研究视角

本书研究将结合学习党的十九届五中全会、六中全会和党的二十大精神，始终注意站在实现"两个一百年"奋斗目标的历史交汇点，密切关注现行政策对推动现代服务业同先进制造业、现代农业深度融合的影响、促进或制约作用，注意国际经验、最新趋势的分析借鉴和发展环境、发展阶段、发展条件变化对推动现代服务业同先进制造业、现代农业深度融合的影响，综合采取或相机选用六种视角分析和观察问题（见表1-1），努力为推动现代服务业同先进制造业、现代农业深度融合，进而实现更高质量、更有效率、更加公平、更可持续、更为安全的发展，提供有理论说服力、有实践指导意义、有决策参考价值的理论支持、学理支撑和政策建议。本书在具体运用这些分析视角时，对于这些分析视角将不作特别说明。

表1-1　　　　　　　　　　　本书主要研究视角

序号	研究视角	详细说明
1	跨学科研究视角	产业融合问题本身就是跨学科问题。现行研究较多关注服务业与制造业融合或农村一二三产业融合发展问题。本书将服务业、制造业、农业、数字经济的融合放在一起研究，更需要跨学科的研究视角
2	产业链—供应链—价值链视角[a]	产业链是产业部门基于技术经济联系，与其前向关联部门、后向关联部门之间形成的具有价值增值功能和资源—市场利用关系的链状关联形态。 供应链概念经历了从企业内部供应链到企业间供应链，再到围绕核心企业的网链关系等发展阶段。现代供应链理论日益重视核心企业与供应商、供应商的供应商等前向关系，以及与客户、客户的客户等后向关系。现代供应链管理强调始终以客户为中心，对物流、信息流、资金流、组织流、工作流进行整合集成和一体化精细管理，促进供应链动态优化，增进供应链效率，实现供应链伙伴间的合作共赢和风险共担。许多发达国家日益重视实施供应链国家战略。近年来中国也开始重视供应链国家战略。 价值链理论认为，企业的价值创造活动包括生产经营、销售、后期、售后服务等基本活动和人力资源、技术研发、原材料采购、财务等辅助活动，它们共同构成企业价值创造的动态过程，即价值链。但只有一些特定节点的活动创造价值，可称为价值节点。企业价值链是由许多价值节点居间联结的、相互依赖的系统或活动网络。为发挥竞争优势，企业需要将价值链看作一个系统而非个别活动的总和，价值链节点要发挥作用也需要各种活动相互配合。将企业价值链分析视角拓展到行业或产业层面，可观察行业价值链、产业价值链。 产业链、供应链、价值链视角强调的重点不同，但在总体上有明显的共同之处，如在考虑产业协调和组织方式时，都体现了产业融合发展理念

序号	研究视角	详细说明
3	需求结构—产业结构—要素投入结构—产业组织结构—区域结构视角[b]	早在2014年的中央经济工作会议就已指出，从消费需求看，"现在模仿型排浪式消费阶段基本结束，个性化、多样化消费渐成主流，保障产品质量安全、通过创新供给激活需求的重要性显著上升"。2022年中国人均GDP为85698元，按当年美元对人民币平均汇率（1美元兑6.7261元人民币）计算，超过1.27万美元。随着收入水平和消费水平的提高，随着中国社会主流消费群体由"50后""60后""70后"向"80后""90后""00后"甚至"10"后的转变，中国社会需求结构、消费方式正在加快转变，个性化、多样化、优质化、绿色化、服务化消费日益成为新的增长点。坚持扩大内需战略基点，更好满足人民日益增长的美好生活需要，必然要求重视需求结构变化对现代服务业、先进制造业、现代农业提出的新要求新任务，通过推动现代服务业同先进制造业、现代农业深度融合，提升供给体系对国内需求的适配性，形成需求牵引供给、供给创造需求的更高水平的动态平衡。 产业结构、要素投入结构、产业组织结构、区域结构都比较容易理解。需要注意的是，从需求结构—产业结构—要素投入结构—产业组织结构—区域结构视角来研究推动现代服务业同先进制造业、现代农业深度融合问题，需要重视增进这五大结构的协同联动效应。其中，需求结构转变是引擎、产业结构转变是表象，要素结构转变是根基，产业组织结构转变是载体，区域结构转变是空间表现。推动现代服务业同先进制造业、现代农业深度融合的过程，实质上也是促进科技、人才、资本等高级或专业化要素有效植入先进制造业和现代农业，提升其产业素质和竞争力的过程。在分析产业组织结构时，要特别关注链主企业或行业领军企业、行业协会、产业联盟、平台型企业等的作用，以及大中小微企业融通发展问题。 推动现代服务业同先进制造业、现代农业深度融合的过程，实际上也是推动生产方式由生产决定向用户驱动的转变过程，这与现代服务业强调"以用户为中心"的发展理念也是吻合的。因此，应该更加重视需求结构、消费导向的牵引作用，推动形成需求牵引供给、供给创造需求的更高水平的动态平衡
4	微观—中观—宏观视角	注重微观、中观、宏观层面推动现代服务业同先进制造业、现代农业深度融合的协调互动，关注推动现代服务业同先进制造业、现代农业深度融合对国家、产业或区域、企业创新能力建设的影响
5	成本—效率—质量—安全—公平视角	近年来，随着大国关系复杂化，尤其是中美贸易摩擦加剧，加之新冠疫情对全球产业链供应链的冲击效应凸显，统筹发展和安全的重要性、紧迫性明显增加。完整准确全面贯彻新发展理念，也要求更加重视安全发展、公平发展，坚持发展是第一要务、安全是底线要求。坚持这种视角，可结合本书研究，更好地为国家推动高质量发展、增强产业链供应链自主可控能力提供决策参考
6	城市群、都市圈视角	这种分析视角本书直接运用较少，但也是始终坚持的。尽可能把推动现代服务业同先进制造业、现代农业深度融合，放在城市群、都市圈的平台上进行考察。因为城市群、都市圈越来越成为推进以人为核心的新型城镇化的重要空间载体、推进新型城镇化和乡村振兴"双轮驱动"的空间平台，也是培育区域竞争新优势、完善区域协调发展新机制的重要空间组织形式。要注意发挥城市群、都市圈对推动现代服务业同先进制造业、现代农业深度融合高质量发展的战略支撑功能。如在推进现代服务业同先进制造业、现代农业融合发展的过程中，要注意培育中心城市的引领提升功能、夯实县城的战略节点作用

注：a. 姜长云等：《多维视角下的加快转变农业发展方式研究》，中国社会科学出版社2017年版，第9~10页。

b. 姜长云等：《多维视角下的加快转变农业发展方式研究》，中国社会科学出版社2017年版，第7~9页。

二、协同推动产业融合和科技创新

近年来，党中央、国务院高度重视科技创新和产业融合问题。党的十九届五中全会和《中华人民共和国国民经济和社会发展第十四个五年规划和2035 年远景目标纲要》（以下简称《"十四五"规划》），不仅明确要求"坚持创新驱动发展，全面塑造发展新优势""完善科技创新体制机制""构建实体经济、科技创新、现代金融、人力资源协同发展的现代产业体系"；还就"促进先进制造业和现代服务业深度融合""推进农村一二三产业融合发展""推动现代服务业与先进制造业、现代农业深度融合""推进数字化智能化改造和跨界融合""促进数字技术与实体经济深度融合"等进行了专门部署。①从实践来看，近年来中国产业融合不断深化，为构建现代产业体系、培育壮大产业发展新动能提供了重要增长点，也为发挥科技创新对构建现代产业体系、提升产业链供应链现代化水平的赋能作用提供了重要平台。在"十四五"乃至全面建设社会主义现代化国家新征程中，以推动高质量发展为主题，以深化供给侧结构性改革为主线，更加需要立足新发展阶段、贯彻新发展理念、构建新发展格局，加快推动产业融合和科技创新协同发展，为推进经济高质量发展赋能铸魂，借此更好地满足人民日益增长的美好生活需要，引领助推现代化经济体系建设。

（一）协同推动产业融合和科技创新日趋紧迫

所谓高质量发展，从宏观层面来看，应该是能够满足人民日益增长的美好生活需要的发展，是有效体现新发展理念系统性、整体性、协同性的发展，也是富有质量效益和核心竞争力的发展（姜长云，2019）。从微观层面看，可以通过微观主体的经济效益、外部性影响（如生态效益和社会效益等）、成长能力、风险防控、可持续发展能力五个方面综合体现。《"十四五"规划》

---

① 《中华人民共和国国民经济和社会发展第十四个五年规划和 2035 年远景目标纲要》，中国政府网，2021 年 3 月 13 日，https：//www.gov.cn/xinwen/2021 - 03/13/content_5592681.htm。

强调"面向世界科技前沿、面向经济主战场、面向国家重大需求、面向人民生命健康",完善国家创新体系。统筹考虑这些方面,在当前开启全面建设社会主义现代化国家新征程的背景下,立足新发展阶段、贯彻新发展理念、构建新发展格局的要求,协同推动产业融合和科技创新,增强对高质量发展的引领助推能力至关重要,日趋紧迫。

1. 协同推动产业融合和科技创新有利于新质生产力加快涌现

产业融合是基于技术创新和放松产业管制、消除市场准入障碍等制度创新,形成产业边界模糊化和产业发展一体化现象,是不同产业或相同产业不同行业相互渗透交叉,进而融为一体并逐步形成新产业的动态过程,包括服务业与工业或制造业的融合、服务业与农业的融合、服务业内部不同行业之间的融合,甚至一二三产业融合发展,发展数字经济赋能产业融合也是推动产业融合发展的重要形式。推动科技创新和产业融合都是发展新质生产力的重要途径。习近平总书记强调,"发展新质生产力是推动高质量发展的内在要求和重要着力点""要以科技创新推动产业创新,特别是以颠覆性技术和前沿技术催生新产业、新模式、新动能,发展新质生产力""新质生产力的显著特点是创新,既包括技术和业态模式层面的创新,也包括管理和制度层面的创新"。① 协同推动产业融合和科技创新,更容易在发展新质生产力方面形成相得益彰、相辅相成的效果。

2. 协同推动产业融合和科技创新是推动高质量发展的重要途径

顺应新一轮科技革命、产业变革和消费结构升级的大潮,推动产业融合日益成为全球产业发展新趋势和推动产业体系转型升级、培育产业竞争新优势的重要选择,为培育新产业新业态新模式、抢占产业竞争制高点提供新路径,有利于科技、人才、金融、信息、大数据等高级或专业化要素有效植入产业链供应链(姜长云,2020a),有利于增强产业素质和科技创新能力,提升产业链供应链现代化水平。通过产业融合,激发产业链、价值链的分解、重构和功能升级,引发产业功能、形态、组织方式甚至商业模式的重大变革(姜长云,2020d),促进产业提质增效和节本降险,提升产业生产率、附加值和竞争力,有利于深化供给侧结构性改革,提升供给体系对国内需求变化的

---

① 习近平:《发展新质生产力是推动高质量发展的内在要求和重要着力点》,载《求是》2024年第11期。

动态适配性，增强供给适应引领创造新需求的能力。

3. 协同推动产业融合和科技创新有利于畅通科技—经济循环和产业循环

构建新发展格局要求坚持供给侧结构性改革的战略方向，以扩大内需为战略基点，提升供给体系对国内需求的动态适应和灵活反应能力，加快形成需求牵引供给、供给创造需求的更高水平的动态平衡。无论是从科技创新，还是从产业发展来看，情况都是如此。北京联讯动力咨询公司总经理林雪萍在《灰度创新：无边界制造》一书中提出了"灰度创新"概念。所谓灰度创新，即通过产业链上的联合创新，或制造企业与上下游企业接合部的联合创新，推进产业融合发展以及科技与产业融合，并呼应用户需求、提升产业价值链。这种灰度创新通常发生在企业之间、组织之间，甚至扩展到整个产业链的相互协同与组合，而且灰度创新作为位居企业之间接合部的制造创新，通常既有源头研发创新、正向设计，也有用户迭代的方向推进，可以在促进科技创新成果转化应用的同时，将面向需求优化供给同创新供给、引导需求有效结合起来。他的研究还发现，德国工业强国史最能体现制造现场与基础科学研究相结合所产生的巨大价值，通过灰度创新，实现应用研究与制造业、教授与企业家之间的紧密联系，成为德国制造业中的关键一环（林雪萍，2020）。美国经济学家加里·皮萨诺、威利·史（2014）研究发现，美国制造业衰落的本质原因是制造业的外包及本地投资不足导致了产业公地的"贫瘠"，进而导致了产业生态系统的衰落，而产业公地是能够为多个产业的创新提供支持的技术能力和制造能力的集合，是指植根于企业、大学和其他组织之中的研发与制造的基础设施、专业知识、工艺开发能力、工程制造能力等，这些能力共同为一系列的产业成长和技术创新提供基础。在此，产业公地往往可以为产业融合和科技创新提供坚强后盾，也是灰度创新的后台支撑。

4. 协同推动产业融合和科技创新引领助推高质量发展仍有较大潜力

科学技术是第一生产力，但科学技术只有跟其他要素有效结合，才能更好地发挥效力。当前，在许多地方、许多领域，科技创新难以有效转化为产业创新，一个重要原因是科技服务业不发达，导致实体经济的科技创新需求难以得到科技创新供给的有效呼应；抑或科技创新融入实体经济缺少有效路径，影响科技成果转化和商业化。推进科技服务业与产业发展融合，有利于拓宽科技创新向产业创新转化的路径，促进科技创新向产业创新转化节本增效降险。一方面高等院校、科研院所有大量的科技创新成果被束之高阁，难以熟化、转化和产业化；另一方面大量企业特别是中小微企业难以获得科技创新的阳光雨露，导致产业、产品结构转型升级滞后，影响产业质量效益竞争力的提升。产业融合渠道不畅，提高了科技成果熟化、转化和产业化的成本与风险。我们对全球高质量创新型经济体的研究发现，在高质量创新型经济体中，往往企业和社会的创新能级高，位居科技创新、产业创新的前沿，而且科技创新链和产业创新链深度融合、良性互动，其创新生态建设、创新友好型金融体系发达，且与产业融合发展密切相关（姜长云等，2018）。

（二）协同推动服务业与制造业融合发展和科技创新

服务业和制造业融合发展是产业融合发展的重要领域，也是国内外产业融合理论研究成果最为丰硕的地方。服务业与制造业融合发展，往往以需求为导向，通过制造业服务化和服务业制造化等路径，打造供应链、提升价值链，推进产业链和科技创新链深度融合；同时，推动生产型制造向服务型制造转变，并对科技创新提出新的更高层次的要求。实际上，推动服务业与制造业融合发展的过程，往往也是科技创新加快或规模化植入服务业和制造业发展、培育现代服务业和先进制造业发展能力的过程。根据孙林岩（2009）的研究，服务型制造作为服务与制造相互融合的先进制造模式，要求制造环节更加贴近客户需求并满足客户心理，追求客户服务价值的实现；要求关注重点由传统的单个核心企业转变为企业间密切合作和相互作用，形成密集而动态的企业服务网络；要求企业由传统的产品生产商转变为基于产品组合和全生命周期的方案解决商。因此，推动服务业与制造业融合发展，一方面，要求面向客户需求拓宽科技创新视野，甚至日益需要通过大数据、云计算等现代信息技术精准发现、有效匹配客户需求；另一方面，要求创新科技服务供给的组织方式，推进科技创新由面向企业向面向产业链供应链的转变，深化科技创新的企业合作，甚至围绕产业链供应链培育企业科技创新的战略伙伴关系。当今世界，通过推动服务业与制造业融合发展，推进制造业服务化和发展服务型制造，日益成为许多国家推进产业转型升级、增强创新驱动能力、推动产业链和创新链融合发展的重要选择，也是行业领军企业、供应链核心企业抢占产业竞争制高点、增强对行业引领带动和供应链整合协调能力的优选路径。

近年来，在中国许多地区、许多领域，在引导鼓励科技创新的同时，对制造业和服务业融合发展的政策支持不断加强，制造业和服务业融合发展取得显著进展，一批制造业企业在转型发展中探索出了与服务业融合发展的新路径，也加快了产业技术、业态和商业模式创新的进程，为推动高质量发展提供了重要支撑。例如，智能化生产、工业互联网创新应用、柔性化定制、共享工厂、服务反向制造、工业文化旅游等，不仅对科技创新提出了新的更高层次的要求，还有效促进了新技术的组合、集成和规模化、网络化应用。在推动服务业与制造业融合发展的过程中，链主企业辐射带动型、龙头企业引领辐射型、平台型企业集成服务型、产业集群融合发展型、"互联网＋"或"＋互联网"型、行业协会和产业联盟引领增进型等产业组织创新迅速涌现，也为龙头企业、领军企业协同带动科技创新、引领助推产业高质量发展提供了舞台。但就总体而言，中国服务业现代化和制造业先进化水平都亟待提高，制造业与服务业融合发展还存在水平不高、交叉渗透和耦合共生不足、体制机制障碍突出、同科技创新协同融合水平较低等突出问题，成为影响产业转型升级和高质量发展的突出障碍。2018 年中央经济工作会议要求推动先进制造业和现代服务业深度融合，坚定不移建设制造强国。2019 年国家发展和改革委员会等 15 个部门联合印发了《关于推动先进制造业和现代服务业深度融合的实施意见》。推动服务业与制造业融合发展，特别是现代服务业与先进制造业深度融合，越来越成为中国构建现代产业体系、实现高质量发展的重要路径。"十四五"期间，提升产业链供应链现代化水平，保持制造业比重基本稳定和巩固壮大实体经济根基，都需要在推动现代服务业与先进制造业深度融合上有更大作为。

战略性新兴产业代表新一轮科技革命和产业变革潮流，是培育产业发展新动能、获取未来竞争新优势的关键领域。[①]《"十四五"规划》要求"着眼于抢占未来产业发展先机，培育先导性和支柱性产业，推动战略性新兴产业融合化、集群化、生态化发展"。这些战略性新兴产业往往科技创新密集，又

———————

① 《国务院关于印发"十三五"国家战略性新兴产业发展规划的通知》，中华人民共和国教育部网站，2016 年 12 月 19 日，http://www.moe.gov.cn/jyb_sy/sy_gwywj/201612/t20161220_292496.html。

是产业融合的活跃地带，其中的未来产业更是处于科技创新的前沿领域，具有推动产业融合的显著优势。战略性新兴产业发展所需产业生态的培育和产业集群的发展，更是带有显著的科技创新和产业融合协同共进特征。讨论战略性新兴产业发展时，人们往往更多关注其中几个领军企业特别是"独角兽"企业在推动科技创新和产业创新方面的光鲜表征和蓬勃生机，但是如果离开了支撑其发展的产业生态和创新创业环境，这些领军企业、独角兽企业的光鲜表征和蓬勃生机也就成了"无源之水，无本之木"。马晓澄（2019）对硅谷的研究发现，硅谷成功的重要原因不仅在于包括大学、企业、政府、风投、法律、咨询等在内的科技服务体系发达，人才、资本、技术等创新要素高度集聚，更重要的是这些要素之间实现了频繁而密切的互动，形成了一个孵育创新的生态，有效支撑了现代服务业与现代制造业之间、产业链与创新链之间的深度融合。

"十四五"时期进入新发展阶段后，中国发展环境、发展条件、发展要求面临深刻变化。从中长期来看，中国影响高质量发展的结构性、周期性、体制性问题仍然突出，发展不平衡不充分问题仍然严重，中长期经济下行压力依然较大。当前世界面临百年未有之大变局，国际形势仍然复杂严峻，不稳定、不确定性加大。新冠疫情对全球经济和产业链供应链的严重冲击，仍需经历一个发酵和消化的过程。中国经济恢复的基础尚不稳固，复苏不稳定、不平衡性较大，国内体制性、周期性、结构性矛盾叠加作用，进一步加剧部分行业、企业甚至产业链供应链运行发展的困难。在此背景下，推动服务业与制造业深度融合，在发展环境、发展条件和发展需求上，与之前高速增长阶段都有明显不同。怎么看待进入新发展阶段后推动服务业与制造业融合发展与科技创新的互动关系及其影响？在推动现代服务业与先进制造业融合发展的过程中，会有什么新的变化？这些问题都亟待进一步观察和研究。进入"十四五"之前，中国涌现了一批推动服务业与制造业融合发展的先进典型。这些先进典型对于我们完善产业融合和科技创新的支持政策会有什么启发？进入新发展阶段后，在协同推动服务业与制造业融合发展和科技创新，借此促进高质量发展方面，这些先进典型的经验能否存续，应该怎样适应环境变化进行创新调整？协同推动服务业与制造业融合发展和科技创新，借此促进高质量发展，不仅要善于从成功经验中找答案，更要注意从失败中找原因。

此外，推动服务业与制造业融合发展是从产业分立到产业融合的转变过程，与长期以来中国政府部门条块分割的管理现状之间存在明显矛盾。协同推进服务业与制造业融合发展和科技创新，对加强企业间、政府部门间围绕产业链、创新链的分工合作，还提出了更高更为复杂的要求。这都需要立足当前、着眼长远、久久为功、持之以恒地突破相关体制机制障碍，并形成相关政策和制度创新。

（三）协同推动服务业与农业融合发展和科技创新

进入新发展阶段后，中国"三农"工作已经转向全面推进乡村振兴、加快农业农村现代化新阶段。农业现代化是农业农村现代化之"根"。全面推进乡村振兴，只能加强、不能偏离推进农业现代化的方向。推动现代服务业与现代农业深度融合，不仅有利于将科技、人才、资本等高端和专业化要素引入农业，将现代产业发展理念和产业组织方式引入农业，增强农业产业链供应链不同环节的协调性，提升农业产业链供应链资源配置效率，促进农业价值链升级；还有利于推进农业发展，加快实现由生产导向转向消费导向，加快实现质量兴农、绿色兴农、服务强农、品牌强农，引领助推农业农村现代化。国际经验表明，农业的根本出路在于发展农业生产性服务业（姜长云，2016），农业生产性服务业是现代农业的战略性新兴产业。在发展现代农业的过程中，现代服务业可以发挥重要的引领支撑作用，往往是推动农业发展方式转变的"领头雁"，对于提升农业价值链可以发挥画龙点睛的作用。在中国现行国民经济统计中，农副食品加工业、食品制造业等都属于制造业。农产品仓储物流服务、农业供应链管理服务等现代服务业与先进制造业、现代农业深度融合，日益成为提升农业质量效益竞争力和农业产业链供应链现代化水平的重要依托。

现代服务业与现代农业的融合在实践中往往表现出四种方式。第一，推进农村一二三产业融合发展，如推进农业产业链延伸型融合、农村一二三产业集聚集群型融合、农业农村功能拓展型融合（如发展休闲农业和乡村旅游）、互联网与农业联姻型融合等。第二，发展农业生产性服务业或构建农业专业化社会化服务体系。近年来，在中国许多地方，农业生产托管服务迅速发展，成为发展农业生产性服务业的重要方式。第三，将现代服务业发展理念和组织方式移植嫁接到农业之中，形成创意农业、旅游农业等现代农业新业态新模式。第四，城市服务业与地处乡村的农业融合发展。如城市平台型企业与地处乡村的农业耦合衔接，帮助农业拓展升级农产品营销和农资采购渠道，疏通吸引资金、技术、人才的通道。当然，从广义来看，第二种和第三种方式也属于农村一二三产业融合发展。但现代服务业与现代农业的融合主要发生在农村，因此可以粗略地将现代服务业与现代农业融合发展近似等同于广义的农村一二三产业融合发展。只不过在农村一二三产业融合发展中，参与融合的产业不仅有服务业和农业，还有第二产业，特别是工业。进入21世纪以来，日本政府积极推动的农业"六次产业化"，不仅有效推动了农业发展方式转变，还带动了农产品加工、流通、文化旅游等农业关联产业在乡村的发展，激发了农业农村多重功能价值，促进了农村生机活力的焕发。

近年来，在中国许多地区，农村一二三产业融合发展迅速推进，为培育现代农业产业体系、发展壮大乡村产业、增强农业农村发展活力提供了重要路径，也为发挥城市服务业对农村服务业、农村服务业对现代农业和乡村工业发展的引领带动作用创造了条件，促进了农民就业增收渠道的拓展，开拓了通过产业融合带动城乡融合的新路径。但就总体而言，农村一二三产业融合发展仍然面临一系列问题，如区域之间同质性强，低水平过度竞争严重；对消费需求的动态变化和消费市场的细分性把握不足，面向需求创新供给和创新供给引领需求能力亟待提升；企业家素质和对市场需求变化的灵活适应、动态反应能力不足，科技创新、产业创新融合发展不够，文化内涵和消费体验亟待深化。以发展休闲农业和乡村旅游为例，这是促进农村一二三产业融合发展的重要方式。但要提升休闲农业和乡村旅游的质量、效益、核心竞争力，关键是要做好"有看头""有玩头""有带头""有想头"的文章。"有看头"，祖国的大好河山，许多地方山清水秀、景色诱人，"有看头"的地方很多，这是大自然赋予我们的宝贵财富，通过融入现代科技和文化艺术的创意设计，也能为自然风光添彩；"有玩头"，就是要通过富有想象力和趣味性的文旅消费场景和文旅商品设计，让游客流连忘返，在提升体验中快乐消费、愉快买单；"有带头"，就是要结合科技创新和产品创新、工艺创新等，将农产品、地方特色工艺品转化为符合游客需求、能提升其消费体验的文旅商品，甚至富有乡土特色的文旅礼品，提升地方农业和乡村产业的科技含量与附加值；"有想头"，就是要通过丰富多彩的文化旅游消费体验，营造让游客回味悠长的美好感觉，激发游客主动通过自媒体等手段进行旅游宣传的积极性。但要让一个地方的文化旅游真正做到"有玩头""有带头""有想头"，不仅需要科技创新，还需要工艺创新、产品创新、流程创新、模式创新、管理创新等有效协同，甚至需要结合大数据、云计算等新一代信息技术，精准识别并有效满足消费群体的需求及其变化。

发展农业生产性服务业是推动现代服务业与现代农业深度融合的重要方式，也是促进农村一二三产业融合发展的突出途径。近年来，农机服务、植保服务、科技服务等农业生产性服务业迅速崛起，日益成为现代农业产业体系的战略性增长点，对促进小农户与现代农业发展有机衔接的作用迅速凸显。许多地方的农业生产托管服务蓬勃发展，成为政府涉农部门支持农业生产性服务业发展的主推方式。我们在部分地区的调研显示，农业生产托管服务的发展，不仅有效促进了农业节本增效、提质降险和新型职业农民的成长，还激发了农业科技、金融、保险、粮食收储等部门和企业参与现代农业产业体系的积极性、创造性，推动了有效市场和有为政府的有效结合。发展农业生产托管服务，不仅有利于促进农业化肥、农药的减量化，带动大型农机具对小型农机具的替代，从而改善土壤性能和农产品质量，而且通过将大量农业劳动力从农业中解放出来，为发展乡村产业、促进农民外出就业提供了便利。许多地方结合发展农业生产托管服务，发挥新型农业服务主体在推进科技创新和现代农业发展方面的旗舰作用，在尊重农户家庭经营主体地位的前提下，促进了农业科技创新过程更好地实现节本增效、提质降险，推进了新技术的连片规模化集约利用，也促进了科技创新与小农户发展现代农业的有机结合，为科技创新更好地赋能小农户发展现代农业创造了条件。今后，应在进一步支持发展农业生产性服务业的同时，注意以区域农业主导产业为重点，优先支持农业生产性服务本土化、区域化、网络化发展；加强对区域农业生产性服务能力建设的政府支持；鼓励行业协会、产业联盟和平台型企业在发展农业生产性服务业过程中发挥引领带动作用，为农业生产服务商赋能。发展农业生产托管服务业也是如此。此外，要在加力支持农业生产托管服务发展的同时，面向区域现代农业发展的要求，引导农业生产托管服务与电商、会展、冷链物流等非托管的农业生产性服务协调发展（姜长云，2020b），借此增强农业生产性服务业的系统功能。

习近平总书记在 2018 年两会期间参加山东代表团审议和到山东视察时，曾对"寿光模式""诸城模式""潍坊模式"给予高度肯定。熟悉农业农村经济的同志都知道，这三种模式的核心都在于有效推进了农业产业化高质量发展。寿光模式、诸城模式是潍坊模式的骨干支撑，但潍坊模式不是寿光模式和诸城模式的简单相加，潍坊市下辖其他县市在推进农业产业化方面也各具特色。如安丘市在推进农业标准化、品牌化发展和提高农产品质量、推进农产品出口方面，寒亭区在发展"一村一品""一乡一业"等方面也各具特色和竞争优势。换个角度来看，寿光模式、诸城模式、潍坊模式不仅为科技创新有效融入产业链提供了通道，而且为推动现代服务业与先进制造业、现代农业深度融合和发展农业生产性服务业，提供了先行探索和表率作用；也为我们提供了协同推进现代服务业与先进制造业、现代农业深度融合和科技创新的成功经验。通过推动现代服务业与先进制造业、现代农业深度融合，上述三种模式在推进科技创新和提升产业链供应链现代化水平方面，也进行了富有成效的探索。如寿光模式既是现代服务业引领蔬菜产业链延伸和现代产业体系建设的成功案例，在以蔬菜产业链为重点提升产业链供应链现代化水平方面，也为我们提供了大量鲜活经验。放眼全国，还有许多其他地区结合推进农业产业化和现代农业发展，在推动现代服务业与先进制造业、现代农业深度融合方面，在发挥现代服务业对现代农业发展的引领带动作用方面，创造了各具特色的鲜活经验。加强对这些经验及其存在条件的研究，对于促进农业农村现代化高质量发展、全面推进乡村振兴具有重要意义。

（四）发展数字经济赋能产业融合和科技创新

数字经济以使用数字化的知识、信息作为关键生产要素，以现代信息网络作为重要载体，以有效使用信息通信技术作为提升效率和优化经济结构的重要推动力；数字化、网络化、智能化的信息通信技术，推动现代经济活动更加灵活、敏捷且更加智慧（G20 官网，2016）。当今世界，数字经济高速增长、快速创新，正在日益广泛地应用于经济社会的各个领域。王振（2017）

认为，数字经济包括主题产业部分和融合应用部分。数字经济主题产业包括资源型数字经济和技术型数字经济两方面。资源型数字经济如数据采集、存储、分析挖掘和数据可视化、数据交换交易等，大致对应大数据核心业态部分。技术型数字经济主要指数字技术硬件产品的研发制造、软件开发和技术服务，如智能终端产品、软件开发、信息系统集成、网络通信服务、数字安全等技术领域和虚拟现实、可穿戴设备、人工智能等产业领域，大致对应大数据关联业态部分。数字经济融合应用部分包括融合型数字经济和服务型数字经济。融合型数字经济即数字技术与第一产业、第二产业的融合创新应用，在生产过程中的融合特征较为显著，通过推进实体经济与数字技术融合来实现，直接推动产业转型升级。智慧农业、能源互联网、智能制造等新业态，均属融合型数字经济。服务型数字经济即数字技术与服务业的融合应用和创新业态。服务型数字经济提升服务或提供新服务，形成新业态或导致商业模式与产品服务创新。如传统餐饮、旅游等线上线下融合协同发展，现代金融和数字化会展服务等，均属服务型数字经济。当然，融合型数字经济还包括数字技术与服务业的融合创新应用。可见，数字经济发展不仅与现代服务业发展密切相关，相当一部分数字经济实际上也是现代服务业发展的重要内容。数字经济发展及其深化，日益丰富并深化现代服务业与先进制造业、现代农业，甚至服务业不同行业之间的融合发展。

当今世界，数字经济迅速发展，数字化、网络化、智能化迅速深化，成为经济体系最为活跃的新动能和引领全球增长日趋重要的动力源，深刻改变人类的生产生活方式、思维方式和产业组织方式，甚至经济社会的方方面面。数字经济反映了这个时代已经到来和正在到来的变革，孕育着经济社会的未来走向（汤潇，2019）。中国已成为仅次于美国的数字经济大国，近年来数字产业化稳步发展，产业数字化持续深化，数字化治理能力不断提升，数据价值化加速推进（中国信息通信研究院，2020）。发展数字经济，加快数字产业化和产业数字化，对增强创新驱动能力和促进就业、增进民生福祉的作用也在迅速凸显。数字经济与传统经济融合，在推动传统产业转型升级的同时，也促进了传统实体经济向新实体经济的转型。数字经济的发展，不仅可以促进科技创新节本增效、提质降险，拓展科技创新促进经济社会高质量发展的可能性边界，也会带动新兴智能化经济形态崛起，导致影响未来的新技术、新模式、新业态成为经济发展新的重要增长极，还为推动现代服务业与先进制造业、现代农业深度融合提供了"加速器"，有利于现代服务业与先进制造业、现代农业的融合发展更好地瞄准和引导用户需求。在"十四五"乃至更长时期，中国推动高质量发展、实现人民高品质生活的过程中，越来越需要发挥数字经济的引擎作用。

数字经济具有重要的链接、匹配和提升效率功能，在整合资源要素、集聚市场、促进创新扩散和产业深度融合方面，可以发挥重要的乘数效应，是深化供给侧结构性改革的重要引领带动力量。近年来中国农业数字化转型亮点频现，制造业数字化转型深入推进，服务业数字化转型精彩纷呈。《"十四五"规划》要求"以数字化转型整体驱动生产方式、生活方式和治理方式变革""打造数字经济新优势""促进数字技术与实体经济深度融合，赋能传统产业转型升级，催生新产业新业态新模式，壮大经济发展新引擎""加快推动数字产业化""推进产业数字化转型"。数字经济本身就是融合型经济，也是密集的科技创新驱动型经济。数字经济发展不仅可以为科技创新，以及农业、制造业、服务业融合发展赋能，还可以通过与农业、制造业、服务业融合发展，更好地引领带动经济发展的质量变革、效率变革和动力变革。近年来，工业互联网创新应用、平台经济发展的作用为此提供了生动注释。服务业一直是中国产业数字化发展最快的领域。推动这部分数字经济与服务业深度融合，本身就是推动服务业不同行业深度融合的重要表现，如近年来金融服务业是发展数字经济的先行者，生活性服务业数字化转型极大地改善了人民生活的便利性，在抗击新冠疫情过程中表现尤甚。

进入新发展阶段后，贯彻新发展理念、加快构建新发展格局，对发展数字经济赋能产业融合提出了新的更高层次的要求。但是，在此方面，也面临一些难点、瓶颈和政策障碍，一系列新情况新问题也亟待化解。例如，平台型企业是发展数字经济的重要引擎，也是推进产业融合的生力军。但是，随着平台型企业的发展壮大，其垄断问题日趋凸显，平台型企业发展引发的收入、就业和发展机会向少数人加速集中问题也在加快形成，"马太效应"问题愈演愈烈。《"十四五"规划》强调"建设高标准市场体系"，要求"形成高效规范、公平竞争的国内统一市场"。但是，如何科学把握数字经济企业与传统经济企业的公平竞争问题？有人质疑中国数字经济企业的高速发展与对其税收减免等优惠政策密切相关。[①] 那么，怎么看待当前中国对数字经济企业的税收优惠政策及其影响？今后对其税收优惠政策要不要、应该怎样进行调整，才能更好地适应建设高标准市场体系的要求？当前，随着国内外发展环境的不稳定性、不确定性明显增加，特别是新冠疫情影响的发酵和释放，数字经济企业的发展风险和可持续性问题亟待进一步引起重视，在部分"独角兽"企业尤其如此。随着数字经济发展，数据产权和隐私保护问题，平台企业低价竞争、压价竞争对产业高质量发展的影响，也亟待引起重视。在发展数字经济的过程中，如何更好地坚持新发展理念的系统性、整体性和协同性，如何解决推动数字经济和实体经济深度融合"政策好、落实难"，以及政策实施的"最后一公里"问题；如何培育数字经济产业生态、强化其人才支撑，如何结合推动数字经济和实体经济深度融合，引导建立数字经济和实体经济互利共赢的生态经济圈。这些问题都亟待基于深入调研和案例观察进行科学回答，为完善相关支持政策，促进数字经济健康发展，更好地为协同推进产业融合和科技创新赋能，为推进产业高质量发展服务。

（五）依托产业链供应链协同推动产业融合和科技创新

加快构建以国内大循环为主体、国内国际双循环相互促进的新发展格局，贵在畅通国民经济循环。提升产业链供应链现代化水平，不仅是提高经济质量效益和核心竞争力的重要举措，也是加快构建新发展格局、畅通国民经济循环的重要选择。统筹中华民族伟大复兴战略全局和世界百年未有之大变局，推动提升产业链供应链现代化水平的重要性更加凸显。以产业链供应链为载体，协同推动产业融合和科技创新，可以通过以下方式引领提升产业链供应链现代化水平。一是促进中国产业链供应链连接"断点"、打通"堵点"，贯通和优化升级生产、分配、流通、消费体系，推进构建协同高效的产业链供

---

① 当前我国对电子商务企业采取包容审慎的监管态度，出台了一系列税收优惠政策。如在跨境电商出口领域，对跨境电商综合试验区零售出口企业所得税采取核定征收，应税所得率统一为4%。在《国家税务总局关于印发〈企业所得税核定征收办法（试行）的通知〉》中，批发和零售贸易业中应税所得率的幅度标准为4%~15%，应税所得率4%属于其中最低。我国还对符合规定条件的电商出口企业试行增值税、消费税免税政策。在跨境电商进口领域，对在限额以内进口的跨境电商零售进口商品关税税率暂设为0，进口环节增值税、消费税取消免征税额，暂按法定应纳税额的70%征收。

应链；二是推动畅通高端或专业化要素植入产业链供应链的渠道，促进产业链、创新链、资金链、人才链有效链接，加快建设实体经济、科技创新、现代金融、人力资源协同发展的产业体系，加快解决中国实体经济特别是制造业高端和高质量供给不足、自主创新能力不强、产业链供应链数字化水平亟待提升的问题，更好地推动实体经济高质量发展，提升中国产业链供应链竞争力；三是有利于统筹发展和安全，增强产业链供应链自主可控能力。正如2020年中央经济工作会议指出的，"产业链供应链安全稳定是构建新发展格局的基础"①。

近年来，面对世界百年未有之大变局，加之中国发展的结构性、周期性、体制性问题仍然突出，中国许多产业链供应链运行环境的不稳定性不确定性明显增加。随着大国关系的复杂化、中美贸易摩擦的深化和新冠疫情影响的发酵，全球产业链布局本土化、近邻化、区域化、分散化、多中心化趋势凸显，给维护产业链供应链的安全稳定带来新的挑战，也导致产业链供应链的运行需要从效率优先转向兼顾效率和安全。中国规模庞大、齐全完备的产业体系，超大规模的市场优势和内需潜力，有利于以产业链供应链为载体协同推动产业融合和科技创新，引领助推产业链供应链现代化水平的提升，促进产业链与创新链深度融合。为此，要注意加强对相关关键领域、薄弱环节的支持。如产业互联网作为新一代信息技术与产业融合发展的产物，通过构建低延时、高可靠、广覆盖的新型网络基础设施，对于促进科技创新有效植入产业链供应链，对于推进企业或产业链供应链的数字化、网络化、智能化转型，对于推动产业链供应链重构和产业链供应链竞争优势重塑意义重大，影响深远，也可以在更大范围、更深层次、更高水平上为推进产业跨界融合与科技创新良性互动提供平台支撑。要加强对产业互联网发展的支持，引导其更好地为推进产业融合发展和科技创新赋能。

以产业链供应链为载体协同推动产业融合和科技创新，引领助推提升产业链供应链现代化水平，要努力增强政策的前瞻性和战略思维，营造鼓励持续推进创新创业、鼓励协同创新创业的政策氛围，引导产业链供应链利益相关者培育战略伙伴关系。培育新产业新业态新模式，鼓励创新创业固然重要，

---

① 《中央经济工作会议在北京举行 习近平李克强作重要讲话》，中国政府网，2020年12月18日，https://www.gov.cn/xinwen/2020-12/18/content_5571002.htm。

培育可持续的创新能力更为关键。许多产业成在创新，败在缺乏可持续创新能力。协同推动产业融合和科技创新，既要打好攻坚战，更要打好持久战。毕竟，创新创业是有成本和风险的，创新创业失败往往使创新创业者付出惨痛代价。因此，对产业融合和创新创业，特别是产业链供应链协同创新创业的引导支持，在政策引导上要多用"文火"，少下"猛药"，"轻踩油门缓刹车"，力戒运动式、任务式推进。当前，许多地方在支持产业融合和科技创新，特别是培育新产业新业态新模式的过程中，政策设计急功近利、急于求成，甚至政策转变过急过猛，期望立竿见影；热衷于"猛踩油门急刹车"，很容易形成产业融合和科技创新，特别是新产业新业态新模式发展"大上快下"的局面，加剧了产业发展波动和资源利用浪费，影响了产业链供应链的稳定性和竞争力。优化相关政策，要结合优化营商环境和产业生态，注意鼓励企业家以恒心办恒业，引导其"聚精会神"研究需求、"千方百计"深耕市场，并勇于承担必要的社会责任。要鼓励企业家培育优势互补、扬长避短、分工合作、诚实守信精神，鼓励行业领军企业发挥小微企业孵化器和企业家成长平台作用，注重依托行业协会、商会、产业联盟优化行业治理，形成提升产业链供应链现代化水平的强大合力。

协同推动产业融合和科技创新，借此引领助推产业链供应链现代化水平的提升，培育良好的产业生态和创新创业生态至关重要。而良好的产业生态和创新创业生态，往往结合营商环境和创新创业环境建设，鼓励企业和创新创业者千帆竞发、百舸争流。为此，不仅要重视领军企业、行业龙头企业的引领创新作用，也要鼓励草根创新者脱颖而出。国内外大量经验证明，简单追求高大上、漠视"草根"创新创业，不利于形成鼓励创新创业的雄厚底蕴。推动产业融合和科技创新，甚至培育新产业新业态新模式，不能贪大求洋，更不能好高骛远，要注意从小事做起，从民生、产业发展的突出短板和瓶颈制约做起。要结合推动产业融合和科技创新协同发展，在培育新产业新业态新模式的同时，更多注意引导新产业新业态新模式与老产业老业态老模式融合发展。德国经济学家奥利弗·索姆和伊娃·柯娜尔（2020）强调混合创新的重要性，就是这个原因。他们认为，混合创新通常被理解为通过对可用技术和现有知识进行以市场为导向的改进，尤其是通过把这些技术、知识与高技术组件结合而最终得到的创新。德国低技术产业，特别是成熟产业拥有惊人的集成创新能力和巨大创新潜力，就与此有密切关系。考虑到高技术产业和低技术产业的互补性及各自优势较为平衡的产业观，则可以在提升德国经济整体创新力和竞争力方面产生更大潜力。

要推动产业生态和创新创业生态建设，将放宽准入与创新监管有机结合。结合推进产业信息化、数字化、智能化转型，注意做好新产业新业态新模式发展风险的防范和化解工作，及时预警、精准识别、有效防范影响产业链供应链稳定性和竞争力的风险，努力将"黑天鹅""灰犀牛"事件消灭在萌芽之中，为增强产业和产业链供应链安全发展、可持续发展能力做好"守门员"。创新监管要注意用创新友好、尊重产业属性和发展要求的标准，提高监管效能和创新可持续性。协同推进产业融合和科技创新，借此提升产业链供应链现代化水平，特别是培育新产业新业态新模式，要注意包容创新，在帮助小微企业和创新创业者赋能发展的同时，鼓励用"跳跳脚就能够得到"的标准，创新务实管用接地气的产业监管方式，帮助小微企业增加参与发展的机会和能力，还要注意坚持底线思维和红线意识，牢牢守住不发生系统性风险的底线。这也是为了更好地实现安全发展、共享发展、可持续发展。

三、本书研究重点和研究特色

本书主要内容依托国家社会科学基金重大项目"推动现代服务业同先进制造业、现代农业深度融合研究"（批准号：21ZDA027），该项目由姜长云主持并担任首席专家。项目2021年4月立项，2024年3月15日经全国哲学社会科学工作办公室审核准予结项（证书号：2024ZDJ015）。为叙述简便起见，后文简称"本项目"。

（一）主要内容概述

本书始终注意宣传贯彻并研究阐释党的十九届五中全会、六中全会和党的二十大精神，体现"三新两主三坚持五更加"的要求，即立足新发展阶段、贯彻新发展理念、构建新发展格局，需要以推动经济高质量发展为主题、以深化供给侧结构性改革为主线，坚持稳中求进工作总基调、坚持扎实推进共同富裕方向、坚持统筹发展和安全，努力实现更高质量、更有效率、更加公平、更可持续、更为安全的发展；围绕推动现代服务业同先进制造业、现代农业深度融合问题展开深入研究，基于对学术动态、现状问题的分析和对现行政策的评价，结合发展阶段、发展环境变化的影响，探讨促进现代服务业同先进制造业、现代农业深度融合的战略思路和对策选择。按照项目投标书设计，本书依托的国家社科基金重大项目包括五个子课题。在子课题基础上，本项目进行了综合提升研究，同时结合国家新需求，增加了部分与产业融合密切相关的研究，如中国式农业农村现代化、农业强国建设和构建优质高效的服务业新体系等问题。为叙述简便起见，将相关内容融入子课题中。

子课题一：国内外推动产业融合的理论研究进展、实践经验和政策最新趋势研究。通过分析、评价国内外产业融合理论的研究进展，以及现代服务业与先进制造业、现代农业融合发展的国内外经验，结合分析发达国家重大战略、计划或行动（包括德国工业5.0）中支持产业融合的政策重点和支持趋势的变化，得出对推动我国产业融合发展的政策启示，发现产业属性因素对推动现代服务业同先进制造业、现代农业融合发展有较大影响，要科学处理政府与市场、跨业融合与利益分配的关系，增加与产业融合适配的要素支撑。要适时优化放松跨行业限制性管制措施、强化产业融合的要素供给和市场预热、引导构建合理的产业融合收益分配机制、分类施策促进产业融合市场主体或平台组织发展。

子课题二：推动现代服务业同先进制造业深度融合的现状、问题和战略思路、战略重点及近期对策选择研究。结合国家两业融合试点企业、国家两业融合试点区域等案例研究，揭示现代服务业同先进制造业融合发展的特征，分析了我国现代服务业同先进制造业融合发展的现状、趋势、模式和问题，揭示了当前我国现代服务业同先进制造业融合发展的12种典型模式，包括创新驱动模式、数字赋能模式、绿色引领模式、全生命周期管理模式、拓展增值服务模式、高端服务提供商模式、价值链两端延伸模式、全产业链协同模式、共享平台模式、工业文化旅游模式、服务企业赋能制造模式、服务企业衍生制造模式。在此基础上，探讨了推动现代服务业同先进制造业深度融合发展的战略思路、战略重点和对策选择，提出要顺应趋势，聚焦重点领域和关键环节，培育融合发展新业态新模式新主体，创新相关体制机制，注意发挥领先标杆和试点试验示范的带动效应。提出推动产业融合、数字经济与实体经济融合，在构建优质高效服务业新体系中居于重要地位；要注意创新绿色制造服务券等制度，引导制造业绿色转型和绿色制造服务消费，推动绿色制造服务业与制造业融合发展。

子课题三：推动现代服务业同现代农业深度融合的现状、问题和战略思路、战略重点及近期对策选择研究。揭示了推动现代服务业同现代农业深度融合的五种方式，即推进农村一二三产业融合发展；发展农业生产性服务业；培育创意农业和都市型现代农业新业态；发挥涉农平台型企业和数字经济的引领、支撑、带动作用；涉农虚拟经济和涉农实体经济深度融合。剖析了产业融合促进农民共同富裕的机理和政策选择，围绕农村一二三产业融合发展、发展农业生产性服务业特别是农业生产托管服务、推动涉农虚拟经济与实体经济融合、现代服务业与农业融合发展的关联或衍生问题，分别进行了专门分析，探讨了推进现代服务业与农业融合发展需要注意的问题和对策选择。

子课题四：服务业内部融合和发展数字经济赋能产业融合研究。近年来数字经济发展日新月异，不断拓展现代服务业同先进制造业、现代农业深度融合的空间。在分析数字经济本质特征的基础上，揭示了发展数字经济促进产业融合的机理、面临的问题，提出推动数字经济与实体经济深度融合需要重视的战略问题和现实选择。该课题还就数据作为核心要素的理论逻辑和政策框架、数字经济赋能产业深度融合、工业互联网赋能产业深度融合、发展数字经济引领带动农业转型和农村产业融合、服务业内部不同行业融合、涉农平台经济等问题进行了专门分析。本项目是关于新加坡金融科技和数字经济赋能产业融合的研究，以服务业内部融合为重点。

子课题五：深化产业融合引领助推产业链供应链提升现代化水平研究。通过分析我国产业链供应链现代化存在的主要问题和制约因素，提出提升产业链供应链现代化水平需要科学把握的若干重要关系，揭示了聚焦融合发展提升产业链供应链现代化水平需要注意的方向和对策建议。该课题还就协同推进产业融合和科技创新、着力提升产业链供应链韧性和安全水平、我国产业链供应链绿色化转型、全球产业链分工格局变化对我国的影响等分别进行了专门分析。

本书在展示该项目成果时，根据需要对相关内容进行了适度重组。为避免同后文相关内容重复，在此只做简要概述。

（二）力图体现的研究特点

本书依托的重大项目，在学术思想、理论观点、研究方法、数据资料和对解决实际问题的新见解等方面，力图体现以下特点。

1. 较早就现代服务业同先进制造业、现代农业深度融合展开综合研究

近年来，国内外学术界关于产业融合、现代服务业与先进制造业融合发展的研究文献较多，关于现代服务业与现代农业、数字经济与实体经济融合、农村一二三产业融合的研究文献也在迅速增加，但系统研究现代服务业同先进制造业、现代农业深度融合问题的成果还比较少见。本项目有利于推动发挥产业融合研究先行领域对薄弱领域的带动作用，促进产业融合研究更好地"固根基、扬优势、补短板、强弱项"，为优化产业融合政策选择服务。结合分析发达国家重大战略、计划、行动中推进产业融合的政策演变趋势，拓展产业融合研究视野，是本重大项目的一个重要特色；有利于深化对推动产业融合重要性、紧迫性的认识，对于我国完善产业融合支持政策、抢占全球科技竞争和产业竞争制高点具有重要启发意义。如近年来，欧盟在德国工业4.0基础上提出了工业5.0概念，这是与产业融合密切相关的重大战略和政策动向。

2. 重视产业属性因素对推动现代服务业同先进制造业、现代农业深度融合的影响

近年来关于产业融合的研究，对产业属性因素的影响重视不够是个突出问题。不同产业之间技术、市场、产业组织的演进往往存在诸多不确定性，融合的机会和可收益性、技术进步、市场拓展、产业组织创新的累积性和相关知识基础的属性也会有所不同。这些都可能影响产业融合的动力机制、路径选择、实施效果与发展前景，也会影响不同类型产业融合的存在条件、适用范围和政策、制度创新的"时度效"。本项目从不同类型产业融合的比较和综合中，努力挖掘不同类型产业融合的共性和特殊性，辨析不同类型产业融合在机理、动因、瓶颈制约和发展需求等方面的异同，有利于准确把握产业属性因素对产业融合发展的影响，客观评价产业融合的政策效果和完善方向，推动产业融合发展更好地做到因类制宜、精准施策。

3. 更加重视聚焦新时代新征程推动高质量发展导向和建设现代化产业体系需求

本项目研究注意综合考虑发展阶段、发展环境、发展条件和发展要求的变化，更加关注苗头性、趋势性、倾向性问题，更加重视具有战略性、全局性、前瞻性和现实针对性的研究，为推进高质量发展和发展实体经济、建设现代化产业体系服务，努力形成有理论说服力、有实践指导意义、有决策参考价值的理论创新成果和政策建议。如本项目研究强调培育顺应产业融合需求的产业生态、风险防范机制和利益联结、分配机制，营造宽松、包容的产业融合监管环境，注意"负面清单"管理方式，将提升产业链供应链韧性和安全水平放到提升产业链供应链现代化水平的大系统中考虑。

4. 更加重视有效市场、有为政府和有机社会的结合

本项目强调顺应产业融合发展需求，培育体现高质量发展要求、包容审慎且兼容产业特性的监管模式和治理方式，推动产业融合的跨部门、跨区域、跨领域合作，要注意引导行业协会、产业联盟和公共服务平台更好地为行业赋能发展，并就数字经济赋能产业融合专设子课题研究。本项目对河南郑州的调研报告关于"链长制"等的讨论，也体现了有效市场、有为政府和有机社会有效结合的思维，特别强调要科学把握政府支持产业融合的方式、时机和力度，"多用文火，忌下猛药"，特别强调企业是推动产业融合发展的主导力量，重视发挥先行地区、龙头企业、重点行业的引领示范作用。

5. 更加重视现代服务业同先进制造业、现代农业深度融合的政策创新和需求引导

如本项目在研究绿色制造服务业及其与制造业融合发展时，建议将绿色制造优质服务商或绿色制造服务领跑者纳入绿色制造名单。支持绿色制造服务业发展通常采取鼓励企业增加和优化供给的方式。本项目强调在鼓励企业创新供给的同时，借鉴国内外实行消费券、创新券等政策实践经验，创新利用绿色制造服务券和政府采购制度，支持中小企业增加绿色制造服务消费，带动绿色制造服务业扩大市场，形成需求牵引供给的发展格局。本项目对农业强国支持政策的研究，也重视采取需求引导方式，创新支持新型农业服务主体的路径。

6. 坚持问题导向、系统思维并围绕产业融合进行多角度的综合研究

本项目研究始终坚持问题导向，面向我国推动高质量发展、建设现代化产业体系的需求，聚焦研究我国推动现代服务业同先进制造业、现代农业深度融合面临的重大理论和实践问题，努力形成"源于实践而又适当高于实践、并能有效指导实践"的理论创新成果和政策创新建议。研究视角创新是本项目研究的重要支撑。本项目研究注意跨学科研究视角，还根据研究需要灵活运用产业链—供应链—价值链视角、需求结构—产业结构—要素投入结构—产业组织结构—区域结构视角、微观—中观—宏观视角、成本—效率—质量—安全—公平视角。

（三）学术价值和应用价值

1. 学术价值

本项目研究基于对学术界现有研究成果的系统梳理，分析产业融合国际经验、最新趋势及对中国的启示，基于对中国推动现代服务业同先进制造业、现代农业深度融合的实践观察和分析比较，客观评价中国推动现代服务业同先进制造业、现代农业深度融合的经验、问题、痛点难点、瓶颈制约，结合中国发展环境、发展阶段、发展条件深刻变化提出的新任务、新要求、新挑战，探讨推动现代服务业同先进制造业、现代农业深度融合的战略思路和对策建议，不仅有利于深化产业经济学关于产业融合的研究内容，还可以为完善中国特色社会主义政治经济学的理论体系提供素材，有利于形成有理论说服力、有实践指导意义、有决策参考价值的理论创新成果和政策创新建议。

2. 应用价值

本项目研究坚持问题导向、系统观念、辩证思维、全局眼光，着眼于解决推动现代服务业同先进制造业、现代农业深度融合过程中面临的现实问题，为加快建设现代化产业体系、推动高质量发展的实践服务。

PART

1

第一篇

研究基础和国内外经验

第二章

产业融合及文献述评

现代服务业同先进制造业、现代农业深度融合，是产业融合的骨干和旗舰。推动现代服务业同先进制造业、现代农业深度融合发展，是中国新时代新征程推进高质量发展的内在要求和重要着力点。为叙述简便起见，本章将现代服务业同先进制造业、现代农业深度融合简称为产业融合。那么，加强对产业融合内在机理的研究，有逻辑、成体系地厘清产业融合的基本概念与内涵特征，不仅能够为相关研究提供理论支撑，促进后续研究的进一步深化，也可以为中国产业融合实践提供理论支撑，推动建设现代化产业体系并赋能产业高质量发展。虽然现有的诸多研究成果可以增强我们对产业融合问题的理解，但理论视角和研究情境等差异也导致学者们在对产业融合的概念内涵、前因后果等一般性问题的认识上存在一定差别。近年来，国内外产业融合实践蓬勃展开，也为推动相关理论研究的深化和边际创新提供了鲜活素材。为此，本章以产业融合基本概念和内涵特征的梳理和归纳为基础，对产业融合的动力机制、发展过程和所产生的效应等一般性问题进行梳理和归纳，力图在此基础上进行相关边际创新，进而找出当前研究中的不足和盲区，并提出未来的研究方向。

一、产业融合的概念及其内涵

如表 2 - 1 所示，产业融合是一个跨学科、跨领域，涉及多个维度的复杂概念。产业融合的具体内涵也会受到技术创新和重组、市场需求变化和消费选择、供求链接和衔接、区域产业发展状况和空间组织方式变化、政策环境以及国家战略需求，甚至重大突发事件等众多因素的影响，即产业融合的内涵会随着时代发展及与此相关的环境条件和需求变化而有所变动并趋于丰富。所以，尽管产业融合的概念已经提出约50年，但不同国家、不同学科和不同时期的学者们从不同视角对其概念和内涵进行阐述，依然难以形成具有普适性的定义和解读。为对产业融合的概念和内涵进行较为全面地归纳，本章主要从产业融合的原因、过程、结果三个维度进行学理性梳理，不过多纠缠于学科和产业领域等不同视角，通过回答产业融合如何发生、怎样发展和推动产业融合将产生什么效应等一般性问题，归纳产业融合的基本概念。同时，产业融合是一个不断变化的动态过程，因此还需从演进发展的视角审视，旨在更加系统、全面地理解产业融合问题。

表 2 - 1　　　　　　　　　　产业融合的概念及其内涵

维度	主要观点	代表学者及文献
原因	技术因素是推动产业融合的主要内部原因，产业融合是由有所关联的技术间融合引发的	罗森伯格（1963）；马健（2002）；儿玉（2014）
	市场因素是主要外部原因，产业融合是由产业间需求结构的趋同引发的	阿方索和萨尔瓦托雷（1998）；施蒂格利茨（2002）；尹莉和臧旭恒（2009）
过程	产业融合包含产品、业务、市场及产业融合四个阶段	阿方索和萨尔瓦托雷（1998）
	产业融合包含技术、产品、业务、市场及产业融合五个阶段	小野等（1998）
	产业融合包含科研、技术、市场和产业融合四个阶段	柯伦（2011）
结果	产业融合的结果是形成新的竞合关系	植草益（2001）；贺俊和吕铁（2015）
	产业融合的结果是产业边界的模糊化和新产业的形成	厉无畏和王慧敏（2002）；
	产业融合的结果是产业间分工内部化	胡永佳（2008）
演进发展特征	产业融合是产业不断进化发展并催生新产业的动态过程	卢东斌（2001）；聂子龙和李浩（2003）

（一）产业融合的原因

布勒林和莱克尔（Bröring and Leker，2007）将推动产业融合的因素划分为供给侧和需求侧两类，供给侧主要指技术因素，即从不同技术间的相互融合出发，讨论由技术融合引起的产业边界模糊化现象。罗森伯格（Rosenberg，1963）在研究了美国机械产业的发展历程后，较早提出要推进技术融合，并以此延伸出产业融合的概念，即从原始目的角度看没有明显相关性，但从技术角度看有所关联的产业相互融合，创造新的价值。之后从技术层面进行研究的学者基本延续了罗森伯格的观点，比如内格罗蓬特（Negrooponte，1978）认为计算机、广播和印刷业虽然是相互独立的，但它们之间有一部分可以相互交叉的技术范畴，而这些具有技术交集的产业领域往往是创新最活跃的。儿玉（Kodama，2014）也认为产业融合的本质是通过技术创新以新方式建立的产业联系。马健（2002）、乔纳斯（Jonas，2005）对产业融合的机理进行了阐述，认为技术的进步和革新使产业边界处产生了技术融合，带动了经济与技术的有机联系，从而引起了产业边界的模糊甚至重新界定；需求侧则是指市场因素，由产业间需求结构的趋同所推动。阿方索和萨尔瓦托雷（Alfonso and Salvatore，1998）认为产业融合应以市场趋同为导向。施蒂格利茨（Stieglizt，2002）也认为产业融合需要市场结构变化这一外部因素激发，融合产业间的产品市场一般具有相关性。尹莉和臧旭恒（2009）认为消费需求升级对产业融合具有巨大推动力，促使企业和产业不断打破原来的边界以快速响应消费需求升级。

（二）产业融合的演变过程

阿方索和萨尔瓦托雷（1998）认为产业融合的过程包含产品融合、业务融合、市场融合，最后才能达到产业融合。小野等（Ono et al.，1998）则将技术融合纳入产业融合过程，认为技术融合的深化推动了产品融合和服务融合，并最终达到产业融合的阶段。柯伦（Curran，2011）在此基础上又将技术融合前期的科研融合纳入整个过程，并将原有的产品融合、业务融合均视为市场融合的阶段。还有一些学者从演进发展的视角，讨论随着技术进步与环境变化，新技术、新产业与传统产业的融合发展问题，认为产业融合是产业不断进化发展并催生新产业的动态过程。例如，卢东斌（2001）认为产业融合是高新技术赋能传统产业，将原本独立的两种或多种产业融合形成新产业。聂子龙和李浩（2003）还提出产业融合的过程可能伴随着传统产业的萎缩甚至消失。该视角的研究在数字技术不断取得突破、数字产业化快速发展时期大量出现，认为这一新技术新产业的出现引发了广泛的产业融合现象。例如，唐德森（2015）认为，数字革命推动产业融合体现在互联网和可再生能源融合、互联网"乘数效应"驱动、创新驱动。张余（2020）将数字经济促进产业融合的机理概括为数字经济促进产业间的技术融合、数字经济催生新的需求市场、数字经济有利于范围经济的实现、数字经济推动外部管制的放松。张弘和陈胜棋（2020）则认为数字技术是产业融合的桥梁。

（三）产业融合的结果和效应

学者们多从产业组织的视角研究，讨论产业融合造成的边界模糊化，以及对原本独立的产业和企业之间竞合关系的影响。植草益（2001）较早研究了这一问题，指出原本超出产业以外的领域基本不存在竞争关系，但产业融合会使各产业的企业群处于相互竞争的状态之中。厉无畏和王慧敏（2002）认为产业间的渗透发展会使产业界限趋于模糊，新兴产业不断产生。李美云（2005）则认为产业融合是一种产业发展范式，会使产业边界逐渐模糊甚至消失，原本相互独立的企业之间也会产生竞争关系。贺俊和吕铁（2015）也指出，产业融合使得统计意义上并不属于同一行业的企业变成直接的竞争对手，产业组织结构呈现出鲜明的动态化和生态化等系统特征，传统的基于市场集中度和市场势力的市场结构分析失去解释力。但同时，胡永佳（2008）认为上述观点均未反映产业融合的本质特征，产业融合应当是产业间分工转变为产业内分工的过程，即其结果是产业间分工内部化。此外，国内外学者还用理论和实证研究对产业融合效应进行了分析，认为产业融合在促进创新（Hacklin et al.，2005）、改善产业绩效（马健，2002）、提高资源配置效率（周振华，2003）、推动产业升级（唐昭霞和朱家德，2008）、提高产业竞争力（郑明高，2011）等方面具有显著效应。

从原因来看，技术创新和市场需求趋同是推动产业融合的核心因素，而以创新为主线形成的技术融合路径和以市场趋同为主线形成的市场融合路径，是产业融合的主要路径。但同时也要明确，技术创新或市场趋同并不是产业融合的单一重要条件，产业融合是一种广泛的经济现象，还受许多其他方面因素的影响，比如政策制度、企业行为等。从过程来看，不同学者对产业融合过程的划分方式有所不同，但均认为产业融合并非一蹴而就，而是一个从技术融合（或是从科研融合）到产业融合的分阶段演化过程。需要说明的是，市场融合与市场趋同并不一致，市场趋同是一种市场变化趋势，是企业家对市场需求变化的敏锐洞察和预先反馈；同时，技术融合和市场融合两条路径也并非二选一的关系，结合过程维度的研究来看，两者更倾向于不同演化阶段的路径选择关系。从结果来看，可以将产业融合下的产业边界模糊化、产业组织内竞合关系和产业分工的变化视为产业融合的结果、产物或发生的标志。演进发展视角的研究则说明产业融合是一个动态发展过程，在数字经济时代将拥有更丰富的内涵。

总的来说，国内外学者从不同视角对产业融合的概念内涵进行了充分讨论，在一些维度的研究上还存在争议，如对产业融合过程的划分、产业融合的结果究竟是什么等。对于产业融合过程的争议，格林斯坦和卡纳（Greenstein and Khanna，1997）的观点可以囊括多数学者的研究结论，即产业融合是一个由技术融合、产品融合[①]、市场融合最后到产业融合的演化过程。对于结果的争议，本章认为产业边界模糊化的观点更为合理，新竞合关系、产业分工变化以及一系列融合效应则是产业边界模糊化所带来的各种后续影响。此外，不同观点之间也存在一些共同点，如多数学者都认可供需两侧的推动因素，认为产业融合是一个动态发展的过程等。

基于此，本章将产业融合的概念总结和界定为：在技术创新或集成重组、市场需求变化等的推动下，先后引致原本独立产业间的技术融合、产品融合和市场融合，使产业边界逐渐模糊化，直至重构产业边界或催生新产业的动态发展过程。具体内涵体现为以下几个方面：（1）从产业分工的角度，原来的产业分工结构发生了模糊、变化甚至消除，但在融合后经过调整的产业边界内，会产生新的内部分工，即原本产业之间的分工转变为同一产业内部的

---

① 这里的产品是更为广义的概念，不只囊括实体产品，也包含非实体的服务和其他各种类型的经营业务，后文提到的"产品融合"亦是如此。

分工，甚至是同一企业内部的分工①；（2）从产业组织的角度，产业融合会使原本业务独立的企业发生交叉，从而产生直接竞争关系，甚至带来产业间、企业间新的竞争合作关系的形成；（3）从产业资产的角度，原本相互独立的资产体系实现了互通和兼容，通用性资产大量增加，而产业中资产通用性的提升能够降低产业的整体成本；（4）从产业体系的角度，产业融合是产业系统内技术、产品、市场、制度、企业等诸多要素共同演进的过程和结果，具有动态性、演进性的特征。

二、产业融合的形式

目前，既有研究大多从实践中对产业融合现象进行归纳总结，主要有两种做法：一是列举法，对目前出现的智能化生产、工业互联网应用、柔性化定制、共享工厂、总集成总承包、全生命周期管理、供应链管理、服务反向制造等新业态、新模式进行梳理；二是更为常用的归类法，但与概念内涵的研究类似，学者们的研究范围十分广泛，往往基于不同的视角、学科、维度等对产业融合形式进行多种归类。例如，邓洲（2019）基于目标导向，从投入融合、产出融合和要素结构提升、用户价值提升、制造效能提升、拓展服务提升等维度对两业融合的路径进行了描绘；黄汉权等（2021）从产业融合方向和路径的维度将制造业与服务业融合的新业态、新模式分为三类：制造业向服务业融合、服务业向制造业融合、制造业与服务业双向融合。但总体来说关于产业融合形式进行的系统性研究尚不多见，并且随着新技术、新市场需求的推动，产业融合的形式层出不穷，新的研究也多将视角聚焦于一些重点产业领域内以特定技术为手段催生的新业态、新模式。如近年来多数学者都关注数字化转型背景下制造业与服务业的融合，而对服务业内部融合、农业与服务业的融合关注度不高，并且会出现一些交叉和重复的现象。因此，本章从更为学理性的角度出发，以前文梳理总结的基本概念为基础，以产业融合的演化过程为框架，从技术层面、产品层面、市场层面，以及最后的产业层面对

---

① 产业融合往往伴随着企业兼并现象，许多企业转为多元经营模式（韩小明，2006），但企业兼并并不完全等于产业融合，只是微观层面的一种常用手段。

产业融合的形式进行分类，最后结合前文构建产业融合概念内涵的分析框架。

（一）技术层面的融合形式

在技术层面，可以将产业融合的形式划分为技术互补型和技术替代型融合两类（Greenstein and Khanna，1997；张磊，2001）。施蒂格利茨（2002）从创新类型、技术累积、技术机会、技术壁垒等方面构建了技术层面的产业融合类型分析框架。其中，技术互补型融合是指两个原本独立的技术进行整合后取得的效果要优于彼此独立应用，整合后的技术可能会催生新的产品、新的细分领域甚至新产业，具有高技术累积、低技术机会和相对较低的技术壁垒，更倾向于累积性创新。而技术替代型融合是指新技术的出现取代了原来的旧技术，使得原本相互独立的技术领域之间产生了关联性，进而催生出新产品、新领域或新产业，具有低技术累积、高技术机会和相对较高的技术壁垒，更倾向于突破性创新或破坏式创新。进一步地，学科领域可以视为分类产业融合的底层工具，学科领域融合的意义就是在产业融合的过程中帮助人们发掘可结合的知识。两个或两个以上的学科领域结合在一起，催生出新的融合技术，这就为创造融合产业提供了机会。值得一提的是，随着工业化进程的推进，许多市场产品的技术依赖性不断加深，而新融合技术的出现也显示了创造大规模融合产业的机会。例如，在生命科学领域，基因图谱和生物芯片等生命科学、计算机工程和机械工程的融合技术预计将创造一个巨大的与医疗保健相关的融合产业。

（二）产品层面的融合形式

从产品层面来看，产品与内含于其中的技术和学科知识是密不可分的，因此技术与产品两个层面有一定的交叉重叠性，并不是完全区隔的两个层面。因此，许多学者依然将产品融合划分为互补型和替代型融合两类。例如，施蒂格利茨（2002）同样从产品层面建立了产业融合类型的分析框架，认为互补型产品融合是指原本相互独立但具有补充性功能的产品，在同一标准或其他一系列整合条件下产生兼容性，并被整合到同一个系统中形成新产品、新系统，甚至新产业的过程。而替代型产品融合是指原本相互独立的产品在同一标准或其他整合条件下产生了相互替代的特征，或者从需求端的角度看，用户根据自己的体验经历把不同产业中原本独立但能发挥类似功能的产品视为替代产品，从而引致了产品融合，甚至产业融合。比较典型的例子就是互联网和个人智能终端的结合代替了电视、录音机、报纸等传统媒体产品，最终催生出新媒体产业。

从上述分类方式中可以发现两个值得关注的点。一是产品独立性和标准等整合条件是产品融合的前提，但融合后的产物究竟该视为一个全新的产品，还是由多个独立产品组合起来具有新功能的系统，这关系到是否能基于产品融合进而催生新产业的问题。对此，周振华（2004）认为，这种分类方式下产品之间的独立性并未完全消除，只是基于标准等整合条件所形成的互补性或替代性，而数字技术的产生恰好可以为许多独立产品提供一个标准元件束，可以理解为给产品融合提供了一个标准化的"平台"，然后基于产品本身属性的不同，在"平台"中整合的形式、产物也各不相同。沿此分析逻辑，周振华（2004）提出了结合型产品融合，指原本相互独立的产品在同一标准或整合条件下，通过功能渗透实现完全融合并创造出新产品进而催生新产业的过程。二是需求端用户体验对产品融合的影响。产业融合的结果是以产品或服务为用户提供体验，一个新产业的产生需要经过基于新技术的商品化过程，即新产品的产生过程。因此，产品融合过程中除了用户的自主选择外，企业也必须考虑用户体验（user experience）因素的影响（Kang，2011）。用户体验是指用户在某一地点利用一个或多个装置，通过一个阶段性的过程体验融合产品或服务，因此，可以根据地点、装置、流程等各种方式、产品或服务融合为用户提供体验。从用户体验的视角将产品融合进一步划分为四类：终端融合、空间和地理融合、流程融合、功能增强融合，如表2-2所示。

表2-2　　　　　　　　　基于用户体验的产品融合类型

用户体验元素	产品融合内涵	产品融合例证
终端融合	将不同功能的产品或服务整合进一个终端	智能电视、保健用可穿戴电脑等
空间和地理融合	将不同功能的服务或产品整合到同一空间	书屋、儿童咖啡厅、多功能房、加油站、便利店等

用户体验元素	产品融合内涵	产品融合例证
流程融合	将各种产品或服务按照用户需求依次整合	旅游预订服务、医疗旅游等
功能增强融合	为增强某产品或服务的功能而与其他附加产品或服务结合	语音识别空调、自动导航汽车、艺术营销等

（三）市场层面的融合形式

在市场层面，一些学者延续了技术和产品层面的思想，将融合的形式划分为供给替代型、供给互补型、需求替代型和需求互补型四类（Pennings and Puranam，2001；Malhotra，2001），而供给侧一般指技术融合，需求侧则指产品融合。这种分类方式与技术和产品层面具有极高的交叉重叠性，既不能相互区分，也没有涵盖市场层面更多其他的融合形式，因此并不是一个全面、准确的分类方法。对此，胡永佳（2007）提出可以从融合的方向和结果两个视角对产业融合形式进行划分。从市场的层面看，市场融合的方向可以划分为横向、纵向和混合融合三类；而从融合的结果看，市场融合可划分为吸收型和扩展型两类。那么，方向与结果的交叉最终可以形成六种市场融合形式，如表2-3所示。

表2-3　　　　　　　　市场融合的形式划分

融合结果	横向 （有所关联的产业间融合）	纵向 （上下游产业间融合）	混合 （相对独立的产业间融合）
吸收（市场集成）	横向吸收型融合 （住宿服务平台）	纵向吸收型融合 （流媒体）	混合吸收型融合 （旅游服务平台）
扩展（形成新市场）	横向扩展型融合 （平板电脑）	纵向扩展型融合 （菜鸟驿站）	混合扩展型融合 （智能手表）

（四）产业层面的融合形式

在产业层面，学者们一般从两种视角对融合形式进行分类。

第一种是不考虑具体的产业门类，而是按照技术的移动方向将其划分

为渗透、交叉和重组三种形式（厉无畏，2002；马健，2006），如图 2-1
所示。产业渗透往往发生在新兴产业与传统产业、高技术产业与低端产业
之间，即高新技术向传统产业、低端产业渗透，改造传统产业的生产方式，
提高生产效率，典型的如传统制造业推进数字化转型。产业交叉一般指不
同产业链的延伸处所发生的功能互补、产业延伸，进而引致产业边界的模
糊化及产业间的部分合并，即原有产业依然存在，只是产业内的结构发生
了变化（胡汉辉和邢华，2003）。这种形式多存在于新兴产业和高技术产业
之间。产业重组则发生在具有一定关联性的产业间或同一产业内的不同行
业间，通过重新组合技术资源形成新产品、新业态以满足市场需求，适应
市场和技术环境的发展趋势。

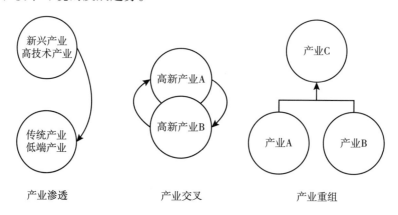

图 2-1　按技术移动方向分类的产业融合形式

第二种则是按照产业部门的门类进行直接划分。克拉克（Clark，1940）
根据生产产业的货物种类，将产业分为第一产业（原始产业或采掘产业）、第
二产业（制造业）、第三产业（服务产业）。这些产业部门（industry sectors）
在全面描述整个产业方面应用最为广泛，因此可以根据产业部门之间的融合
对产业融合进行分类。各产业部门存在独特的产品或服务的生产和销售方式。
因此，同一产业不同部门之间的融合相对容易实现，但与其他产业部门的融
合需要全面理解产业业务之间的共同目标和价值创造可能性。此类产业融合
类型具有以下特征：首先，主产业部门和配套产业部门之间的差异越大，产
业部门之间区分越清晰，就更容易产生新的产品和服务，形成新的市场；其
次，下游产业部门与上游产业部门融合越多，下游产业部门所具有的时空限
制就越少，下游产业部门劳动要素的重要性就越低。

结合本章第一节对产业融合概念内涵的梳理和本节产业融合形式划分，提出以下分析框架，如图2－2所示。

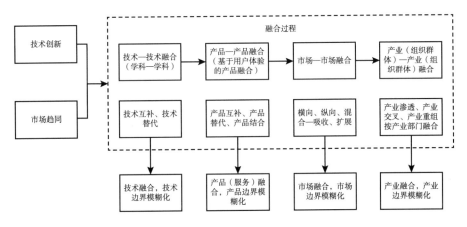

图2－2 产业融合的概念内涵

三、产业融合的动力机制

随着新一轮科技革命和产业变革兴起，融合技术领域不断涌现，带来新的市场和价值创造机会。新兴技术随后快速延伸到其他产业的融合态势，给全球产业带来突破性的增长效应，使产业融合的动力研究再次受到关注。学者们从不同视角对产业融合的动力进行了研究，在以下几点基本形成了共识：创新是产业融合的核心内在动力；市场需求变化是核心外部动力；政府管制放松是主要的制度动力；降低交易成本是主要的组织内部动力。

（一）创新：产业融合的内在核心动力

创新是产业融合的关键动力，包括技术、组织、制度、商业模式等多方面的创新，其中技术创新是具有决定性影响的核心动力，创新能够改变传统产业的边界，为产业融合提供了技术上的可能性，是产业融合发生的必要条件（Blackman，1998；马健，2006；Lei，2000；植草益，2001）。技术创新不仅可以改变产品的功能、性能、结构、形态和质量等特征，还会引发生产方式的变革，提高整个产业的生产效率、质量效益和技术水平，打通传统产业与高新产业间的技术鸿沟，为产业融合打造技术基础。例如，制造业与机器人、物联网、人工智能等技术相融合，催生出智能制造生产模式；农业与一系列信息技术和先进生物技术相融合，催生出智慧农业、生态农业等生产模式（田真平和谢印成，2020）。同时，技术创新的溢出效应也会进一步推动更大范围的产业融合（赵玉林和裴承晨，2019）。例如，智慧农业可以准确把控作物成熟的时间、品质和产量等，从而具备了与新零售、现代物流业融合的基础条件，催生出保质保量、精确到天的预售制、订单制农产品产地直销业态。

产业融合的另一个重要动力是基于新技术的商业模式创新。商业模式与技术创新在推动产业融合过程中发挥着不同的作用，如果说技术创新为寻找产业融合这一"宝藏"提供了船舶，那么商业模式的创新就是"藏宝图"和"司南"，即技术创新提供了新的业态土壤和价值创造机会，而商业模式则为实现新的价值创造并最终形成新的经济产出提供现实渠道（Chesbrough and Rosenbloom，2002；王艳和缪飞，2012）。从另一个角度看，商业模式创新对产业融合也具有决定性影响，因为如果缺少有效的商业化路径，新技术无法转化为帮助企业盈利的商品，那么这项技术就不会被企业所采纳。比如切萨布鲁夫（Chesbroug，2007）认为商业模式创新有时在产业融合中具有决定性，它不仅是新技术的副产物，在特定情境下会发挥超越技术创新的作用。哈克林（Hacklin，2008）也认为，在技术创新的基础上，如果能够进一步在新产生的市场中有效使用新技术，就可能引发产业融合的额外突破性进展。

（二）市场需求变化：产业融合的外部核心动力

产业生产最终是服务于市场的，因此消费需求的变化，尤其是对多元化产品消费需求的增加，能够为产业融合创造强大的需求动力，而市场需求结构的变化也会直接引发产业结构的调整（赵嫚和王如忠，2022）。随着经济发展和居民收入水平的提高，消费水平和消费结构不断升级，人们更关注产品和服务的质量和内容，原有的产业供给结构已经远远不能满足人们对高质量、个性化产品的需求。此时，产业发展就必须调整方向和结构，以顺应市场变化，而高端化、个性化、多元化的需求特征必然倒逼低端产业、传统产业与高新产业融合。例如，陈山枝（2006）就将市场需求和用户偏好视为产业融合的重要动力。澳大利亚政府信息经济国家办公室的《融合报告》（Convergence Report，2000）则将市场需求和消费者愿景视为产业融合的根本动力。而近年来数字经济的高速发展将对产业融合应对市场需求快速变化提出更高要求（刘英恒太等，2022）。一方面，信息壁垒被打破改善了消费者的信息弱势地位，赋予了其更大的商品选择自主性与自由度，使低端产品市场空间被进一步挤压，逼迫传统产业和低端产业与高新产业加速融合。另一方面，数字技术的应用使企业得以与消费者进行有效的良性互动，释放出更多的中高端需求，进而带动企业由规模化向高级化、个性化、多样化的纵深化发展模式转变，推动产业融合加速发展。

（三）政府管制放松：产业融合的制度动力

学者们一般认为，政府通过放松对产业的管制政策可以降低准入门槛，推动各个行业、产业参与到其他产业市场竞争中，从而为产业融合提供宽松的制度环境，是推动产业融合的重要制度动力（Yoffle，1996；Gaines，1998；周振华，2003；张继良和杨仁发，2008）。传统的经济管制理论认为，在一些自然垄断产业中重复性投资将引发破坏性竞争，因此政府需要在这些领域设置较为严格的政策管制制度，以提高进入壁垒，进而保障产业的生产和资源配置效率。然而随着技术的不断革新，尤其是互联网技术、数字技术、移动通信技术等的发展，新技术推动市场需求和多数产业的技术经济条件发生变革，基于产业分立的传统规制框架面临巨大挑战（李美云，2005），自然垄断产业的特点也有所变化，使政府管制的效果大大减弱，实施严格管制的理论依据也愈加薄弱。例如，普莱等（Poullet et al.，1995）就互联网产业对媒体和电信产业的冲击进行了研究，发现互联网产业与媒体、电信产业的融合造就了多样化、高效率、综合性网络并存的市场结构，同时多媒体市场的内容产品和服务质量都有了显著提高，因此没有必要继续拘泥于传统的技术标准规制体系，反而应该消除互联网、媒体与电信产业间的规制差异，采用通用标准。而管制的放松将促使其他相关产业中的企业组织进入本产业领域，并逐渐向产业融合发展。杰拉丹（Geradin，2001）对邮政、电信、运输等产业（原本都属于自然垄断产业）进行了研究，发现随着信息技术发展，这些产业之间都发生了不同程度的融合现象，如电信、邮政和信息技术产业之间在服务提供、基础设施和商业模式上都发生了深度融合，而运输与电信和信息技术产业之间则主要在业务上进行融合。从这些研究中也可以发现，政府管制的放松虽然可以为产业融合提供良好的制度动力，但并不意味着政府为推动产业创新就要一味放松甚至取消管制，而是应当基于技术革新和产业融合发展所提出的内在要求，对管制规则和政策进行适应性调整和完善（梁爱云，2015），也就是说政府管制与产业融合之间是一种不断调整的动态互动关系。

（四）降低交易成本：产业融合的组织内部动力

科斯（Coase，1973）的交易成本理论认为，产业内的专业化分工使组织之间产生了交易活动，在交易主体有限理性的局限下交易活动需要成本，这种交易成本主要受资产专用性、信息不确定性以及交易频率和稳定性的影响。而产业融合能够降低组织间的交易成本，首先，产业融合使产业间的分工内化为产业内分工，企业边界得到了拓展，增强了中间投入与中间产出的关系（Heo and Lee，2019），本质上形成了组织对市场的替代，使资源配置效率大幅提高，降低了资产专用性。其次，信息技术等高新产业向传统产业渗透，使传统产业组织得以共享和使用平台、新基建等，并依托其建立与其他组织间即时且通畅的信息渠道，以降低信息不确定性。最后，传统产业与信息技术等产业的融合可以内化生产与销售间的分工，缩短产品制造与用户之间的距离，逐渐形成产销一体化的模式，从而建立稳定、高效的交易网络。例如，苏毅清等（2016）认为，农民可以通过互联网等信息技术，以极低的成本获取用户需求信息，进而实现对消费者的精准供给，大幅降低了交易费用。

此外，还有许多学者从价值链整合、产业自组织、综合因素等视角对产业融合的动力进行了讨论，具体如表 2-4 所示。

表 2 - 4 产业融合的动力机制研究

研究视角	动力机制	主要观点	代表文献
内在动力	创新	包括技术、商业模式等方面的创新，是产业融合的内在动力	雷（2000）、马健（2006）、布莱克曼（1998）
	交易成本降低	交易成本的降低预期是产业融合的主要组织内部动力	苏毅清等（2016）；许和李（2019）
外部动力	市场需求	市场需求变化和消费者需求愿景是产业融合最主要的外部动力	陈山枝（2006）、澳大利亚政府信息经济国家办公室（2000）
	政府管制放松	政府管制放松是产业融合重要的制度动力	张磊（2001）；杰拉丹（2001）；李美云（2005）
其他视角	价值链整合	产业融合是由生产融合、分销融合等不同价值链环节的相互融合推动的	维尔茨（2001）；格林斯坦和卡纳（1997）
	产业自组织选择	产业融合是一个自组织选择过程，在激励机制、动力机制等的相互作用下产生的	胡金星（2007）
	综合因素	产业融合是由技术、经济、管制放松、全球数字化发展等综合因素推动的	金瓦尔德（2003）；张磊（2001）

四、产业融合的发展过程

产业融合不是一蹴而就的，需要经过技术融合、产品融合和市场融合三个阶段的促进与衔接，才能最终实现产业融合。

（一）技术融合

技术融合本质上属于一种技术集成创新，指将多种现有技术（包括传统技术与新兴技术）融合在一起而产生的新技术，往往发生在高新技术产业与传统产业的边界处。因此，许多学者认为技术创新的扩散是引发技术融合的主要因素。新技术在不同产业间的扩散应用会产生外溢效应，各产业能够通过引进、学习和应用新技术，对传统技术进行改造以实现两种技术的交互，进而使技术边界变化并实现新技术与传统技术的融合。但这更多是从事实现象的角度阐述，而对于技术融合的内在理论机制，多数学者选择从模块化和标准化视角进行研究。

青木昌彦和安藤晴彦（2003）认为，模块是由支持该模块与外部联系的接口，以及其内部本身具有的按照既定规则排列组合的系统所构成的具有独立性的子系统。而模块化则是指把具有独立设计的子系统通过一定规则有机组合，以构建复杂的产品并发挥每个子系统的整体效应的过程。模块化最主要的影响在于形成了一种新的标准化形式（刘旭和王学嵩，2002），进而提供了一种新的生产方式和分工方式。魏国江（2007）指出，模块化生产能够将一个复杂系统划分为若干相互联系又独立的子系统，而复杂系统的模块化分解与集成则改变了企业间的分工协作方式，即将不同模块外包给不同企业承担。而这种新的生产、分工方式会对产业组织产生重要影响，进而推动产业融合的发生。例如，温承革等（2006）的研究指出，模块化生产方式会逐渐形成一种模块化网络组织，组织内的企业具有较强的协同合作关系，并且分工模式也从线性的产业链分工逐渐向立体的网络化功能分工演化。进一步地，分工方式的变化使企业之间的联系方式、产业链的构成、价值链各环节的价值量等都发生巨大变化，然后随着变化的范围越来越大、频率越来越高，企业、产业链、价值链的边界开始出现松动（余东华和芮明杰，2005）。而接口的标准化则可以将不同技术领域的功能模块进行重新组合，进而构成一个新的产业功能系统，是技术模块间融合的前提和基础。

技术融合的内在机制如图 2 - 3 所示。

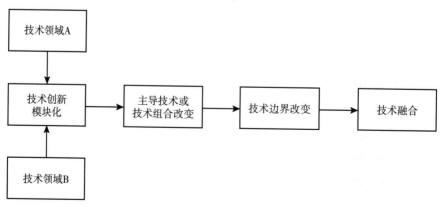

图 2 - 3　技术融合的内在机制

（二）产品融合

技术的融合为不同产业的产品间提供可以共用的技术，从而使基于该技术的不同产品得以集成、组合，产生不同功能的新产品。但对企业来说，产品融合不仅要解决技术基础的问题，还需根据技术变化，对业务、流程、管理和发展战略进行相应调整和再造，产生适配新产品、符合市场需求的新业务、新服务、新内容，才能真正实现价值创造。这样，随着不同产业间的技术融合，其产品、服务和业务边界便逐渐开始交叉、融合，打破了原有的产品与业务边界，进而促进产品结构、业务体系和相应价值链的重构。总的来说，产品融合突破了技术层面的含义，是企业在市场需求的引导下，在技术创新基础上进行的业务、管理、流程和战略上的全面创新与重塑（马健，2002）。

产品融合的内在机制如图 2 - 4 所示。

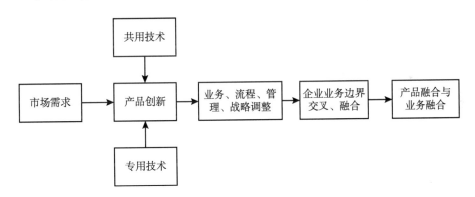

图 2 - 4　产品融合的内在机制

（三）市场融合

市场融合是实现产业融合的必要前提，也是推动技术和产品融合前必须考虑的方向引导。克里斯滕森和罗森布鲁姆（Christensen and Rosenbloom，1997）、聂子龙和李浩（2003）都指出，许多企业技术融合战略失败的主要原因不在于技术层面的欠缺或创新能力不足，而是其技术和产品融合的产物不能满足市场需求，更无法创造新的需求。因此，市场融合的关键在于评估技术和产品融合能否适应新出现的市场需求，能否创造出新需求或是形成差异化供给优势以获得市场势力等问题。

就总体而言，技术融合、产品融合和市场融合虽然是产业融合的三个构成阶段，但三者之间并不是简单的线性关系：技术融合是产业融合的底层基础；产品融合是手段和方法；市场融合则为技术和产品融合提供导向。在三个阶段相互影响、相互促进、有序衔接之下，才能推动和实现产业融合发展。

五、产业融合的效应

无论是政府还是企业，是否要推进或选择产业融合，首先要考虑的就是产业融合战略对比其他战略（如分工）所带来的效应和收益，既有研究从企业、产业、区域等不同层面，产业组织、产业结构、产业竞争力、创新、价值创造等不同视角，对产业融合的效应进行了广泛研究。本章在梳理既有研究成果的基础上，从创新、价值、产业组织和产业整体发展四个维度，将产业融合效应归纳为促进产业创新、实现价值增长、促进竞争性合作和推动产业结构升级四个方面。

（一）促进产业创新

产业融合使产业边界模糊化，产业之间具备了一定的技术基础，新技术得以在多个产业间广泛应用，促进了技术融合与技术替代，必然会带来产业创新，也可以说产业融合本身的过程就是创新的过程。产业融合的创新促进效应也得到了多数学者的认可。例如，马健（2002）和郑明高（2011）认为产业融合是传统产业创新的重要方式；陈柳钦（2006）和王丹（2008）提出了产业融合的创新优化效应，认为新兴产业部门的向下渗透能够提升传统产业部门的技术水平、产品与服务质量。这种创新效应首先发生在企业内部，再由企业群的创新进一步传导至整个产业，可以大体分为技术创新、组织创新和管理创新。一是技术创新。产业融合对企业依托传统产业链供应链进行的各类经济活动造成了扰动，原本相对稳定的链条由于新兴产业的渗透而变得动态、易变。新技术和创新主体大量涌入，基于多元技术和多元创新主体之间能力、资源等比较优势的技术组合与协同创新将促使企业加快技术的研发创新（张昕蔚和刘刚，2022）。二是组织创新。产业融合所引发的产业链、价值链变化，以及技术和产品创新所引致的生产方式、商业模式等的变革，将促使企业进行组织创新，构建适应新方式、新模式、新环境的组织结构（余东华，2005）。企业必须打破传统的组织结构，构建具有网络化、虚拟化、动态化特征的新型组织，以便建立更广泛的合作关系，吸收更丰富的技术资源和创新力量。三是管理创新。技术和组织上的变革要求企业必须对管理方式和管理思维进行创新，产业融合对企业来说不仅是技术问题，更是管理问题，成功地顺应融合趋势不仅需要应用技术创新资源，更重要的是解决融合之后的管理适配问题。

（二）实现价值增长

价值增长效应是指融合后的产业领域相比原产业拥有更大的利润空间和附加值增长空间，可以从成本节约和拓展价值空间两方面来讨论。

第一，成本节约效应。在前文有关产业融合动力机制的论述中，本章梳理了有关产业融合促进交易成本降低的研究，而交易成本的降低正是重要的成本节约效应之一，在此不再赘述。此外，还有一些研究指出，产业融合能够形成协同经济、联结经济、范围经济等经济效应，从而实现各种成本的下降，这些效应均可总结为通过提高通用资产和要素的利用效率而产生的成本节约效应（胡永佳，2008）。产业融合能够提高资产的通用性，增加企业间可共用的通用资产和要素，如在平台经济领域，包含支付系统、搜索系统、即时通信系统等在内的各类平台系统都是多边参与者的通用资产，平台规模越大，参与平台的商家、金融机构、用户等越多，这些通用资产的利用率就越高，平台的平均使用成本就越低。而那些基于互联网等数字技术与其他产业融合形成的新产业、新领域，都在一定程度上拥有这种特性。产业融合所产生的创新效应能够提高企业的技术水平、管理能力等，帮助企业优化生产管理流程、提高生产管理效率，进而节约成本。

第二，拓展价值空间的效应。一方面，产业融合催生了新产品、新服务，形成新的产业业态及相应的市场空间，在拓展产业发展空间的同时，新产品还能更好地适应市场不断变化的需求，甚至引领用户的未来需求，创造出新的价值增长点。另一方面，从价值链的视角来看，产业融合使原本独立的价值链条相互融合，形成以新技术、新产品为基础的新兴价值环节或价值链，相较于原链条往往具有更高的附加值和更大的价值增长空间。例如，黄建华和张春燕（2009）指出，电信、广电和互联网的"三网融合"形成新的产业链，对"三网"原本独立的经营业务进行了补充，产业链条中的软件提供商、系统集成商、设备提供商等都实现了更高的价值创造。宋怡茹等（2017）研究发现，产业融合会推动不同产业间价值链的重构，价值创造和价值增值能力显著提高。

（三）促进竞争性合作

产业融合使得产业边界模糊化，产业进入壁垒被进一步消除，各产业内的企业互相进入彼此的市场，同时新的利润空间和产业发展空间也会吸引新企业加入，从而引发了更大范围的竞争（周振华，2004；于刃刚和李玉红，2004）。在此环境下，为适应新的产业组织环境和市场竞争结构，企业必须调整其战略和行为，而开展广泛合作就是其中的关键一招。因为产业融合过程中，更大的竞争范围、更多的竞争对手、多变的竞争环境、迥异的竞争规则都使单个企业想要获取竞争优势变得愈加困难，企业不得不主动调整战略寻求合作，哪怕是与过去的竞争者之间。

这种竞争与合作并存且始终处于动态变化状态的产业组织环境，能够催生出更多新产品、新服务，提高市场供给的多样化水平。产业融合打破了传统的线性竞争关系，原本独立的产业企业间纷纷开展非线性竞争，促进了技术、人力资本、知识等要素的相互流动，而原本不相关要素的融合重组能够产生"创造性摧毁"，重塑企业的知识技能体系，甚至是核心竞争力，进而改变其产品和业务结构（马健，2006）。这种基于新型竞合关系的资源要素重组与优化配置，会给企业带来新的发展动力，帮助其获取竞争优势（夏宇，2020），进而提高整个产业的绩效和活力，推动产业系统持续有序发展。

（四）推动产业结构升级

产业融合对产业结构升级的促进效应主要体现在以下几个方面。一是产品结构。对原产业来说，产业融合特别是高新产业的向下渗透能够提高其生产效率，具体表现为原产品的产出能力提升和新产品的出现与增长（胡永佳，2008）。二是产业结构。产业融合一般伴随着新产业的出现和传统产业的没落甚至消失，在该过程中资源要素也会从低效率、低附加值的传统产业向新兴产业汇聚，使高附加值、高创新性、高效率的新兴产业在整个经济体系中占据更重要的地位[①]，从而实现产业结构升级（沈桂龙，2008；陶长琪和周璇，2015）。三是产业资源禀赋结构。产业融合的过程也是产业创新、产业升级的过程，那么整体来看，知识、技术、信息、创意、理念等无形资产将会在整个产业资产结构中占据更大的比例。尤其是随着数字技术的发展，企业还能以极低的成本复制那些表征为数据形式的有价值的内容、思想和创新，迅速占领市场从而为企业创造更多红利，这种生产方式进一步弱化了许多传统资产在价值创造中的作用。四是需求结构。需求结构与产业结构是相互影响、相互作用的关系，产品结构、资产禀赋结构等的变化会对用户需求起引导作用，而需求结构的升级又会指引产业融合的方向，促进产业结构转变升级（尹莉和臧旭恒，2009）。

六、产业融合的发展趋势

新一轮产业革命与技术革新所带来的主要影响之一就是数字技术加速创新、迭代和产业化，同时广泛渗透进传统产业尤其是实体产业中，促进技术融合、产品与模式创新、产业结构调整和转型升级。该过程本质上属于产业融合问题，由数字技术引领的融合创新也将成为未来一段时间产业发展的重要趋势，具体可总结为数字技术与制造业融合、制造业与现代服务业融合、

[①]　一般可用地区产业增加值占 GDP 比重来衡量。

实体经济与虚拟经济融合、供给端与需求端融合等。

（一）数字技术与制造业、农业等实体经济相融合

数字技术的通用性、渗透性和融合性已经被广泛认同，从 20 世纪开始的产业信息化转型，到当前依托云计算、大数据、人工智能、数字孪生等技术形成的智能制造、仿真制造等新型制造模式，数字技术与制造业的融合程度越来越高，融合范围也越来越广，使生产方式整体向数字化、智能化、互联化发展。从全球范围看，智能制造已经成为国际产业发展的主流趋势，也是当下和未来国际制造业竞争的焦点领域。美国、德国、日本等发达国家均相继推出加快数字技术与制造业融合发展的国家战略，这些战略的核心正是智能制造。除了生产制造领域，数字技术还与材料技术深度融合形成增材制造加工模式（即 3D 打印），相比于传统的对原材料去除、切削、组装的加工模式（减材制造或等材制造），可以大幅缩短产品的生产周期，降低制造成本，提高资源利用效率和研发制造效率。由数字技术与材料技术融合引发的新材料革命也将成为制造业重要的发展趋势。同时，制造业也开始与许多以数字技术为基础的现代服务业相融合，包括仓储运输、工业软件和操作系统、信息的存储与传输、供应链金融、互联网批发零售、战略咨询服务、综合技术服务等领域。通用电气、西门子等国际制造业巨头已经实现了服务化转型，服务收入成为企业主要盈利来源，而制造业的服务化转型必然成为制造业与数字技术融合发展的一大趋势。

（二）实体经济与虚拟经济融合

在数字技术的快速发展下，物理世界与虚拟世界也在加速融合，进而推动实体经济与虚拟经济的融合。在数字技术发展初期，实体经济与虚拟经济融合主要集中于金融和零售领域，如供应链金融、互联网金融融资、电子商务平台、跨境电商等新业态。近年来，融合现象以销售端为起点开始快速向生产端和研发设计环节延伸，例如，线上线下一体化模式（online to offline，O2O），众包式、分布式的研发设计模式，云制造、共享工厂等模式。此外，

以信息化服务平台、云制造服务平台、工业互联网平台等为代表的虚拟组织
合作平台也在蓬勃发展（金莹和张以文，2013），将成为众多实体企业经济活
动中的重要组成部分。

（三）供给端与需求端融合

数字技术与社会经济系统的全面融合，让过去供给端与需求端由相对分
割向融合互通转变。一方面，数字技术打通并拓展了用户获取信息的通道。
传统销售模式下，用户与企业之间的信息沟通渠道是相对闭塞的，用户获取
和反馈信息需要通过媒体或经销商，信息传递效率低、信息失真等问题难以
避免。随着互联网等数字技术的扩散，闭塞的信息通道被逐渐打通，用户得
以与企业进行直接对话。信息通道的打通使用户能在短时间内以更低的成本
和更高的效率获取参数、性能、同类型产品价格等产品信息，从而帮助其选
择性价比最高的产品。例如，通过搜索引擎、电商平台、专业社区等手段，
用户只需要在电脑或手机等终端设备上简单操作几下，就可以找到与意向产
品有关的大量信息。另一方面，用户得以直接参与产品的生产、设计等价值
创造环节。数字技术将用户与企业之间的信息壁垒打破，消费者与企业频繁
互动，建立起"生产—消费—反馈—改进生产"的商业循环，使企业能够将
用户需求信息纳入企业的设计研发过程，将价值主张与用户的需求信息和消
费反馈信息相互作用，以深度挖掘用户需求价值。供给端与需求端的融合使
用户事实上具备了消费者和生产者的双重身份，用户深度参与的大规模定制
化生产模式已经成为产业融合发展的重要趋势（杨帅，2015）。

七、研究述评和未来展望

（一）研究述评

从本章对文献的梳理情况来看，国外关于产业融合的研究多关注信息技
术以及与此关联或由此延伸的产业领域，注重对该领域中实际发生的产业融

合案例进行描述和剖析，从技术创新、政府管制、市场、企业战略等视角讨论产业融合的动因、过程、效应等具体问题，整体上将产业融合视为技术融合尤其是信息技术融合的延伸，较少对产业融合问题进行理论性、成体系的深入研究。国内对产业融合问题的关注也起始于中国信息化快速发展的时期，因此早期学术界相关研究也主要从与西方相似的视角进行，后期才逐渐转为经济学视角的理论与实证研究。国内外学者对于产业融合的概念、类型特征、动因、过程、效应等已经进行了较为深入的探索，为后续研究奠定了较为深厚的理论基础。但由于国内研究起步较晚，目前尚未形成相对统一的产业融合的系统性理论研究框架，这使得许多学者在尝试将经济学理论与中国产业发展实践相结合，以研究中国具体的产业融合模式、产业融合路径、政府规制、产业政策等实际问题时，仍然存在理论和政策研究滞后于实践、难以有效指导实践的问题，很难解答系统性、机理性且符合中国实际情境的问题。

（二）研究展望

1. 高质量发展下的产业融合理论基础深化研究

党的二十大报告指出："高质量发展是全面建设社会主义现代化国家的首要任务。"在此主题下，构建国内国际双循环发展格局、建设现代化产业体系、提升产业链供应链韧性和安全水平、推进城乡融合和区域协调发展等都对中国产业融合发展提出了新要求、新方向，产业融合发展也应具有更丰富的理论内涵。当前，国内产业融合的理论研究主要与产业协同发展（易醇和张爱民，2018；李蕾和刘荣增，2022）、新旧产业转化（郭晓丹和何文韬，2012）、产业结构升级（吴福象等，2009；杨仁发和刘璇，2022）、产业链价值链供应链重构（宋怡茹等，2017；李宇和杨敬，2017）、要素升级（肖婧文和冯梦黎，2020）等具体的产业发展问题相关联，少有在新发展格局、高质量发展背景下的系统性理论研究，未能与高质量发展这一主题密切衔接。因此，需要积极构建符合新发展格局下具有中国特色的产业融合理论体系，有助于推动产业高质量发展。同时，产业融合本身也是一个涉及技术创新、产品市场、企业战略、产业组织、政策制度等多方面的复杂系统过程，需要积极引入高质量融合发展的理念和目标，促进多学科、多方法、多理论的交叉研究。

2. 数字经济与实体经济融合研究

数字经济是推动产业融合的重要动能，产业数字化既是当下促进产业融合发展的核心路径，也是实现高质量发展、建设现代化产业体系的必由之路。对此，应当积极构建数字经济与传统产业融合发展的系统性研究框架，就数字经济与产业融合的内在机理、融合路径、关键要素等问题展开深入研究，从理论层面探讨数字经济在产业融合过程中的作用机制，厘清数字经济在产业融合发展中的角色和定位。同时，积极探讨不同行业、不同类型企业，尤其是中小企业的数字融合问题。一方面中国是全球唯一拥有联合国产业分类中全部工业门类的国家，不同行业与数字经济的耦合特征、存在瓶颈、融合效应等个性化问题均值得讨论。另一方面，中国大部分企业是中小型企业，多从低端市场开始起步，数字化基础很差，那么这些企业的数字融合应当如何推行？遇到的阻碍有何不同？差异化、个性化需求该如何满足？此外，虽然许多研究和案例都说明，中小企业数字化转型具有明显的降本增效效果，但同时也存在大量中小制造企业数字化转型未取得预期效果，甚至完全失败放弃的案例，原因何在？目前多数研究将原因归结于中小企业自身资源和能力的不足，认为应当加强政策支持以弥补不足，但这并不能解释相同政策环境下，一地区内同时出现成功、失败案例的现象。这说明数字经济与实体经济融合还缺少深入质性的研究，尤其是缺乏将不同属性企业经验启示与一般性理论分析相结合的研究，导致难以抓住数产融合存在的实际困难和本质问题，导致政策建议的片面性。

3. 中国情境下的产业融合问题研究

国内已有研究多从产业融合过程中存在的实际问题切入，基于制度和体制以及深入行业或企业的质性研究还较为匮乏。正如前文所梳理的，产业融合是一个复杂、动态且深受制度环境影响的系统过程，需要将问题嵌入一定的情境中才有实践意义。而中国的制度环境和市场环境极其复杂且特殊，探究中国情境下的产业融合问题，尤其是在政府规制和产业政策方面有助于拓展现有理论，指导中国的产业发展实践。加之近年来，党中央、国务院和有关部门为推动产业融合出台了很多支持政策，那么，怎样立足当前、着眼长远，客观评价其当前效果和长期影响？某些政策"虽然好，但落实难"，原因何在？应该怎样改进现行政策，帮助其化解政策实施中的难点、堵点并消除政策盲区，完善政策的演变逻辑？为此不仅需要基于企业、地区、行业案例的成功经验进行调研，更需要对相关失败案例包括不那么成功案例的认真观察和深层剖析。

4. 现代化产业体系与产业融合的问题研究

现代化产业体系是由各部分相互联系、相互作用、相互依存、不可分割的有机整体，研究产业融合问题不仅要关注服务业同制造业的融合，还要关注服务业与农业、服务业内部不同行业间的融合。撇开产业属性因素所导致的特殊性，国内外关于产业融合，特别是关于现代服务业与先进制造业融合发展的研究成果，对于深化现代服务业与现代农业、服务业不同行业之间融合，以及数字经济赋能产业融合的研究，富有启发意义。例如，关于现代服务业与先进制造业融合动因和机理的分析，甚至在关于服务业与制造业发展关系上需求遵从论、供给主导论、互动论和融合论等不同观点的争鸣，对于科学把握现代服务业与实体产业、服务业不同行业之间融合、数字经济赋能产业融合的形成过程和发展阶段，均值得借鉴。进一步看，产业、技术的演进往往存在诸多不确定性，技术机会、融合可收益性、技术进步的累积性和相关知识基础的属性都可能影响产业融合模式和路径的选择。如从原材料行业到消费品制造业到装备制造业，或劳动密集型产业、资本密集型产业、技术和资源双密集型产业（如现代种业）在产业融合模式、路径、程度的选择上可能有所不同，亟待进一步深化研究和比较分析。

5. 产业属性差异对产业融合的影响研究

现行研究对产业属性因素对产业融合的影响开始引起关注，但总体上仍属于相关研究的薄弱环节。现行研究分别探讨现代服务业同先进制造业融合发展或现代服务业同现代农业融合发展问题较多，而将推动现代服务业同先进制造业、现代农业深入融合放在一起研究并进行分析比较，努力借此探讨推动现代服务业同先进制造业融合、现代服务业同现代农业融合、现代服务业内部不同行业间融合在政策需求上的异同点，目前相关研究仍然极其少见，研究难度也较大。这种状况不利于从不同类型产业融合的比较中科学把握不同类型产业融合的共性和特殊性，妨碍产业融合理论研究和政策创新的深化。统筹研究推动现代服务业同先进制造业、现代农业的深度融合问题，重点分析以下三个层面的特殊性：（1）跨产业融合（服务业与制造业、农业）；

（2）服务业内部行业融合；（3）不同领域产业融合的机理与路径。这有助于深化产业融合的理论和政策研究，准确把握各类产业融合的存在条件、适用范围，以及相关政策制度创新的时度效。

产业融合的国内外经验及启示

随着新一轮科技革命和产业变革的深入推进，现代服务业内部以及与制造业、农业之间的产业融合发展，已成为今后全球产业发展模式变革的重要趋势。为了抢占产业发展制高点，获取更高的收益回报，发达国家、跨国公司和中国不少先行地区、行业领军企业都在尝试并努力推进现代服务业与其他产业的融合互动，并已积累了许多成熟模式和成功经验，研究剖析这些产业融合发展中的共性规律，将能少走弯路，加快推动中国产业融合发展步伐，塑造中国产业竞争新优势。

一、产业属性与产业融合

现代服务业内部之间及其与先进制造业、现代农业的融合发展既有共性之处，也各有自身的特点，有必要通过对不同产业融合类型的机制分析和比较研究，弄清产业属性因素对于产业融合的影响。

（一）三类产业融合的机制分析

现代服务业与先进制造业融合（以下简称"两业融合"），通常发生在制造业微笑曲线的两端，包括制造业向价值链前端的研发采购，向后端的营销运维等环节扩展，旨在构建拓展制造业企业经营的高价值空间，实现向制造服务化或服务型制造的转型（孙谦，2021）。一般来说，两业融合的主要推动者是制造业企业，受消费升级驱动，产业链价值增值部分越来越向微笑曲线两端集聚，制造业企业为了获得更高的利润回报，主动或者被动推动核心制造板块向研发设计、维修保养、管理运营、金融租赁等高价值环节拓展。随着新一代信息技术、人工智能的广泛渗透和赋能，工业互联网、智能工厂、柔性化定制、共享生产平台等新业态、新模式的出现，进一步打破了现代服务业与先进制造业之间的行业壁垒，大幅降低了两业融合成本，让两业融合效率和效益凸显。

现代服务业与现代农业融合，是突破传统农业下资源要素制约、实现农业高价值跃升的根本途径。现代服务业与现代农业融合通常发生在农产品流通、销售等价值实现环节，也可能通过技术创新与应用、金融服务、供应链服务、信息服务等现代服务业与农业的耦合发展，突破水资源、耕地、劳动力、资金等制约现代农业发展的资源要素瓶颈，提升农产品供给能力，推动农业可持续发展。同时，现代农业具有生产、生活、生态等多功能性，所以现代服务业与现代农业融合也可能发生在满足居民农业多功能性需求的领域，通过向传统农业中引入文化创意、休闲旅游等服务业态，形成生态农业、休闲农业、创意农业等产业融合新业态。

现代服务业内部相互融合是服务业内部细分行业生产要素优化配置和业态模式创新的结果，所以现代服务业内部融合通常是由要素配置能力较强、业态创新活跃的服务业行业来推动或导引，诸如金融服务、信息服务、旅游服务等，进而有效解决其他服务业发展中面临的资金短缺、信息不对称、获客成本高等难题。同时，服务业内部融合也可能由广辐射、强带动特征的平台型服务行业来推动，诸如研发设计、物流服务等，通过降低共性、共享环节的交易成本，形成有利于现代服务业内部融合的良好产业生态。

（二）三类产业融合的共性特征

现代服务业内部之间及其与先进制造业、现代农业的融合发展是将知识、信息、金融和智力要素等服务经济要素扩散、应用到其他行业中，形成产业融合新业态，实现对原有生产制造的转型升级，因此三类产业融合具有一些共性特征。

1. 产业链延伸与拓展

无论是制造业、农业向上游研发设计或向下游市场服务的纵向拓深延展，还是现代服务业内部之间的横向延伸，本身就是不断打破旧有的产业边界，本质上是对产业链终端产品价值增值的追求。所以，三类产业融合都是产业链中的市场主体为了追求自身利益的最大化，基于自身的比较优势，通过资本运作关联、技术知识外溢、管理模式输出、市场客户共享等方式，进入并分享跨行业的产业链增值收益。

2. 产业间分工内部化

现代服务业的细分行业许多都是制造业、农业等已有产业分工不断深化的结果，而且分离出来的服务价值链与原有生产制造环节仍存在密切的垂直联系，分工深化产生的知识外溢效应是促使生产与分化出的服务业态进行纵向联系的原始动力，在交易费用能够降低、风险可以有效规避的情况下，市场主体既有动力也有商业可行性，通过产业融合将知识外溢内部化。所以，三类产业融合都是基于专业化深度分工基础上的内部化过程。

（三）三类产业融合的差异

现代服务业内部融合及其与先进制造、现代农业的融合，涉及不同的产业交叉组合，现代服务业在产业融合中的作用和地位也不同，在推动产业融合的主体和对应的政策需求方面更是具有鲜明的差异。

1. 服务业作用和地位不同

现代服务业与制造业的融合发展中，虽然服务业通过为制造业提供知识、技术、信息等推动制造业向产业链高价值环节跃升，但其中的服务业许多是从原制造业环节分离出来的生产性服务业，如研发、设计、物流、设备租赁等，所以两业融合中的服务业经常需要依附或从属于制造业，作为其中间投入要素或生产过程的支撑性要素。[①] 与此不同，现代服务业与农业的融合发展中，服务业更多居于主导地位，农业反而更多作为融合业态中的投入要素，

---

① 不可否认，服务制造化中的服务业企业凭借其研发设计、物流网络、市场营销等方面的优势和在产业链高端的控制力（丰晓旭，2020），能够在两业融合中发挥主导作用，制造业企业反而处于从属地位，但总的来说，与居于主流地位的制造服务化相比，服务制造化的规模和影响力相对较小。

如休闲农业核心是休闲服务业态，农业只是更好实现休闲服务的载体而已，休闲农业的主要收入也来自观光门票、采摘、住宿、餐饮等服务环节。

2. 推动主体不同

受制于自然环境和动植物相对缓慢的生长周期，农业天然具有弱质性，相对于服务业也难以超越自然规律快速做大产业规模，这就造成现代服务业与农业融合的风险较高、周期较长，即便是风险资本一般也不愿意先期介入，所以现代服务业与农业融合往往需要政府推动。即便是休闲农业、种业研发等具有较高商业开发价值的领域，也因投入大、周期长等原因需要政府政策给予扶持来预热市场预期、消除产业化开发风险。与此相反，现代服务业与先进制造业融合以及现代服务业内部融合，很多是消费升级、产业高质量发展需求产生的高回报领域，也是制造业企业和服务业企业抢占市场份额、提高行业壁垒、获得超额利润的重要方向，如工业互联网、金融租赁、科技金融等，所以很多有实力的行业龙头企业或创新型企业是两业融合和现代服务业内部融合的主要推动者。

3. 政策需求不同

正是因为产业融合推动主体存在差异，决定了产业融合政策需求也会有对应的不同。现代服务业与现代农业的融合，因为市场不确定性较大，所以需要政府在产业融合相关的基础设施建设、生产要素投入、市场主体培育等方面给予支持，以降低产业融合的成本和市场风险。现代服务业与先进制造业融合以及现代服务业内部融合，主要面临跨界融合可能出现的政策管制制约，所以需要政府根据产业融合新产业、新业态、新模式规范健康发展的要求，适时调整或者放松混业经营管制，强化行业垄断规制，维持有序竞争的市场秩序，创新提供融合新业态孕育发展的应用场景。

二、模式与做法

发达国家（地区）和国内先行地区、企业顺应产业融合发展趋势和要求，积极推动现代服务业内部之间以及与制造业、农业融合发展，形成了一些成功模式和可复制的经验做法。

（一）现代服务业与制造业深度融合的模式与做法

1. 大型制造业企业主导下的服务化转型

行业领军型制造业企业为了获取更高的产业链增值收益，担当了两业融合的急先锋。美国卡特彼勒公司是位居世界前列的机械设备生产和再制造企业，为了帮助客户解决购买大型机械设备的资金不足难题，卡特彼勒公司1981年就成立了卡特彼勒金融服务公司，通过与代理商合作向客户提供"一站式"销售支持方案，即客户可以在任何一家卡特彼勒代理商的销售网点选购机器设备、办理融资、设备维护、提供原厂零备件支持等专业化服务（夏琰和胡左浩，2014）。在技术创新需求和成本上升的压力下，卡特彼勒公司自2004年开始加快制造服务化转型步伐，推出了物流等边际利润率较高的增强服务，还通过并购一跃成为全球最大的工业再制造商之一，不但开拓了新利润、新顾客，还使企业价值链由开环向闭环转变（周文泳，2012）。

美国通用电气公司于2012年提出了"工业互联网"概念，围绕工业互联网进行业务变革，加快制造业服务化、智能化转型。首先，通过注资、并购等资本操作，推动核心制造板块向服务领域拓展。2013年，通用电气公司通过注资云服务和大数据服务公司，为公司旗下工业化产品和服务提供数据服务。2014年，通用电气收购法国阿尔斯通的能源和输电业务，弥补了通用电气在输变电方面的短板，加强了能源管理系统。同年，通用电气收购医疗人力资源管理软件及分析解决方案提供商，推进了公司医疗信息化进程。其次，多方合力，软硬结合实现业务增资。通用电气依托在航空、医疗等高端装备制造的优势，通过建立自己的软件和分析中心，并借助与思科、英特尔、美国电话电报公司等信息技术企业的合作，推出 Predix 工业互联网平台，可以将通用电气的各种工业装备、设备和生产企业连接到互联网并接入云端，充分挖掘这些设备产生的数据资源，不断优化产品设计，提供设备运营跟踪服务和软件服务，到2015年通用电气的设备已拥有高达1600亿美元的服务合同。[①]

---

① 韩娜：《GE 之路——通用电气的服务化转型》，载《装备制造》2015 年第 12 期。

为了赢得经济全球化下的激烈竞争，规避价格战的不利影响，日本制造业企业也抢抓人工智能、物联网等新技术革命浪潮，通过把个性化的服务附加到产品上，从而实现高附加值化的目标，典型代表就是小松制作所。作为一家实力强劲的老牌工程机械制造企业，小松早在 1998 年就开发了 KOMTRAX 系统（通过车载传感器与卫星技术架构的远程控制系统），2005 年又推出了 AHS 系统（矿山车自动驾驶系统），后续又推出了横跨整个企业集团和供应商的物联网工厂（张玉来，2018），软件服务现已成为小松重要的利润来源。日本富士通作为一家以电信设备制造商起步的电子产品生产企业，在信息技术不断发展的背景下，逐渐挖掘到服务价值所带来的巨大价值潜力，形成了制造企业服务化转型的"产品 + 服务 + 系统"的解决方案价值共创模式。1992 年，富士通为了支持设备进行信息共享，引进了"PROPOSE"服务体系，这是富士通首次为客户提供额外收费的服务产品。随后富士通逐渐走向基于服务主导的业态提供商，即富士通不再售卖方案产品，而是通过其内部服务和技术提供者的技术或产品，融合客户的知识与经验，进而实现一个共创价值的服务方案（朴秋臻和曾邵璠，2020）。

近年来，国内不少制造业龙头企业也加快了服务化转型。三一重工作为国内外领先的工程机械制造商，对旧有的服务体系进行了数字化改造，率先完成包括一键召请、智能派工、路径定位、机器自检、系统计算及模型监控等在内的服务体系升级，打造了业内领先的顾客交易交流平台、工业互联网平台等。2020 年"服务万里行"活动中，2 万多台三一挖掘机的巡检及参数调校等全部由终端自动完成，人力减少 50%，效率实现翻番（张玉利等，2022）。海尔一直是国内制造业服务化的先行者，早在 2005 年就提出了大规模定制转型，2006 年海尔成立了集销售、物流、售后等业务于一体的"日日顺"，2012 年开始筹建互联工厂，互联工厂与众创汇、海达源和海尔"U +"智慧生活等平台合作，让用户成为生产合作者，让企业从产品制造者变成满足消费者需求的终端。2014 年海尔云贷公司成立，能够为产业链上下游客商提供供应链金融和定制成套的金融解决方案（王岚和莫凡，2017）。海尔集团在服务化转型中逐渐形成了利益相关者价值共创模式，整合了业务、组织结构、管理机制和企业文化等关键要素（王丽娜等，2019），不仅帮助海尔获得了稳定的客户和市场，还取得了良好的财务表现。

2. 产业融合发展载体下的要素集聚模式

产业融合往往涉及跨区域、跨行业、跨领域的业态、组织、管理模式再造，某些技术难度高、资源相对分散的行业仅依靠一家企业无法有效统筹融合，行业中间组织等多方共建的融合发展载体应运而生。其中，高新技术领域的产业联盟是一种典型的两业融合载体。最早发端于20世纪20年代英国组建的研究联合体，20世纪80年代后相继成立了日本超大规模集成电路技术研究组合、美国工业互联网联盟、欧洲航空集群联盟等的产业技术联盟，都致力于共性关键技术的研发试验、技术标准制定、技术成果转让和产业化应用，降低了技术开发成本和风险，美国工业互联网联盟还为成员企业提供市场影响和法律领域的服务（陈骞，2016）。其中，美国产业技术联盟注重发挥市场配置手段，内嵌了风险投资，日本产业技术联盟主要由政府主导，能够获得大量政府金融支持，欧洲产业技术联盟运作模式介于美日之间（石娟和刘珍，2015）。

中国产业技术创新联盟起步于2002年第三代时分标准通信产业联盟（TD-SCDMA Industry Alliance）和闪联联盟，随后半导体照明和无线局域网鉴别和保密基础结构（Wireless LAN Authentication and Privacy Infrastructure，WAPI）等联盟成立，2007年科学技术部（以下简称"科技部"）、国务院国有资产监督管理委员会等六部门成立了推进产学研结合工作协调指导小组，发布政策并推动构建了钢铁可循环流程联盟等大型联盟。2010～2013年，科技部先后发布了三批150家联盟试点（马大明，2021），随后中国产业技术创新联盟呈现爆发式增长。根据《2020—2021年度产业技术创新战略联盟活跃度评价报告》显示，活跃度高和较高的联盟有57家，达到参评联盟的66.28%，这些联盟在产学研深度融合、协同创新，引领或支撑产业创新发展等方面取得了突出成效。同时，中国在促进两业融合发展的实施意见中，明确提出支持有条件的城市、产业园区开展区域融合发展试点，全国不少地方政府通过积极创建两业融合试点平台，加快两业融合步伐。如烟台经济技术开发区通过科技创新赋能先进制造业，按照"实验室+产业技术研究院+孵化加速基地+科创总部基地+产业发展基金"五位一体功能布局，打造关键共性技术研发和转化平台体系，按照一个产业、一个共性平台、一个科技联盟，加快关键共性技术研发平台引建（艾丽格玛，2022）。东莞凤岗天安数码城不仅依托全球创新"直通车"、企业创新生态圈大会对接外部创新资源，还根据制造企业生产管理、数据管理、信息管理、仓储物流等诉求，建立了智能管控系统，构建了垂直/水平智能运输系统，现已建成四大工作站和五大服务平台，在人力、研发、政策、圈层、产业链对接等方面助力园区内企业两业融合发展（张华桥，2021）。

（二）现代服务业与农业融合发展的模式与做法

1. 大力推进农业产业链向服务环节延伸

日韩两国自 21 世纪初推进的六次产业化是东亚小农模式下现代服务业与农业融合发展的典型代表，核心就是通过延伸拓展本土化农业产业链和产业范围，推动农业生产加工与现代流通、休闲旅游融合发展，实现农业附加值提升和就业岗位内部化。其中，以农产品直销为代表的农业与流通业的融合发展，是日本六次产业发展的核心推动力（朱文博等，2018）。为了加快推动六次产业化，解决农村产业融合过程中的资金、人才和市场销售问题，日本政府修订法律逐步放松了工商资本租地务农的限制，通过实施乡村生活体验项目，鼓励城镇居民下乡消费（茹蕾和杨光，2019）。韩国政府出资在农村社区、农业研究院所、农业产业和政府之间建立区域网络，向农民提供农业生产技术指导、农产品营销帮助和农业研究项目资金支持（李乾，2017）。

发达国家普遍重视挖掘农业的多功能性，并以此为突破口推动现代服务业与农业的融合发展。荷兰围绕具有世界竞争力的花卉产业，将创意元素与农业相结合，每年举办"郁金香节"、库肯霍夫公园花展等活动，建设农业主题公园，完美地实现了文化创意、旅游观光与农业的融合开发（赵霞和蒋利娜，2016）。法国更是在农旅融合发展方面走在了世界前列，突出强调保持乡村原真性和独特性，强化当地农产品直销，主要原料原则上不可以向外采购，最具特色的葡萄酒庄园大多实行家族式传承、精雕细琢小农作业模式（国家发展改革委宏观院和农经司课题组，2016），这样既保证了每个农场或庄园的农产品和美食的独特性，也容易形成农业文化积淀。韩国庆尚北道清道郡在柿子产业融合发展中，除了开发柿子加工产品外，还打造集试饮、展销、聚会、文创为一体的柿子酒主题旅游景点，实现了柿子价值倍增（张骞等，2021）。

中国也早在 20 世纪 80 年代末就开启了以产加销、贸工农一体化为主要特征的农业产业化进程，突破了家庭经营分散、链条短、效益差的局限性，逐步形成了"公司＋农户""公司＋基地＋农户""公司＋合作社＋农户"等产前、产中、产后联合协作的纵向一体化生产经营方式。2015 年印发了《国务院办公厅关于推进农村一二三产业融合发展的指导意见》，推动各地形成了更加多元化的现代服务业与农业融合发展模式。其中，云南和海南不约而同地发展出了现代农业庄园或共享农庄模式，其共同的特点是以现代化种养为依托，推动农业生产、流通、加工、旅游、观光融为一体，并形成"庄园变公园、农民变工人"的农业产业化发展新模式。2016 年中国首次将"发展创意农业"写入中央一号文件《关于落实发展新理念加快农业现代化实现全面小康目标的若干意见》，2017 年中央一号文件《中共中央 国务院关于深入推进农业供给侧结构性改革加快培育农业农村发展新动能的若干意见》中进一步提出支持有条件的乡村建设以农民合作社为主要载体、让农民充分参与和受益，集循环农业、创意农业、农事体验于一体的田园综合体。随后中国多地出现了创意农田景观、古村落原生态景观、创意农产品、农耕文化体验、乡村民俗风情、农事节庆活动等丰富多彩的创意文化与农业融合业态，实现了科技、文化元素与农业的有效嫁接，丰富了农业文化内涵，显著提升了农业经济价值。

2. 促进融合型新产业、新业态发展

新一代信息技术的发展和在农业领域的深度渗透，模糊了农业与其他产业的边界，大大缩短了现代服务业与农业融合发展的成本，造就了智慧农业、农产品电商等全新的融合产业形态。近年来，西方农业发达国家高度重视智慧农业发展，积极推动农业物联网、农业大数据、农业机器人、农业区块链等关键技术的研发和应用。如美国注重开发农业信息资源，形成了连通政府、地区、科研院校、企业等多部门的专业化农业信息系统，建立起了农业网络信息中心、农业在线访问网站、粮食与营养援助研究数据库，以及生产、供应与分销在线数据库，农场主可以利用农业数据库、农业遥感技术、地理信息系统和全球卫星定位系统实现精准农业，农业经销商可以借助自身搭建的大数据平台和公共农业大数据资源，为农场主提供土壤采样、变量施肥、无人机植保、产量监测等各类智慧技术服务（陈雪等，2021）。日本于 2015 年启动了"基于智能机械＋智能 IT 的下一代农林水产业创造技术"项目，欧洲农机工业学会 2017 年提出了"农业 4.0"计划，突出智慧农业的未来发展方向定位。

中国在新一代信息技术应用场景拓展上走在了世界前列，在农业领域形成了成熟的农产品电商和快速发展的智慧农业。中国已发展出以京东为代表的"平台＋自营"、以淘宝为代表的"平台＋商家店铺"、以多利农庄为代表的"消费者定制"、以沱沱工社为代表的"农场直供"、以云厨电商为代表的"社区 O2O"，以及"政府＋平台＋企业＋贫困户"的电商扶贫等多样化农产品电商模式，许多偏远农村地区借助电商也实现了与城市居民的零距离交易，2021 年农产品网络零售额达到 4221 亿元。[①] 智慧农业方面，中国以农业物联网应用为先导，2013 年选择天津设施农业与水产养殖、上海农产品质量安全监管、安徽大田生产开展农业物联网区域试验工程。2022 年农业农村部统计数据显示，全国农业生产信息化率达到 27.6%。[②]

3. 扶持发展农村产业融合发展主体

日韩两国在推进六次产业化的过程中，充分发挥了农业协会的组织引领作用，并高度重视经营主体认证，两国均成立了六次产业化经营主体认证机构，明确了严格的认证条件（张永强等，2017），对于获得认证的经营主体给予融资、税收，以及配套设备购置、基础设施建设等方面的倾斜性扶持政策。荷兰在创意农业的发展中注重发挥合作社和专业协会的创意元素设计、市场营销等作用。法国农旅融合的成功，与乡村旅游协会、农会等中间组织的作用密不可分。法国构建了"农户＋协会＋政府"的乡村旅游协作机制，农民可以自愿加入"欢迎你到农庄来""农家长租房""农庄餐饮与住宿"等协会型组织，在全国大区、省、市镇均成立了各级旅游协会，旅游协会在政府政策范围内制定行业规范、质量评级标准，带动农户进行经营（丁晓燕和孔静芬，2019）。特别需要说明的是，法国在发展农旅融合

---

① 《商务部通报 2021 年我国网络零售市场、服务外包有关情况并就 2021 年中俄贸易实现历史性突破等答问》，中国政府网，2022 年 1 月 27 日，https://www.gov.cn/xinwen/2022 - 01/27/content_5670877.htm。

② 农业农村部新闻办公室：《大力推进智慧农业发展 赋能农业现代化建设——农业农村部市场与信息化司负责人解读〈农业农村部关于大力发展智慧农业的指导意见〉〈全国智慧农业行动计划（2024—2028 年）〉》，农业农村部网站，2024 年 10 月 28 日，http://www.scs.moa.gov.cn/gzdt/202410/t20241028_6465097.htm。

的过程中，突出强调经营主体是所有的农业开发者和乡村居民，而非外来投资商，为农庄提供经费资助以促进传统风格民居的维护与修缮，取消旅馆和餐馆的职业税，依靠高度自律的行业协会促进乡村旅游良性竞争和规范运行，制定工作者拥有 30 个非假日的带薪年假制度以保障乡村旅游客源（祝捷等，2017）。

中国在推进农村一二三产业融合发展的过程中，也高度重视融合发展主体的培育。黑龙江注重发挥农民合作社在产业融合发展中的引领作用，如全国示范社——仁发合作社与阿里巴巴、京东商城等知名电商合作，推进绿色有机产品线上销售，并在组建营销团队、建立外埠市场的基础上，联合 7 家合作社成立黑龙江仁发农业科技有限公司，与上海盘中餐、清美等龙头企业签订农产品销售协议，确定作为上海唯一马铃薯主食化农产品供应外延基地（魏伯勤，2019）。安徽创新地发展出农业产业化联合体，主要针对单一主体"单打独斗"的局限性。龙头企业因为监督成本高，很难单纯依靠订单农业来确保原料按时保质供应，自己建设基地又存在投入大、周期长的问题，难以快速扩大规模。农业产业化联合体，能够让家庭农场从事生产、农民合作社提供社会化服务，龙头企业专注于农产品加工流通，从而形成分工高效协作的农业产业链条。农业产业化联合体成功的关键不仅是通过长期契约实现产品交易的联结，还通过资金、技术、品牌、信息等融合渗透，实现"一盘棋"配置资源要素，让各成员获得更高的身份认同，有效降低违约风险和交易成本（乔金亮，2017）。浙江把集体经济组织作为农村产业融合发展的重要主体，2007 年修订全国第一部农村集体经济组织的地方性法规《浙江省村经济合作社组织条例》，赋予村级集体经济组织法人地位；2017 年通过三年村集体经济"消薄"，多渠道为村集体经济组织"输血"造能；2019 年湖州南浔区探索出"强村公司"模式，即各行政村联建集体企业，以市场化运营模式承接公共财政投入项目，实现"村村成股东、村村有分红"，目前浙江已组建省、市、县三级强村公司千余个（雷刘功等，2021）。同时，淳安县枫树岭镇下姜村发展出"大下姜"乡村联合体，通过多个行政村开展组团式、片区化联合建设，探索"先富村带富一片村"长效机制。目前，各类农村集体经济组织已成为浙江现代服务业与农业融合发展的有力推手。

（三）现代服务业内部相互融合的模式与做法

发达国家依托业态丰富、创新活跃的现代服务业优势，引导具有广域辐射、广泛赋能的"数字＋""金融＋"等服务业态与其他服务业跨界融合。其中，美国将大量的人工智能技术应用于多种疾病的治疗和诊断、基因检测和识别、新药研发（张浩，2021），推动虚拟客服、远程监测、远程保健、临床决策辅助、护理流程优化、健康消费引流等医疗服务新业态发展，IBM 的沃森系统可以帮助临床医生制订、观察和调整患者的治疗方案。美国作为全球科技金融最发达的国家，形成了包括政府、投资银行、养老保险基金、天使投资者等在内的相互补充的风险投资体系，为处于初创期的大量中小科技企业提供融资、产权评估和股份转让等服务。以色列结合本国实际形成了政府直接参与科技企业孵化和风险投资的新模式，如"科技孵化器"计划（政府出资85％作为补助金）和 YOZMA 计划（属于政府引导基金，政府投资占基金份额的40％），并通过建立完善的进入和退出机制，在帮助科技型中小企业完成融资的同时，也避免了对企业的过度干预（李艳，2017）。英国充分挖掘数量庞大、藏品众多的博物馆资源，免费开放国立博物馆和美术馆，设立专项资金支持博物馆运营和文化产业开发，借助名人故居活化文化资源，依托文物藏品复制创新文创产品和节庆活动，打造出了"博物馆文化旅游"模式（李华伟，2019）。日本是文化旅游强国，通过保护本国传统文化，并将神秘的东方文化、"二次元"动漫文化，以及神社、寺庙、博物馆、民俗活动、和食等文化符号植入旅游业态，充分发掘了本国旅游资源的文化潜能，推介了带有日本文化特质的生活方式，不仅满足了游客差异性的文化感受需求，也增强了日本旅游产品的吸引力，文化观光现已成为日本旅游的高品位品牌（黄晓星，2019）。

近年来，中国借助数字技术、现代物流的快速发展，逐渐形成了具有中国特色的现代服务业内部融合模式和成功经验。浙江作为全国首个国家信息经济示范区，在"互联网＋"领域走在全球前列。典型融合模式如"互联网＋零售"产生的新零售，通过打造新零售标杆城市和培育新零售示范企业，浙江促进了传统零售模式向线上与线下、商品和服务、行业跨界深度融合的新零售业态转型。深圳依托领先的科技创新优势和金融中心地位，大力推进金融科技融合发展。2017 年福田区率先出台国内首个地方金融科技专项政策，市区两级率先设立金融科技专项奖，形成由产业投资引导基金、天使投资、风险投资、股权投资基金、私募股权等构成的创业投资产业链体系，为不同发展阶段的科技型企业融资提供主板、中小板、创业板、场外市场等多层次资本市场支持。2022 年 3 月发布的全球金融中心指数（Global Financial Centers Index，GFCI）中，深圳金融科技子项排名升至全球第六位。顺丰控股作为亚洲第一、世界第四的综合物流商，从消费者需求出发，不仅提供快递、快运、冷链等终端配送服务，还向价值链前端的产、供、销等环节和保价、代收货款等增值服务延伸，为客户提供仓储管理、销售预测、大数据分析、金融管理等系统解决方案。

三、共性经验

（一）处理好两大关系

1. 市场与政府的关系

无论是现代服务业内部融合，还是两业融合、服务业与农业融合，本质上都是追求利润最大化的市场主体行为，所以市场在产业融合中应该居于主导地位。跨产业融合需要市场条件成熟时才有成长空间，政府如果不顾市场规律强行超前推动往往适得其反，而且长期浸染在市场竞争中的企业更清楚产业融合的方向和可行路径，政府不需要也不必事必躬亲替企业操心，也不应该担任领航员，指导企业如何推进产业融合。政府在产业融合过程中更多要做的是放松管制为产业融合发展消除政策限制壁垒，创新监管维持正常的市场竞争秩序，优化产业发展要素供应，打造促进产业融合发展的良好外部生态。

2. 跨业融合与利益分配的关系

产业融合必将伴随着产业链上利益的重新分配，制造服务化或服务制造化、服务业企业向农业延伸、现代服务业企业向相近或相关的服务业领域拓展，往往会引发跨界企业与原有企业之间的利益冲突，所以产业融合需要通过收购、兼并、合作、联营，以及共建融合平台或组织等方式，将产业融合过程中的利益分配内部化，或者依靠一个有效运作的中间组织进行利益重新分配。实际上，许多成功的产业融合是借助业态创新实现了价值增值，通过做大蛋糕的方式让产业融合过程中的利益相关方都能从中获益。但是也有一些产业融合，由于一方的强势地位会出现"赢者通吃"或者形成市场垄断的局面，如现代服务业与农业的融合中经常出现农民被排除到增值收益分配之外的情景，大型平台企业以资本运作为支撑规避行业监管形成异化的金融资本。为了保证良好的竞争秩序，此时就需要政府介入，分配产业融合收益。

（二）适配产业融合发展要素

1. 新技术跨界渗透

产业融合需要打破原有的产业壁垒、降低跨界融合成本，而具有广泛渗透性的新技术正好能够充当产业融合的破冰者和润滑剂。当前，国内外两业融合中的工业互联网、制造业智能化个性服务，现代服务业与农业融合中的农产品电商、智慧农业，以及现代服务业内部融合中的智慧医疗、新零售等新业态，都依赖物联网、大数据、云计算、人工智能等新一代信息技术，其产业关联性、高渗透性等特点，通过深刻改变原有的产业组织模式和要素配置方式，显著降低原来难以逾越的产业跨界成本，让产业跨界融合变得更易行、更快捷，并催生出更多产业融合型的新产品、新业态。不仅延伸了传统产业链，还让传统产业能够拓展到高附加值的价值链环节，帮助产业融合型企业获得更高的经济回报，甚至通过新技术带来的供给侧结构性改革，创造新的市场需求，开拓新的市场空间。

2. 跨学科人才支撑

产业融合由于涉及跨行业的技术研究、产品开发、运营管理和市场营销等，需要有多学科背景、多行业经验的复合型人才支撑，而复合型人才的短缺，已经成为中国众多产业融合领域的关键制约因素。与此相反，美国高校高度重视跨学科复合型人才培养，哈佛大学通过建立跨学院、跨系科的专门委员会和教学、研究项目，通过招聘更多跨学科人才，促进科学和工程学科的多样化，麻省理工学院为推动跨学科间合作，成立了58个跨学科研究与学习部门（吴向明等，2008）。IBM这样的产业融合型领军企业，通过组建多元专家团队（架构师、业务顾问、设计师、工程师、数据科学家等），快速验证新想法的价值，推动服务企业数字化创新和转型。

3. 复合型用地供给

现代服务业与制造业、农业之间的跨行业融合，需要中国对基于不同产业类型进行土地用途管制的传统用地管理制度做出调整。如现代服务业与制造业两业融合过程中，原先制造业园区内的大量工业用地无法直接用于研发设计、科技服务、融资租赁、商贸物流等服务化转型，因为工业用地与科研设计用地、商服用地、仓储用地存在明显的用途、地价、规划、征收补偿标准等差异，擅自改变土地用途将面临法律制裁。现代服务业与农业融合过程中，很多涉及农用地转性为建设用地的问题，这也是当前农村产业融合过程中面临的最为突出难题，大量休闲农业、创意农业、农产品冷链物流等优质融合项目，因为缺少建设用地支持而迟迟无法落地。

4. 融合型金融创新

产业融合涉及业务领域拓展、新产品研发、新市场开拓，对企业现金流和融资能力都是极大的考验，对金融创新需求强烈。如在"互联网＋制造业"或"互联网＋农业"的过程中，需要购置安装数字化、智能化设备，需要购买或引进数字服务。但是，许多产业融合型产品或业态由于市场风险较大或者人们认知水平所限，往往缺乏金融支持，产品无法抵押或者估值严重偏低，造成融合型新产品或业务融资困难。同时，现代金融与信息技术、科技创新等融合过程中，还面临金融监管制度过紧制约业态创新步伐、过松扰乱金融秩序的平衡难题，因此也需要金融监管制度适时变革。如 2015 年英国金融监管局率先提出了"监管沙盒"，通过设立限制性条件和制定风险管理措施，允许金融机构测试创新金融服务和融资模式，有助于减少金融创新进入市场的时间与成本，并有效防范金融风险。

四、政策启示与建议

现代服务业内部之间以及与制造业、农业的融合发展，既要激发市场主体的积极性，也要创造有利于产业融合发展的良好政策生态，发达国家和国内先行地区的成功经验为完善相关政策举措提供了启示。

（一）适时优化放松跨行业限制性管制措施

发达国家金融监管创新和日本对工商资本进入农业限制的放松，都表明一些特定产业的融合发展需要政府调整制约产业融合发展的监管政策。如日本政府为防止形成农民对工商资本的依附关系，长期限制工商资本前向兼并农业（姜长云，2015），但是为了解决农业经营活力不足、推进六次产业化，日本政府修订法律，逐渐放松了对进入农业主体的管制（姚永龙，2020），将工商资本流转土地由事前设置准入门槛向事后监督土地用途转变。同时，主要国家从数据隐私保护、反垄断、保护消费者权益等方面，最大限度地发挥数字经济赋能产业融合的作用。

随着近年来中国不断改善营商环境，除了明确的产业发展负面清单外，限制性的审批、核准等行业准入管控措施已大幅减少，为产业跨界融合创造了较好的外部环境。但是也要看到，跨产业进入依然存在诸多隐性门槛，如服务业与制造业融合中存在两业税收优惠有差异、交叉执法等制约，下一步应全面梳理国家鼓励的产业融合领域的审批和许可事项，清理和废止阻碍产业融合发展的行政性垄断和限制性法规，消除跨所有制、跨行业的准入门槛和差异性税收政策，实施审慎包容监管和容错机制，给予发展初期的融合型新业态更多成长机会和试错空间。

（二）强化融合发展中的要素供给和市场预热

产业融合衍生的新型业态，往往需要经历一段时期的市场认可过程，而且因为市场风险较高或者盈利模式尚不成熟，经常面临要素配置不到位的窘境，这时就需要政府及时补齐这些短板（张义博，2022）。发达国家和国内先行地区为推动产业融合，从技术研发支持、人力资源供给、金融创新服务、公共数据开放等方面，进行了大量政策创新。同时，在市场预热和市场开拓方面，美国贸易促进协调委员会设立了"服务出口工作组"，法国通过带薪休假、举办乡村旅游博览会等提升农旅融合需求，韩国支持医疗机构面向外国患者开展医疗旅游业务。

中国也要借鉴国内外成功经验和先行做法，尽快补齐产业融合发展过程中存在的要素短板。一是依托中国在数字经济应用上的先发优势，打破行业间、部门间的数据壁垒，强化数据资源确权、开放、共享、交易的相关制度建设，加快数字技术在农业、制造业、服务业中的广泛应用。二是借鉴发达国家复合型人才培养经验，鼓励高等院校建立跨学科交叉专业、研究机构和育人模式，支持企业创新复合型人才培养机制，建立健全研究机构、企业和中间组织融合型人才的柔性流动制度。三是针对产业融合中的用地短缺难题，建议在农用地、建设用地用途管控范围内，鼓励探索业态复合、功能混合、弹性灵活的用地出让方式和功能适度混合的产业用地模式，支持通过集体经营性建设用地入市、点状供地、增减挂钩等灵活方式促进农村产业融合发展。四是开展产业融合型金融产品创新试点，综合应用定向降准、再贷款、尽职免责等综合性支持政策，建立健全政策性担保、风险补偿金、保险、财政贴息等多层次风险分担机制，鼓励金融机构参与产业融合发展。同时，在一些技术前景相对明朗、市场主体有需求，但产业融合条件尚不成熟的领域，政府可以适度超前参与拓展融合业态的应用场景，通过政府采购、补贴等方式预热市场，加快推动产业融合进程。

（三）引导构建合理的产业融合收益分配机制

产业融合中的企业以追求利润最大化为目标，难免会存在部分群体利益受损问题。日本政府在农村产业融合过程中对工商资本的谨慎态度，正是担心强势资本侵犯农民权益，让六次产业化背离复兴农村、造福农民的初衷。

中国高度重视产业融合中对弱势群体的权益保护，但是现代服务业与农业的融合过程中，农民依然无法有效参与产业增值收益的分配，同时信息技术广泛应用形成的平台经济存在一定程度的资本无序扩张、扰乱市场秩序的问题。建议：一是通过建立奖惩机制强化利益相关者的共享收益机制，尤其是在农村产业融合中把稳定带动农户数量和农民增收情况作为工商企业获得政策支持的重要依据，逐步建立工商企业社会责任报告制度，激励企业和农民形成股份制、二次分红等紧密型利益联结机制，让农民更多分享服务业与农业融合产生的增值收益；二是严守"互联网＋"产业融合中的安全、有序竞争底线，建立健全适用于产业融合新业态的监管模式，及时更新补齐融合性产业相关的标准、监测和统计体系，依法严惩侵犯消费者权益、垄断和不正当竞争等行为，保护好产业融合中弱势群体的合法权益。

（四）分类扶持壮大产业融合市场主体或平台组织

现代服务业与制造业融合中的大型制造业企业、产业技术联盟、两业融合试点平台，现代服务业与农业融合中的日韩两国农协、法国旅游行业协会，现代服务业内部融合中的数字平台型企业、综合性物流企业等市场主体和平台组织，是推动产业融合发展的核心力量，也是政策需要重点扶持的对象。

近年来，中国各类产业联盟获得了长足发展，但跨行业的异业联盟数量较少，联盟内部秩序混乱、运行不稳定、与外界沟通不畅，导致创新成果产业转化率较低（杨震宁等，2022），对产业融合的促进作用还有待加强。行业协会商会与行政机关脱钩改革后，行业协会商会职能弱化，新型农业经营主体实力普遍较弱，产业融合发展能力不强。因此，建议面向不同类型产业融合过程中不同主体的作用和政策诉求，采取针对性的帮扶措施。现代服务业与制造业融合中，重点是通过认定一批两业融合示范项目，引导制造业和服务业企业双向延伸，建立两业融合发展联盟、生产性服务公共平台、行业大数据共享平台、共性技术和研发平台等，为两业融合企业提供信息、政策、数据、技术支撑。现代服务业与农业融合的重点是扶持壮大龙头企业、农民合作社等新型农业经营主体，鼓励组建农业产业化联合体、农业行业协会，给予农村产业融合主体用地、信贷和项目资金等倾斜性支持。现代服务业内部融合的重点是推进平台型企业合规化、标准化制度体系建设，构建支撑平台型企业良性发展的社会生态圈（肖红军等，2020）。

第四章

发达国家支持产业融合的政策重点和趋势

近年来，许多发达国家为抢占全球科技竞争和产业竞争制高点，相继提出了一些涉及产业发展的重大战略、计划或行动，如美国发布的《重振美国制造业框架》《先进制造业伙伴计划》，德国发布的《工业4.0战略》《国家工业战略2030》等。这些重大战略、计划或行动，往往都把支持产业融合发展作为重要导向，对提升产业链供应链现代化水平、促进其与创新链深度融合，发挥了举足轻重的作用。发达国家重大战略、计划或行动中非常注重培育产业融合新业态、新模式、新技术，促进数字经济与产业发展融合、创新链与产业链融合、清洁能源与产业发展结合，以及发挥产业融合多元主体的作用。在政策演进上，产业融合呈现出从崇尚市场调节转向将尊重市场调节与强化政府作用有机结合；从抢占先机转向因类制宜，将抢占先机与加速发展有机结合；从全面扶持转向重点突破，实现精准发力；从支持构建创新网络转向支持完善创新生态系统等发展趋势。借鉴发达国家的经验做法，结合中国实际，本章提出了加强战略谋划、缩短研发与应用之间的鸿沟、优化产业政策实施的时度效、促进利益相关者合作共赢、强化产业发展的关键要素支撑等对策建议。

一、发达国家支持产业融合的政策重点

新一代信息技术革命、全球产业布局加速调整及气候危机等形势相互叠

加下，发达国家重大战略、计划或行动中将产业融合发展新业态新模式新技术的培育、数字经济与产业发展的融合、创新链与产业链的深度融合、清洁能源与产业发展的结合，以及融合发展多元主体作用的发挥作为政策主要发力点，以提升产业智能化、高端化、绿色化水平。

（一）培育融合发展新业态新模式新技术

为抢占竞争先机，发达国家重大战略、计划或行动往往将建设智能工厂、推动柔性化定制、发展共享生产平台，以及重视赋能技术等作为产业融合发展的新引擎。

1. 建设智能工厂

为抢先布局未来制造业，发达国家陆续推出一系列重大战略、计划或行动，从国家层面绘制智能工厂的基本蓝图。一是通过强调财政投入、税收减免、主体培育等相关配套政策，不断提升制造工厂智能化创新水平，并带动数控机床、工业机器人、工业软件、智能化设计等相关产业发展。如韩国的《智能制造创新愿景 2025》不仅提出了一系列配套政策激励智能工厂建设，而且提出要拓展基于远程数据中心的智能工厂解决方案，带动相关基础核心产业及包括创新型服务在内的创新产业发展，打造智能工厂基础产业市场，推动多元模式及创新服务发展。二是通过持续加大新型数字基础设施建设投入，奠定智能工厂建设的基石。如美国发布的《美国先进制造业领导力战略》，强调捕捉智能制造系统的未来，积极促进工业机器人和人工智能基础设施建设，实现从设计到零件生产的无缝集成。三是将流程标准化作为智能工厂的关键领域，以实现技术与模式创新市场化效率的提升。如德国的《工业4.0 战略》强调了标准化在智能工厂中的重要作用，并针对智能工厂生态链中的各个环节的生产成本、可用性，以及资源消耗情况等制定了一系列标准。[①]

2. 推广柔性化定制

随着消费结构不断升级和产品市场迭代周期日益缩短，发达国家重大战略、计划或行动中纷纷围绕柔性化定制开展探索。以电子信息、生物医药、

---

① 《"中国制造 2025"对标"德国工业 4.0"和"美国工业互联网"》，第 1 电动网，https：//www. d1ev. com/news/shichang/38671。

新型材料等为重点领域，通过政府资助相关机构支持柔性制造技术研发、成立柔性技术联盟、打造柔性制造集群等，提高生产制造的柔性、可编程控制能力、分布式生产能力，以适应产品市场的变动性与灵活性。如在电子信息领域，美国发布的《国家制造创新网络战略计划》提出建立柔性混合电子制造创新机构，重点开发面向复杂系统的设计工具与模块化制造设备，以促进柔性电子器件的生产和集成。在生物医药领域，《美国先进制造业领导力战略》提出推动分布式制造，使生物医药企业能够低成本、小规模生产产品，进一步促进发展精准医学。

3. 发展共享生产平台

为推动制造业发展模式的深刻变革，重构国家竞争优势，发达国家逐渐将发展共享生产平台作为重要战略选择。具体措施包括打造数据共享平台，以大幅提升数字生态环境下的生产力和构建技术数据市场服务；打造技术研发共享平台，带动重构先进制造业发展理念；在"信息物理系统"等复杂系统的制造过程中，提供开放式参与平台，从而集中海量智慧实现系统性创新等。如欧盟发布的《欧洲数据战略》提出要打造欧洲共享数据空间，覆盖制造业、绿色协议、移动、卫生、金融、能源、农业、公共管理、技能九大领域，借此促进不同领域共同构建生态环境。美国发布《国家人工智能研发战略规划》，提出为人工智能培训与测试行业打造环境共享与公共数据集平台，主要包括开源软件库和工具包的开发（文彬和董娟娟，2019）。

4. 重视赋能技术

发达国家在相关重大战略、计划或行动中往往将赋能技术（enabling technology）作为制造业创新网络的核心。赋能技术一般是指融合了多个学科、应用范围宽广的关键技术，能被广泛应用到各种产业中，对科技进步乃至政治、经济产生深刻影响。如美国发布《美国先进制造业领导力战略》，强调通过赋能技术充分发挥制造业对农村经济与就业的关联带动效应，发展先进农副食品制造业，通过数字成像、自动化、高级检测以及数字线程等技术优化粮食生产供应链的完整性（苏楠，2020）。

（二）推动数字经济与产业发展融合

为抢抓新一代信息技术革命带来的新机遇，发达国家纷纷制定数字经济与产业发展深度融合方案，推动数字经济为产业发展注入新动能。

1. 推动发展"数字经济＋制造业"

随着人工智能、物联网、大数据、云计算等数字技术向制造业的快速渗透，发达国家重大战略、计划或行动纷纷将数字化作为推动制造业转型的着力点。具体措施包括建设数字服务平台，将工厂、机器、系统等物理设备设施实现有机连接，创新制造模式（李子文，2020）；促进多元利益相关主体合作，协同开展数字技术研发与标准化建设；成立专门机构为企业数字化改造提供资助、咨询及研发支持等。如美国2016年发布的《国家制造创新网络战略计划》提出要成立数字设计与制造创新机构（DMDII），以关注数字设计与智能制造的集成。

2. 推动发展"数字经济＋农业"

为实现农业现代化，发达国家相关重大战略、计划或行动纷纷围绕农业设备智能化、生产自动化、流通数字化、管理精细化等方面进行布局。具体措施包括实施"从农场到餐桌"计划，发展基于数字网络（DT-WAN）的新型订单农业，以物联网为基础推进精准农业建设等。如德国2018年通过的《高技术战略2025》，提出要建设农业数字化能力网络，支持和促进物联网、遥感、机器人等领域的数字化研究成果向农业领域转化，以发展高效和精准农业。

3. 促进人工智能与产业发展融合

发达国家重大战略、计划或行动中多次提出要加快人工智能的商业化进程，特别是推进人工智能在农业、装备制造、绿色循环经济、交通运输、物流、金融、网络信息安全、医疗保健、营销设计、旅游业及时尚业等高附加值领域的深度应用，以确保在相关领域的领先主导地位（于成丽等，2019）。如德国2018年发布的《人工智能战略》提出推进人工智能与运输业的深度融合，鼓励车企之间紧密合作，促进智能产品和服务的开发，并及时出台相关监管政策，优化驾驶和传感数据的生成/记录、管理和评估，使自动驾驶人工智能系统在可靠应用上得到有力保障，提高用户对自动驾驶的了解与信任（李仁涵，2019）。

（三）促进创新链与产业链深度融合

近年来，发达国家不断加强部署面向未来产业的创新领域，通过加大扶持、加强合作、促进研发成果商业化等方式支持企业开展技术创新，以确保产业竞争地位。

1. 抢先布局新领域、新赛道

发达国家重大战略、计划或行动多将高端装备制造、生物医药、人工智能、新能源、新材料等作为促进产业创新的重点领域。如 2019 年韩国发布《2019—2020 年韩国政府研发投资方向及战略》，在"未来和新产业领域"部分提出，在新一代生物领域，将人工器官、生物大数据及人工智能等新技术与韩国新兴产业链接（宋微等，2019）。

2. 加大政府支持力度

近年来，发达国家开始转变治理理念，逐渐加大政府在产业创新中的作用，通过开展永久性研发税收抵免、加大政府财政投入等方式，直接支持企业创新活动。如美国发布的《先进制造业伙伴计划》，致力于精简和加强向企业提供的政府服务，并启动项目金额高达 1 亿多美元的"材料基因组"计划，用来推动先进材料相关研究、培训和基础设施建设，以催生数十亿美元产值的产业群。

3. 完善研发合作体制机制

发达国家重大战略、计划或行动中多强调对研发合作机制的完善，以不断创新合作模式。而且，始终重视合作过程中的知识产权保护问题，以打破边界，形成官产学研协同创新共同体。如美国 2020 年发布的《关键和新兴技术国家战略》，提出要推进建设一个强大的国家安全创新基地，以融合研究部门、科学实验室、风投部门及商业和产业的智慧和力量，并鼓励机构成员间签订知识产权共享保护协议，推进知识产权成果的转移转化。

4. 促进研发成果的应用推广

在研发成果商业化上，发达国家大多通过建设具有鲜明应用需求导向的产业创新中心或创建国家层面的创新服务机构与咨询机构等方式来确保创新产品以更加高效、更加规模化的形式转变为相应领域的创新平台或基础产品。如美国的《重振美国制造业框架》提出创建一个创新和创业办公室和一个国家咨询机构，确保创新成果或新技术在企业内部和企业之间迅速扩散。

（四）鼓励清洁能源与产业发展相结合

气候变化、俄乌冲突等传统与非传统安全问题相互叠加下，清洁能源与产业竞争力紧密相关，将是未来各国争夺焦点。

1. "清洁能源＋工业"

为实现工业领域的清洁、可持续，发达国家纷纷实施跨学科的工业脱碳研究计划，通过政府采购促进清洁能源制造业发展，并鼓励工业企业投资清洁能源相关领域。如欧盟氢能源和燃料电池联盟 2019 年发布的《氢能路线图2050》，倡议工业界投资氢能和燃料电池技术，从灰色制氢转为低碳制氢，以保持竞争力，抓住新机遇。

2. "清洁能源＋汽车制造业"

为在新能源汽车领域占有领先地位，发达国家相继在相关领域实施了大规模投资，以支持新能源车辆技术研发，建设相关基础设施等。如英国 2018年发布的《零排放之路》，从技术研发支持、购置补贴、基础设施建设等方面全面协助汽车市场向"零排放"过渡，并成立了电动汽车能源专项小组，以统筹清洁能源与汽车行业协同发展。

3. "智能能源系统＋产业发展"

发达国家均把智能能源系统作为制造业节能的重要抓手，实现智能制造与能源管理之间的协同效应，促进绿色制造向绿色智造转变。如英国的《产业战略：建立适应未来的英国》提出，为确保在绿色经济中的竞争地位，支持企业在智能能源系统领域开发新市场，并优先支持智能能源系统在能源密集型产业如航空航天、汽车制造业等领域的应用。

（五）发挥融合发展多元主体作用

发达国家将发挥企业主体作用作为产业融合发展的基石，并以量多面广的中小企业与有着黏合剂功能的平台机构为重点，积极联合协调各类主体，以充分释放融合潜力。

1. 激活中小企业参与融合发展能力

为充分发挥中小企业融合发展潜力，发达国家主要从以下三个方面发力。

一是促进中小企业服务化转型，集中推动服务融合及商业模式创新，以应对智能化、服务化、绿色化、平台化四大产业趋势变化。如英国发布《英国制造业的未来：充满机遇与挑战的新时代》，提出要长期聚焦制造业转型发展的研究，特别是推进"汽车＋金融＋保险＋共享"等相关新型制造与服务融合产业开发，并为制造业领域的中小企业提供服务化转型的技术咨询和战略建议，从而进一步推进中小企业发展服务型制造（Thorley，2015）。二是促进中小企业创新，包括实施多样化研发直接和间接支持措施，通过加强合作减少研发成本等。如美国发布的《国家制造业创新网络：一个初步设计》，重视通过加强与中小企业的合作，拓展制造业伙伴关系，增强资源整合能力，让更多的中小企业参与制造业创新网络建设，并鼓励中小企业实现计算机辅助设计、仿真工具以及关键设备的共享，以减少研发成本。韩国发布的《第四期科学技术基本计划（2018—2022）》特别强调中小企业是创新的支柱，并引入"计划＋开发＋商业化"的一揽子支持方法，支持中小企业创新券的开发和使用；对企业研发活动实行减税和免税，促进民间资本参与研发等；建立基于技术创新成果与问责制的业务管理体系，对中小企业研发支持比例设定方式进行改革，由部门统一设定转变为更加灵活、有效地按照业务设定（郭滕达，2018；李丹，2018）。三是促进中小企业数字化转型，完善资金、人才、技术等各方面要素环境，以推动数字化对中小企业服务化转型的深度赋能。如韩国 2019 年的《政府研发投资创新方案》强调，要重视中小企业在工业 4.0 中的作用，扩展针对中小企业数字化发展的专项支持，加大中小企业研发投入力度、高度重视中小企业研发投资效率、实施税收优惠措施、完善中小企业人才引进政策等。

2. 发挥平台型机构对推动产业融合的乘数效应

发达国家通常注重平台型机构的搭建或培育，以整合资源，协调多方力量，为产业链上下游企业提供包括技术、人才、资金、数据、市场、标准化等各方面在内的支持与合作。如德国、意大利、法国 2017 年联合发布的《共同行动计划——制造业数字化三方合作的路线图》，提出建立"中小企业整合和测试平台"，该平台将收集和有机融合来自三个国家所有的示例应用程序，以完善与推广工业 4.0 方案，提高中小企业数字化水平；构建技术数据市场或数据服务平台，提供生产系统相关数据交易服务，数据使用者或提供者涉及工厂、设备制造商、原料供应商等，以大幅提升数字生态环境下的生产力。韩国的《政府研发投资创新方案》提出建立研发投资评估平台，重点针对智能电网、智能机器人、智能农场、智慧城市、自动驾驶汽车、精密医疗、无人机和精细粉尘八个细分行业领域，为中小制造企业提供集技术支持、人力资源开发、政策咨询、信息系统集成等于一体的一站式服务。

3. 释放各类主体融合发展潜力

发达国家往往通过相关战略、计划或行动切实联合政府部门、企业、平台、高校及研究机构等融合发展主体，创新合作交流机制，打破要素资源壁垒，以优化与畅通企业人才、技术、市场及供应链等方面的信息流为重点，形成有利于产业融合发展的人才、资本及创新的良性循环生态。如韩国的《政府研发投资创新方案》提出建立创新活跃的科技生态系统，激活各主体之间的合作和融合机制，通过加强私立高校与研究机构交流、鼓励企业间合作、实施人力资源交换目标体系与结果评估等措施，促进产业界和学术界有机融合，激活民间主导的融合研究网络。

综上所述，将发达国家重大战略、计划或行动中支持产业融合的政策重点归纳，如图4-1所示。

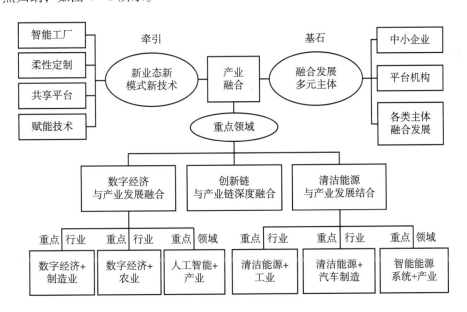

图4-1 发达国家重大战略、计划或行动中支持产业融合的政策重点

二、政策趋势

随着全球竞争形势与发展阶段的变化，发达国家产业融合相关政策在市场与政府的关系、实施阶段、扶持范围、创新模式及动态调整上呈现出以下重要趋势。

（一）从崇尚市场调节转向尊重市场与强化政府作用有机结合

自 2008 年国际金融危机以来，主要发达国家政府的新自由主义政策倾向均出现了或多或少的回调，发达国家主流经济学派出现了从新自由主义向新李斯特主义①转向的趋势。美国近年来不断加强政府在创新尤其是制造业技术创新中的作用。2009 年，美国发布第一版《美国国家创新战略》，提出在创新中"政府要主动作为"，2011 年进行修订时，政府作用得到进一步强化；2015 年版《美国国家创新战略》中，美国政府将自己进一步设定为创新型政府，而且出台了一系列政府主动支撑创新的具体措施，如加大对基础研究、STEM②人才教育与数字基础设施建设的投入力度，实施创新型企业税收优惠政策等，将政府的作用提到一个前所未有的高度。在制造业创新上，美国的《先进制造业伙伴计划》指出政府投入对推动技术创新、巩固先进制造业领导地位的重要作用，下一步应重视政府投资，克服市场失灵对技术研发的制约，积极与企业合作，成立技术投资联盟，加大对关键技术的研发。美国的《国家制造业创新网络：一个初步设计》提出，不同于传统的产学研合作，政府在推动建设国家制造业创新网络中应占有核心地位。如政府深度介入顶层设计方案，美国商务部直接负责美国国家制造业创新网络建设支撑工作，美国商务部下属的国家标准与技术研究院成立了国家先

---

① 新李斯特主义继承了经济学家李斯特的国家（民族）主义政治经济学以及对自由主义经济学批判的传统，并从工业保护的李斯特学说发展到包括农业、服务、技术和金融等在内的范围更广的保护主义学说。

② STEM 是科学（Science）、技术（Technology）、工程（Engineering）、数学（Mathematics）四门学科英文首字母的缩写，"STEM 教育"就是进行科学、技术、工程、数学四个方面的教育。

进制造办公室，负责制定相关标准，用以评估各制造业创新机构，并定期向美国总统行政办公室和商务部汇报评估进展，同时接受国家科学和技术委员会的工作指导。

德国作为欧洲经济"领头羊"和欧盟"轴心"之一，其政府在产业发展中的角色也出现明显转变。从 2011 年的《德国高技术战略》到 2018 年的《高技术战略 2025》，富有针对性的产业促进建议力度逐步加大。从中可见，这一阶段德国政府呈现出由"小政府"向"大政府"渐进转变的特征。尤其是 2019 年《德国工业战略 2030》指出，对于平台经济、人工智能、自动驾驶等意义重大的关键领域，政府有必要进行干预，甚至可以直接参与其发展。显示了德国政府经济角色的明显转变，标志着其在产业发展中的角色，从以保障市场完全竞争和自由创新为特征的"大市场、小政府"模式，转变为既维护竞争秩序又直接参与企业活动的"大市场、大政府"模式（李青等，2022）。

（二）从"抢占先机"转向"因类制宜"，将"抢占先机"与"加速发展"并重

随着新兴经济体的崛起与全球产业链趋同性的加剧，国与国之间已经不是过去贸易结构完全互补的商业伙伴，发达国家企业面临着巨大的竞争压力（于雯杰，2021）。加之工业 4.0 时代的到来，发达国家纷纷制定产业政策，以抢占竞争先机，推动新业态新模式从无到有。而且，目前发达国家关于工业 4.0 的顶层设计基本搭建完成，正处于快速发展中，推动新业态新模式从"有"到做"强"做"大"。其中，美国相关产业政策的这一演变最为明显。2012 年，美国发布《抓住国内先进制造业的有利先机》（以下简称"AMP 1.0"）。两年后，即 2014 年，美国发布《加速美国先进制造业发展》（以下简称"AMP 2.0"）。报告的名称从第一版的"抓住竞争先机"变为第二版的"加速先进制造"，反映了美国相关产业政策从"抢占竞争先机"向"加速发展"演进的变化，即发布 AMP 1.0 的目标是确保美国抓住先进制造业的发展先机，而发布 AMP 2.0 的目的则是加速这一进程，加快落实步伐。

在大数据研发上，2012 年美国发布《大数据研发行动》。这是美国第一个国家层面的大数据战略，目的是抓住技术机遇，打造产业竞争优势。2016年，美国发布《联邦大数据研究与开发战略计划》，以加速大数据研发行动进程，以进一步升级大数据在驱动产业创新中的作用。

在发展人工智能上，2016 年美国发布第一个国家层面的人工智能发展规划《国家人工智能研究与发展战略计划》，并被称为美国的"新阿波罗登月计划"。之后在《国家安全战略》《国防战略》《2020 财年研发预算优先事项备忘录》等重要战略政策中，反复强调人工智能的极端重要性。同时，相继发布《为人工智能的未来做好准备》《人工智能、自动化与经济》等多份战略文件，以加速人工智能发展进程。2019 年美国总统特朗普签署《维持美国人工智能领导地位》行政令，明确优先支持人工智能研发投资。同年，美国再次发布新版《国家人工智能研究与发展战略计划》，以加速促进人工智能在农业、制造业、交通运输业、金融业、营销、通信业、科技研发领域的深度应用。

（三）从"全面扶持"转向"重点突破"，精准发力

近年来，发达国家相关产业政策越来越注重"精准发力"，逐步从全面布局、全面支持转向重点行业、重点领域。例如，美国的 AMP 2.0 在 AMP 1.0 基础上，明确了应优先发展的先进制造业技术，并制定了四个识别优先发展技术的准则，包括优先排序准则、产业和市场需求拉动能力、技术交叉能力、国家安全与经济安全水平，然后从这四个方面来确定对于美国优势的杠杆放大作用。由该方法决定了最优先的三个先进制造业技术领域：先进材料制造，可视化、信息化与数字化制造，以及先进传感控制与平台。再如，2017 年美国发布《国家机器人计划 2.0》，将在之前《国家机器人计划 1.0》的基础上，重点支持发展协作机器人。美国在 2018 年发布的《美国先进制造业领导力战略》相比于 2012 年的《先进制造业国家战略计划》，在新制造技术研发与转化上明确了五个优先领域，即抓住智能制造系统的发展机遇、研发具有全球领先水平的先进材料与加工技术、确保医疗产品本土制造、保持美国在电子设计和制造领域主导地位、给予农业和食品制造业更大发展空间。

为进一步快速开展关键领域的发明和创新，在关键技术领域获得领先地位，2020 年美国发布《关键技术和新兴技术的国家战略》，并于 2022 年发布新版《关键和新兴技术（CET）清单》。2021 年美国发布的《美国创新与竞争力法案》，在关键科技研究领域方面，将人工智能、高性能计算、生物技术、网络安全、数据存储等十个研究领域认定为当前优先发展的领域。

（四）从支持构建"创新网络"转向支持完善"创新生态系统"

为促进制造业科技创新和成果转化，以美国为代表的发达国家纷纷提出建设制造业创新网络。同时，随着创新网络的发展，为进一步促进各创新主体之间深度融合、协同互补，在创新网络基础上，又提出了建设创新生态系统的概念。例如，美国发布的 AMP1.0 中，正式提出国家制造创新网络（NNMI）的设想。美国的《国家制造业创新网络：一个初步设计》中指出，美国国家制造创新网络就是通过政府机构、企业部门及学术领域的合作，促进美国制造业在新技术、教育水平、生产流程及产品等方面水平的提升，主要包括两个要素：连接单一的制造业创新机构和连接整个制造业创新网络（Clark and Doussard，2019）。为进一步营造高度合作的生态环境，在美国发布的《国家制造创新网络战略计划》中，提出了在创新网络的基础上构建创新生态系统，以进一步减少创新发展的阻碍，激发创新活力。《美国创新战略2015 版》强调为创新活动创造良好生态环境的重要性，支持推动部门协同、基础设施配套、资源调配与人才协作的有机融合，从而在生产全流程中高效嵌入创新理念。2016 年美国发布《联邦大数据研究与开发战略计划》，提出要建立与优化国家大数据创新生态系统，包括建立跨机构"开发沙盒"或测试平台，允许数据在部门间得以高效和动态共享，建立大数据基准中心等。2018 年美国发布的《美国先进制造业领导力战略》中再次强调要建设制造业创新生态系统，即扩大制造协作和联盟，以进一步促进公私合作伙伴关系的形成，加强大型制造商、初创企业及高科技企业之间的有机联系，从而推动新工艺、新产品、新模式、新市场的产生与发展。重视创新生态系统建设，不仅为不同类型的产业融合主体加强联合协作提供了舞台，也为深化产业融合提供了新的契机。

（五）密切关注新形势，紧跟"新趋势""新发现"

当今世界，发展环境的不稳定性和不确定性明显增加，科技创新与产业创新的新情况、新问题更趋多样。顺应发展环境的变化，发达国家日益重视推动产业融合政策的动态优化调整，即不断根据新趋势与新发现对关键领域、发展路线等方面做出及时更新。例如，美国的 AMP 2.0 围绕 AMP 1.0 中的三个支柱——推动创新、确保人才输送及优化营商环境，提出了加快美国先进制造业建设的十二点建议，但这些建议不仅是对 AMP 1.0 中一些优先举措的详细总结，同时也根据新形势新发现，围绕加快建设美国先进制造业的总目标，提出了一系列通过额外投资促进一些关键潜力技术创新的建议。再如，美国于 2019 年发布的最新版《国家人工智能研发战略规划》主要包括了八项战略，其中前七项基本延续了 2016 版的相关内容，新增的第八项战略——致力于建设产学研合作新生态，主要是针对目前人工智能研发环境不理想提出的，旨在统筹联邦政府部门、企业部门、学术部门及国际合作伙伴等多方资源，建立良好的公私合作伙伴关系，以加快研究成果转化，合力促进人工智能技术突破和产业发展。

2009 年美国发布《机器人路线图：从互联网到机器人》（以下简称"路线图"），开始实施美国国家机器人计划。2013 年、2016 年、2020 年在美国国家科学基金会和美国计算机社区联盟的支持下，根据机器人领域的最新发现或最新研究进展对路线图进行了修订。其中，2020 年发布的最新版路线图突出了在新材料、集成传感、规划/控制方法等方面的最新研究成果，以及多机器人协作，鲁棒计算机视觉识别、建模和系统级优化方面的最新研发内容。

2020 年美国发布《关键技术和新兴技术的国家战略》，2021 年发布《美国创新与竞争力法案》，提出要根据新形势与新发现对关键科技研究领域相关目录每三年更新一次。2022 年美国发布新版《关键和新兴技术（CET）清单》，这是对关键技术领域的首次更新，新清单根据新趋势，新增了先进核能技术、可再生能源技术、超音速技术等，删除了常规武器先进技术、医疗技术、农业技术等。

三、对中国的启示

从前文分析可见，发达国家重大战略、计划或行动在支持产业融合发展的政策重点和发展趋势上，往往是与国家对抢占产业制高点、进入重大关键领域的战略谋划结合进行的。在推进产业融合过程中，许多发达国家非常重视政府作用的发挥，并与优化产业政策实施的时度效有机结合。同时，缩短研发与应用的鸿沟，重视利益相关者的合作共赢，努力推动实体经济、科技创新、现代金融、人力资源的协同发展也是发达国家支持产业融合发展的重要政策逻辑。结合中国现实，本章提出以下政策建议。

（一）加强战略谋划，并缩短研发与应用之间的鸿沟

中国应将支持产业融合的相关举措同突破关键领域、抢先布局未来产业结合起来。进一步发挥举国体制优势，以国家战略需求为导向，加强顶层设计，构建良好产业融合生态。充分调动产业、资本、科研院所等多方主体的积极性，形成合力，加强对工业软件、数控机床、芯片、原材料等"卡脖子"领域的科技攻关，积极促进对类脑智能、量子信息、基因技术、氢能与储能等关键前沿技术的多路径探索与交叉融合，打破产业边界，抢占未来产业发展制高点。同时，应进一步发挥政府在科技成果产业化中的作用。针对关键技术领域，实施包括研究、培训、基础设施建设等在内的，从研发到产业化全方位扶持的行动计划。推动布局以创新成果产业化为目标而不是简单追求专利数量的新型研发机构，创新财税政策"工具箱"。平衡好知识共享与知识产权保护之间的关系，创新产学研协同合作机制，大幅缩短研发与应用之间的鸿沟。

（二）优化产业政策实施的时度效，实现发挥产业政策作用与尊重市场作用相得益彰

中国应在发挥政府推动产业融合的作用上，注重产业政策的时度效问题。

在布局未来产业的"时"上，既要统筹好远期战略规划、中长期方案、近期行动计划的关系，做到一张蓝图绘到底，也要把握好政府介入的时机，如在新技术研发过程中，政府应在早期阶段的支持与投资上发挥重要作用。在支持创新的"度"上，既要做到支持关键环节的深度，也要做到覆盖创新全生命周期的广度，以促进创新成果的迅速扩张和市场渗透。在推进数字经济与产业融合、创新链与产业链融合、清洁能源与产业融合等方面的"效"上，要积极探索不同行业的差异化融合路径。同时，产业政策的实施，应以尊重市场作用、激发市场潜能和解决市场失灵为前提，并不谋取替代市场、抑制市场机制的作用。应尊重市场规律，促进政府作用从主导产业发展向服务产业发展转变，促进产业政策从选择性政策向功能性政策转变。通过财政、金融、教育等政策工具，营造良好产业生态，激发企业主体活力，为企业提供创新、投资和成长所需的更大信心。具体措施上，包括开展永久性研究与实验税收抵免，为企业家提供培训和指导，推动区域创新集群发展竞争团体，促进和推广社区创新等。

（三）促进利益相关者的合作共赢，优先支持基于产业公地、产业集群和产品全生命周期的协同创新

中国应进一步重视基于产业公地或基于产业集群的伙伴关系，推进利益相关者的协同创新和合作共赢。应聚焦信息共享、技术共享、供应链共享、风险共担等方面，进一步完善产业公地、产业集群、产品全生命周期的合作机制。具体措施上，要更为有力地支持跨部门合作伙伴关系，加强以产业集群为基础的伙伴关系，特别是鼓励中小企业的积极参与，构建一批广泛吸纳了大中小企业、高校、科研机构、行业协会等各类利益相关者的创新联合体。支持在关键领域重点建设一个创新中心，通过发展平台性技术，形成世界领先的区域性技术和服务枢纽，打造成产业技术创新联盟的协同创新场所。形成各制造业创新节点之间高效的信息共享机制，促进制造业最大限度地吸收全国创新技术、创新理念，推动创新链产业链深度融合。

（四）强化产业发展的关键要素支撑，优先支持实体经济、科技创新、现代金融、人力资源协同发展

中国应结合国家创新能力建设，强化产业融合的人才和金融要素支撑，培育实体经济、科技创新、现代金融、人力资源有机结合的良性循环。在人才要素支撑上，应围绕产业融合新趋势，引进和培养具有融合视野、跨学科理论基础、跨行业实践经验的高层次复合型人才。深化产才融合，鼓励企业与高等院校、职业学校及专业培训机构合作培养满足两业融合发展的、包括STEM人才在内的各类急需紧缺人才，为产业融合发展提供人才支撑。具体措施上，要更新和拓展职业和技术教育途径，重新关注学徒制，与行业和其他利益相关方合作，通过制订更有效的培训方案，促进技术工人与行业需求之间的有效对接。增加在线融合体验与教育项目，培养具备创意性、融合型素质的人才，应对未来产业结构变化。鼓励学习者参与跨学科活动，倡导多学科融合，促进教育行业和用人企业之间的合作关系，培育联结STEM共同体的生态系统。

在金融要素支撑上，应构建有利于产业融合的金融环境，引导金融市场更好地服务实体经济，推进金融工具创新，完善有利于新技术产业化的资本市场，促进资金链与创新链紧密融合。具体措施上，要进一步推进资本市场开放，将资源配置到最具前景的创意中，增加新生行业获取资金的机会。壮大民营资本投资力量，大力鼓励私人资本进入周期较长的突破性技术研发中，加强私人资本在人工智能、数字化、生物科技、纳米技术等领域的研发投入。支持成立资本市场联盟，降低企业融资难度，尤其在企业规模化成长阶段，确保金融市场助力产业创新。创新融资方式，启动创新贷款试点和加速器试点项目，促进创新产业的成长和创新技术的市场准入。

第 五 章

新加坡发展金融科技的实践与启示

近年来，中国金融科技发展日新月异，成为推动服务业内部不同行业之间、现代服务业与先进制造业之间融合发展的重要窗口。新加坡金融科技的发展，不仅对中国金融科技发展有重要借鉴价值，对于探讨现代服务业内部不同行业之间、现代服务业与先进制造业之间的融合发展，也具有重要启发意义。

一、引言

目前，新加坡拥有 733.2 平方千米的国土面积，约 564 万的人口，其人口密度超过了 7600 人/平方千米，是世界上人口密度最高的国家之一。尽管面临人口密度高、自然资源匮乏等多方面挑战，但新加坡通过发展服务业（尤其是金融业），有力地促进了经济持续健康发展。[①]

几十年来，新加坡经济快速崛起，成功从一个发展中国家升级为发达国家，成为享誉全球的"花园中的城市"和"智慧城市"。据世界银行数据[②]，我们发现，1973 年，新加坡的人均国内生产总值（人均 GDP）为 9326 美元。到 2022 年已增长至 67360 美元，处于世界前列。由图 5 - 1 可见，从 1976 年

[①] 《新加坡国家概况》，外交部网站，2023 年 7 月 31 日，https://www.mfa.gov.cn/web/gjhdq_676201/gj_676203/yz_676205/1206_677076/1206x0_677078/。

[②] 除特别说明外，本章相关数据均整理自世界银行公布的数据。

首次迈上 1 万美元台阶后，新加坡花了 12 年时间迈上 2 万美元台阶；从 1988 年到 1995 年，仅花 7 年时间踏上 3 万美元新台阶；从 1995 年到 2005 年，又花了 10 年时间才迈上 4 万美元台阶；但从 2005 年到 2011 年，仅用 6 年就跨上了 5 万美元台阶，其间 2007～2008 年还爆发了全球性金融危机；从 2011 年到 2018 年，仅用 7 年就踏上 6 万美元新台阶。除 2020 年因全球新冠疫情暴发对当年经济（人均 GDP 为 59176 美元）产生一定冲击外，其他年度人均 GDP 均始终位于 6 万美元高位之上，分别为 61386 美元（2019 年）、67176 美元（2021 年）、67360 美元（2022 年）。

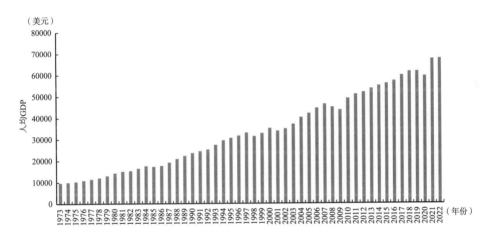

图 5－1　新加坡人均 GDP（1973～2022 年）

注：人均 GDP 按 2015 年美元不变价计算。

资料来源：世界银行，经笔者手工整理绘制。

新加坡经济迈上一个又一个台阶，重要支撑是由金融业、商业服务业、旅游业、批发零售贸易业等组成的服务业。从 1973 年到 2000 年，新加坡服务业增加值在 GDP 中占比的平均值达到 62.14%；进入 21 世纪以来，从 2001 年到 2010 年，服务业增加值占比的平均值达到了 65.42%；从 2011 年到 2020 年，服务业增加值占比的平均值达到了 70.26%。其中，2013 年、2014 年、2016 年、2017 年服务业增加值占比分别达到了 70.76%、70.35%、70.70%、70.37%。在新冠疫情期间（2019～2022 年），服务业增加值占比分别达到了 70.87%、72.02%、70.28%、70.85%。新加坡的服务业在 GDP 中甚至超过了"七分江山"的水平（见图 5－2）。

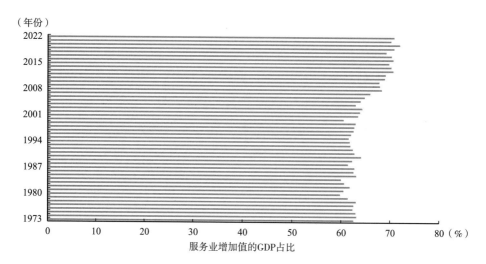

图5-2 新加坡服务业增加值占比及增长率发展情况（1973～2022年）
资料来源：世界银行，笔者整理绘制。

参考新加坡贸易与工业部2023年发布的统计数据，笔者测算出新加坡金融业增加值2019～2022年在GDP中的占比分别达到了13.26%、14.52%、13.05%、12.80%。由此可见，金融业是新加坡经济增长的重要引擎。

新加坡是国际金融中心之一，也是数字经济时代金融科技发展较快的国家之一。2023年3月，中国（深圳）综合开发研究院（China Development Institute，CDI）与英国智库Z/Yen集团（Z/Yen Group）联合发布《全球金融中心指数第33期报告》（Global Financial Centers Index 33，GFCI 33），新加坡GFCI综合竞争力得分为723分，以1分的优势超越中国香港（722分，排名第四），跃居全球第三位，排名第一和第二的分别为纽约（760分）和伦敦（731分）。[①] 在金融科技方面，2014年11月，新加坡将金融科技作为发展成"智慧国家"的重要内容，将金融科技支持客户服务、赋能金融监管、提高融资效率作为使新加坡继续成为区域层面和全球层面领先的金融中心的重要依托。[②] 2021年11月，新加坡副总理王瑞杰宣布启动国家金融人工智能战略，加强人工智能（artificial intelligence，AI）在金融服务领域的应用，促进金融

---

① CDI. The Global Financial Centres Index 33（GFCI 33），2023-03-23，https：//en. cdi. org. cn/images/research/gfci/GFCI33. pdf.

② SNDGO. Smart Nation：The Way Forward，2018-12-13，https：//www. smartnation. gov. sg/files/publications/smart-nation-strategy-nov2018. pdf.

机构更好地推进 AI 研发和部署工作，从而更好地服务客户和进行风险管理，提升商业竞争力。[1] 截至 2022 年 9 月，新加坡已发展成为东南亚国家中拥有最多金融科技公司（1580 家）的国家。新加坡金融科技领域投资增长迅猛，从 2020 年的 23 亿美元，增长为 2022 年的 41 亿美元，增长幅度高达 78.26%。[2][3]

本章将分析新加坡在金融科技领域的探索与实践，得出相关结论与启示。

二、新加坡发展金融科技的主要路径

本部分从新加坡推进金融管理架构的数字化转型，培育数字化、可持续的绿色金融科技生态系统，构建鼓励创新的金融科技沙盒机制，发布支持创新、面向未来的金融部门科技创新计划四个方面，分析新加坡发展金融科技的实践历程，从而厘清其主要路径。

（一）推进金融管理架构的数字化转型

新加坡的金融服务业，由新加坡金融管理局（以下简称"新加坡金管局"）负责金融监管。新加坡金管局是新加坡的中央银行和综合性金融监管机构[4]，致力于确保新加坡国际金融中心的地位。从新加坡金管局的职责看，作为中央银行，其通过货币政策执行与宏观经济监测分析，实现可持续、非通胀的经济增长。此外，新加坡金管局还负责货币发行、外汇储备管理、支付系统监管；作为综合性金融监管机构，新加坡金管局既注重从微观审慎监管角度监管新加坡金融服务业，具体是指银行业、保险业、资本市场领域（如

---

[1]　MAS. National Programme to Deepen AI Capabilities in Financial Services, 2021 – 11 – 08, https://www.mas.gov.sg/news/media – releases/2021/national – programme – to – deepen – ai – capabilities – in – financial – services.

[2]　Statista Research Department. Number of Fintech Companies in Operation in Singapore 2018 – Q3 2022, 2023 – 02 – 10, https://www.statista.com/statistics/1296289/singapore – number – of – operating – fintech – firms/.

[3]　Statista Research Department. Value of Fintech Investments in Singapore 2020—2022, 2023 – 02 – 20, https://www.statista.com/statistics/1010180/singapore – fintech – investments – value/.

[4]　MAS. What We Do, 2022 – 12 – 31, https://www.mas.gov.sg/who – we – are/what – we – do.

交易所)、支付领域(支付服务提供商和支付系统),监管对象为新加坡所有的金融机构;同时,新加坡金管局也注重从宏观审慎监管角度开展金融稳定监测。

目前,新加坡金管局内设经济政策、市场与发展、金融监管、企业发展四个部门。从新加坡金管局的组织架构可以发现,其顺应数字经济时代的发展趋势,不断优化组织架构,非常重视金融监管、金融科技以及科技与金融监管融合形成的监管科技,具体体现为以下四个方面。①

第一,在市场与发展部门中设立由首席金融科技官负责的金融科技与创新组,制定科技与创新领域的监管政策和发展战略,提高风险管理水平,增强金融部门竞争力。金融科技与创新组由五个办公室组成:金融科技基础设施办公室,负责为发展安全有效的技术(如区块链技术、云计算技术)赋能基础设施制定监管政策和监管战略;金融科技生态系统办公室,负责探寻具有金融业潜在应用价值的尖端技术,并与金融业及相关方合作,共同开展创新性实验;支付开发与数据连接办公室,负责国家支付生态系统建设,发展金融领域跨境数据业务;人工智能开发办公室,负责金融业人工智能战略的制定和实施,推进国家层面的人工智能项目,构建人工智能金融生态系统;绿色金融科技办公室,负责通过科技和数据的融合,发展可持续金融。

第二,在经济政策部门中,除设立传统的经济分析科、经济监测与预测科、宏观审慎监测科之外,新加坡金管局还创新性地设立了企业知识科,负责数据治理与转换等业务,通过制定数据治理政策来管理新加坡金管局的知识资产。

第三,在金融监管部门下设立银行与保险组。组内设立了检查与监管方法科,其组织架构可细分为监管方法、工具与分析部,负责为新加坡金管局发展和改进监管方法和分析工具,促进对金融机构的有效监管,监测金融部门发展状况与发展趋势。监管科技部,通过数据分析和科技的融合运用,增强新加坡金管局的监管能力。

第四,在公司发展部门下设科技组,由首席数据官负责。科技组的具体组织架构包括:数据与技术架构科,为新加坡金管局的数字化转型提供工程

① MAS. Organization Structure, 2023 – 07 – 18, https://www.mas.gov.sg/who – we – are/organisation – structure.

技术方面的支撑，具体负责数据分析与工程、数据与协作平台、信息科技业务、网络安全业务，该组内还包括 3 名企业架构、网络安全业务、人工智能领域的专家领袖；信息科技科，负责促进科技的战略性应用，监管新加坡国内的支付系统等，具体涉及中央银行业务及开发平台、监管平台、企业平台、支付系统等领域，该组内还包括解决方案架构、支付系统运营领域的 2 名专家领袖；科技及网络风险监管科，由首席网络安全官负责，旨在为金融部门制定技术风险管理以及网络安全战略和政策，确保系统和服务的可靠性、安全性和弹性。

（二）培育数字化、可持续的绿色金融科技生态系统

新加坡积极应对气候变化，推动经济实现绿色低碳转型发展。尽管新加坡的碳排放量仅为全球碳排放量的 0.1%，[①] 但新加坡政府近年来始终致力于为加强全球气候治理、降低温室气体排放量作出属于新加坡的一份贡献。正如新加坡总理李显龙在联合国气候雄心峰会上的演讲中指出，气候变化影响全球，对新加坡这样的岛国影响更甚。因此，李显龙指出，新加坡要积极投资低碳解决方案，促进绿色融资，促进新加坡向低碳经济转型发展。[②]

低碳转型需要巨大投入，新加坡以"金融 + 金融科技"为着力点应对挑战。作为《巴黎协定》的缔约方，新加坡于 2022 年 11 月向联合国提交的修订版《国家自主贡献》方案显示，新加坡计划在 2030 年前实现"碳达峰"、2030 年温室气体排放量减少到 6000 万吨二氧化碳当量左右、2050 年实现"净零排放"的雄心勃勃的减排目标。[③] 2019 年 11 月，新加坡金管局指出，要用金融的绿色化，使世界实现绿色发展。[④] 作为国际金融中心和全球领先

---

① UNFCCC. Singapore's Second Update of Its First Nationally Determined Contribution（NDC）and Accompanying Information，2022 - 11 - 03，https：//unfccc. int/sites/default/files/NDC/2022 - 11/Singapore% 20Second% 20Update% 20of% 20First% 20NDC. pdf.

② PMO. PM Lee Hsien Loong at the UN Climate Ambition Summit，2020 - 12 - 12，https：//www. pmo. gov. sg/Newsroom/PM - Lee - Hsien - Loong - at - the - UN - Climate - Ambition - Summit.

③ UNFCCC. Singapore's Second Update of Its First Nationally Determined Contribution（NDC）and Accompanying Information，2022 - 11 - 03，https：//unfccc. int/sites/default/files/NDC/2022 - 11/Singapore% 20Second% 20Update% 20of% 20First% 20NDC. pdf.

④ MAS. Infographic on MAS Green Finance Initiatives，2019 - 11 - 11，https：//www. mas. gov. sg/ - /media/MAS/News/Media - Releases/2019/Infographic - on - MAS - Green - Finance - initiatives. pdf.

的金融科技中心，新加坡在促进绿色金融发展时，注重发挥"金融—科技—创新"三者的协同作用。新加坡金管局将"可持续发展与气候变化"作为 2019 年 11 月举办的第一届"新加坡金融科技节"与"新加坡创新与科技周"联合大会的主题，宣布启动"绿色金融行动计划"，力争将新加坡发展成为"亚洲乃至全球领先的绿色金融中心"。具体举措包括三个方面：一是为了更好地实现对气候变化风险的度量和应对，加强可持续发展相关信息的披露，增强新加坡金融系统抵御环境风险和吸引绿色投资的能力；二是形成绿色债券、绿色基金、绿色贷款（如可持续发展相关贷款）等绿色金融解决方案和开发绿色金融市场，为绿色金融活动融得更多资金；三是发挥科技创新的作用，鼓励发展绿色金融平台技术吸引资本的关注和市场主体的参与（如构建面向供应链的数字绿色金融平台，实现农业领域的可持续发展），基于大数据、智能算法、智能合约、分布式账本等前沿技术形成创新性解决方案，培育具有更高交易速度、更便于使用、更具透明性的绿色金融科技产品。①②

构建 ESG（Environmental，Social and Governance）影响中心，以多方合作培育科技支撑的 ESG 数据生态。为绿色金融科技创新提供实验平台与合作机会，集合智库、银行、非政府组织等多方力量为应对推进绿色金融科技创新面临的融资挑战和数据挑战贡献技术解决方案。③

启动由全球金融机构、金融科技公司参与的开放式协作平台"绿图"项目，共同构建可信的 ESG 数据环境。④ "绿图"项目由四个板块组成。（1）ESG 登记库。由新加坡绿色金融科技公司开发，采用基于区块链的解决方案，实现对各部门向银行颁发的绿色认证的记录和维护。（2）ESG 披露门户。由新加坡交易所开发，帮助上市公司基于 27 项 ESG 核心指标编制可持

---

① MAS. Inaugural SFF x SWITCH Sees Over 60000 Participants from 140 Countries, 2019 - 11 - 19, https：//www. mas. gov. sg/news/media - releases/2019/sff - x - switch.

② MAS. Green Finance for a Sustainable World, 2019 - 11 - 11, https：//www. mas. gov. sg/news/speeches/2019/green - finance - for - a - sustainable - world.

③ MAS. Two Problems for FinTech to Solve：Cross - Border Payments and ESG Data, 2022 - 10 - 10, https：//www. mas. gov. sg/news/speeches/2022/two - problems - for - fintech - to - solve.

④ MAS. From Green Finance to Transition Finance, 2022 - 07 - 28, https：//www. mas. gov. sg/news/speeches/2022/remarks - by - mas - managing - director - mr - ravi - menon - at - the - mas - sustainability - report - 2021 - 2022 - media - conference.

续发展报告，并且能够以上市公司的数据为基础自动生成各种类型的报告。（3）ESG 数据聚合平台。计划于 2023 年推出，由主要 ESG 数据提供商、行业平台、ESG 登记库等的数据聚合而成，并提供有助于开展绿色投资和绿色融资的数据分析功能。（4）ESG 数字市场。计划于 2023 年推出，构建由 ESG 技术提供商、投资者、金融机构、企业多方组成的数字市场，促进 ESG 领域的合作和投资。

举办"全球金融科技黑客加速大会"，以创新方案助力绿色金融科技发展。正如新加坡金管局局长拉维·梅农指出，"金融科技具有发挥积极作用的巨大潜力，金融与科技的力量结合起来将创造一个更具包容性和更可持续的地球"①。自 2020 年开始，新加坡金管局连续多年将绿色金融及相关内容列为新加坡金融科技节上的金融科技黑客加速大会的主题，为创新性绿色金融科技解决方案提供全球层面的展示机会，促进金融业面临的现实需求与可直接投放市场的创新金融科技产品实现更好对接。新加坡金管局对表现优秀者给予奖励，前三名可获得 5 万新加坡元的现金津贴，各获得入围决赛者也会获得 2 万新加坡元的现金津贴，并有资格申请项目资助。如 2020～2022 年，入围者可通过快速申请程序获得高达 20 万新加坡元的金管局金融部门科技创新项目的概念验证资助；2023 年，决赛获奖者可申请由新加坡国立大学主办、高达 50 万新加坡元的"AI 新加坡"项目专用创业资助奖励。

目前，全球金融科技黑客加速大会已支持更多支撑绿色金融发展的金融科技创新成果持续涌现。2020 年 11 月，新加坡金管局将"支持向低碳经济转型、应对气候和自然灾害风险的绿色金融解决方案""促进绿色发展、低碳转型、气候金融发展的绿色融资促进方案"列为全球金融科技黑客加速大会的主题，参赛成果具有创新性，如基于气候科学和金融模型的人工智能驱动的前瞻性气候风险分析软件、基于应用程序接口技术的辅助银行通过信息聚合开展 ESG 等决策的分析软件。

2021 年 10 月，新加坡金管局将"利用技术推动绿色金融发展"作为全球金融科技黑客加速大会主题，关注"为绿色项目和绿色解决方案增加融资机会""促进金融机构和投资者更方便地监控绿色债券发行方对可持续发展的

---

① MAS. FinTech for an Inclusive Society and a Sustainable Planet, 2020 – 12 – 08, https：//www. mas. gov. sg/news/speeches/2020/fintech – for – an – inclusive – society – and – a – sustainable – planet.

承诺""度量贷款与投资对实现既定可持续发展目标的影响"领域的创新成果，获奖成果如面向机构投资者的绿色债券数字金融平台、帮助投资者获取基于 ESG 因素的公司业绩从而构建 ESG 投资组合的数据平台。

2022 年 10 月，新加坡金管局以"加速构建更'绿'的数字未来"为全球金融科技黑客加速大会主题，侧重于关注 2021 年黑客加速大会绿色金融领域的后两个领域，参赛成果如基于机器学习技术检索数据，并按照国际监管标准和投资基准的方式评估不同公司对可持续发展目标影响的分析系统、自动化从网络聚合信息并将公司披露信息映射到 ESG 框架中的虚拟数据科学分析系统。

2023 年 6 月，新加坡金管局的全球金融科技黑客加速大会以"AI 在金融领域中的应用：全球挑战赛"为主题，关注"AI 赋能的 ESG 解决方案"领域的创新成果，如以标准化的方式向投资者提供关于气候风险、碳排放、ESG 数据的有效与可靠度量。[1]

构建绿色金融科技创新应用体系，促进公司向可持续目标迈进。2021 年 11 月，金管局、智能国家和数字政府办公室将建设新星平台作为支持新加坡国家金融人工智能战略的举措之一，[2] 并提供资金支持、政府数据支撑，汇集专家力量，构建一个基于人工智能技术的平台，评估公司的环境影响、识别环境风险。2022 年 6 月，新星平台开始辅助新加坡金融机构，对房地产行业可持续发展相关贷款的环境、社会、治理（ESG）风险进行评估。[3] 这里的"可持续发展相关贷款"，是指收益、利率及其他关键指标与可持续发展绩效

---

① 参见：MAS. MAS Announces 20 Finalists for the 2020 Global FinTech Hackcelerator, 2020 – 11 – 25, https：//www. mas. gov. sg/news/media – releases/2020/mas – announces – 20 – finalists – for – the – 2020 – global – fintech – hackcelerator；MAS. MAS Announces 60 Finalists for the 2021 Global FinTech Hackcelerator and FinTech Awards, 2021 – 10 – 29, https：//www. mas. gov. sg/news/media – releases/2021/mas – announces – 60 – finalists – for – the – 2021 – global – fintech – hackcelerator – and – fintech – awards；MAS. MAS Announces 65 Finalists for the 2022 Global FinTech Hackcelerator and FinTech Awards, 2022 – 10 – 28, https：//www. mas. gov. sg/news/media – releases/2022/mas – announces – 65 – finalists – for – the – 2022 – global – fintech – hackcelerator – and – fintech – awards.

② MAS. National Programme to Deepen AI Capabilities in Financial Services, 2021 – 11 – 08, https：//www. mas. gov. sg/news/media – releases/2021/national – programme – to – deepen – ai – capabilities – in – financial – services.

③ MAS. AI Utility NovA！to Unlock Opportunities for Green Financing and Combat Greenwashing, 2022 – 06 – 21, https：//www. mas. gov. sg/news/media – releases/2022/ai – utility – nova – to – unlock – opportunities – for – green – financing – and – combat – greenwashing.

相关的贷款，旨在促进金融机构实现资金流向可持续项目及企业的"可持续金融"、房地产企业实现以创新追求绿色发展的"绿色融资"。新星平台助力金融机构向与行业相比具有可持续发展改进潜力的房地产企业发放贷款，为企业设定基于行业可持续发展绩效基准的合理目标。且平台采用自然语言处理技术，自动化从房地产企业提交的文档中提取信息，显著减少了金融机构收集、处理和分析数据的时间。

（三）构建鼓励创新的金融科技沙盒机制

金融科技是数字技术以新理念、新业态、新模式与金融服务业融合的产物。为更好发挥金融科技的优势、推进金融科技创新、防范金融风险，新加坡金管局采用了国际通行的监管沙盒做法，旨在将新加坡发展成运用既具有创新性又具有安全性的技术的智能金融中心。

监管沙盒的理念最先由英国金融行为监管局于 2015 年提出，并逐渐应用于中国、美国、澳大利亚等国家。新加坡金管局构建了"金融科技监管沙盒框架"[①]，目前其沙盒框架由三种类型的沙盒组成。

（1）"沙盒"。2016 年提出，旨在鼓励在特定期间、可定制的监管沙盒环境中，对具有"先行者"（即采用了最新技术或新兴技术，或以创新方式运用了现有的技术）特征，并且有望在新加坡开展更广泛层面的应用，或以其他方式对新加坡作出贡献的金融科技产品或服务进行实验。在沙盒环境下，其将适用于更具弹性的法律和监管要求，并且新加坡金管局也会提供适当的监管支持措施以避免风险外溢、维护整个金融体系的稳定性。[②]

（2）"沙盒快车"。2019 年提出，是对上述沙盒模式的有效补充，旨在通过快速审核的方式，为金融科技创新节省宝贵的时间和资源，尽快开展测试。为维护金融稳定，"沙盒快车"适合低风险的金融科技产品或服务，且要在预

---

① MAS. FinTech Regulatory Sandbox Framework，2021 - 11 - 08，https：//www. mas. gov. sg/ - / media/mas - media - library/development/regulatory - sandbox/mas - fintech - regulatory - sandbox - framework. pdf.

② MAS. Regulatory Sandbox Guidelines，2021 - 12 - 15，https：//www. mas. gov. sg/ - /media/mas - media - library/development/regulatory - sandbox/sandbox/fintech - regulatory - sandbox - guidelines - jan - 2022. pdf.

定义的沙盒环境中测试。①

（3）"加强版沙盒"。2021 年提出、2022 年开始运行，是新加坡金管局充分考虑金融科技发展特点后为给金融科技创新提供更有效的一站式服务支持而形成的改进型沙盒。加强版沙盒的申请者，可选择在沙盒模式的可定制环境或沙盒快车的预定义环境中开展测试，并能通过每月举办的"交易星期五"活动，增进与外部投资者之间的交流。加强版沙盒不仅适用于技术领域的"先行者"，也适用于科技创新的"早期采用者"，适用范围显著扩大。技术先行者还可以同时申请加强版沙盒和财政补助，并有机会获得高达 50 万新加坡元的财政补助资金支持，从而加速推进科技创新和市场开发。②

除沙盒框架外，新加坡还从多方面为本国金融科技创新创造更多参与沙盒测试的机会。（1）基于应用程序接口的跨境沙盒，由新加坡金管局、世界银行国际金融公司、东盟银行家协会于 2018 年共同创立，帮助金融科技创新成果直接在云端的沙盒环境（无须依托具体的某个金融基础设施）中开展测试，并充分利用云端具有的数据优势和应用程序接口优势。③（2）跨境数字货币沙盒。2022 年，新加坡金管局在环球银行金融电信协会的中央银行数字货币沙盒中，与全球超过 17 家央行和商业银行开展国际合作，探索基于批发型数字货币实现跨境交易的项目。④

（四）发布支持创新、面向未来的金融部门科技创新计划

"金融部门科技创新计划"是新加坡打造"智能金融中心"的重要举措。新加坡金管局分别于 2015 年和 2020 年推出为期 5 年的"金融部门科技创新计划"（Financial Sector Technology and Innovation Scheme，FSTI 1.0）和为期 3 年

---

① MAS. Sandbox Express Guidelines, 2021 - 12 - 15, https://www.mas.gov.sg/-/media/mas-media-library/development/regulatory-sandbox/sandbox-express/sandbox-express-guidelines-1-jan-2022.pdf.

② MAS. MAS Enhances FinTech Regulatory Sandbox with Sandbox Plus, 2021 - 11 - 09, https://www.mas.gov.sg/news/media-releases/2021/mas-enhances-fintech-regulatory-sandbox-with-sandbox-plus.

③ APIX. APIX's Evolution, 2022 - 12 - 31, https://apixplatform.com/aboutus.

④ MAS. MAS Launches Expanded Initiative to Advance Cross-Border Connectivity in Wholesale CBDCs, 2022 - 11 - 03, https://www.mas.gov.sg/news/media-releases/2022/mas-launches-expanded-initia-tive-to-advance-cross-border-connectivity-in-wholesale-cbdcs.

的"金融部门科技创新计划"（即 FSTI 2.0），由新加坡金融部门发展基金提供资金支持。截至 2023 年 8 月，FSTI 1.0 和 FSTI 2.0 分别有接近 500 个和超过 1000 个项目获得资助，累计资助金额达到了 3.4 亿新加坡元，也通过增强金融机构的数字化能力产生了很好的效果（如数字化能力的增强有效保障了金融机构在新冠疫情期间的正常运行）。①②③④

作为前期 FSTI 计划（FSTI 1.0、FSTI 2.0）资助项目的延续，新加坡金管局于 2023 年 8 月推出 3.0 版"金融部门科技创新计划"（即 FSTI 3.0），计划投入 1.5 亿新加坡元资助，FSTI 3.0 的运行期是 2023 年 8 月到 2026 年 3 月。为鼓励金融业开展有清晰目标的金融创新，FSTI 3.0 目前由六大项目组成（见图 5-3），其运行目标是，加速构建面向未来、充满活力的金融科技生态系统。⑤⑥⑦⑧

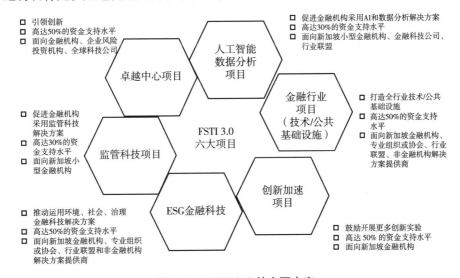

图 5-3　FSTI 3.0 的主要内容

　　① MAS. Opening Address by Mr Lawrence Wong at the Singapore FinTech Festival, 2022 - 11 - 02, https：//www. mas. gov. sg/news/speeches/2022/opening - address - by - mr - lawrence - wong - deputy - prime - minister - and - minister - for - finance - and - deputy - chairman - of - the - monetary - authority - of - singapore - at - the - singapore - fintech - festival - on - 2 - november - 2022.

　　②⑤ MAS. Powering the Next Stage of Singapore FinTech, 2020 - 08 - 13, https：//www. mas. gov. sg/news/speeches/2020/powering - the - next - stage - of - singapore - fintech.

　　③⑥ MAS. MAS Commits Up To S＄150 Million for Technology and Innovation in Financial Sector, 2023 - 08 - 07, https：//www. mas. gov. sg/news/media - releases/2023/mas - commits - up - to - s＄150 - million - for - technology - and - innovation - in - financial - sector.

　　④⑦ MAS. A Smart Financial Centre, 2015 - 06 - 29, https：//www. mas. gov. sg/news/speeches/2015/a - smart - financial - centre.

　　⑧ SNDGO. Smart Nation：The Way Forward, 2018 - 12 - 13, https：//www. smartnation. gov. sg/files/publications/smart - nation - strategy - nov2018. pdf.

三、结论与启示

正如新加坡总理李显龙在 2014 年启动"智慧国家"建设时指出，要将新加坡打造为"超越想象、创造机遇"的国家。[①] 新加坡抓住数字经济时代新机遇，积极推动金融管理领域的数字化转型，培育颇具特色的绿色金融科技生态，不断完善沙盒机制鼓励创新，构建科技创新计划为金融科技提供资金支持，是以"智慧国家"理念推动金融科技发展的生动体现。

当前，随着全球经济迈向数字经济时代，发展金融科技已成为数字经济时代促进金融业发展的应有之义。对广大的发展中国家来说，发展金融科技，能够为金融业发展创造新机遇、注入新动能。作为一个由发展中国家成长起来的发达国家，新加坡至今仍面临资源贫瘠、人口密度高等各方面挑战，但其通过科学谋划稳步推进金融科技创新发展，营造了良性循环的金融科技发展模式，取得了令人瞩目的金融科技创新成果，为广大的发展中国家在数字经济时代促进金融科技发展提供了新的思路。新加坡在金融科技领域的实践，对于帮助发展中国家通过发展金融科技实现在金融发展新赛道的"换道超车"、更好促进经济腾飞具有一定的启示价值。

（一）顺应数字经济发展潮流，适时推进政府架构数字化转型

新加坡金管局围绕数字经济发展趋势和金融科技发展特点，优化组织架构。在市场与发展部门，设立覆盖金融科技基础设施、金融科技生态、绿色金融科技等领域的"金融科技与创新组"，并完善经济政策、金融监管、公司发展部门组织架构。这些举措，既增强了政府机构（即金融管理部门）的数据治理能力，提升了监管水平，增强了技术能力，也为各金融科技子领域有序健康发展奠定了基础。对于广大的发展中国家而言，不仅要注重深化金融科技领域应用，也要注重同步推进与金融发展相协调的政府架构数字化转型，

---

① SNDGO. Smart Nation：The Way Forward，2018 – 12 – 13，https：//www.smartnation.gov.sg/files/publications/smart – nation – strategy – nov2018.pdf.

通过"科技应用＋架构转型"协同发展，开启金融科技发展新篇章。

（二）因地制宜、因时制宜培育有潜力的金融科技生态系统

新加坡依托国际金融中心的优势，结合区块链等新一代信息技术的迅速发展，以金融科技赋能绿色金融，构建独特的绿色金融科技生态系统，巧妙解决了 ESG 领域面临的数据挑战，以更智能的方式促进经济可持续发展和实现低碳转型。对于广大的发展中国家而言，发展金融科技并不仅仅是要推进金融领域实现更高水平的数字化转型，而是要探索如何顺应时代潮流将金融科技发展与本国优势相结合，如何以培育多方科技创新主体共同参与的生态系统支撑金融科技创新成果涌现（伍建民，2022）。

（三）构建鼓励创新、动态发展的金融科技沙盒机制

新加坡结合国际金融科技领域的发展情况和本国国情，持续优化金融科技沙盒机制，推出沙盒、沙盒快车、加强版沙盒，形成了颇具特色的沙盒框架，激发了金融科技领域的创新活力。目前，发展沙盒机制，促进金融科技发展，已逐渐成为各国共识。对于广大发展中国家而言，不仅要参考新加坡的沙盒机制，促进金融科技创新成果在沙盒环境中开展测试，也要注重学习新加坡的改进型沙盒机制，以政策支持，促进前沿技术应用于金融科技领域，促进创新成果抓住机遇快速发展。

（四）加力支持金融科技创新，助力金融服务实体经济

通过目标明确的金融部门科技创新计划，新加坡以数亿新加坡元的资金，促进上千个金融科技创新成果发展形成了充满活力的金融科技生态系统。对广大发展中国家而言，要顺应数字经济时代发展趋势，及时布局金融科技发展新赛道；要制定清晰明确的发展目标，推进金融科技重点领域加快发展；要构建循序渐进、持续完善的发展计划，以数字技术赋能金融业增加金融服务的有效供给（任晓刚，2022），发展壮大金融科技，以科技和金融的深度融合，促进金融更好地服务实体经济。

第六章

构建优质高效的服务业新体系

　　构建优质高效的服务业新体系，是推动产业融合，尤其是现代服务业同先进制造业、现代农业深度融合的基本前提，也是赋能现代化产业体系和高质量发展的重要基础。习近平总书记在党的二十大报告中明确要求"以中国式现代化推进中华民族伟大复兴"，提出"高质量发展是全面建设社会主义现代化国家的首要任务"，并将"建设现代化产业体系"作为"加快构建新发展格局，着力推动高质量发展"的五项具体任务之一，要求"构建优质高效的服务业新体系，推动现代服务业同先进制造业、现代农业深度融合"。① 那么，怎样理解"构建优质高效的服务业新体系"，应该如何"构建优质高效的服务业新体系"？要科学回答这些问题，需要将其放到党的二十大报告的完整体系中进行综合理解，推动服务业发展更好地瞄准加快建设现代化经济体系和增进民生福祉的需求，将实施扩大内需战略同深化供给侧结构性改革有机结合起来，按照立足新发展阶段、贯彻新发展理念、构建新发展格局的要求，完善环境、创新政策，引导支持服务业加快提质扩容、优化结构和完善功能，通过增加有效供给，提升效率和品质，统筹增强产业竞争力和国际竞争力，夯实服务业对经济社会高质量发展的引领支撑能力。

一、怎样理解构建优质高效的服务业新体系

（一）是另起炉灶还是守正创新

　　习近平总书记在党的十九大报告中提出，"我国经济已由高速增长阶段转

---

　　① 本书编写组：《党的二十大辅导读本》，人民出版社 2022 年版，第 7 页、第 25～26 页。

向高质量发展阶段，正处在转变发展方式、优化经济结构、转换增长动力的攻关期""必须坚持质量第一、效益优先，以供给侧结构性改革为主线，推动经济发展质量变革、效率变革、动力变革"。① 党的十九届五中全会通过的《中共中央关于制定国民经济和社会发展第十四个五年规划和二〇三五年远景目标的建议》要求"以推动高质量发展为主题，以深化供给侧结构性改革为主线，以改革创新为根本动力，以满足人民日益增长的美好生活需要为根本目的"。② 习近平总书记在党的十九届五中全会上就《关于〈中共中央关于制定国民经济和社会发展第十四个五年规划和二〇三五年远景目标的建议〉的说明》中强调，"新时代新阶段的发展必须贯彻新发展理念，必须是高质量发展""经济、社会、文化、生态等各领域都要体现高质量发展的要求"。③ 因此，今后推动高质量发展的重要性更加突出。构建优质高效的服务业新体系应该突出"质量第一、效益优先"的要求，突出支持经济、社会、文化、生态等各领域高质量发展的方向，通过加快推动服务业质量变革、效率变革、动力变革，实现对现行服务业体系的科学扬弃和转型升级。

服务业高质量发展是能满足人民日益增长的美好生活需要的发展，也是有效体现新发展理念系统性、整体性、协同性的发展（姜长云，2019）。如果服务业发展不能满足人民日益增长的美好生活需要，不能有效瞄准城乡生产、生活需求的重点、难点和潜在增长点，不能有效适应需求并能凝聚、引导、激发需求，包括部分单体规模小、分散性强、表达成本高的需求，构建优质高效的服务业新体系就会成为空谈。但是，坚持新发展理念，在服务业发展和服务业体系运行中让创新成为第一动力、协调成为内生特点、绿色成为普遍形态、开放成为必由之路、共享成为根本目的，这五个方面又相互依存、相互制约、相互矛盾，呈现对立统一关系，要注意引导其有机衔接、相辅相成、协同发力，不能顾此失彼、畸轻畸重。例如，在推进服务业创新发展的

---

① 《习近平："决胜全面建成小康社会 夺取新时代中国特色社会主义伟大胜利——在中国共产党第十九次全国代表大会上的报告"》，中国政府网，2017 年 10 月 27 日，https://www.gov.cn/zhuan-ti/2017 – 10/27/content_5234876.htm。

② 《中共中央关于制定国民经济和社会发展第十四个五年规划和二〇三五年远景目标的建议》，中国政府网，2020 年 11 月 3 日，https://www.gov.cn/zhengce/2020 – 11/03/content_5556991.htm。

③ 《习近平：关于〈中共中央关于制定国民经济和社会发展第十四个五年规划和二〇三五年远景目标的建议〉的说明》，共产党员网，2020 年 11 月 3 日，https://www.12371.cn/2020/11/03/ARTI1604398335591133.shtml。

同时，要防止因此导致财富向少数人迅速集聚，成本向多数人加快转嫁，进而与实现共同富裕的要求相悖。尽管多数服务业发展向大城市、特大城市集中集聚是必然趋势，但也要防止这种集中集聚趋势发展过快过猛，导致农业农村和多数乡村居民、低收入人口陷入服务业发展的边缘地位，影响其城乡区域发展的协调，妨碍全体人民共享服务业发展成果。

此外，高质量发展还应是富有质量、效益和核心竞争力的发展。如果没有较高的质量和效益，再大规模、再高流量和显示度的服务业企业或项目，都谈不上是高质量发展的。许多新兴服务业"花钱买流量，烧钱换市场"，运行多年后还找不到稳定、成熟的商业模式和看得见的盈利前景，甚至在亏损的泥潭中越陷越深，这样的服务业企业或项目很难称得上是高质量发展的。有些地方的旅游、商贸等服务业项目看起来高大上，但不接地气——难以同消费者需求产生共鸣，难以持续吸引消费者的注意力和购买欲，抑或在短期的"爆火"之后迅速回归"冷清"。与此相对应的服务业企业或项目，很难称得上是高质量发展的。从微观上看，富有质量、效益和核心竞争力的服务业，不仅要能取得较高的经济效益，还要具有良好的外部性、成长能力、风险防控能力和可持续发展能力。这也是坚持新发展理念的要求。有些服务业企业或项目，当前效益较好，但容易挤占普通大众的就业机会或小微企业的生存空间，甚至带来严重的环境负面影响，容易形成负外部性问题；抑或在短暂繁荣或快速成长之后风光难再，容易因内在矛盾迅速蓄积导致可持续发展能力迅速退化；还有一些服务业企业或项目市场竞争力较弱，抵御环境变化或外部冲击的韧性不足，甚至长期依赖财政补贴；这样的服务业企业或项目，容易形成创新发展、协调发展、绿色发展、开放发展、共享发展的矛盾，也谈不上是高质量发展的。

（二）面向新需求

构建优质高效的服务业新体系，必须坚持中国式现代化的理念和政策思维。习近平总书记在党的二十大报告中强调，"中国式现代化，是中国共产党领导的社会主义现代化，既有各国现代化的共同特征，更有基于自己国情的中国特色"[①]。因此，构建优质高效的服务业新体系，既要尊重世界服务业发

---

① 本书编写组：《党的二十大报告辅导读本》，人民出版社 2022 年版，第 20 页。

展的共同经验和普遍规律，更要基于我国国情体现服务业发展的中国特色。如我国作为后发型发展中国家，经济发展在很大程度上需要把先发型发达国家发展过程中循序渐进的阶段继起过程，转化为我国不同发展阶段的空间并存甚至阶段叠加过程。在服务业发展中，其典型表现是，经济服务化和产业数字化叠加推进，相互加强，相得益彰。智能网联汽车、农业服务化转型和智慧农业的加快发展，都是这方面的鲜活体现。随着城乡居民收入和消费水平的提高，特别是随着社会主义现代化强国建设的推进，在构建优质高效的服务业新体系的过程中，体现基于自己国情的中国特色，必须重视利用丰富多彩的中华优秀传统文化，借此为服务业新体系赋能添彩，提升服务业发展的内涵神韵和特色魅力，打造服务业发展中他人难以模仿复制的竞争优势。

中国式现代化是人口规模巨大的现代化、全体人民共同富裕的现代化、物质文明和精神文明相协调的现代化、人与自然和谐共生的现代化、走和平发展道路的现代化。构建优质高效的服务业新体系，要努力融入并体现这些方面的现代化。如我国拥有 14 亿人口，庞大的人口规模可以为新兴服务业发展和产业融合，为推动不同层次产业的共存互补发展提供超大规模的市场优势。这是许多发达国家推进现代化过程中不可比拟的优势，也为我国推进服务业乃至产业的高端化、智能化、绿色化转型提供难得的有利条件。为什么许多专家认为我国发展数字经济、培育服务业新产业、新业态、新模式的条件得天独厚？其重要原因之一是 14 亿人口的庞大规模，可以将在其他国家可能不成规模、缺乏经济性，甚至比较碎片化的长尾需求，通过数字经济强大的链接、匹配功能和低边际成本效应，汇聚成对相关新产业、新业态、新模式发展的强劲需求拉动。鉴于中国式现代化是人与自然和谐共生的现代化，在构建优质高效的服务业新体系的过程中，面向协同推进降碳、减污、扩绿、增长的需求，引导服务业加快转型升级和绿色化发展，更好地顺应推进生态优先、节约集约、绿色低碳发展的需求，也是必要的。近年来，深入实施绿色制造工程、推动制造业高端化、智能化、绿色化，成为我国推动制造业优化升级的重要抓手。但是，我们的调研显示，发展绿色制造服务业，推动其与制造业融合发展，对于深入实施绿色制造工程，推动制造业高端化、智能化、绿色化发展，具有重要的引领和抓手作用（姜长云和蒋安玲，2023）。中国式现代化既然是走和平发展道路的现代化，以此为指导构建优质高效的服务业新体系，需要推动服务业发展更好地融入推动高水平对外开放的进程，助推"构建人类命运共同体，创造人类文明新形态"。

中国式现代化是全体人民共同富裕的现代化，以此为标尺创新服务业发展方式，有利于通过服务业发展更好地实现"惠民生、暖民心"，满足人民对美好生活的需要，增进城乡居民的获得感、幸福感、安全感。近年来，部分新兴服务业企业利用资金和网络平台优势，通过商业模式创新和大量"烧钱"方式抢占社区团购市场，挤占小商小贩的就业甚至生存空间，实际上是与实现共享发展和共同富裕的要求相悖的。在我国构建优质高效的服务业新体系的过程中，对此不仅不应鼓励，反而应该给予必要的规制约束，以免服务业发展的过程转变为排挤困难群体就业和低收入群众参与发展的过程，堵塞其参与分享发展成果的渠道。当前，城乡发展不平衡、农业农村发展不充分等问题突出，成为影响实现共同富裕的突出问题。既然中国式现代化是全体人民共同富裕的现代化，那么在推进中国式现代化的过程中，完善联农带农的利益联结机制就是至关重要的（姜长云等，2023）。这除了在农业和乡村产业发展中需要鼓励督促工商资本和新型农业经营（服务）主体完善同小农户的利益联结机制外，推进包括服务业在内的城乡产业融合协同发展、健全以工促农和以城带乡机制也是重要方式。构建优质高效的服务业新体系，应该呼应并体现这方面的要求。如2023年中央一号文件《中共中央 国务院关于做好2023年全面推进乡村振兴重点工作的意见》要求，"梯度配置县乡村公共资源，发展城乡学校共同体、紧密型医疗卫生共同体、养老服务联合体，推动县域供电、供气、电信、邮政等普遍服务类设施城乡统筹建设和管护"，这是健全城乡融合发展体制机制和政策体系、完善联农带农利益联结机制的重要体现。

（三）把准世界观和方法论

构建优质高效的服务业新体系，是一个重要的政策和实践问题。习近平总书记在党的二十大报告中提出，要"继续推进实践基础上的理论创新，首先要把握好新时代中国特色社会主义思想的世界观和方法论，坚持好、运用好贯穿其中的立场观点方法"，并特别强调"必须坚持人民至上""必须坚持自信自立""必须坚持守正创新""必须坚持问题导向""必须坚持系统观念""必须坚持胸怀天下"。① 构建优质高效的服务业新体系也要坚持习近平新时代中国特色社会主义思想的世界观和方法论。如构建优质高效的服务业新体系，要注意聚焦服务业发展实践中面临的新情况、新问题，关注影响服务业改革发展稳定的深层次问题和人民群众"急难愁盼"问题，回应推动高质量发展、实现高品质生活，甚至统筹安全和发展对现代服务业体系建设提出的新要求、新挑战，提出能切实解决问题的战略思路和现实路径。

在强调"必须坚持系统观念"时，习近平总书记强调"我们要善于通过历史看现实、透过现象看本质，把握好全局和局部、当前和长远、宏观和微观、主要矛盾和次要矛盾、特殊和一般的关系，不断提高战略思维、历史思维、辩证思维、系统思维、创新思维、法治思维、底线思维能力"②，这对构建优质高效的服务业新体系具有特别重要的指导价值。如基于系统思维，构建优质高效的服务业新体系，不仅要重视服务业的转型发展和创新能力培育，还要注意引导服务业发展更好地面向加快建设现代化经济体系和推动高质量发展、实现高品质生活的需求，将加强服务业营商环境、产业生态建设放在更加突出的位置；注意从历史逻辑、理论逻辑、实践逻辑的演变中，探讨构建优质高效的服务业新体系需要化解的难点和瓶颈制约，需要明确的重点目标和主攻方向、实施路径。

> **专栏6-1**
>
> ## 如何看待独角兽企业发展：防止心比天高命比纸薄
>
> 许多独角兽企业拥有较强的创新活力、成长性或想象空间。独角兽企业的高频涌现或高密度存在，往往被视作国家（区域）创新力的重要标志，体现着良好的创新创业生态。但如将独角兽企业集聚度高、成长性强简单等同于市场的繁荣与健康，可能也是有问题的，因为它也可能体现经济泡沫的汇聚，只不过这种泡沫暂时未破而已。许多独角兽企业属于服务业，或

---

① 本书编写组：《党的二十大辅导读本》，人民出版社2022年版，第17~19页。
② 同上，第19页。

与服务业发展、经济服务化高度相关。例如，许多独角兽企业属于互联网、移动互联网企业或平台型企业，或处于教培行业、企业服务、医疗健康服务业、网络安全服务业等领域。近年来国际环境动荡不安，新冠疫情的负面影响超出预期，当前我国经济恢复的基础也不稳固，需求收缩、供给冲击、预期转弱三重压力仍然较大。

在此背景下，类似21世纪初期那种经济高速增长的局面大概率难以持续再现。特别是发展环境的不稳定、不确定性加大，"黑天鹅""灰犀牛"事件在总体上呈现增多加重趋势。因此，一方面，随着互联网、移动互联网红利的逐步消失，相对于之前主要靠商业模式创新的软科技领域，当前乃至今后主要靠技术取胜的硬科技领域，创新门槛或技术壁垒提高[①]，融资难度明显加大；另一方面，企业选择富有潜力的新投资领域、好投资赛道，进而成为独角兽企业并形成高估值的难度增加。因此，就总体而言，投资人对独角兽企业的投资风险加大、退出难度明显增加。

考察独角兽企业及与此相关的服务业发展时，应该将其置身于当前建设现代化经济体系的大背景，并注意突出战略思维、历史思维、辩证思维、系统思维、创新思维、法治思维和底线思维，更加强调风险防范，努力推动独角兽企业发展"顺应新时代，再创新辉煌"。谨防盲目追求"今天的你我，又能重复昨天的故事"，导致部分独角兽企业的发展"心比天高命比纸薄"，发展思路"不接地气"，成为妨碍经济社会持续稳定健康发展的重要风险源。

二、构建优质高效的新体系需要突出重点

（一）提升服务业引领支撑能力

随着我国经济社会发展水平，城乡居民消费能力增强和消费结构升级，

[①] 如要求初创者有长期从业经验，甚至必须是"专家型"创业者。参见刘以秦：《中国独角兽锐减：无奈与生机》，新浪财经，2023 年 1 月 15 日，https://finance.sina.com.cn/xwzmt/2023 - 01 - 15/doc - imyahkpc8816713.shtml。

在增进民生福祉与提高人民生活品质的目标导向下，社会对生活性服务业便利化、品质化、多样化和体验化的需求显著提升。随着现代化经济体系建设的深入推进，建设现代化产业体系、深化供给侧结构性改革对推动生产性服务业向专业化、差异化，以及价值链高端延伸的需求日趋凸显。尤其是随着新型工业化、信息化、城镇化和农业现代化的深入推进，我国产业结构从工业主导向服务业主导的转变加快形成。要顺应社会经济形态从农业经济向工业经济再向服务经济的演变趋势，培育现代服务业对推动高质量发展、实现高品质生活的引领支撑和带动功能。要立足服务业发展的现实基础，顺应不同类型服务业供求格局的演变趋势，培育服务业供求衔接和创新驱动发展能力，鼓励服务业通过创新供给更好地引领、激发和凝聚需求，培育新产业、新业态、新模式；并将引导服务业结构优化升级与完善服务业空间布局结合起来，更好地呼应坚持扩大内需这个战略基点，加快培育完整内需体系，推动实施扩大内需战略同深化供给侧结构性改革有机结合。如引导传统生活性服务业呼应人口布局的演变趋势，增强发展的平衡性、包容性和可持续性。结合支持生活性服务业发展，打造国际消费中心城市、梯次发展的区域消费中心，培育综合消费中心和各具特色的专业消费中心优势互补的发展格局，构建以区域中心城市为龙头，以区域城镇体系为骨架，以城市社区和农村中心镇、中心村为重要支点，区域城乡之间畅通便捷的消费网络。

当前，我国已进入新发展阶段，新时代、新征程对发挥服务业的引领支撑带动功能提出了新的更高层次的要求。构建优质高效的服务业新体系，要结合推进相关体制机制创新，推进服务业优化结构、提升功能，加快扩容提质步伐，增强有效供给能力，提升服务高质量发展和高品质生活的能级。如近年来农村消费扩张乏力，既有互联网发展和交通通信条件改善导致农村消费向城市转移的因素，也有农民收入增长放缓、农村人口总量减少和老龄化提速的因素，但还有一个重要原因是农村生活性服务业发展不足、布局不合理，难以有效地通过创新供给激发和凝聚需求，并吸引城市消费下乡。构建优质高效的服务业新体系要注意解决这一问题，更好地面向农村居民实现美好生活的需要，并通过增强农村生活性服务业的本土特色、文化魅力和趣味性、体验性，增强对城市消费下乡的吸引力。

党的二十大报告明确提出"推动经济社会发展绿色化、低碳化是实现高质量发展的关键环节"，要求"加快发展方式绿色转型""推进生态优先、节约集约、绿色低碳发展""推动形成绿色低碳的生产方式和生活方式"。① 因此，构建优质高效的服务业新体系，要呼应这种需求，积极稳健地推进服务业绿色化转型。近年来，部分服务业新产业、新业态、新模式的发展亮点纷呈，但地区分散布局、利用效率低，甚至盲目追求"人有我也要有""区域自成体系"，成为有悖于服务业绿色化转型的新情况、新问题，对此应该引起重视。当前许多地方竞相发展的数据中心往往存在严重的低效率高耗能问题，就是其中较为典型的体现。《经济日报》曾经发出警示，"大量空转的数据中心正在抵消数字技术带来的乘数效应"，并将对数字经济的发展质量"大打折扣"。②

（二）引导服务业在开放发展中有更大作为

加快构建以国内大循环为主体、国内国际双循环相互促进的新发展格局，是我国着力畅通国民经济循环、实现高水平自立自强、提升国民经济整体效能的主动选择，也是塑造我国参与国际合作和竞争新优势的必然途径，与立足新发展阶段、坚持新发展理念、推动高质量发展是一脉相承的。构建优质高效的服务业新体系，要按照加快构建新发展格局的要求，着力引导服务业在畅通国民经济循环、实现高水平自立自强、提升国民经济整体效能上有更大作为；并将坚持社会主义市场经济改革方向与坚持高水平对外开放结合起来，推进深化服务业对内开放和对外开放协同发力、相得益彰，着力构建开放包容、合作共赢和竞争力导向的服务业发展机制。要注意发挥我国超大规模市场优势，以国内大循环吸引全球服务业发展的优质资源要素、先进经验，特别是优质人才，带动我国服务业结构优化升级和发展方式转变，激发国内国际两个市场、两种资源的联动效应。要结合优化社会信用体系，注意培育服务业发展的全球视野和国际眼光，将加快建设高标准市场体系与构建市场化、法治化、国际化营商环境结合起来，将维护民营企业合法权益同外商投资合法权益结合起来，协同推进深化现代服务业对外开放和建立全国统一的

---

① 本书编写组：《党的二十大报告辅导读本》，人民出版社 2022 年版，第 45 页。
② 王轶辰：《不可轻视数据中心高能耗问题》，载《经济日报》2023 年 3 月 16 日。

大市场，健全外商投资准入前国民待遇加负面清单管理制度；按照"法无禁止即可为"的导向，清理外资准入负面清单之外的各种明限制、潜约束，切实保护外资和民营企业参与公平竞争的合法权益，引导服务业在提升贸易投资合作质量和水平中发挥更大作用。

要积极对标高标准国际经贸规则，优化规则、规制、管理、标准等制度型开放，注意激发自由贸易试验区、海南自由贸易港、北京建设国家服务业扩大开放综合示范区，以及沈阳、南京、杭州、武汉、广州、成都等城市开展服务业扩大开放综合试点，各类开发区、保税区等对外开放平台的引领带动功能和先行先试作用，引导支持服务业在深度参与全球服务业竞争合作中培育国际竞争合作新优势。支持服务业增强对货物贸易优化升级的服务能力，创新服务贸易发展机制，推动发展数字贸易，鼓励探索发展服务贸易、数字贸易促进国内服务业发展机制。结合高质量推进共建"一带一路"，鼓励服务业企业或行业组织通过深度参与国际服务业分工协作，增强对国际服务业规则制修订的话语权。提升开放对服务业发展的带动效应，增强对"灰犀牛""黑天鹅"事件冲击的应对能力，有效防控服务业发展风险，更好地维护产业链供应链韧性和安全。

（三）推动现代服务业同先进制造业、现代农业深度融合

现代服务业、先进制造业、现代农业分别是与传统服务业、传统制造业、传统农业相对应的概念，是服务业、制造业和农业的主要增长点，也是现代化产业体系中最具生机、活力和可持续发展能力，最能体现质量、效益和竞争力的部分。发展现代服务业、先进制造业和现代农业的过程，往往是转变产业发展方式、优化经济结构、转换增长动力的过程，也是改造提升传统产业体系、加快建设现代化经济体系、推动高质量发展的过程。

专栏6-2

何谓现代服务业、先进制造业、现代农业

现代服务业 是通过现代科技、发展理念和管理方式实现产业化的服务业，包括通过现代科技和发展方式对传统服务业的改造提升，往往与新技

术、新业态、新商业模式的形成推广和集成应用密切相关，建立在新一代信息技术的基础之上。换言之，现代服务业以现代科技和发展理念为主要支撑，以新型商业模式、产业形态和运行方式为主要依托，是具有高技术、高知识、高人力资本含量、高附加值、高集群性等特征的服务业。

先进制造业 是广泛应用先进制造技术或采用先进制造模式的制造业，是将高新技术和现代管理方式运用到制造业生产各环节甚至全过程，实现制造业优质、高效、低耗、清洁、灵活生产的制造业，包括将新兴制造技术成果产业化之后形成的具有基础性、引领性的新兴制造业，也包括通过先进制造技术和其他高新技术对传统制造业的改造提升（黄汉权和洪群联，2021）。美国国家科学技术委员会2022年发布的《先进制造业国家战略》提出，先进制造业是对现有产品已经改进的制造方法的创新，以及由先进技术赋能的新产品的生产。①

现代农业 是运用现代科技、生产要素和发展理念、管理方式发展起来的，代表农业先进生产力水平的新型农业形态，其核心是促进农业产出和生产率的增长。发展现代农业的过程，是从传统农业向现代农业转变的过程，是用现代物质条件装备、用现代科学技术改造、用现代产业体系提升、用现代经营形式推进、用现代发展理念引领、用培养新型农民发展农业的过程，也是提高农业质量、效益和竞争力的过程。

当前，新一轮科技革命和产业变革深入发展，产业结构、消费结构升级持续演进，推动产业融合在建设现代化经济体系、推动产业高质量发展中的重要性迅速凸显。产业融合从根本上说是不同产业或同一产业不同行业之间相互渗透、交叉重组，最终融为一体逐步形成新产业的动态发展过程。它不同于产业之间"你是你，我是我"的简单相加，而是"你中有我，我中有你"的有机相融；不是产业之间的分立或并行发展，而是基于产业边界消融和模糊化的融合发展。产业融合从原因和过程来看，往往经历从技术融合到产品和业务融合，再到市场融合，直至产业融合的转变过程。通常，创新包括基于通用技术突破、技术重组或集成的创新，是产业融合的内在核心动力，

---

① 参见《美国先进制造业国家战略报告》（NATIONAL STRATEGY FOR ADVANCED MANUFAC-TURING），工业 4.0 创新平台，2022 年 10 月 16 日，http：//www. innovation4. cn/library/r61392。

市场需求变化是产业融合的外在牵引力；制度创新，特别是政府管制的放松，有利于缓解产业融合的约束条件，并拓展其选择空间；降低成本（交易成本）与规避风险的需求，决定着产业融合路径选择的方向。

大量研究显示，产业融合不仅有利于促进传统产业创新、提升产业生产率和竞争力，还有利于实现成本节约，拓展生产可能性边界和价值增值空间；有利于促进产业之间的竞争性合作，推动产业结构转型升级和创新能力提升，甚至通过产业之间的跨界融合共创产业生态和创新生态。因此，推动现代服务业同先进制造业、现代农业深度融合，往往是推动高质量发展、加快建设现代化经济体系的"点睛之笔"，也是构建优质高效的服务业新体系必须突出的重点取向。况且，从产业属性来看，工业和农业发展只要面向市场需求，不断做大做强自己即可；服务业相对于工业和农业的明显不同之处，在于更加需要通过与其他产业的融合发展，来培育市场需求并实现做大做强。生产性服务业发展的需求源自工业、农业，以及服务业其他行业的发展，甚至相当一部分生活性服务业的发展，也日益需要重视推动产业融合的作用。如休闲农业和乡村旅游的发展，要注意同农业、文化创意产业，以及农产品加工业、乡村工艺品制造业融合发展。

立足新时代、新征程，坚持中国式现代化的理念和政策思维，要求更加重视推动现代服务业同先进制造业、现代农业深度融合对于构建优质高效的服务业新体系的重要作用。因为中国式现代化是人口规模巨大的现代化、是全体人民共同富裕的现代化，基于不同类型企业之间、产业组织之间在经济实力、发展理念、发展能力上的悬殊差异，应该更加重视产业发展先行标杆在转变发展方式、优化经济结构、转换增长动力方面的引领带动作用，更加重视通过大中小企业融通发展和培育产业链供应链战略伙伴关系等方式，加速产业融合，培育先进带后进、先进小众带普通大众、头部企业带一般企业、领军企业带中小微企业和非正规组织的利益联结机制。

（四）促进数字经济与实体经济"相爱相拥"

2016 年，《二十国集团数字经济发展与合作倡议》提出，数字经济是以使用数字化的知识和信息作为关键生产要素、以现代信息网络作为重要载体、以信息通信技术的有效使用作为效率提升和经济结构优化的重要推动力的一系列经济活动，数字化、网络化、智能化的信息通信技术使现代经济活动更加灵活、敏捷、智慧，数字经济正在经历高速增长、快速创新，并广泛应用到其他经济领域中。在此基础上，中国信息通信研究院（2022）提出，数字经济是以数字技术为核心驱动力量，通过数字技术与实体经济深度融合，不断提高经济社会的数字化、网络化、智能化水平，加速重构经济发展和治理模式的新型经济形态，具体包括数字产业化、产业数字化、数字化治理和数据价值化四部分内容，作为数字经济发展主要驱动力的产业数字化，更是以数字经济与实体经济融合发展为特征的。

数字技术作为通用目的型技术，正在支撑数字经济迅速发展，并通过其蒲公英效应①、网络效应和生态重塑效应等，日益彰显其对经济社会发展的辐射扩面和影响深化作用。数字经济发展，正在深刻改变人类社会的生产方式、生活方式甚至思维方式，在为传统行业赋能的同时，开辟产业发展新赛道和现代服务业参与产业融合发展新路径，并重塑产业生态和组织方式，优化供求链接和要素匹配机制，畅通数据、信息等现代生产要素进入产业的渠道。数字经济发展还日益推动生产方式由生产或制造决定转变为用户驱动、需求拉动，不同程度地改写着许多产业的技术体系、产品体系、价值体系、商业模式乃至产业发展的思维模式（纪雪洪，2017），成为实施扩大内需战略、深化供给侧结构性改革和加快建设现代化经济体系的重要途径，也是增强创新驱动能力、促进创业就业和改善民生福祉的重要引领支撑力量。

数字化是信息化的升级版，支持从信息化到数字化转变的是各种智能终端、中央信息处理功能（如人工智能、大数据、云计算等）和互联网等底层技术的广泛应用和升级改造。从信息化改造到数字化转型主要体现为技术架构从信息技术到数字技术、需求特征从面对确定性需求到不确定性需求、核心诉求从提升效率到支撑创新、核心目标从以企业内部管理为主到以拓展客户运营为主、技术体系从封闭型向开放型的转变（陈雪频，2022），顺应了推动经济社会高质量发展的需求。数字化转型正在形成巨大的网络效应，催生

---

① 蒲公英效应最初来自硅谷的创业家，形容种子投资和创业公司即便失败也不会就此消失，其中的人才会像许多蒲公英一样随风到处飘荡，落到合适的地方再生根发芽。后来通常用蒲公英效应借指以一个动作为出发点，最终达到多重结果。

经济社会各领域一系列指数级的巨大变革（西贝尔，2021）。

近年来，我国工业互联网融合应用迈入快速成长期，服务业数字化转型领先发展态势已经形成，农业数字化转型初见成效，中小企业数字化转型成效明显（中国信息通信研究院，2022）。通过数字经济与实体经济融合的扩面向深发展，推动实体经济数字化转型，不仅促进了实体经济人流、物流、资金流、信息流的优质高效流动和匹配，拓展了数字技术、数字经济赋能传统产业转型升级的路径；还推动了产业形态和产业链供应链组织方式、运行模式的深刻调整和重塑，拓展了产业价值增值空间和竞争力的来源，为提升产业创新能力、用户体验和客户价值创造了条件。

借助数字技术的链接、匹配、赋能作用和发掘需求、精准识别用户痛点等功能，数字经济和实体经济的跨界融合和深度整合，能够打破原有的商业模式、要素瓶颈、市场或行业壁垒，激发不同领域知识、信息的交叉唤醒机制，提升数字经济和实体经济之间的跨界包容合作创新效应，推动其相互之间资源、要素和发展模式的优化重组，为增进产业生态系统的网络效应、集群效应和借势发展能力创造条件，也为推动产业价值链由生产者驱动向消费者驱动转变，更好地对接消费者真实需求提供便利。因此，越来越多的研究者认为，数字化正在重塑一切。随着数字化对行业渗透的深入，数字化转型对企业或行业发展的影响，越来越像电力一样不可或缺、势不可当，结合行业特点和企业核心能力推进数字化转型日趋紧迫（陈雪频，2022）。

人工智能、大数据、云计算、区块链、物联网、互联网和5G等数字技术的发展，在很大程度上与服务业特别是现代服务业发展相关。在数字产业化领域，除电子信息制造业外，基本上都属于服务业。产业数字化主要通过数字技术、数字经济与实体经济融合发展的方式推进，服务业往往是推动数字技术、数字经济与实体经济融合的重要载体。至于数字化治理和数据价值化，往往更是与现代服务业的发展密切联系。因此，构建优质高效的服务业新体系，一个重要取向是结合创新服务业监管机制、优化服务业行业治理，引导行业协会和产业联盟、平台型企业、服务业领军企业、产业链供应链核心企业协同发力，带动服务业中小微企业甚至非组织化载体融合融通发展，更好地解决数字经济和实体经济融合发展"想不到""不想融""不敢融""不会融"，以及融合"理想很丰满、现实很骨感""盆景难以转化为风景""愿景难以转化为前景"的问题。借此，推动服务业发展更好地支持打好发展数字经济、促进数字经济与实体经济深度融合的持久战，引导服务业新体系更好地聚焦推动数字经济与实体经济深度融合发展的要求，推动形成问题导向、用户友好、协同共创的经济社会数字化转型推进机制，培育数字经济和实体经济互利共赢、耦合共生的产业生态圈和创新创业圈，帮助数字经济和实体经济深度融合更好地化解"数字孤岛"、"马太效应"、数字产权和隐私保护、数据要素市场建设、反垄断和反不正当竞争等痛点难点问题，培育兴奋点，加强风险防控机制建设。

与此同时，要强化数字经济及其与实体经济融合发展的战略思维、问题导向和前瞻意识，推动数字经济发展行稳致远，并在推动实体经济转型升级中更好地发挥生态共塑、融合赋能的杠杆作用，强化对推动实体经济资源要素整合、市场集聚提升、创新升级扩散和风险防控等方面的乘数效应。

三、找准构建优质高效服务业新体系的发力点

在我国现行统计制度下，服务业与第三产业具有相同的统计口径。因此，本章关于服务业的相关数据来自国家统计局关于第三产业的统计资料。进入 21 世纪以来，我国服务业发展总体形势较好。尤其是从 2012 年第二季度开始到 2019 年第四季度，连续 31 个季度服务业增加值指数快于 GDP 指数和工业增加值指数；从 2012 年第三季度开始到 2019 年第四季度，连续 30 个季度服务业增加值指数快于第二产业增加值指数。[①] 按当年价格计算，2012 年我国服务业增加值占 GDP 比重达到 45.5%，首次超过第二产业增加值占比（45.4%）；到 2016 年，我国服务业增加值占 GDP 比重已达 52.4%；从 2012 年到 2016 年连续 5 年服务业增加值占 GDP 比重每年较上年增加 1 个百分点以上。2019 年服务业增加值占 GDP 比重已经达到 54.3%。从 2020 年到 2022 年，突如其来的新冠疫情导致服务业短期发展环境在总体上呈现明显的不利变化，导致服务业占 GDP 比重增速放缓直至下降，2022 年服务业

---

① 本章数据凡未注明出处者，均据《中国统计年鉴（2022）》或国家统计局网站数据整理。

增加值占 GDP 比重下降到 52.8% 。从 2023 年第一季度到 2024 年第四季度，在连续 8 个季度内有 7 个季度服务业增加值的同比增速快于第一产业、第二产业增加值的同比增速。与此同时，2011 年我国服务业占全社会就业的比重达到 35.7% ，首次超过第一产业（34.7%），到 2013 年已达 38.4% 。2020 年以来，服务业占全社会就业的比重增速放缓，2020 年、2023 年分别为 47.7% 和 48.1% 。

从按 2020 年不变价格计算的劳动生产率来看，从 2012 年到 2021 年 10 年间（以 2011 年为基期），我国全社会劳动生产率年均递增 6.9%，同期第一产业、第二产业、第三产业劳动生产率分别年均递增 8.7% 、6.7% 和 4.6% 。2020 年暴发新冠疫情后，以人员聚集性行业和中小微企业为重点的部分服务行业遭遇重创，服务业劳动生产率呈现较大起伏。但 2020 年、2021 年两年间服务业劳动生产率平均增幅却能保持基本稳定，与同期第一产业劳动生产率增速加快、第二产业劳动生产率增幅波动且平均增幅有所下降形成鲜明反差。2020 年、2021 年两年间，全社会、第一产业、第二产业和服务业劳动生产率分别年均递增 5.7% 、9.8% 、4.1% 和 4.6% （见表 6 - 1）。

表 6 - 1　　　　　　2012～2021 年我国三次产业劳动生产率的变化

年份	劳动生产率（万元/人）				劳动生产率较上年增长率（%）			
	全社会	第一产业	第二产业	第三产业	全社会	第一产业	第二产业	第三产业
2012	81175.24	23054.28	105577.37	113912.49	7.78	8.30	5.16	6.80
2013	87425.54	25635.70	114423.89	115675.08	7.70	11.20	8.38	1.55
2014	93858.51	28421.97	123063.57	118843.45	7.36	10.87	7.55	2.74
2015	100505.57	30845.33	132734.83	123911.95	7.08	8.53	7.86	4.26
2016	107494.59	32633.47	142943.82	130765.80	6.95	5.80	7.69	5.53
2017	115245.11	34950.90	155038.64	137586.57	7.21	7.10	8.46	5.22
2018	123471.95	37613.82	167137.28	144698.12	7.14	7.62	7.80	5.17
2019	131400.01	40565.00	176291.69	152254.25	6.42	7.85	5.48	5.22
2020	135027.04	44047.92	178045.02	154156.75	2.76	8.59	0.99	1.25
2021	146783.90	48929.84	191190.95	166478.30	8.71	11.08	7.38	7.99

注：劳动生产率按 2020 年不变价格计算。

但就总体而言，当前我国服务业发展与推动高质量发展、构建优质高效服务业新体系的要求仍有很大差距。服务业专业化、市场化、产业化、社会化发展水平不高，区域之间、城乡之间发展不平衡问题突出，服务有效供给不足，发展质量和效益亟待提升，服务竞争力和标准、品牌影响力不强，创新发展、普惠发展、融合发展能力亟待提升，制度创新、组织创新联动效应不强，平台引领、龙头带动作用不显著，推进服务业集聚、集群、集约发展和数字化转型尚待深入，基础设施和人才、融资、用地等要素支撑亟待增强，仍是现行服务业体系面临的突出问题。构建优质高效的服务业体系需要在以下方面重点发力。

（一）创新服务业监管方式

进一步放宽服务业市场准入是大势所趋。但是，推动服务业高质量发展必须将放宽准入与创新监管有效结合起来。服务业尤其是现代服务业行业众多，产业属性差异悬殊①，放宽服务业市场准入应该体现这种产业属性的差异，强化分层分类监管。况且，相对于工业或农业，服务业发展往往更需要基于产业融合。而不同的服务行业之间、服务业与其他产业之间融合发展的深化，数字经济与实体经济融合发展的推进，往往伴随着产业边界的模糊化、技术的集成化和复杂化，甚至产业链价值链的分解与重构，提升了服务业监管和风险管控的难度，也给传统的服务业监管方式提出了日益严峻的挑战。

要注意尊重服务业不同类型行业产业属性和发展要求的差异，创新服务业监管方式和发展理念，提升服务业分类监管的水平和质量，推动服务业监管方式由行业归属性监管向功能性监管，由合规式监管向事前设置负面清单或警戒线的触发式监管，由多头分散监管向跨区域、跨部门联合协同监管，由部门之间沿着产业链供应链各管一段的监管向加强产业链供应链全程协同监管转变。要创新制度、完善规则，着力提升部门间、地区间、产业链不同环节间的监管信息互换、结果互认、执法互助水平。要坚持发展是第一要务，凸显开放、创新、协同的理念，包容审慎、普惠公平、坚守底线的要求，加

---

① 如在服务业中，有的属于充分竞争性行业，如住宿和餐饮业、租赁和商务服务业等；有的属于有限竞争性行业，如教育、医疗、科学研究和技术服务业等与公共服务业相关的领域；有的属于自然垄断性行业，如电力、铁路、电信等；有的不仅有限竞争，而且与意识形态、公共安全甚至国家安全问题密切相关，属于敏感性领域。有些服务业主要惠及民生，有些服务业则主要惠及产业发展。

快建立有利于统筹发展和安全、有利于促进服务业乃至现代化经济体系可持续发展的服务业监管体系。

鉴于服务业尤其是现代服务业新产业、新业态、新模式居多，要结合创新监管，努力提高监管的透明、公正、规范性和可预期性。服务业发展政策和监管措施的出台，要基于对服务业及其关联产业属性的清晰认识，鼓励服务业综合改革试点、服务业扩大开放综合试点地区或其他服务业改革开放平台率先开展创新服务业监管机制的改革试验，鼓励各类服务业园区或产业集聚区开展创新监管机制的试点、试验和示范活动。力戒在产业属性不清的背景下盲目出台限制性措施或不成熟、不必要的监管规则甚至实施细则，导致对服务业创新活动和可持续发展能力的实质性损害，形成对服务业创新活力和竞争力的桎梏。更要避免在服务业监管中滥用防控风险优先原则或用"安全是第一要务"代替"发展是第一要务"，导致服务业发展活力的下降和长期发展能力的衰竭。以与数字技术、数字经济相关的服务业为例，虽然近年来我国数字经济发展很快，但对其产业属性或发展要求仍有一个需要观察和深化的过程。因此，数字经济监管应该坚持发展与规范并重的方针，秉持包容审慎的态度。

要鼓励运用新一代信息技术创新监管方式、降低监管成本、提升监管效能，增强对系统性风险和道德风险的前瞻辨识和分类治理能力，增进部门之间、地区之间监管的协同性和可持续性。要健全对服务业重大风险的超前预警和有效防控机制，注意借鉴国际经验，有效利用外商投资安全审查制度、反垄断调查等国际通行的制度性安排，做好重点敏感领域风险防范化解工作，创新敏感领域安全管理机制。鼓励平台型企业强化社会责任，加强自律和对关联市场主体的管理，并在创新服务业监管机制方面发挥作用，推动形成"企业自律＋行业自律＋政府监管＋平台型企业和社会参与"有机结合、多元共治的服务业监管体系，鼓励服务业监管同与其有产业链关联的工业、农业监管协同起来。

（二）创新政策、深化改革并兜牢底线

要结合构建全国统一大市场、加快建设高标准市场体系，鼓励各类服务

业改革试点试验示范项目发挥龙头引领、示范带动或探路试水作用，深化首创性、集成化、差别化改革探索。要高度重视服务业尤其是现代服务业改革的艰巨性、复杂性和连锁影响，立足当前、着眼长远，在强化责任意识和担当精神、统筹发展和安全的同时，将创新对改革结果的包容机制和对改革风险的防范机制结合起来，拓宽改革路径的选择空间；规避因强调改革"只准成功，不准失败"，或缺乏对不可控、超预期因素形成改革风险的包容机制，导致改革思路选择受限，错失以改革促发展、以改革促创新的契机。要全面加强对各类改革试点经验的总结和研究，提升复制推广服务业制度创新成果的质量。要结合强化竞争政策基础地位，推动公平竞争审查制度落实落地，激发民营企业、小微企业、外资企业和其他社会力量参与增加服务业有效供给的积极性、创造性，助推建设全国统一大市场。

要结合深化改革，鼓励探索同等优先地支持服务业中小微企业发展和农业农村服务业发展的方式，鼓励平台型企业创新应用场景并在建设现代化产业体系、增进民生福祉中发挥导航和赋能作用，引导服务业加强普惠服务、加快数字化转型步伐，鼓励生产性服务业在提升产业链供应链韧性和安全水平、生活性服务业在兜牢民生底线中发挥作用，并探索发展数字经济及其促进实体经济稳增长、防风险的方式。

要注意增强服务业发展政策的稳定性和可持续性。服务业新产业、新业态、新模式居多，与数字经济相关的现代服务业更是如此。前几年部分地区少数服务业新产业、新业态、新模式的发展经历了地方政府从热情礼赞、推波助澜到急速专项整治，甚至全面取缔的转折，推动其潜在问题、发展风险迅速积聚，甚至加速释放，加大了服务业可持续发展的难度和资源利用的浪费。这种情况提醒我们，在创新服务业发展政策、优化服务业监管机制的过程中，一方面，要注意借鉴国内外经验，坚持问题导向，积极探索、加快完善相关政策和监管方式，强化常态化支持和常态化监管机制建设，力戒滥用"喜新厌旧""厚此薄彼"的支持方式对服务业公平竞争环境的破坏；另一方面，对看不准的问题，宁愿"让子弹飞一会儿"，防止盲目出台政策和监管规则形成对新产业、新业态、新模式产业属性、发展形势的误判和发展过程的误伤。

要结合优化营商环境，创新对企业等市场主体的支持方式，优先支持服务业创新发展、融合发展、绿色发展和数字化转型，鼓励发展服务型制造、服务型农业，推动制造业企业或农业企业服务化转型，鼓励发展"产品＋服务"综合服务商或问题解决方案提供商；鼓励发展服务衍生制造、"数字＋服务＋制造"，促进文化、创意、科技、金融、保险、品牌、数据、标准等融入服务业发展和运营过程，提升服务质量、消费品质乃至品牌溢价。面向建设现代化产业体系的需求，鼓励打造产业数字化转型促进中心或集成服务平台，鼓励培育具有较高质量效益、富有竞争力的产业融合先锋企业、示范园区和示范区，引导各类服务业集聚区或产业园区、服务贸易创新发展试点开放平台、消费中心城市、特色消费街区或特色商圈推进产业融合发展。结合加强试点、试验和示范活动，在土地、金融、人才等方面，加强对服务业发展的要素支持，优先支持发展人力资源服务业、创业指导服务、供应链管理服务等现代服务业战略性产业，鼓励围绕产业生态建设优化天使投资、创业投资基金、资产与产权交易服务等创新友好型金融发展环境，探索建立符合服务业产业属性和发展要求的要素供给体系，推动形成生态主导型企业、行业领军企业、中小微企业优势互补、网络链接的市场主体发展格局，引导中小微企业向专精特新企业转型。

　　长期以来，我国对服务业发展的支持主要采取支持市场主体增加和优化供给的方式。顺应把扩大内需战略同深化供给侧结构性改革有机结合的需求，今后支持服务业发展要将继续鼓励供给主体增加和优化供给同培育服务消费结合起来，推动服务业形成需求牵引供给、供给创造需求的更高水平的动态平衡。为此，建议借鉴国内外实行消费券、创新券等政策经验，通过面向作为需求方的企业或消费者发放新兴服务消费券等方式，强化服务需求者对服务供给者的自由选择和公平竞争，引导服务企业更好地坚持以用户为中心的发展理念，推进贴近企业或消费者需求的服务创新。也可结合完善政府采购制度、加大政府购买公共服务力度等，适度倾斜支持新兴服务供给者拓展市场、增强发展能力。之前，结合支持绿色制造服务业发展，我们对此已有专门分析（姜长云和蒋安玲，2023），在此不再赘述。

（三）优化营商环境和创新创业生态

　　市场化、法治化、国际化的营商环境，是构建优质高效的服务业新体系不可或缺的底蕴。服务业优质高效发展及其对产业发展、改善民生服务能力的提升，也可以为构建市场化、法治化、国际化的营商环境提供重要滋养。近年来，结合深化"放管服"改革，优化营商环境的问题日益引起各级政府的重视。但是，优化营商环境没有最好，只有更好；没有完成时，只有进行时。观察营商环境，不仅要看明规则，更要看潜规则。要推动营商环境建设努力体现规则化、简约化、清晰化、制度化，以及同理心、包容心的导向，用优化营商环境的确定性对冲国内外风险挑战的不确定性。要结合分类放宽服务业市场准入限制，消除制约服务业发展的行政壁垒和隐性障碍，切实推动营商环境建设向着有利于市场主体特别是企业家安心、省心、舒心、对未来发展有信心，增进投资者便利、效率、稳定、透明、可预期感的方向转化。要把优化营商环境与培育让创新创业者想干事、敢干事、能干事，合法创新创业不担心出事的创新创业环境结合起来。鼓励各地将优化营商环境与加强产业配套、服务能力建设、完善产业生态、支持中小微企业参与大中小企业主导的产业链供应链结合起来，拓宽服务业高质量发展路径，带动产业链供应链提高韧性和安全水平。

市场经济是"企业家本位"的经济，构建优质高效的服务业新体系，必须高度重视企业家和市场主体的中坚作用。结合优化营商环境，引导全社会牢固树立人人都是营商环境的理念，推动政府聚焦解决企业家和市场主体所思所想、所困所惑，帮助其排忧解难，有利于企业家和市场主体轻装上阵、勇毅前行，为推动服务业高质量发展、参与构建优质高效的服务业新体系出力献智。要结合引导现代服务业集聚、集群、集约发展和民生服务业打造便民服务圈，鼓励产业园区和现代服务业集聚区加强园区综合服务体系建设，培育创新创业或中小微企业孵化基地，鼓励行业头部企业推动大中小企业融合融通发展，发挥供应链核心企业作用，带动服务业创新创业或中小微企业提质增效升级，搭建企业家成长培育平台，夯实构建优质高效服务业新体系的底蕴。

（四）鼓励服务业联合合作

从国际经验来看，商会、行业协会、产业联盟等行业组织往往是行业公共利益的重要维护者、行业公共产品的重要供给者、优化行业治理的重要组织者，在引导优质资源、优质要素向行业流动，推动服务业标准化、规范化、品牌化发展，协调行业、企业与政府、社会关系，促进行业提质增效升级，甚至在引导行业头部企业、龙头企业带动中小微企业和产业链供应链转型升级方面，往往发挥着重要作用。重视行业组织作用，也有利于服务业支持政策更好地立足服务业产业特性和发展要求。涉及服务业新产业、新业态、新模式发展时，情况尤其如此。构建优质高效的服务业新体系，要高度重视服务业行业组织的作用，加强相关支持和政策引导。鼓励行业组织推进企业家交流合作、搭建企业家和行业人才成长服务平台，并在推动行业合作、优化行业治理、促进行业自律自强、推动行业标准化品牌化发展等方面发挥枢纽作用。

随着数字经济的发展及其与实体经济融合的深化，在构建优质高效的服务业新体系的过程中，平台型企业的作用迅速凸显。平台型企业也日益成为服务业乃至产业治理的重要参与者。要注意引导平台型企业在构建优质高效的服务业新体系中发挥导航和支撑作用。基于平台型企业的巨大规模优势和网络效应，平台型企业的发展容易面临固定成本高、新增边际成本低的问题，形成垄断和集中趋势，出现强者愈强、赢者通吃的问题。这在很大程度上有其产业属性原因。沿用传统的反垄断措施，容易形成对平台型企业的误伤。要注意顺应平台型企业的产业属性和发展要求，创新反垄断措施，鼓励平台型企业发挥生态主导型企业作用，成为引领发展、创造就业、培育服务业竞争力的引擎，并在推动产业高端化、智能化、绿色化转型和数字经济与实体经济深度融合方面，发挥"定盘星"作用。

PART
2

第二篇
推动现代服务业同先进
制造业深度融合

推动现代服务业同先进制造业深度融合：总体研究

产业融合是全球经济增长和现代产业发展的重要趋势，是世界新技术革命和产业结构升级的深刻反映。国际经验表明，现代服务业同先进制造业融合发展（以下简称"两业融合"）是产业转型升级的重要方向，是塑造国际竞争力的重要途径。党的二十大提出，"坚持把发展经济的着力点放在实体经济上""推动现代服务业同先进制造业、现代农业深度融合"①，这是建设现代化产业体系、推动高质量发展的重要路径。为此，结合产业融合理论和中国企业实践，开展现代服务业同先进制造业深度融合研究，明确内涵特征，分析发展现状，提出发展思路以及融合发展的重点领域、主要任务、政策建议等，具有重要意义。

一、内涵特征和表现形式

（一）产业融合缘起

20 世纪 70 年代，通信技术革新和信息技术迅速发展，推动了通信、邮政、广播、电视等信息传媒行业相互交叉。1978 年，麻省理工学院媒体实验室创始人尼古拉庞特通过对最新技术发展的观察发现，计算机、印刷和广播

---

① 《习近平：高举中国特色社会主义伟大旗帜 为全面建设社会主义现代化国家而团结奋斗——在中国共产党第二十次全国代表大会上的报告》，中国政府网，2022 年 10 月 25 日，https：//www. gov. cn/xinwen/2022 – 10/25/content_5721685. htm。

三个产业交叉重叠之处是成长最快、创新最大的领域。这引起学术界的广泛关注，将这一现象称为产业融合（industrial convergence），即随着信息技术的快速发展和扩散，一些基于工业经济时代的大规模专业化分工的产业边界逐渐模糊或消融，并在原有产业边界处融合发展成为新的产业形态，成为经济增长和企业价值增长新的源泉和动力。

从产业融合概念产生的背景看，产业融合是建立在高度专业化分工基础之上的，实质是产业间分工的内部化，即把社会化分工转化为企业内部分工，专业化分工的深化细化是产业融合发展的基础和前提。例如，服务外包、业务剥离都是专业化分工的体现，外包和业务剥离后的专业化服务再次嵌入制造企业或产业价值链中，进行重组和重构形成新的价值链，形成嵌入式融合发展关系。有观点认为，产业融合从微观层面上看是企业既做制造业也做服务业，既涉及产业链上游环节也介入下游环节，因此是"逆专业化分工"或"一体化发展"，这是片面的、错误的。产业融合强调的是在高度专业化分工的基础上，为提高生产经营效率、减少产业链各环节之间的障碍，依托现代技术形成的产业链上的紧密型业务联系或合作关系。企业的实践表明，产业融合是专业的人干专业的事，原来制造企业通过产业融合实现向服务制造业或服务企业转型，而外包了原来的制造环节给更高效率的专业生产商。美国通用电气公司最初是电气、发动机等设备制造商，依托强大技术实力实施服务战略，拓展技术设施、能源金融、解决方案等服务，转型成为全球最大的技术和服务业务提供商之一。耐克公司采取虚拟化策略，建立"无工厂化"生产组织模式，利用强大的资源整合能力，重点经营研发设计、市场营销等附加值高的服务业务，从制造企业转型为服务提供商。

（二）现代服务业同先进制造业融合的内涵特征

先进制造业是相对于传统制造业而言，是指运用高水平设计方法或技能来生产技术复杂的产品或流程的行业。具体而言，是指不断吸收信息、机械、材料，以及现代管理等方面的高新技术，并将这些先进的技术综合应用于制造的各个环节和全过程，实现优质、高效、低耗、清洁、灵活生产，从而取得很好的经济社会效益和市场效益的制造业总称（朱森第，2014）。现代服务业也是相对于传统服务业而言，是指以现代科学技术特别是信息网络技术为主要支撑，建立在新的商业模式、服务方式和管理方法基础上的服务产业。它既包括随着技术发展而产生的新兴服务业态，也包括运用现代技术对传统服务业的提升。现代服务业既包括新兴服务业，也包括对传统服务业的技术改造和升级，其本质是实现服务业的现代化。

现代服务业同先进制造业融合是基于技术进步、市场开放和制度创新，通过技术渗透、产业联动、链条延伸、内部重组等途径，打破原有产业边界、促进产业交叉融合、育成新业态新模式，实现制造业和服务业相互支撑、高效协同、融合互动的动态过程，最终推动产业提质增效升级。现代服务业同先进制造融合发展，随着技术革命和产业变革而不断演进、升级，是一个主体多元、路径多样、模式各异、动态变化、快速迭代的过程。这个过程既包括现代服务业特别是生产性服务业对先进制造业的中间投入和支撑作用不断增强，也包括现代服务业和先进制造业相互渗透互动、嵌入彼此产业价值链体系从而形成紧密关系的状态，还包括制造业和服务业融为一体、边界模糊、形成新产业和新业态的情况。

两业融合的过程呈现以下几个特征：（1）从要素层面看，服务业特别是生产性服务业作为制造业中间投入要素的比重不断提高，服务业在整个产业链、价值链中创造的产出和价值不断提高；（2）从技术层面看，技术创新是先进制造业和现代服务业融合发展的重要基础和前提条件，特别是新一代信息技术、人工智能等的应用加速了融合进程，催生了众多融合新业态；（3）从企业层面看，企业转型升级步伐加快、路径增多，一些制造企业转型为"制造＋服务"或服务型企业，一些服务企业向制造环节延伸；（4）从产业层面看，表现为制造业、服务业的专业化水平不断提高，同时也会产生制造业和服务业融为一体的新产业。

二、发展现状和主要问题

当前，中国现代服务业同先进制造业融合程度不断加深、趋势不断增强，不同行业、不同企业结合自身特点，在融合发展中探索创新、形成了各具特色的新路径新模式。

（一）发展现状

1. 服务中间投入比重逐步提升，制造业服务化步伐加快

从投入产出角度看，两业融合最直接的表现是服务业作为制造业中间投入的比重、服务投入为制造业所创造的产出不断提升。过去20多年来，中国制造业行业中服务投入占全部中间投入的比重（制造业服务化率指数Ⅰ）、制造业行业中服务投入占总产出的比重（制造业服务化率指数Ⅱ）两个指标均呈现明显上升趋势（见表7-1、表7-2），制造业服务化步伐加快。1997~2020年，制造业行业中服务投入占全部中间投入的比重从12.82%上升至18.04%，增加了5.22个百分点，纺织服装鞋帽皮革羽绒及其制品业、交通运输设备制造业、木材加工及家具制造业，以及通用、专用设备制造业的服务投入占比均已超过20%；制造业行业中服务投入占总产出的比重从9.19%上升至13.97%，增加了4.78个百分点，其中交通运输设备制造业、纺织服装鞋帽皮革羽绒及其制品业等行业变化尤为明显。

表7-1　　　　制造业行业服务业中间投入占全部中间投入的比重　　　单位：%

行业	1997年	2002年	2005年	2007年	2010年	2012年	2015年	2017年	2020年	变化
食品制造及烟草加工业	9.83	17.24	13.56	11.86	12.30	15.00	13.28	16.86	17.46	7.63
纺织业	10.89	13.53	10.00	7.88	8.24	9.69	9.77	12.71	13.97	3.08
纺织服装鞋帽皮革羽绒及其制品业	12.02	19.37	17.46	11.23	12.40	16.20	16.84	20.01	22.17	10.15
木材加工及家具制造业	16.82	20.14	16.87	11.83	13.34	12.52	14.59	19.11	20.49	3.67
造纸印刷及文教体育用品制造业	14.50	20.76	17.11	11.02	12.34	15.05	18.05	18.17	19.91	5.41
石油加工、炼焦及核燃料加工业	10.75	12.66	13.26	7.56	6.19	6.42	12.95	9.43	11.84	1.09
化学工业	12.36	16.22	13.24	10.88	12.51	13.90	16.71	18.15	20.18	7.82

续表

行业	1997年	2002年	2005年	2007年	2010年	2012年	2015年	2017年	2020年	变化
非金属矿物制品业	17.89	26.60	19.99	15.13	15.77	15.62	20.46	18.57	19.94	2.05
金属冶炼及压延加工业	11.90	14.99	10.92	8.86	8.99	9.28	12.05	12.26	12.61	0.71
金属制品业	17.55	17.33	14.30	9.60	10.63	13.24	17.63	15.68	16.71	−0.84
通用、专用设备制造业	12.90	17.67	15.17	11.52	13.00	15.83	19.04	18.29	20.13	7.23
交通运输设备制造业	9.44	14.51	13.19	10.48	11.91	16.43	18.13	19.15	21.07	11.63
电气、机械及器材制造业	12.36	17.97	15.55	10.98	12.97	13.50	15.62	16.27	18.09	5.73
通信设备、计算机及其他电子设备制造业	10.06	13.25	11.38	11.35	13.79	15.35	16.43	14.73	16.38	6.32
仪器仪表及文化办公用机械制造业	13.85	16.08	14.67	10.58	12.53	17.25	20.70	17.05	18.34	4.49
其他制造业	12.03	19.38	15.38	11.23	12.28	15.82	18.17	18.13	19.35	7.32
平均值	12.82	17.36	14.50	10.75	11.82	13.82	16.28	16.54	18.04	5.22

注：制造业服务化率指数Ⅰ为制造业中服务业中间投入额占全部中间投入的比重。变化情况为2020年制造业服务化指数减去1997年制造业服务化指数。

资料来源：根据国家统计局公布的历年投入产出表计算。

表7−2　　　　　制造业行业服务业中间投入占总产出的比重　　　单位：%

行业	1997年	2002年	2005年	2007年	2010年	2012年	2015年	2017年	2020年	变化
食品制造及烟草加工业	7.11	11.89	9.80	8.97	9.71	11.47	10.26	12.88	13.18	6.07
纺织业	7.82	10.18	7.91	6.35	6.54	7.85	8.02	10.48	11.46	3.64
纺织服装鞋帽皮革羽绒及其制品业	8.27	14.61	13.10	8.73	10.02	12.74	12.59	16.21	17.68	9.41
木材加工及家具制造业	12.12	14.65	12.94	9.02	10.78	9.68	11.41	15.03	16.20	4.08
造纸印刷及文教体育用品制造业	9.94	13.77	12.89	8.39	9.80	11.47	14.31	13.95	15.01	5.07
石油加工、炼焦及核燃料加工业	8.38	10.48	10.77	6.21	4.96	5.23	10.18	7.04	8.93	0.55
化学工业	9.04	11.85	10.35	8.67	10.09	11.23	13.75	13.85	15.22	6.18
非金属矿物制品业	12.24	17.85	14.63	10.98	12.31	11.68	16.30	13.70	14.15	1.91

行业	1997年	2002年	2005年	2007年	2010年	2012年	2015年	2017年	2020年	变化
金属冶炼及压延加工业	9.48	11.34	8.67	7.13	7.39	7.61	10.40	9.50	9.73	0.25
金属制品业	13.45	13.22	11.15	7.60	8.64	10.62	14.24	11.87	12.62	-0.83
通用、专用设备制造业	8.56	12.71	11.53	8.86	10.25	12.46	15.05	14.06	15.28	6.72
交通运输设备制造业	6.96	10.70	10.37	8.44	9.64	13.16	14.34	14.92	16.73	9.77
电气、机械及器材制造业	9.60	13.63	12.31	9.11	10.90	11.25	12.70	13.15	14.94	5.34
通信设备、计算机及其他电子设备制造业	7.51	10.47	9.60	9.48	11.67	12.73	13.43	12.32	13.88	6.37
仪器仪表及文化办公用机械制造业	9.52	11.94	11.50	8.34	9.91	13.36	15.71	12.73	13.63	4.11
其他制造业	7.01	13.93	11.30	8.42	6.83	12.54	13.81	13.87	14.88	7.87
平均值	9.19	12.70	11.18	8.42	9.34	10.94	12.91	12.85	13.97	4.78

注：制造业服务化率指数Ⅱ为制造业中服务业中间投入额占总产出的比重。变化情况为2020年制造业服务化指数减去1997年制造业服务化指数。

资料来源：根据国家统计局公布的历年投入产出表计算。

从三大制造业行业服务化程度看，装备制造业最高、消费品制造业次之、原材料制造业最低（见图7-1）。2020年，装备制造业服务化率指数Ⅰ、Ⅱ分别比原材料制造业高出2.54个和2.76个百分点，装备服务化率指数Ⅱ比消费品制造业高出0.18个百分点。背后原因可能与产业特性紧密相关。装备制造业特别是高端装备制造业技术水平高、研发投入大、产业链条长，特别是提供专业化、定制化专业解决方案和系统集成服务特征更明显，对科技服务、金融服务、现代物流、检验检测、技术服务、售后服务等服务需求更大。相反，原材料行业以原料供给为基础，原料工业品中间投入比重大，服务中间投入比重相对小。

2. 服务型制造模式不断涌现，重点行业领域融合发展步伐加快

服务型制造是制造与服务融合发展的新型产业形态，是制造业中最具潜力的业务方向和制造业企业转型战略着力点。近年来，越来越多的制造企业围绕核心制造延伸拓展相关服务，服务型制造新模式新业态不断涌现。自2017年以来，工业和信息化部先后遴选出了四批服务型制造示范企业、项目、

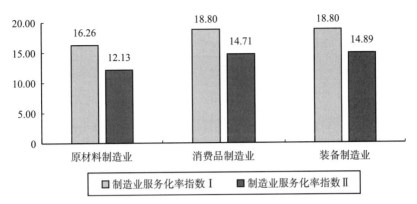

图 7 - 1 2020 年制造业大类服务化率水平

注：根据投入产出表的行业分类，原材料制造业包括石油、炼焦产品和核燃料加工业，化学工业，非金属矿物制品业，金属冶炼和压延加工业，金属制品业；消费品制造业包括食品制造及烟草加工业，纺织业，纺织服装鞋帽皮革羽绒及其制品业，木材加工及家具制造业，造纸印刷及文教体育用品制造业；装备制造业包括通用、专用设备制造业，交通运输设备制造业，电气、机械及器材制造业，通信设备、计算机及其他电子设备制造业，仪器仪表及文化办公用机械制造业。

平台和城市，共推出 262 个示范企业、157 个示范项目、174 个示范平台，以及苏州、广州等 20 个示范城市，[①] 主要形成了工业设计服务、供应链管理、共享制造、检验检测认证服务、节能环保服务、生产性金融服务等以服务投入为主的新模式，以及定制化服务、全生命周期管理、总集成总承包等服务产出为主的新模式，是先进制造业和现代服务业融合的典型代表。基于不同行业属性特征，一些重点行业在探索两业融合发展进程中，形成了各具特色的新路径新模式。

（1）在装备制造领域，上海电气、陕鼓集团等通过"技术 + 管理 + 服务"模式加快向服务供应商转型。上海电气三菱电梯板块实现由单一制造向"制造 + 服务"并举的转型，2015 年电梯、安装维保等业务收入占主营业务收入的 23.5%，服务创造的营业利润占总利润的 40% 以上。[②]

（2）在消费品领域，海尔集团、酷特集团等大力发展个性化定制和全程服务，实现生产流程再造以及与客户的紧密互动。海尔智慧家居凭借其创新的互联网技术，以智能产品为载体，为用户提供着"5 + 7 + N"全场景成套解决方案，即智慧客厅、智慧厨房、智慧卧室、智慧浴室、智慧阳台五大物

---

① 根据工业和信息化部办公厅公布的四批服务型制造示范名单统计所得，名单详见工业和信息化部网站。

② 王玉：《上海三菱电梯：找准支点向服务型制造业"蝶变"》，载《经济参考报》2016 年 8 月 5 日。

理空间，全屋空气、全屋用水、全屋安防等七大全屋解决方案，代表的是用户可以根据自己的生活习惯自由定制智慧生活场景，实现无限变化（N）。

（3）在互联网平台领域，阿里巴巴"淘工厂"平台一头连接的是大量优质工厂，另一头连接的是淘宝天猫上大量的中小卖家，将淘卖家海量的碎片化、随机性的生产加工需求聚合起来，通过智能供需匹配的算法引擎将同类型需求匹配给淘工厂平台上擅长承接这种加工需求的优质工厂，实现最高效的供需匹配，推动生产企业分散产能整合共享。《淘工厂2024年度双11新势力产业带报告》显示，2024年以来，淘工厂在产业带新增加了8万多家源头工厂。

（4）在服务反向制造方面，一些拥有强大品牌优势和渠道销售优势的大型服务企业，通过直接进入或贴牌制造（Original Equipment Manufacturer，OEM）进入制造业环节，通过授权、特许、原始设计等方式进入家电、服饰、玩具、食品、礼品等消费品领域。例如，网易依托其全球知名的互联网企业，创立了网易严选的生活类自营电商品牌，通过原始设计制造商（Original Design Manufacturer，ODM）模式与大牌制造商直连，剔除品牌溢价和中间环节，为国人甄选高品质、高性价比的优质产品，引起了消费者的热烈关注。京东依托其强大销售渠道和国内最丰富健全的消费者家电网购大数据，推出C2M（从消费者到生产者，Customer to Manufacturer，C2M）反向定制的"京品家电"，获得了消费者的认可，并帮助小熊电器等企业成长壮大。

3. 推动两业融合的顶层设计、工作机制、政策手段日益健全

（1）部门协同、上下联动，基本建立推进两业融合工作的顶层设计。2019年9月经中央全面深化改革委员会第十次会议审议同意，国家发展改革委等15个部门联合印发《关于推动先进制造业和现代服务业深度融合发展的实施意见》（以下简称《实施意见》），提出了中国推动两业融合的总体思路和目标、发展重点和方向、保障措施和政策，是推进两业融合工作的顶层设计。在这一顶层设计框架下，国家发展改革委、工业和信息化部等有关部门按照职责分工开展工作，利用服务业部际联席会议制度平台，强化部门间协同推进两业融合发展的工作机制。国家发展改革委联合有关部门出台《关于加快推动制造服务业高质量发展的意见》，以高质量的服务供给引领制造业转型升级和品质提升。工业和信息化部联合有关部门出台《关于进一步促进服务型制造发展的指导意见》，组织服务型制造示范遴选和评估评价。按照《实

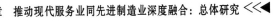

施意见》精神，地方政府纷纷出台关于推动两业融合的意见，形成了中央和地方上下联动、共同推进两业融合发展的局面（见表7－3）。

表7－3　　　　　　　　各地促进两业融合发展的政策文件

省（区、市）	政策文件名
河北	河北省先进制造业和现代服务业深度融合发展试点管理办法（试行）
吉林	吉林省发展改革委等部门关于推动先进制造业和现代服务业深度融合发展的实施意见
吉林	吉林省发展改革委关于推动先进制造业和现代服务业深度融合发展的实施意见重点任务落实措施
黑龙江	黑龙江省先进制造业与现代服务业融合发展实施方案
上海	上海市推动先进制造业和现代服务业深度融合发展的实施意见
江苏	江苏省先进制造业和现代服务业融合发展标杆引领工程实施方案
浙江	浙江省推动先进制造业和现代服务业深度融合发展的实施意见
浙江	浙江省两业融合试点创优导则（试行）
浙江	在新发展格局构建中宁波市推动先进制造业和现代服务业深度融合发展促进产业转型升级的实施意见
河南	河南省促进先进制造业和现代服务业深度融合实施方案
湖北	湖北省推进现代服务业与先进制造业深度融合试点工作方案
湖南	湖南省先进制造业和现代服务业融合发展试点管理办法（试行）
广西	广西先进制造业和现代服务业深度融合发展实施方案
宁夏	自治区先进制造业和现代服务业深度融合试点工作方案
宁夏	加快制造服务业发展的若干政策措施
北京	北京市发展和改革委员会等11部门关于北京市推动先进制造业和现代服务业深度融合发展的实施意见

（2）试点先行、示范引领，将试点作为推进两业融合的重要抓手。以试点工作作为重要抓手，鼓励区域和企业结合实际大胆探索，形成推进两业融合发展的路径模式，为全国同类区域、行业企业提供示范，是当前推进两业融合工作的一大亮点。根据《实施意见》精神，国家发展改革委分别在2020年和2021年组织开展了两批先进制造业和现代服务业融合发展试点，共遴选确定了全国40个区域和80家企业作为试点单位。地方政府也参照此模式开展试点示范，如江苏省发展改革委根据《关于组织开展江苏省先进制造业和现代服务业深度融合试点工作的通知》要求，在各地申报推荐的基础上，经研究，于2019年12月确定123家龙头骨干企业、21家产业集群和15家集聚

区域作为首批两业深度融合试点单位。从试点实践看，这些试点单位结合各自发展基础和优势，面向主导产业转型升级的需求，在融合发展的路径、模式、政策等方面进行了一系列探索和尝试，取得了一定实效。

（3）要素保障、协同发展，加大两业融合发展的政策措施力度。国家发展改革委支持先进制造业和现代服务业专项资金将两业融合发展作为重点支持方向之一。在具体实践中，各地区不断加强现代金融、人力资源、土地等生产要素保障，推动两业深度融合的发展基础得以夯实。一是现代金融方面。天津经济技术开发区面向京津冀区域制造产业需求，以商业保理、融资租赁为代表的产业链金融集聚发展，初步形成以产业链金融为主体的产融合作模式。包钢集团发挥金融支撑作用，构建了包钢集团金融板块，通过租赁产融结合、套期保值服务等，有效拓宽自治区区属企业融资渠道，服务实体经济，实现产融结合。二是人力资源方面。烟台经济技术开发区建成 6 万平方米的自贸区国际人才港，截至 2023 年底已吸引 40 多家知名人力资源服务机构入驻，[①] 逐步打造立足烟台、面向全国、辐射日韩，具有鲜明特色的人力资源服务高地。沈阳市铁西区打造德国海德堡离岸创新中心，成为东北首家"国家海外人才离岸创新创业基地"。三是土地保障方面。常州天宁经济开发区不断拓展制造业、服务业发展用地空间，推行融合发展的混合用地模式。采用长期租赁、先租后让、租让结合等供应方式，积极保障两业融合发展项目用地需求。西安高新技术产业开发区协调省市土地供应审批"直通车"，大力推行"标准地"供给改革，优先保障项目库重点项目用地需求。四是数字基础设施方面。贵阳经济技术开发区开展"数字经开"和"园区四化"试点建设，从新型数字基础设施建设、工业互联网、大数据安全入手，部署"万物感知、广泛连接、存算一体、数字安全"四大支撑体系，为两业深度融合提供技术支撑。

（二）两业融合发展存在的主要问题

1. 融合主体不强不多，引领示范作用弱

经过多年发展，中国拥有一批在全球具有一定影响力的行业龙头企业，但

---

① 《自贸烟台人力资源服务产业园：三年崛起"亿元楼"》，烟台市人民政府网，2023 年 12 月 18 日，https://www.yantai.gov.cn/art/2023/12/18/art_41951_3166774.html。

总的来看，大企业不多、企业竞争力不强，多数企业处于产业链中低端，是推进两业融合和制造强国建设面临的现实问题。多数中小企业受制于技术、人员、资金等多重风险，对以智能制造为代表的两业融合参与度较低。技术层面，中小企业普遍信息化、自动化基础较为薄弱，新一代信息技术应用难度很大，与自身业务相结合的智能制造转型升级的方案严重缺失；资金层面，中小企业的融资难度远高于大型企业，而智能化转型作为一项系统工程，前期需要较大投入，中小企业难以利用资金杠杆和借助政府专项扶持，单纯依靠企业自身的资本投入几乎难以为继；人才层面，中小企业管理偏向粗放式，人员多以低技术难度的熟练工种居多，缺乏管理、技术等多方面人才，开展智能制造难度较大。

2. 融合转型步伐不快，对服务投入重视不够

中国传统行业规模较大，先进制造业能级不高，在数字化、智能化转型及工业互联网应用等方面仍有较大差距，两业融合程度也需进一步提升。在智能制造领域，一方面，智能制造仅能在部分经济效益好的企业和少数行业推开，企业智能制造的覆盖面有待拓宽，智能制造的共振效益还没有较好显现；另一方面，部分企业技术对外依存度较高，自身创新能力、消化吸收能力相对不足，导致智能制造的总体水平不高，企业虽然实现了设备智能化，但由于缺乏关键核心技术人才，不能完全消化吸收智能设备的技术，效率远不及预期。已实施智能制造的企业中，绝大多数企业对于设备、生产线等硬装备投入较大，而对于软装备、服务投入等缺乏充分重视，尤其是对企业信息管理系统的升级改造较少，对设备与产品、技术、工艺、原材料、物流等要素的集成研究和投入不多，往往导致生产环节与研发、销售、服务等环节的数据链没有打通，使融合发展功效未能充分发挥。

3. 要素保障不充分，发展基础亟待完善

率先推进两业融合的区域和企业往往发展比较成熟、水平比较先进，许多地方面临土地资源稀缺、用地成本高的现实困难，两业融合发展的新项目受到土地制约，导致企业开展两业融合的动力不足。适应两业融合需求，既懂制造业又懂服务业的专业人才、技术人才不足，高水平产业工人的供给还有缺口，复合型人才培养体系针对性还有待进一步提高，人才队伍培养打造还需进一步发力。此外，两业融合的统计、评价等基础工作相对滞后，国家没有明确统一的标准和基础数据。特别是对区县一级的试点单位而言，一些量化评价指标在区县层面暂无相关统计口径和统计方法，自行量化统计有可能会与上级口径有较大偏差，容易造成数据失实。相关牵头部门未能积极开展新指标、新对象、新方法的研究探索，统计领域创新的重点任务缺乏落实。

4. 部门联动有待加强，工作合力动力不足

推动两业融合发展是中央确定的一项重点工作，由国家发展改革委牵头，其他 14 个部门共同参与，各部门按照职责分工形成协同推进的工作格局。但从具体工作看，不少部门在推进两业融合方面的力度不大，没有制定或出台专门的政策措施。从地方实践看，很多试点地区成立了两业融合工作领导小组，建立了领导决策部署、发改统筹协调、牵头单位与责任单位组织实施的组织架构，形成了协调推进、评估督导、信息交流等工作机制，但从总体上看，仍然缺乏系统性的组织推进、明确的激励约束机制，影响两业融合的顺利推进。由于缺乏对相关职能部门推进两业融合工作的激励和约束机制，相关部门在落实两业融合发展工作的动力不足，一些任务和措施并未达到预期目标。

三、主要模式

企业是推动两业融合的主导力量。本章研究基于对国家发展改革委确定的 80 家先进制造业和现代服务业试点企业的探索实践，总结了试点企业推进两业融合的主要模式。① 从驱动要素看，包括创新驱动模式、数字赋能模式、绿色引领模式；从服务类型看，包括全生命周期管理模式、拓展增值服务模式、高端服务提供商模式；从产业链价值链看，包括价值链两端延伸模式、全产业链协同模式；从新业态看，包括打造共享平台模式、工业文化旅游模式。同时，试点服务企业还探索出了服务企业赋能制造模式与服务企业衍生制造模式。具体如图 7 - 2 所示。

（一）创新驱动模式

试点企业切实担起解决行业"卡脖子"问题的重任，积极探索创新模式，

---

① 本部分相关企业信息均整理自企业官网。

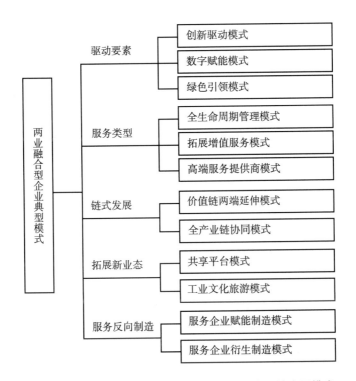

图 7 - 2 中国现代服务业同先进制造业融合发展的主要模式

通过"产学研用"相结合，不断提高自主创新能力，以创新推动两业深度融合。例如，上海微创医疗器械（集团）有限公司瞄准转型升级关键环节和突出短板，进行高性能医疗器械关键性特种原材料、特种原部件和关键零部件的设计开发，先后五次获得国家科学技术进步奖。陕西鼓风机（集团）有限公司不断优化研发体系，打造"产学研用"研发体系，解决了制约中国大型装备制造的"卡脖子"问题。得力集团有限公司通过打造集创意研发设计、检验检测、展示体验、培训交流等多功能于一体的公共研发设计服务平台，助推产业创新向"高、精、尖"领域迈进。

（二）数字赋能模式

试点企业重视数字技术在研发设计、供应链管理、市场营销、售后服务等关键环节的深度渗透，实现全流程、全方位数字化转型，推进数字赋能贯穿企业两业融合发展。例如，新疆金风科技股份有限公司自主研发金风科技数字化风电场平台（GoldFarm），通过智慧设计科学提升项目效益。内蒙古北方重型汽车股份有限公司通过建立上下游贯通的工业互联网平台，推动制造向数字化、网络化、智能化迈进。徐工集团工程机械股份有限公司建立"智＋"系列供应链信息化平台，实现数字技术在研发设计、生产制造、供应链、销售、服务等环节的全面覆盖。

（三）绿色引领模式

试点企业坚持绿色发展理念，探索出集绿色设计、绿色供应链、绿色物流、绿色生产、绿色产品于一体的发展路径，实现两业融合与节能环保的双赢。例如，包钢集团以生命周期评价（Life Cycle Assessment，LCA）在线绿色设计平台为依托，持续加强绿色设计创新开发能力。苏宁易购集团股份有限公司注重绿色物流建设，充分发挥智慧科技来加速仓储、包装、运输、运营等各环节碳中和，实现全链路能源的协调和优化，大幅降低碳排放。

（四）全生命周期管理模式

试点企业通过建立监测系统、应答中心、追溯体系等方式，提供远程运维、状态预警、故障诊断等在线服务，实现经济、社会生态价值最大化。例如，中车青岛四方机车车辆股份有限公司充分利用数据分析和数据挖掘技术，通过车辆运行监控、故障诊断预测和健康评估等系统，大幅降低企业运营成本，提升了旅客服务感知。深圳市大疆创新科技有限公司在全球自建10余个维修中心、7个呼叫中心，除技术支持、维修、保养等基础服务外，还提供快修快换、极速换新等创新方案。

（五）拓展增值服务模式

试点企业充分利用数字技术，提供与产品互补、拓展产品功能的服务，实现服务增值。例如，安徽华米信息科技有限公司依托智能可穿戴产品为用户提供健康监测服务，实现从产品生产到提供数据服务的转型。海尔集团将生活服务延伸到家电的全生命周期，打造了食联、衣联等线上线下融合服务模式，使用户通过家电联通云端服务资源，在家就可享受衣食住娱全场景优质服务。

（六）高端服务提供商模式

试点企业依托自身在智能制造等方面的成熟经验，为产业链上下游企业或同行业其他企业提供系统整合的高端服务，实现由单纯产品制造厂商向高端服务提供商转变。例如，厦门唯科模塑科技股份有限公司建设技术咨询服务平台，面向模具行业内的中小企业及产业链下游企业，提供行业共性技术研发和转化、柔性制造方案、模具注塑一体化物联网解决方案等咨询服务，实现向模具制造业价值链攀升。中联重科股份有限公司打造供应链金融平台，为产业链上下游中小企业提供贴现、保理、再贴现、信用贷款等金融服务。

（七）价值链两端延伸模式

试点企业积极布局全产业链，打通关键环节，实现向价值链两端的高附加值延伸。例如，上海化工研究院有限公司一方面由制造环节向前延伸，加强技术创新、创意设计等环节，提高产品科技含量；另一方面由制造环节向后延伸，加强检测、评估、营销及废旧产品回收利用等环节，提高产品附加值。江苏中天科技股份有限公司通过提供海底通信系统、海底电力系统、海底观测网系统、海洋探测系统、海上油气平台系统等一体化解决方案能力，不断加快从"产品销售走出去"到"工程服务走出去"。

（八）全产业链协同模式

试点企业积极联动产业链上下游企业，通过各类要素资源的整合共享，实现全产业链协同创新与发展。例如，东软集团股份有限公司联合核心芯片供应商、主流液晶屏幕供应商、汽车生产厂商等上下游企业开展研发，构建产业链协同创新模式。北京全路通信信号研究设计院集团有限公司打通设计者、制造商和终端用户之间的壁垒，开展列控系统装备的系统研究、研发设计、测试验证、生产制造、工程应用、使用维护的全产业链融合。

（九）共享平台模式

试点企业切实担起了示范引领责任，积极搭建共享平台，通过技术共享、数据共享、资源共享、服务共享带动全行业共同发展。例如，佛山维尚家具制造有限公司构建家装行业产业互联网平台——HOMKOO 整装云平台，带动全行业加"数"转型。江西赣锋锂业集团股份有限公司依托国家企业技术中心、国家地方联合工程研究中心等科研平台，打造锂电材料公共服务平台，实现资源的高效利用与价值共享。

（十）工业文化旅游模式

试点企业依托自身工业文化特色，打造集生产展示、观光体验、教育科普、赛事培训等于一体的文化旅游产品，弘扬工业文化，赋能两业融合。例如，石家庄君乐宝乳业集团围绕体验场景化，大力发展工业文化旅游，打造集加工、文化、科教、休闲等多位一体的乳制品工业旅游新模式。青岛啤酒股份有限公司依托深厚的啤酒文化底蕴和品牌优势，以精酿工坊、啤酒主题度假酒店为核心，以威士忌银行、啤酒生活创意馆、啤酒 SPA、1903 面包坊 & 麦香 CAFÉ 为重点项目，为消费者提供文化旅游服务。

（十一）服务企业赋能制造模式

试点服务企业以咨询、设计、金融、物流、供应链管理、研发等要素形式参与制造企业活动，帮助制造企业降本增效、提升竞争力。例如，江苏康缘医药商业有限公司通过优化供应链管理，为上游医药制造企业拓展供应链生态圈，赋能药械制造企业加速发展。四川爱创科技有限公司通过线上和线下形式，为制造企业提供从快速原型到批量生产的"一揽子"产品解决方案。

（十二）服务企业衍生制造模式

试点企业中的电商、研发设计等服务企业，充分发挥自身在大数据、技术、渠道、创意等方面的优势，通过委托制造、品牌授权等方式向制造环节拓展。例如，杭州网易严选贸易有限公司依托自身电商平台，与制造企业建立深度战略合作，通过对研发、设计、原料、生产、检测、物流及售后服务等环节的严标准选择、全过程控制，为消费者提供高品质、高性价比的产品。

四、基本思路和对策建议

（一）基本思路

以习近平新时代中国特色社会主义思想为指导，全面贯彻党的二十大精神，坚持新发展理念，以高质量发展为主题，把握先进制造业和现代服务业融合发展趋势，围绕融合发展的重点领域和关键环节，发展融合新业态、新模式，培育融合发展主体，探索融合发展路径，创新融合发展体制机制，激发企业融合发展内生动力，实现现代服务业同先进制造业协同互促和深度融合，推动制造业高质量发展和服务业提质增效升级，为构建现代化产业体系提供强有力支撑。

（二）主要原则

1. 以改革创新作为推动两业融合的根本动力

改革是破解产业融合发展体制障碍的根本举措，创新是产业融合的内在驱动力。必须坚持深化改革、创新驱动，深化体制机制改革，破除产业融合发展中存在的各类显性和隐性障碍，促进先进制造业和现代服务业政策融通。深度应用新一代信息技术、人工智能等新技术，推进发展理念、组织管理、商业模式创新，促进先进制造业和现代服务业资源整合、运营协同，加速产业融合进程和模式创新，提升产业供给质量和效益。

2. 统筹发挥市场机制对资源配置的决定性作用和更好发挥政府作用

企业是先进制造业和现代服务业融合发展的主体。必须尊重企业市场主体地位，充分发挥市场机制作用，更好发挥政府引导作用。引导企业把握融合发展大趋势，积极探索融合发展新业态、新模式、新路径，通过融合发展加快转型升级步伐，增强企业市场竞争力。尊重和激励企业家干事创业，营造公平有序的融合发展环境，充分释放企业融合发展活力。

3. 因地制宜、分类推进

先进制造业和现代服务业融合发展在不同行业、领域、环节呈现出不同的特征、规律和模式。必须坚持因地制宜、分业施策，针对不同企业、行业、区域产业融合发展的基础、阶段和水平差异，完善融合发展的推进机制和政策体系，支持不同企业、行业和区域自主实践并创新发展融合发展新模式，形成差异化、特色化的融合发展路径。

4. 标杆引领、以点带面

中国先进制造业和现代服务业融合发展水平、层次不高，还没有形成成熟的模式、形态、发展机制。必须坚持引领示范带动，针对制约融合发展和价值链延伸的关键环节，围绕龙头企业、重点行业、不同区域等，全方位组织开展试点示范，形成一批典型案例和好的经验做法，发挥标杆示范效应，以点带面实现突破。鼓励各级地方政府结合本地区实际开展试点示范工作，凝练经验做法，探索形成可复制、可推广的新业态、新模式。

（三）对策建议

党的二十大报告强调，推动现代服务业同先进制造业、现代农业深度融合。要坚持目标导向、问题导向，鼓励多元探索、创新体制机制、形成政策合力，推动两业融合向纵深发展，助力现代化产业体系建设。

1. 抓融合主体培育，着力培育一批引领示范作用强的融合型企业

两业融合是一个高度市场化的过程，需要依靠主体推动，企业是最主要的市场主体，也是推动融合发展的主导力量。必须强化企业主体地位，支持企业通过多种方式实现对资源要素、技术研发和市场开发的有效整合。下一步，要着力培育一批技术和模式创新能力突出、上下游环节高度关联、价值链治理能力强的龙头企业、链主企业，带动产业链上下游企业分工协作、联动融通，在产业融合的方向、路径、模式上先行先试，形成推广一批融合发展效果好、转型升级效应强的经验做法。引导促进重点行业通过兼并重组、专业化整合、内部资源整合、并购重组、混合参股等，形成一批综合实力位居行业前列的大企业。支持具备条件的物流企业做大做强，发展基于核心企业的"链主型"供应链，将上下游小微企业整合嵌入生产经营过程，强化资源系统整合与优化能力。实施制造业细分领域"隐形冠军"培育工程，加快培育一批现代服务业行业骨干企业、专精特新企业和平台型企业群体，发挥多元化融合发展主体作用。

2. 抓重点行业突破，瞄准优势行业、潜力行业推动融合转型步伐提速

中国制造业门类齐全、服务业业态众多，必须突出重点行业，探索高效融合模式路径，加速转型发展步伐，以重点行业突破带动产业融合提速，形成"燎原之势"。

一是以数字化转型为核心，加快5G、大数据、人工智能等新一代信息技术与制造业的深度融合。推进制造业产品创新、生产技术创新、产业模式创新和制造系统集成创新，提高制造企业数字化、网络化、智能化水平。开展传统制造业大规模新一轮技术改造，持续推动制造业企业技术改造和工艺装备升级。专注于细分行业的智能化改造，组织研发智能制造装备、专用零部件和专用工业软件，培育细分行业系统集成商。

二要针对传统产业和新兴产业的发展特点，分类确定融合路径。传统产业应进一步推进数字化改造和智能化转型升级，鼓励引导中小企业模式创新，深入提升工业设计水平，推动全球产品跨界创新中心建设，探索工业设计与传统制造的融合创新之路。新兴产业要着力强化企业科技创新能力，以新一代信息技术和科技创新为纽带，加快工业互联网创新应用，探索商业化、可持续的应用场景，推动企业向服务化转型。

三是以加快发展制造服务业为重点，增强对制造业转型升级的强大支撑。推动建设便捷高效的物流基础设施网络，积极探索"商贸流通＋仓储运输＋邮政快递"一体化的供应链服务模式，大力发展智慧物流。大力培育专业化、规范化、国际化的科技中介服务机构，推动发展科技咨询、中试孵化、知识产权等科技中介服务，打造"互联网＋"线上线下科技成果转移转化服务新模式。着力研发云计算、大数据、移动互联网、物联网等新兴领域关键软件产品和解决方案，鼓励平台型企业、平台型产业发展，推动新兴平台软件实现突破和创新应用。提质发展租赁和商务服务业，加快拓展会计审计、法律咨询、信用评估、教育培训、市场调查等专业服务。

3. 抓试点示范创新，加快推动形成一批可复制、可推广的经验做法

坚持把试点示范作为推动两业融合工作的重要抓手，鼓励试点区域、企业大胆创新，积极探索有效的融合发展路径。试点区域应重点突出对区域经济的带动性，试点企业应重点突出对行业发展的示范性。借鉴中国自贸区制度创新成果复制推广清单的做法，及时总结归纳试点单位的创新性做法，汇总形成两业融合的推广清单，供相关区域、行业参考借鉴。开展两业融合试点工作交流。

4. 抓部门联动协同，以政策创新为重点形成推进两业融合工作的强大合力

进一步加强两业融合工作的组织实施力度，建立部门间的定期会商制度，协调解决重大问题，共同研究进一步加大支持两业融合发展的政策措施。加大财政对两业融合发展试点示范企业、平台、项目的支持力度，对一些示范性强、带动性大的项目应加大财政资金支持。鼓励金融机构对两业融合发展企业和项目采取差异化信贷管理，探索建立知识产权质押信息平台。持续深化土地制度改革，切实把功能适度混合的供地模式以及具备独立分宗条件的宗地以合并、分割等做法落实到位。加大复合型人才培养，进一步推进产教融合，加强职业培训及认证体系建设。实施更大力度的研发费用加计扣除、高新技术企业税收优惠等普惠性政策。加大对企业数字化改造支持力度，探索按需付费、以租代买、服务租赁的新型模式，降低企业智能化改造成本。完善相关统计评级制度，鼓励试点区域率先研究建立反映两业融合发展的统计标准和评价办法。

第八章

先进制造业和现代服务业
融合发展：试点区域观

一、引言

党的二十大报告指出，坚持把发展经济的着力点放在实体经济上，推动现代服务业同先进制造业、现代农业深度融合。先进制造业和现代服务业融合（以下简称"两业融合"）是产业发展的必然趋势，符合服务经济时代产业演进的基本规律（Kim et al.，2015），是增强制造业竞争力、构建现代化产业体系的重要抓手，是推动区域产业结构优化升级、培育区域产业新增长点的重要途径，可以大幅度提升区域经济韧性（张明斗和代洋洋，2023）。根据中央部署安排，2019 年 11 月国家发展改革委等 15 部门联合印发的《关于推动先进制造业和现代服务业深度融合发展的实施意见》提出开展两业融合试点，支持有条件的城市、产业园区，开展区域融合发展试点。① 为更好调动地方推进两业融合工作的积极性、主动性，国家发展改革委组织开展了两批两业融合试点，确定了 40 个试点区域、80 家试点企业。

近年来，各地区、各部门结合工作实际和地区特点出台了推动两业融合发展的举措，中国基本形成了从中央到地方上下联动、部门协同的两业融合工作推进局面。试点区域结合自身实际特别是前期两业融合的发展实践，依托新一

---

① 《关于推动先进制造业和现代服务业深度融合发展的实施意见》，国家发展改革委网站，2019 年 11 月 15 日，https://www.ndrc.gov.cn/xxgk/zcfb/tz/201911/t20191115_1203543_ext.html。

代信息技术深度，探索"服务＋制造"、系统集成总承包、全生命周期管理、个性化柔性化定制、工业互联网创新应用、供应链管理等融合发展模式，加速向产业链、价值链中高端攀升，形成了符合地方实际的产业融合发展路径和工作推进范式，涌现出"浙江方案""西青方案""柳州模式""北仑路径""滨江模式"等的特色模式，融合发展效应充分释放，发展质量效益明显提升。

本章基于对 40 个国家两业融合试点区域的观察，总结区域推进两业融合工作的主要做法，归纳两业融合发展的主要成效和面临的突出问题，对全国层面进一步深化两业融合工作提出相应对策建议。①

二、主要做法和成效

从区域属性看，40 个国家两业融合试点区域中，有产业园区 24 家（如天津经济技术开发区、杭州高新技术产业开发区、武汉经济技术开发区等），占比 60%。城市行政区域 16 家，占比 40%。其中，城区 12 家（如上海市松江区、山东省日照市岚山区、天津市西青等）、县（市）4 家（如江苏省张家港市、浙江省宁波市慈溪市等）。从区域分布看，位于东部、中部、西部、东北地区的试点区域分别为 18 家、10 家、9 家、3 家，占比分别为 47.5%、25%、20%、7.5%（见表 8-1）。中国国土辽阔、区域差异大，各区域产业融合差异明显，融合水平呈"东—中—西"依次递减态势（周茜，2022）。试点区域平衡了地区差异，涵盖了不同经济体量，体现了不同产业特色，为各地开展两业融合工作提供了多样化模式途径、适应不同产业结构特征、满足不同经济发展阶段的经验借鉴。

表 8-1　　　　　　40 个先进制造业和现代服务业融合试点区域

序号	试点区域	区域属性	所属地区	2020 年、2021 年、2022 年地区生产总值（亿元）
1	天津经济技术开发区	产业园区	东部	2021 年地区生产总值 2379.6 亿元
2	山西转型综合改革示范区	产业园区	中部	2022 年地区生产总值 990.0 亿元

① 本章各地区相关数据，均整理自各地区政府官网以及各地区所提供的两业融合试点进展报告；各企业相关数据情况，均整理自企业官网和各试点企业所提供的两业融合试点进展报告。

续表

序号	试点区域	区域属性	所属地区	2020 年、2021 年、2022 年 地区生产总值（亿元）
3	辽宁省营口市鲅鱼圈区	城市行政区	东北	370.0、387.8、399.0
4	上海市松江区	城市行政区	东部	1637.1、1782.3、1750.1
5	江苏省张家港市	县级市	东部	2686.6、3030.2、3302.4
6	杭州高新技术产业开发区	产业园区	东部	1745.7、2022.6、2184.8
7	合肥经济技术开发区	产业区域	中部	1114.4、1269.8、1396.0
8	福州经济技术开发区	产业区域	东部	605.0、639.8、675.3
9	江西省景德镇市昌南新区	城市行政区	中部	2022 年规上工业增加值 27.3 亿元
10	山东省日照市岚山区	城市行政区	东部	511.7、560.4、590.3
11	郑州经济技术开发区	产业区域	中部	1122.0、1234.5、1265.9
12	武汉经济技术开发区	产业区域	中部	1650.3、1861.3、1911.0
13	株洲高新技术产业开发区	产业区域	中部	467.3、512.6、545.1
14	广东省佛山市南海区	城市行政区	东部	3119.8、3560.9、3730.6
15	重庆高新技术产业开发区	产业区域	西部	487.5、588.6、706.1
16	成都经济技术开发区	产业园区	西部	1355.2、1504.4、1545.7
17	贵州仁怀经济开发区	产业园区	西部	2020 年规上工业增加值 954.6 亿元
18	昆明国家高新技术产业开发区	产业园区	西部	2022 年规上工业总产值 1054.9 亿元
19	山东省青岛市城阳区	城市行政区	东部	1209.6、1334.2、1348.3
20	浙江省宁波市北仑区	城市行政区	东部	2034.6、2382.5、2630.8
21	上海市金山区	城市行政区	东部	828.6、1182.8、1117.74
22	浙江省宁波市慈溪市	县级市	东部	2028.6、2379.2、2521.6
23	天津市西青区	城市行政区	东部	829.4、932.4、964.7
24	中关村科技园区大兴生物 医药产业基地	产业园区	东部	2021 年工业产值 1600.0 亿元
25	湖南省长沙市长沙县	县市级	中部	1808.3、2003.3、2114.4
26	江苏常州天宁经济开发区	产业园区	东部	2022 年地区生产总值 433.0 亿元
27	烟台经济技术开发区	产业区域	东部	1672.2、2002.8、2175.0
28	柳州国家高新技术产业开发区	产业园区	西部	283.2、315.6、320.8
29	东侨经济技术开发区	产业园区	东部	2021 年地区生产总值 658.0 亿元
30	芜湖高新技术产业开发区	产业园区	中部	2021 年地区生产总值 533.1 亿元
31	哈尔滨经济技术开发区	产业园区	东北	2022 年地区生产总值 836.0 亿元
32	浙江省嘉兴市海宁市	县级市	东部	1030.8、1196.3、1247.0
33	国家级十堰经济技术开发区	产业园区	中部	2020 年地区生产总值 102.3 亿元
34	兰州新区秦川园区	产业园区	西部	2022 年地区生产总值 100.6 亿元

序号	试点区域	区域属性	所属地区	2020 年、2021 年、2022 年地区生产总值（亿元）
35	西安高新技术产业开发区	产业园区	西部	2410.1、2681.4、3104.3
36	贵阳经济技术开发区	产业园区	西部	2022 年规上工业增加值 299.5 亿元
37	库车经济技术开发区	产业园区	西部	2022 年工业增加值 202.0 亿元
38	胶州经济技术开发区	产业园区	东部	2020 年地区生产总值 52.2 亿元
39	长葛经济技术开发区	产业园区	中部	2022 年主营业务收入 1700.0 亿元
40	辽宁省沈阳市铁西区	城市行政区	东北	987.0、1131.8、1200.2

资料来源：各地区统计年鉴、统计公报。

（一）试点区域两业融合的主要做法

1. 完善顶层设计、加强组织领导，着力提升两业融合成效

试点区域高度重视两业融合试点工作，出台促进先进制造业与现代服务业融合发展的政策，成立工作专班，强化试点的统筹协调工作，优化工作实施机制、制定重点工作清单、完善融合指标考核监测机制，增强推动两业融合工作效率。

天津市西青区强化组织保障，由市发展改革委牵头，与西青区政府成立天津市两业融合试点领导小组，形成市区两级联动推进工作机制，统筹推动两业融合试点各项工作。[①]

广西柳州高新技术产业开发区管理委员会牵头成立国家两业融合试点园区建设推进领导小组和办公室，围绕国家两业融合试点园区建设工作，牵头建立会议议事、工作协调、专家咨询、重点企业联系、信息通报、督促考核等相关制度。

山东省青岛市城阳区、合肥经济技术开发区、江苏省张家港市也都成立了两业融合工作推进机制。

2. 强化区域试点、培育后备力量，加快推进试点示范建设

试点区域通过开展本地区两业融合试点的方式，大力扶持和培育省市级试点区域和企业，建立遴选和培育机制，形成区域创优培新的两业融合氛围。

---

① 试点区域推进两业融合的做法、成效等情况，来自各试点区域提供的总结报告和调研材料。

河南郑州经济技术开发区建立了完善的工作协调推进机制，以人工智能、未来网络、绿色技术三大未来产业为支撑，进一步明确试点目标、完善试点方案。通过加快打造"万物互联、万企上云"的两业融合示范区的方式，探索形成国家两业融合试点典型经验做法。

江苏省张家港市在成为国家试点区域后，积极探索体制机制创新和新模式、新路径。打造了10个两业融合公共服务平台，培育了集"智能制造＋增值服务"功能为一体的标杆企业23家，两业融合发展示范园区10个，为全国制造业转型升级和两业融合发展提供了县域样板。

许多试点区域所在省市对开展区域试点示范工作高度重视，按照高标准要求培育后备力量。

浙江省创新推行试点创优制[①]，提出实行遴选试点、合力培育、评价评优"三位一体"的两业融合试点"创优制"，与试点申报单位建立"一对一"结对关系。提供"四个一"定制化咨询服务（即完成一次实地调研、提炼一个主导模式、形成一个问题诊断表、出具一份高质量两业融合发展建议书），推动省级、市级两业融合试点建设，推动全省上下形成梯度培育、分类推进的良好态势。

山东省大力实施两业融合试点培育工程，建立梯次培育体系，将烟台经济技术开发区、迪尚集团等16家单位纳入首批省级两业融合试点，按照国家试点单位标准要求，加快构筑全省两业融合试点"雁形阵"。

3. 突出重点产业、挖掘地方特色，持续优化融合发展路径

试点区域充分挖掘地区特色，围绕主导产业、重点产业，积极构建"制造＋服务"融合互促的机制，形成了区域特色鲜明的两业融合发展路径。

甘肃兰州新区秦川园区以石油化工产业、四川成都经济技术开发区以汽车产业、贵州仁怀经济开发区以茅台等白酒产业、云南昆明高新技术产业开发区以细胞生物产业集群、江西省景德镇市昌南新区以陶瓷、辽宁省营口市鲅鱼圈区以钢铁产业等区域特色主导产业，深度推进两业融合。安徽合肥经济技术开发区聚焦智能网联汽车、智能终端、集成电路、智能家电、装备制造等重点产业，加快发展工业互联网、供应链管理等生产性服务业。广东佛

---

① 《浙江省两业融合试点创优导则（试行）》，浙江省发展和改革委员会网站，2021年4月12日，http://fgw.jinhua.gov.cn/art/2021/8/11/art_1229559001_1753875.html。

山市南海区的蒙娜丽莎集团的陶瓷艺术画、维尚家居的"维尚模式"、林氏木业的个性化定制，实践了以制造服务化促进转型升级的融合发展道路，是消费品工业和服务业深度融合的典范。

4. 完善要素保障、破解发展瓶颈，提升区域资源融合支撑力

各地区不断加强现代金融、人力资源、土地等生产要素保障，夯实两业融合的发展基础。

现代金融方面，天津经济技术开发区面向京津冀区域制造产业需求，以商业保理、融资租赁为代表的产业链金融集聚发展，初步形成以产业链金融为主体的产融合作模式，是全国商业保理最具发展活力的区域，已成为全国标杆区域。

人力资源方面，山东烟台经济技术开发区建成 6 万平方米的自贸区国际人才港，已入驻 21 家人力资源服务机构，聚集行业百强机构 5 家，逐步打造立足烟台、面向全国、辐射日本和韩国、具有鲜明特色的人力资源服务高地。辽宁省沈阳市铁西区打造德国海德堡离岸创新中心，成为东北首家"国家海外人才离岸创新创业基地"。

土地保障方面，广东省佛山市南海区、江苏常州天宁经济技术开发区推行融合发展的弹性用地模式、混合用地模式、新型工业用地模式，采用长期租赁、先租后让、租让结合等供应方式，保障两业融合发展项目用地需求。陕西西安高新技术产业开发区协调省市土地供应审批"直通车"，大力推行"标准地"供给改革，优先保障项目库重点项目用地需求。

数字基础设施方面，贵州贵阳经济技术开发区、甘肃兰州新区秦川园区、重庆高新技术产业开发区、江苏省张家港市、福建福州经济技术开发区等均通过加强数字基础设施建设助力两业深度融合。其中，贵阳经济技术开发区开展"数字经开"和"园区四化"试点建设，从新型数字基础设施建设、工业互联网、大数据安全入手，部署"万物感知、广泛连接、存算一体、数字安全"四大支撑体系，为两业深度融合提供技术支撑。

（二）区域两业融合的主要成效

1. 促进区域产业结构升级，形成经济增长的新动力

试点区域通过抓两业融合工作，推动先进制造业、现代服务业加快发展，融合所产生的新业态、新模式，成为区域经济发展新的增长点。

河南郑州经济技术开发区在推进两业融合工作中，建成 13 个智能工厂（车间）和嘉晨电器、中铁装备等一批工业互联网平台，推动区域产业由制造业向研发设计、运维营销、品牌管理、物流等生产性服务业延伸，成为全省重要的先进制造业基地和技术创新策源地。

山东省青岛市城阳区从创建机制、搭建平台、构建模式入手，推动了生产性服务业快速增长，产业转型升级成效突出。2020 年以来，服务业增加值占 GDP 比重超过 50%，对经济增长的贡献率达七成。

2. 培育一批龙头骨干企业，示范带动产业链上下游企业发展

各试点区域高度注重培育龙头企业，充分发挥链主企业的辐射作用和资源技术优势，带动产业链上下游企业集聚，促进了两业相融相长。

江苏省张家港市从企业创新积分、资金扶持、项目支持等方面入手，通过设立服务业发展基金激励江苏沙钢集团、江苏永钢集团、澳洋集团等重点龙头企业和专精特新企业主动参与，加快推动了由传统制造型企业向"智能制造＋高端服务"转型，并培育产生了一批高新技术企业。2022 年，张家港共 344 家企业通过高新技术企业认定，通过率 64.4%，新增国家级专精特新"小巨人"企业 13 家。

安徽合肥经济技术开发区通过实施"管家式"精准服务支持，充分发挥江淮汽车、大众安徽、蔚来汽车等重点企业的辐射带动作用，引导企业加大技术研发与升级，依托合肥智能科技园等平台，汇聚中用科技、三禾一科技等工业互联网服务商 10 余家。

湖南省长沙市长沙县充分发挥三一重工、中联重科为代表的工程机械制造龙头企业优势，加快推进工业互联网创新应用，建设数字化、网络化、智能化制造和服务体系，为行业上下游大中小型企业赋能，带动上游 6000 余家配套企业和下游 20000 余家客户的经营管理水平提升。

3. 形成一些新模式新业态，促进区域产业提质增效

一是深度应用现代信息技术，催生智能工厂、全生命周期管理、工业互联网创新应用等新业态，推动产业效率变革。特别是数字赋能制造业传统要素与关键环节，加快制造业服务化转型步伐，促进制造业加速蝶变（于洋等，2021）。山东省青岛市城阳区辖区内的中车四方股份、青岛四方庞巴迪、青特集团等制造业企业，在"高端制造业＋人工智能"、智能工厂等领域开展了大量有益探索，使企业全员劳动生产率明显提高，新产品研发周期大大缩短，运营成本明显降低。杭州国家高新技术产业开发区充分利用信息技术和互联网平台，深化机器换人、工厂物联网、企业上云、工业互联网等应用，大力推广协同制造、服务型制造、个性化定制、全生命周期管理等"互联网＋制造"新模式，助力产业改造升级。

二是全面提升科技服务能力，催生"产业＋创新平台""产业＋知识产权"等新模式，赋能制造业高质量发展。成都经济技术开发区通过实施"汽车＋技术创新"行动，加快构建"众创空间＋孵化器＋加速器＋产业园区"梯级孵化体系，引入了中国信息通信研究院车联网创新中心、华为智能网联创新中心等7个高端平台项目，以及成都经开科技产业孵化园等产学研培育空间14家，聚集孵化了534家企业、204家高新技术企业，促进创新孵化服务与汽车制造高效融合。浙江省海宁市依托国家皮革质量检测检验中心，重点围绕生命健康、皮革环保、新材料等行业领域，为企业、工厂提供一站式检验检测服务，以高质量服务赋能制造业发展。

三是着力延伸全周期全链条"制造＋服务"模式。形成供应链管理、共享生产平台、公共服务平台等新业态，扩展产业增值空间。天津市西青区在中药、化学创新药、医学等领域逐步建立涵盖临床前研究、临床研究、注册申报及产业化等在内的全链条研发体系，引导研发企业与生产制造企业嵌入式合作，发展出了共享生产平台。湖北武汉经济技术开发区以新能源汽车和智能网联汽车为主线，延伸培育以智能制造为主导的"汽车＋"产业，打造具有世界竞争力的汽车制造和服务产业集群，形成了链条完整的供应链管理，以及配套完善的先进汽车产业体系。贵州贵阳经济技术开发区围绕重点产业向服务型制造转型，推进智能工厂建设、推广柔性化定制、发展共享生产平台、加强全生命周期管理、优化供应链管理等，助力制造业和服务业升级。

四是主动适应"双碳"战略，加强节能环保与制造业融合等路径，加快产业绿色转型步伐。节能降碳服务产业作为生产性服务业，在实现"双碳"目标特别是推动传统产业绿色转型方面发挥了重要支撑作用（时希杰，2023）。上海市金山区打造全国首家绿色创意印刷示范园区，搭建绿色印刷材料展示交易中心电商平台、国家新闻出版署出版产品质量监督检测等平台，提高创意印刷绿色发展水平。福建宁德东侨经济技术开发区推动新能源生产

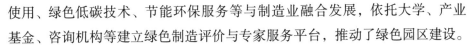

使用、绿色低碳技术、节能环保服务等与制造业融合发展，依托大学、产业基金、咨询机构等建立绿色制造评价与专家服务平台，推动了绿色园区建设。

4. 搭建一批地方公共服务平台，提升产业融合支撑服务水平

各地在试点过程中以搭建平台载体为抓手增强要素保障能力，"互联网＋"供应链服务平台、企业创新服务平台、网络化协同制造公共服务平台、智能制造公共服务平台、服务设计公共服务平台、检验检测公共服务平台、工业互联网平台、大数据公共服务平台等，在助力两业深度融合过程中发挥了重要支撑作用。

江苏省张家港市以"创新张家港"建设为抓手，搭建创新公共服务平台，以产业孵化为导向，着力构建"众创—孵化—加速"链式流动的专业载体，提供"研发设计—公共技术平台—中试生产线"全流程服务，大大提升了制造业服务化水平。

北京中关村生物医药园建设了全链条的平台服务体系，构建了"新药探索、药物筛选、药理评估、临床研究、中试放大、注册认证、量产上市"的全产业链闭环的公共服务平台，完善充实研发—转化—产业化公共服务平台，探索建立了产业链创新孵化和转化新型服务平台等，促进了高端医药健康创新成果成功实现产业转化。

三、突出问题

（一）生产性服务业发展水平不高，对产业高质量发展支撑不强

生产性服务业是制造业转型升级的重要支撑（夏杰长，2017），服务业尤其是现代生产性服务业与制造业的融合共生、双向赋能是现代化产业体系发展的主线（魏作磊，2022）。当前，中国生产性服务业发展水平不高，研发设计、运维服务、集成总包、供应链管理等高附加值环节发展不足，对先进制造业支撑不够，既影响了两业融合的进程和深度（洪群联，2022b），也制约了产业高质量发展。

其中，以贵阳经济技术开发区、长沙市长沙县、青岛市城阳区、柳州高新技术产业开发区、沈阳市铁西区等为代表的大部分试点区域服务业增加值

占比都低于50%，生产性服务业增加值占比也往往低于40%。江苏常州天宁经济开发区、烟台经济技术开发区、浙江省海宁市等地区虽然生产性服务业占比较高，但其中知识密集型的信息传输、计算机服务与软件、商务服务、科学研究和技术服务业等附加值高的行业占比仍然低于30%。

从区域行业融合角度看，辅助设计、系统仿真、智能控制等高端工业软件研发不足，在装备制造业的嵌入式应用不够广泛，装备制造与信息技术、智能技术的融合不够。宁波市北仑区拥有良好的港口运输体系，但多限于服务贸易需求，现代物流没有很好地融入制造业生产制造全过程，缺乏针对产品生产中的原料、在制品、半成品、产成品等环节的系统性物流和供应链服务。

（二）多元主体融合动力不强，产业链上下游协同联动不足

一是龙头企业的引领带动作用不强。尤其是拥有较强竞争力、处于价值链中高端、具有较强产业链协同带动作用的大企业不多，多数中小企业受制于技术、人员、资金等方面多重风险，对以智能制造为代表的两业融合参与度较低。多数企业向研发、营销等高端价值链环节延伸不够，生产性服务业高端要素嵌入制造业生产环节不够，企业发展对传统路径依赖仍然比较明显。

二是企业对两业融合的理解认识不深。很多企业将两化融合与两业融合混淆，简单地将工厂的数字化改造等同为两业融合，而对于如何通过制造衍生服务、服务带动制造、服务外包与输出等模式驱动全产业链创新发展还缺乏明确构想和具体规划。

三是专精特新中小微企业、平台型企业和机构等融合主体的活力有待激发，行业协会、商会和产业联盟等主体的融合作用发挥不足。

（三）要素保障不充分，融合发展的基础支撑亟待提升

随着试点工作的深入推进，要素资源有限性的问题日益突出。要素供给不能完全适应两业融合推进需求，亟须创新土地、金融、人才等要素供给方式。例如，许多地方面临土地资源稀缺、用地成本高的现实困难，特别是新项目的土地制约问题更为突出。

适应两业融合需求、既懂制造业又懂服务业的专业人才、技术人才不足，高水平产业工人的供给缺口较大（黄汉权和洪群联，2021），复合型人才培养体系针对性不强，人才队伍建设还需进一步发力。

各部门"数据孤岛"现象仍然存在。数据资源整合共享工作推进缓慢，信息资源碎片化严重（王佳元，2019），社会数据资源价值未被充分发挥。大部分地区数字基础设施建设参差不齐，工业互联网、网络协同发展基础支撑仍待加强。

（四）地区顶层设计有待强化，系统性推进机制尚不健全

尽管大部分地区通过试点建立了两业融合的制度体系和工作机制，但在产业融合发展的总体框架设计上还不够系统完善，跨部门、跨层级、跨区域的协同机制有待进一步健全。

从实践看，虽然很多试点地区成立了两业融合工作领导小组，建立了领导决策部署、发改统筹协调、牵头单位与责任单位组织实施的推进架构，但仍然缺乏有效的激励约束机制，导致相关部门在推进两业融合发展工作时动力不足，一些任务和措施并未达到预期目标。

两业融合的统计、评价等基础工作相对滞后。截至 2024 年，国家没有明确统一的标准和基础数据。特别是对区县一级的试点单位而言，一些量化评价指标在区级层面暂无相关统计口径和统计方法，自行量化统计有可能会与上级口径有较大偏差，容易造成数据失实。

四、思路与建议

（一）大力发展先进制造业，提高知识密集型生产性服务业比重

加快建设以实体经济为支撑的现代化产业体系，[①] 重点在于先进制造业和

---

① 《中共中央政治局召开会议 分析研究当前经济形势和经济工作 中共中央总书记习近平主持会议》，载《人民日报》2023 年 4 月 29 日第 1 版。

生产性服务业，二者也是制造业和服务业融合发展的重中之重。

1. 促进先进制造业高质量发展

推动互联网、大数据、人工智能等新一代信息技术与制造业深度融合，开展企业数字化诊断与评估，加快推进智能工厂、智能车间建设，构建完善的工业互联网体系，为技术与制造业融合提供基础支撑。推进制造业产品创新、生产技术创新、产业模式创新和制造系统集成创新，提高制造企业数字化、网络化、智能化水平。持续推动制造业企业技术改造和工艺装备升级，培育细分行业系统集成商。

2. 加快发展知识密集型生产性服务业

积极探索"商贸流通＋仓储运输＋邮政快递"一体化的供应链服务模式，大力发展智慧物流。大力培育专业化、规范化、国际化的科技中介服务机构，推动发展科技咨询、中试孵化、知识产权等科技中介服务，打造"互联网＋"线上线下科技成果转移转化服务新模式。推动平台经济规范健康持续发展（陆亚楠，2022），支持新兴平台软件实现突破和创新应用。提质发展租赁和商务服务业，加快拓展会计审计、法律咨询、信用评估、教育培训、市场调查等专业服务。

（二）着力培育一批引领示范作用强的融合型企业，增强多元主体融合力

企业是两业融合发展的主体，深化两业融合必须坚持企业主体地位，充分释放企业融合发展活力（洪群联，2021）。

1. 发挥大企业示范引领作用

着力培育一批技术和模式创新能力突出、上下游环节高度关联、价值链治理能力强的龙头企业、链主企业，在产业融合的方向、路径、模式上先行先试，带动产业链上下游企业分工协作与联动融通，形成推广一批融合发展效果好、转型升级效应强的经验做法。支持供应链企业做大做强，发展基于核心企业的"链主型"供应链，将上下游小微企业整合嵌入生产经营过程，强化资源系统整合优化能力。

2. 激发中小微企业和平台型企业融合发展活力

发挥中小微企业贴近市场、机制灵活等优势和平台型企业资源聚合优势，实施制造业细分领域"隐形冠军"培育工程，加快培育一批现代服务业行业

骨干企业、专精特新企业和平台型企业群体。

3. 营造多主体融合联动的生态圈

积极推动产业链、供应链上下游市场主体的协作联动，积极整合高校、科研院所、金融机构、企业等资源，通过构建联合实验室、科技创新平台、人才联合培养机制等形成融合合力。

（三）完善部门联动机制和政策保障制度，优化融合支撑机制

1. 健全组织推进机制

加强两业融合工作的组织实施力度，建立部门间的定期会商制度，协调解决重大问题，共同研究进一步加大支持两业融合发展的政策措施。

2. 优化要素保障机制

加大财政对两业融合发展试点示范企业、平台、项目的支持力度，重点支持一些示范性强、带动性大的项目。实施更大力度的研发费用加计扣除、高新技术企业税收优惠等普惠性政策。加大对企业数字化改造支持力度，探索按需付费、以租代买、服务租赁的新型模式，降低企业智能化改造成本。鼓励金融机构对两业融合发展企业和项目采取差异化信贷管理，探索建立知识产权质押信息平台。持续深化用地改革，切实把功能适度混合的供地模式以及具备独立分宗条件的宗地可以合并、分割等做法落实到位。加快推进产教融合，加大复合型人才培养力度，加强职业培训及认证体系建设。加大数字基础设施建设、工业互联网建设。

3. 完善相关统计评级制度

探索先进制造业与现代服务业深度融合发展统计①，鼓励试点区域率先研究建立反映两业融合发展的统计标准和评价办法。

（四）开展试点工作交流和经验总结，推动形成可复制可推广的经验做法

1. 坚持把试点示范作为推动两业融合工作的重要抓手

大力实施区域试点遴选培育评优工作，借鉴浙江省试点培育工作，通过

---

① 《"十四五"时期统计现代化改革规划》，国家统计局网站，2021 年 12 月 21 日，http：//www. stats. gov. cn/xw/tjxw/tzgg/202302/t20230202_1894265. html。

加强实地调研、强化模式引导、突出问题诊断、提供发展建议等措施，推动两业融合试点建设，提升两业融合试点工作成效。

2. 强化试点对区域经济和行业发展的引领、带动、示范作用

借鉴浙江省、山东省试点培育做法，建立从上到下的梯度培育体系和机制，增强试点区域和企业对其他地区和企业的带动示范作用，以点带面形成规模效果。

3. 鼓励试点区域承担更多国家试点

立足区域特色和优势产业，叠加利用国家自贸区政策、出口贸易政策、改革创新政策等政策便利，增强试点任务之间的相互促进作用，释放融合发展新动能。

4. 开展两业融合试点工作交流

积极搭建交流平台，举办两业融合交流会，总结两业融合案例。借鉴自贸区制度创新成果复制推广清单的做法（冯其予，2022），及时总结归纳两业融合试点单位的创新性做法，汇总形成推广清单，供相关区域、行业参考借鉴。

第九章

推动绿色制造服务业
与制造业深度融合

党的二十届三中全会通过的《中共中央关于进一步全面深化改革 推进中国式现代化的决定》强调，"聚焦建设美丽中国，加快经济社会发展全面绿色转型""健全绿色低碳发展机制""发展绿色低碳产业""促进绿色低碳循环发展经济体系建设"。近年来，我国将发展绿色制造作为推动制造业高质量发展的重要举措，培育了一批绿色低碳循环转型的示范标杆，壮大了制造业参与国际竞争的领军力量。绿色制造服务业与制造业融合发展，成为加快经济社会发展全面绿色转型的突出亮点。推进绿色制造服务业与制造业融合发展，成为实施绿色制造工程、完善绿色制造体系的重要抓手。我们通过对安徽、江苏等省份发展绿色制造的调研发现，当前我国绿色制造服务业发展及其与制造业融合，仍然面临一系列严重困难和问题，亟待创新政策，有效推动绿色制造服务业繁荣发展并与制造业深度融合，助力制造业高端化、智能化、绿色化发展，推动形成绿色低碳的生产方式和生活方式。

一、引领支撑制造业绿色转型

（一）赋能绿色制造

1. 为制造业绿色转型提供评价、认证和创建等支持服务

据我们 2022 年 7 月的调研，安徽省合肥市通过政府购买服务方式，引导第三方服务机构帮助全市 50 户企业取得了能源管理体系认证证书、65 户企业成功创建节水型企业，并对 27 户企业开展节能绿色诊断。合肥市通过政府购买服务方式，为企业开展能耗在线监测体系建设和能源管理体系认证，促进节能精细化、智能化水平提升。其中，涉及的绿色制造第三方评价服务机构，可为制造企业开展能源管理体系认证和绿色制造评价服务；或为企业开发绿色产品和创建绿色工厂、绿色园区、绿色供应链管理企业，提供专业化、市场化、多元化或综合化服务。一些较为高端的第三方评价机构，还可向企业提供碳足迹认证、供应链风险等级评价等技术要求较高的绿色制造服务。安徽省芜湖市 2021 年委托节能诊断专业机构围绕节能、绿色制造、清洁生产等主线，从生产工艺、技术改进、装备选择等方面，为 115 家重点能耗企业进行全面节能体检，提出切实可行的改造方案。

专栏 9－1

何为绿色制造服务业

绿色制造服务业，是为促进制造业全产业链和产品全生命周期绿色发展服务，助力制造业绿色低碳转型的服务业，如绿色设计服务业、节能环保服务业、绿色金融业、环保指标交易服务业，以及产业数字化、智能化、绿色化、服务平台等。① 绿色制造服务业是高效、清洁、低碳、循环发展的绿色制造体系的重要内容，是推动制造业绿色转型升级的重要引领支撑力量，属于为发展绿色制造服务的，市场化、产业化、社会化的服务业，可以与政府主导的绿色制造公共服务体系相得益彰、相倚为强。

2. 为发展绿色制造提供技术推广应用、创新引领和要素支撑服务

如通过绿色制造服务企业，对绿色制造企业提供赋能服务，帮助其进行制造产品绿色设计，提供绿色制造系统解决方案；通过提供标准创制等服务，

---

① 为解决绿色产业发展面临的概念泛化、标准不一、监管不力等问题，进一步厘清产业边界，将有限的政策和资金引导到对推动绿色发展最重要、最关键、最紧迫的产业，有效服务于重大战略、重大工程、重大政策，国家发展改革委同工业和信息化部、自然资源部、生态环境部、住房城乡建设部发布了《关于印发〈绿色产业指导目录（2019 年版）〉的通知》，将绿色服务与节能环保产业、清洁生产产业、清洁能源产业、生态环境产业、基础设施绿色升级等并列作为绿色产业的六项内容之一，绿色服务包括咨询服务、项目运营管理、项目评估审计核查、监测检测、技术产品认证和推广等属于绿色服务的内容。这为辨识绿色制造服务业提供了另一种视角，可与此处分类方法互为补充。

参与完善绿色制造标准体系。通过政府购买服务和培育节能环保服务商等方式，引导鼓励服务商帮助企业完善能源管理体系，提供公共用能系统、工艺流程系统、余热余能利用等技术支持，推进节能和清洁生产，对企业开展绿色设计和节能、节水绿色诊断服务，促进企业提升能源、资源节约的精细化和智能化水平。鼓励服务商对制造企业，甚至产业园区和产业链供应链提供能源审计、合同能源管理、节能改造咨询、环境综合治理托管和创新引领等服务，拓展升级技术、装备、生产工艺改进等咨询服务和系统解决方案供应商服务，加强绿色金融、人力资源等要素支撑服务。有些绿色制造服务商面向企业提供绿色设计与制造一体化、工厂绿色化提升，甚至行业绿色化发展系统解决方案服务。

3. 通过绿色制造服务平台赋能制造业数字化、智能化、绿色化转型

如结合推动信息化和工业化深度融合，培育工业互联网平台和示范应用企业，借助大数据、云计算、人工智能、区块链、物联网等新一代信息技术的赋能作用，带动制造业增强资源整合、要素集聚、市场拓展和创新驱动能力，大幅提升绿色制造服务企业的服务能力和运行效率。结合推进制造业智能化改造、数字化转型，鼓励服务商帮助企业或供应链建立能耗在线监测体系、节能减排和绿色信息监测平台，实施工业互联网创新、领军服务商培育工程，放大绿色制造服务商或服务平台服务能级，增强综合、集成服务能力。通过服务赋能，支持行业领军企业、产业链"链主"企业探索基于平台的协同设计、采购、制造、销售、配送等全环节应用创新，带动产业链、供应链不同环节的企业之间深化数字化协作，增强产业链供应链协同转型能力。我们对南京市的调研显示，该市江宁开发区通过推进智能化改造数字化转型赋能绿色制造发展，加强产业园区绿色制造服务网络建设，成功创建省级"互联网＋先进制造业"基地，成为省级"5G＋工业互联网"融合应用先导区培育对象。有些地方推广基于"互联网＋""智能＋"的资源回收利用和共享服务新模式，赋能工业化、信息化深度融合和传统产业转型升级。

4. 为重点企业乃至全社会强化绿色制造发展意识提供主题培训等服务

如安徽省合肥市围绕家电、机械等重点行业，组织开展绿色制造政策宣传和示范单位申报、工业绿色发展等主题培训，帮助行业主管部门、重点工业企业乃至利益相关者提升绿色发展理念、绿色管理水平和环境责任意识，增强推进绿色发展的主动性、积极性。南京市结合世界环境日、全国节能日等开展系列宣传活动，努力营造绿色低碳发展的社会氛围，鼓励企业开展绿色设计、绿色采购、绿色生产。之前，这些服务主要依靠政府主导的绿色制造公共服务体系来完成，但近年来，有些先行地区正在探索将这些服务通过政府购买公共服务方式提供，由服务企业承担。

（二）绿色制造能力建设的重要抓手

近年来，在我国越来越多的地区，绿色制造服务业迅速发展，为加强绿色制造能力建设提供了重要支撑。如许多地方把节能服务业作为发展绿色制造服务业的重点之一，推动我国节能服务业的发展呈现企业数量和行业总产值规模持续增长的态势。据中国节能协会节能服务产业委员会（ESCO Committee of China Energy Conservation Association，EMCA）的不完全统计，到2021年底，全国节能服务公司已达8725家，节能服务产业总产值和企业从业人员数分别已达6069亿元和84.1万人。我们对安徽省合肥市的调研显示，该市注意通过推动节能环保装备制造业和节能环保服务业的深度融合，培育绿色制造系统解决方案供应商，促进节能环保产业提质增效升级。到2022年7月，全市已有5户企业中标工业和信息化部绿色系统解决方案供应商。

许多地方也把发展绿色制造服务业作为加强绿色制造能力建设的重要抓手。根据调研，安徽省将培育100家服务公司作为实施绿色制造工程的重要内容，培育了一批主要从事工业节能和绿色发展评价的优质服务商。安徽省芜湖市弋江区积极发展以线上经济、金融服务和软件产品开发为代表的大数据及信息技术产业，为发展绿色制造提供技术和服务支持。天能电池（芜湖）有限公司通过搭建绿色信息收集监测和公布平台，建立能耗在线监测体系和减排监测数据库，公布企业节能减排目标完成情况。从2020年8月开始，合肥市在全省率先启动节能量交易试点，推动了企业从被动节能向主动节能的转变。以2023年为例，江苏省发展绿色制造取得突破性进展，入选国家级绿色工厂、绿色园区、绿色供应链管理企业数均居全国第一，且均较上年有翻番增长。^① 江苏南京市江宁开发区积极培育以科远智慧、南瑞继保等企业为代表的绿色制造第三方服务机构，为园区企业推进绿色制造体系建设提供技术咨询、宣传培训、实施方案等支撑服务，鼓励第三方服务机构和绿色制造体系创建单位合作，提升园区绿色制造水平。

二、问题和障碍

（一）绿色制造服务能力不足，服务体系发展水平偏低

绿色制造服务业发展能力和水平的提升，是推动绿色制造服务业与制造业融合的基础。当前，绿色制造服务业发展能力不足、水平偏低，成为推动绿色制造服务业与制造业融合发展的瓶颈，具体表现在四个方面。

1. 绿色技术推广服务薄弱，绿色技术人才服务供给滞后

根据我们 2022 年 7 月对安徽省合肥市的调研，该市通过对 13 个区、94 家企业的调研发现，分别有 36.2% 和 46.8% 的企业反映绿色技术推广不足和人才短缺，是实施绿色制造面临的主要障碍。这间接折射出绿色制造服务业发展的短板所在。

2. 市场化服务机构对发展绿色制造的培训服务和政策宣传滞后

包括对绿色低碳循环发展新理念、新技术、新模式的宣传推介和应用示范引导不足，这不仅导致许多制造企业难以了解和利用政府对绿色制造的支持政策，而且影响了绿色制造新理念、新技术、新模式向行动的转化。以下两方面都与对发展绿色制造的培训服务和政策宣传滞后密切相关。一是部分推进绿色制造的企业认为，发展绿色制造往往会增加企业在设计、研发和制造等方面的额外成本，需要较大投入，包括投入大量设备购置和研发经费用于绿色设计产品开发，但对提升产品的市场竞争优势效果不大，容易导致绿色制造产品价格偏高；二是许多绿色制造产品使用者或终端客户对绿色设计产品缺乏了解，对绿色制造产品的消费动力和市场信心不足。

---

① 《江苏全面打造绿色制造体系 2024 年争创 90 家国家绿色工厂》，江苏省人民政府网，2024 年 3 月 19 日，http://www.jiangsu.gov.cn/art/2024/3/19/art_60096_11180606.html。

3. 绿色制造服务体系发展水平总体偏低，低水平同质竞争严重

由此导致绿色制造产品适应市场、创造需求能力不足，也难以通过技术融合或绿色制造服务的跨领域应用，实现规模经济、范围经济并显著降低成本和风险。多数绿色制造服务机构主要从事绿色发展评价，很少从事绿色培训和节能诊断服务，从事绿色产品认定、绿色制造效果评估，以及技术、装备、工艺改进服务等基础较差，绿色制造集成服务能力不足更是突出问题。这在很大程度上影响绿色制造质量、效益和竞争力的提升。

4. 绿色制造服务企业之间孤岛效应显著，联通联动协同发展不足

当前，就总体而言，绿色制造服务业发展时间不长，通用目的技术创新及其推广应用滞后，不同领域、不同环节的绿色制造服务发展的孤岛效应严重。以节能环保服务业为例，其多以中小企业和民营企业为主，企业各自为战，缺乏信息联通和协同联动发展能力的问题比较突出，更难以形成跨领域或覆盖制造产品全生命周期的综合服务能力。因此，许多绿色制造服务企业只能在低层次绿色制造服务市场形成严重的同质竞争，资金、人才、现代信息技术等高级或专业化要素投入不足，企业创新能力薄弱等问题凸显。

（二）产业支持体系不健全，绿色消费引领生产格局亟待培育

绿色制造服务业支持体系不健全，主要表现在三个方面。一是绿色制造及相关服务统计和标准体系建设滞后，标准引领作用亟待加强。如国家层面对工业互联网的绿色制造标准尚待确立，绿色设计产品标准也不完善，加大了相关绿色制造服务业发展的困难。这在相当程度上导致绿色制造评估体系难以细化，影响绿色制造新理念、新技术、新模式的推广应用。据东部某省相关部门反映，当前与推进碳达峰、碳中和相关的统计制度亟待明确、统一，并加快规范健全，否则，已严重影响地方特别是产业园区推动碳达峰、碳中和的实际行动。如有些地方在实际工作中，供电部门提供的用电数据未包括生物质发电，工信、环保部门提供的碳排放统计指标口径不一；虽然省对地市有碳排放考核指标，但因为缺乏相关统计核算体系，地市无法对县级进行碳排放考核。至于外来用电有多少属于绿电、多少属于一般用电，就更说不清楚了。二是绿色制造服务供应商没有进入绿色制造名单，难以发挥绿色制

造服务标杆对发展绿色制造服务业乃至绿色制造的引领示范带动作用，不利于绿色制造中长期发展，更好地实现提质增效节本降险。三是绿色金融、碳金融等成为绿色制造服务业发展的突出短板，加大了绿色制造发展中的困难。许多金融机构基于成本、效益和风险考量，对开展绿色金融服务缺乏积极性，难以对发展绿色制造项目形成实质性的优惠支持。因此，推进绿色制造的企业对绿色金融往往缺乏可得性，难以借此化解发展绿色制造投入高、周期长、短期回报率低等困扰。我们在调研中了解到，每年工业和信息化部都要向国家开发银行推荐工业节能与绿色发展重点信贷项目，但往往门槛要求过高，多数企业无法达到。例如，要求项目单位资产规模和项目融资需求分别不低于 5 亿元和 5000 万元。因此，绝大多数推进绿色制造的企业对获得绿色金融支持望尘莫及。就总体而言，碳金融、碳市场在我国的发展仍然处于初级甚至探索阶段。这种状况会进一步加大绿色制造及其服务业发展的困难。

此外，绿色消费尚未成为社会共识，鼓励绿色消费带动绿色生产的政策和社会文化氛围尚待形成，难以借此完善绿色制造标杆培育机制。当前，价格、质量仍是影响消费者行为的主要因素，对绿色消费的政策支持不足，也加大了绿色制造产品、绿色制造服务取得竞争优势的困难。例如，汽车制造属于碳排放大户，推进其绿色转型仅靠技术攻关是不够的，推动形成鼓励绿色消费的社会氛围，也有利于汽车产业绿色转型更好地扩大市场需求。因此，亟待政策创新、市场培育协同发力，久久为功，发展绿色制造和绿色制造服务业才能善作善成。

（三）小微企业获得服务难，通过产业融合赋能绿色制造难

发展绿色制造，往往需要一定的临界规模和投入要求。小微企业受产业基础、资金规模、经营实力、人才支撑，以及能源管理、环境管理能力等局限，推进绿色制造更容易面临动力不足、能力不够、成本高昂、风险剧增等局限。况且，相对于大中型企业，小微企业对绿色制造服务的需求往往点多面广、单体规模小，获得来自绿色制造服务业的支持更容易面临成本和交易成本高、融合难度大、见效慢、可得性差等困扰。因此，小微企业往往容易处于推进绿色制造服务业与制造业融合发展的"真空地带"。大中小企业融通

发展和围绕产业链、供应链的战略合作不够，难以发挥大企业、行业领军企业对中小微企业参与发展绿色制造的促进作用，往往加剧了这一问题。

（四）经济下行压力加大，绿色制造与服务业融合难度陡增

近年来，百年变局叠加世纪疫情，我国经济下行压力不断加大。尤其是进入 2022 年 3 月以来，新冠疫情叠加地缘政治冲突，一系列突发因素的作用超出预期，导致我国经济下行压力显著增加，发展环境的不稳定性、不确定性因素陡增，许多企业生存发展面临严峻考验。这很容易导致发展绿色制造难度加大，从需求和要素供给等方面推动绿色制造服务业发展陷入"生存难，发展更难"的境地。2021 年中央经济工作会议提出，我国经济发展面临需求收缩、供给冲击、预期转弱三重压力。绿色制造服务业发展及其与制造业融合，面临的这三重压力更加突出。如部分地区随着经济下行压力陡增，部分制造企业很容易遭遇发展难度和资金链断裂风险显著加大的困扰，转而坚持"生存为王"的理念，将争取"活下去"作为行为首选，优先压缩绿色制造服务等发展性需求、优先削减绿色制造服务业及其与制造业融合发展等"锦上添花"型活动，导致推进相关项目的意愿明显减弱。近年来，部分地区申报绿色设计产品数量连年减少，这正是重要原因之一。尤其是新冠疫情零星散发和局部暴发突发，特别是部分地区疫情防控层层加码，出现超预期、非常态因素，动辄面临"新冠肺炎发生以来最复杂、最严峻、最艰难的防控形势"，更容易导致绿色制造服务业发展面临运营成本增加、供给迅速萎缩、需求和预期转弱、供求对接艰难、生产能力受限等制约，导致相关企业被迫大面积亏损歇业，甚至在歇业无收入的同时，还要支付为维持长期运行在短期内难以削减的房租、人员工资等维持性支出。

发展绿色制造往往投入规模大、资金回收期长，需要绿色制造及其相关服务业的发展秉持长期思维，能够立足当前、着眼长远。经济下行压力加大和新冠疫情导致的发展环境不稳定性、不确定性凸显，不仅容易加大绿色制造服务业产能利用率的波动和资源、资产利用的浪费问题，还容易因地方财政增收困难陡增，甚至减收增支压力加大，而陷入政策支持实质性退化和退出的困境。

（五）融合支持政策不清晰，支持力度不足

近年来，从中央到地方，陆续有支持绿色制造、制造服务业的政策出台，但多为导向性政策，从导向到落地形成实质性支持尚需经历一个过程。即便落地，也多为专项奖励政策，从产业政策到招投标、财税、金融、价格、政府采购和鼓励消费等方面，缺乏支持绿色制造服务业及其与先进制造业融合发展的系统设计和实施细则，容易导致相关支持政策"雨点小"，甚至"雷声也不大"，妨碍绿色制造服务业发展跨越"临界最小努力"，影响其发展积极性和效果。我们对安徽省合肥市的调研显示，当前对绿色制造的政策支持主要表现为国家层面制定规划、确立标准，地方层面宣贯政策、提供补贴。但在合肥市9个县区中，仍有5个无相关政策；在接受调研已实施绿色制造项目的58户企业中，仍有10户未获得过任何政策支持。相对而言，对绿色制造服务业的支持政策，更是绿色制造支持政策的薄弱环节，甚至盲区。当前，我国对绿色制造服务业的支持政策缺乏系统设计，多集中于加强节能环保监管、补贴购买设备等，对创新投入、知识产权交易等支持较弱。政策支持不足，也导致制造业智能化与绿色化协同融合步履维艰。因此，许多绿色制造服务企业感到不知"劲往哪里使"。如工业互联网与节能环保融合发展不够，导致许多企业只能满足于关键环节的技术改造，能源管控中心、数据中心及其管理机制建设较少，难以对多环节能耗和污染排放量等进行精确计量。

三、融合思路与选择

（一）突出重点并加强政策支持

要发展绿色制造，推动制造业高端化、智能化、绿色化发展，亟待按照推动制造业产品全生命周期绿色转型的理念，构建高效、清洁、低碳、循环发展的绿色制造服务体系，在推进绿色制造服务业补短板上久久为功。要注

意整合资源，以区域优势特色产业集群、产业园区、主导或新兴产业链供应链为重点，围绕实现高质量发展的要求，协同推进减污、降碳、扩绿、增效，统筹用好中央和地方财政、税收、金融、价格等政策资源，形成多层次、多元化、一揽子支持政策体系，实现产业体系绿色低碳转型与深化供给侧结构性改革的有机结合，并顺应产业融合化、集群化、生态化发展趋势，着力培育有利于绿色制造高质量发展的产业生态。借此，加强对绿色制造服务业及其与制造业融合发展的财政支持和税收减免，促进绿色制造服务业发展壮大，培育绿色制造服务业不同部门之间分工协作、优势互补、网络联动的发展格局，强化推进绿色制造高质量发展的底蕴和引领支撑。

基于上述考虑，我们提出以下建议。第一，完善绿色工厂、绿色工业园区、绿色供应链评价标准，将领军企业带动中小微企业融通创新、绿色制造服务业发展、绿色制造服务消费等情况适当纳入其中。第二，将绿色制造优质服务商或绿色制造服务领跑者纳入绿色制造名单，与绿色工厂、绿色产品、绿色园区、绿色供应链等并列成为绿色制造体系的主要内容，强化融资、招投标、政府采购、能源和要素保供等支持；鼓励行业协会、产业联盟、公共服务平台在发展绿色制造服务业中发挥引领带动作用，成为发展绿色制造服务业的"航空母舰"，或推动绿色制造服务业产销衔接的纽带。第三，在对绿色制造标杆企业的选择中，优先考虑其对区域优势特色产业集群、产业园区，以及主导或新兴产业链供应链发展绿色制造的引领作用。鼓励领军企业引领带动小微企业协同发展和创新，鼓励绿色制造服务平台引领带动数字经济与绿色制造深度融合，促进制造业高端化、智能化、绿色化协同推进，甚至探索基于平台的全环节应用创新，带动产业链供应链上下游企业数字化、绿色化协作和精准对接。第四，鼓励产业链"链主"企业、行业组织等在发展绿色制造服务业、扩大绿色制造服务消费中发挥引领示范作用，成为推进数字化、智能化、绿色化服务体系建设的龙头，带动供应链上下游企业数字化、智能化、绿色化转型和协作合作的旗舰。

（二）探索达标即入机制，建立绿色制造标识等级制度

目前，我国对绿色制造标杆的选育和支持是基于遴选绿色工厂、绿色产

品、绿色工业园区、绿色供应链等绿色制造名单。对绿色制造标杆的支持往往是在国家公布标准、地方达标申报的基础上，采取"优中选优，宁缺毋滥"的方式，遴选绿色工厂、绿色设计产品、绿色工业园区、绿色供应链管理企业推荐名单。在当前条件下，这种"优中选优"方式虽然有其合理性，但容易存在三方面的问题。一是在推进绿色制造的企业中，只有少数企业获得政策支持，难以有效激发大多数企业推进绿色制造的积极性；况且推进绿色制造的效果有个逐步显现的过程，按照遴选方式很难做到兼顾当前和长远。二是容易导致绿色制造服务业成为绿色制造支持政策体系最为薄弱的环节，不利于推进绿色制造节本增效提质降险，也容易加大绿色制造发展的中长期成本和风险。三是容易形成不同地区、不同企业之间的不公平竞争，不利于激发绿色制造先行者发展绿色制造的积极性。例如，甲地绿色制造整体水平明显高于乙地，受名额限制，甲地部分落选绿色制造名单的企业或园区，其绿色制造发展水平明显高于乙地已进入绿色制造名单的企业或园区，形成不同类型地区之间的不公平竞争。

为解决上述问题，我们建议采用以下方式创新绿色制造标杆选育机制，为更好激发企业参与发展绿色制造的主动性、积极性创造条件。在此前提下，建议在先行试点基础上，探索将遴选绿色制造名单的"优中选优"机制，转变为在从严控制标准上的"达标即入"机制。需要说明的是，绿色制造标杆的选育，在强调公平竞争的同时，也要适当兼顾不同类型地区、不同类型企业的合理差异，如同等优先地强化对欠发达地区、中小企业和特殊行业的支持。

专栏 9-2

何为绿色制造达标即入机制

借鉴实行能效标识等级制度提高用能产品能效、促进节能技术进步的国际经验，让达到绿色工厂、绿色产品、绿色园区、绿色供应链管理企业标准的企业全部进入绿色制造名单，不受所在地区名额限制。但根据不同企业、园区绿色制造发展水平，标识绿色制造等级。借此激发先行地区、先行企业或园区发展绿色制造的积极性。在招投标、上市、融资、能源和要素保供等方面，依据绿色制造标识等级实行差别优惠。

（三）创新服务消费券和政府采购制度，探索支持发展新赛道

按照现行政策逻辑，支持绿色制造服务业发展，应该加大财政补贴、以奖代补、税费减免、绿色信贷等支持力度，鼓励绿色制造服务企业增加和优化供给。今后，在继续鼓励绿色制造服务业增加和优化供给的同时，建议借鉴消费券、创新券等政策实践经验，创新利用绿色制造服务券，支持中小企业增加绿色制造服务消费，带动绿色制造服务业扩大市场，形成需求牵引供给的发展格局。面向绿色制造企业或绿色制造产品（如新能源和智能网联汽车）购买者发放绿色制造服务消费券。借此，鼓励绿色制造企业购买绿色制造服务组织提供的服务。绿色制造产品购买者凭服务消费券可按一定比例冲抵产品购买费用。借助绿色制造服务消费券机制，通过绿色制造服务需求者对绿色制造服务供给的自由选择和公平竞争，激励、督促绿色制造服务企业更好地坚持用户导向，推进贴近绿色制造企业需求的服务创新，加快绿色制造服务提质增效升级步伐。此外，完善政府采购制度，通过政府购买公共服务方式，加大向绿色制造服务组织的政府采购力度，也是支持绿色制造服务组织拓展市场、增强自我发展能力的重要方式。

（四）培育相关社会文化氛围，审慎把握时机、节奏和力度

实施绿色制造工程、完善绿色制造体系，发挥标杆企业的引领带动作用固然重要，但培育鼓励绿色低碳循环发展的社会文化氛围更为关键。从国内外经验看，通过实行绿色消费补贴、积分奖励和加强绿色服务认证管理，倡导简约适度、绿色低碳健康的生活方式，甚至打造集展示、体验、销售、培训于一体的沉浸式信息消费或数据消费体验中心等途径，培育鼓励绿色消费的社会文化氛围至关重要。借此，引导行业主管部门、重点工业企业、制造服务业乃至社会将倡导绿色低碳循环发展、鼓励绿色消费作为自觉行动，有利于优化绿色制造和绿色制造服务业发展的产业生态，放大绿色制造标杆企业的引领示范带动作用。要结合宏观经济形势和绿色制造发展态势，完善绿色制造标识等级标准动态升级机制，兼顾发展绿色制造的引导和督促作用。

当前经济下行压力加大，发展绿色制造重在上好"动员课"和"基础课"——培育鼓励发展绿色低碳循环发展的社会文化氛围，优化绿色制造及其服务业发展的产业生态。在此背景下，发展绿色制造应以鼓励为主，绿色制造标识等级标准可一定三年不变。待经济运行回归常态或经济下行压力明显缓解后，发展绿色制造应该转向引导鼓励和督促并重，绿色制造标识等级标准可适当提高，甚至提高的步伐可适当快一点，以强化标准的督促功能，助力实现碳达峰、碳中和。

此外，结合试点试验，探索建立并规范完善与推进碳达峰、碳中和相适应的统计制度，健全绿色制造、绿色制造服务统计和标准体系；鼓励探索碳金融、绿色金融发展的多重模式，并加强不同模式的比较。这对于促进绿色制造服务业发展及其与制造业深度融合也是重要的。这不仅有利于推进碳达峰、碳中和"愿景"变"风景"，促进相关区域合作、产业合作和产业链联动，也有利于发挥标准引领和统计体系的评价督促作用，促进绿色制造、绿色制造服务业高质量发展。当前经济下行压力较大，近期推进绿色制造的步伐不宜过猛。但借此机会推进相关试点试验，探索建立和完善相关统计制度和标准体系，可以为将来经济运行回归正常轨道后加快绿色制造发展步伐打下扎实基础，不可错失良机。否则，很容易延误未来发展绿色制造、推进绿色制造服务业与制造业融合发展的步伐。

第十章

产业融合情境下商业模式
迭代创新的案例观察

一、引言

  产业融合泛指产业边界模糊化的一种现象。大规模的产业融合现象最早发生在 20 世纪 80 年代的电信、邮政、广播、电视等信息通信业，信息技术革新和政府放松行业进入管制是这些行业之间发生融合的主要原因（植草益，2001）。近年来，以信息技术、数字技术为核心的融合型、通用性技术得到快速变革和广泛应用，产业融合现象扩散到不同产业领域，给企业带来交叉融合和价值再造的新机会（单元媛和赵玉林，2012），传统的产业边界逐渐模糊、交融，推动形成新的市场结构、新的产品服务乃至新的生产方式和消费模式，原有产业、企业之间的竞争合作关系发生变化。从融合的结果来看，一方面会产生融合性、异质性的产品或服务，更好满足多元化、柔性化、个性化的市场需求，开辟新的"蓝海市场"，使企业实现差异化竞争；另一方面可能使得原来位于产业链低端环节（或增值较低产业领域）的企业依托产业融合的交汇点，向产业链高端环节（或增值较高产业领域）迈进，从而提升企业在产业链、价值链中的位置。产业融合被认为是提升企业竞争力、实现产业高质量发展的重要途径（李晓华，2019），其重要性不断凸显，并成为产业界和产业政策聚焦的"关键词"。2019 年，国家发展改革委等 15 部门印发

《关于推动先进制造业和现代服务业深度融合发展的实施意见》，提出"探索新业态、新模式、新路径，推动先进制造业和现代服务业相融相长、耦合共生"；《中华人民共和国国民经济和社会发展第十四个五年规划和2035年远景目标纲要》提出，"推动现代服务业与先进制造业、现代农业深度融合，深化业务关联、链条延伸、技术渗透"。

围绕产业融合相关主题，可以将已有研究分为两类。一类研究从产业中观视角出发，通过定量或定性的方式研究产业融合的类型（Greenstein and Khanna，1997；Pennings and Puranam，2001）、融合路径（Stieglitz，2007）、驱动力（Hacklin et al.，2005）、融合程度的识别与测度（Curran et al.，2010）等。还有一类研究从微观视角出发，采用案例研究方法，依托典型性企业推动产业融合的动态决策和持续发展全过程，揭示企业如何通过产业融合实现竞争力的提升。但这一类研究主要集中在信息与通信技术（Information and Communications Technology，ICT）行业（Hacklin et al.，2010），其他产业领域的产业融合案例研究则相对较少（李宇和杨敬，2017）。产业融合虽然是一种产业层面的现象，但其基本单元和载体是企业。因此，通过案例研究的办法，深入挖掘企业推动产业融合发展的"故事"，厘清在企业内部推动融合发展的创新路径和决策机制，能够得到对企业经营者和政策制定者具有借鉴性、启示性的研究结论。

本章采用整体性的纵向单案例研究设计方法，基于价值链创新的视角，系统解构了一家区域性轮胎经销商在10余年的时间内，通过商业模式的迭代创新逐步转型为"轮胎全生命周期管理服务商"的融合发展过程，从而回答如下问题：在产业融合情境下，企业遵循怎样的路径进行商业模式迭代创新？产业融合如何驱动企业价值链升级？本章选取迭代创新模式的原因是：企业推动产业融合的过程实质上是商业模式融合创新的过程，这一过程往往不是无中生有、高风险、断裂式的颠覆性创新，而是"干中学"式的、连续的迭代创新（朱晓红等，2019）。选取价值链升级视角的原因是：企业所有经营决策的最终目的都是实现价值链升级、获得超额利润、提升市场竞争力（高闯和关鑫，2006），而从价值链升级的视角出发能够更清晰地解析企业商业模式迭代创新、螺旋式上升的过程。

二、文献综述和理论框架

（一）产业融合理论

1978 年，麻省理工学院媒体实验室的创始人内格罗蓬特（Negreouponte）通过对最新技术发展的观察，用三个重叠的圆圈来形象地描述电子计算机、印刷和广播业三者间的技术融合，并指出这三个产业的交叉处将是成长最快、创新最多的领域（胡金星，2007）。这一开创性思想开启了学术界对产业融合的研究。此后，关于产业融合的研究大部分集中在三个方面。一是"是什么"，即产业融合的内涵、类型是什么。例如，日本学者植草益（2001）认为产业融合是通过技术革新和放宽限制来降低行业间的壁垒，加强行业企业间的竞争合作关系；美国学者格林斯坦和卡纳（Greenstein and Khanna，1997）认为产业融合作为一种经济现象，是指为了适应产业增长而发生的产业边界的收缩或消失。二是"为什么"，即产业融合的原因和驱动力是什么。目前大部分研究认为，产业融合源于技术革新和管制放松（Lei，2000）两方面因素。其中，技术革新对产业融合的作用表现在技术革新开发出了替代性或关联性的技术、工艺和产品，这些技术、工艺和产品渗透、扩散、融合到其他产业之中，改变了原有产业产品的消费特征，并带来了新的市场需求；而经济管制的放松导致其他相关产业的业务加入本产业的竞争中，为产业融合创造了制度环境（马健，2002）。三是"怎么融合"，即产业融合遵循怎样的路径和形式。如胡汉辉等将产业融合的路径分为产业渗透、产业交叉、产业重组三种路径（胡汉辉和邢华，2003）；单元媛和赵玉林（2012）认为产业融合的路径包括市场需求引致、知识扩散和技术交叉渗透等类型。总体来看，已有对产业融合的研究大多采用理论探讨和概念演绎的方式，且较多集中在产业中观层面，除信息通信业领域的研究外，鲜有研究对企业层面产业融合的内在机制和路径进行分析，由此导致企业推动产业融合的内部机制和路径成为"黑箱"。例如，已有研究将产业融合归于技术革新和管制放松的结果，但对大部分企业而言，技术和制度因素都属于外生变量，而企业如何在市场竞争中内

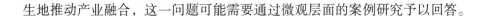

生地推动产业融合，这一问题可能需要通过微观层面的案例研究予以回答。

（二）迭代创新理论

迭代创新模式脱胎于迭代式开发模式。迭代式开发是一种兴起于互联网及软件行业的产品开发模式，其特点是将软件产品开发周期划分为几个小周期，即多个迭代，每次迭代均包括需求分析、设计、编程和测试的完整过程。后续的研究发现，迭代创新模式不仅适用于互联网及软件行业，更是所有企业应对不确定性的重要创新策略。迭代创新一般包含以下要素（张腾和王迎军，2016）：用户参与，通过与用户进行持续深度交互掌握用户真实需求（Fitzgerald et al.，2010）；快速试错，不求一次完美，而是快速开发出原型，基于用户反馈快速做出调整（朱晓红，2015）；多次迭代，每轮迭代都是一种微创新，而这种微创新应具有一定超前性，从而保证迭代式创新在以用户为中心的同时又能适度超越用户意识。迭代式创新是一种非线性过程，在这一过程中，创新者不求一次性重大突破，而是通过一次次迭代积累出具有颠覆性效应的产品。迭代式创新与传统创新模式的区别表现在两个维度：交互性和超前性。交互性，即用户主导式的创新源；超前性，即对现有设计、技术轨道和用户的适度超越。为深入解构迭代创新模式的过程，一些学者构建了迭代创新的一般化模型，例如里斯（Ries，2011）提出了迭代创新模式是"开发—测量—认知"的反馈循环，用一个最小化的可行产品尽快进入开发阶段，即花最少的力气、最短的时间经历一次"开发—测量—认知"的循环；朱晓红等（2019）利用"开发—测量—认知"的迭代创新反馈循环，探究了平台型企业构建过程中的迭代创新模式演化和动态能力价值实现的问题。

（三）价值链分析和商业模式创新

价值链分析理论由美国哈佛商学院教授迈克尔·波特提出，是一种寻求确定企业竞争优势的研究工具（栾庆伟，1997）。波特将价值链描述成一个企业用以"设计、生产、销售、交货以及维护其产品"的内部过程或作业。按照价值链分析理论，企业的价值活动可以分为基本活动和辅助活动两类，其中基本活动包括内部后勤、生产作业、外部后勤、市场营销和销售、服务五部分，辅助活动包括企业基础设施、人力资源管理、技术开发和采购四部分。企业价值链上的价值活动与商业模式直接相关，商业模式是企业为了进行价值创造、价值营销和价值提供所形成的企业结构及其合作伙伴网络，规定了企业在价值链中的位置，明确了企业开展什么样的活动来创造价值（Powell，2010）。

高闯和关鑫（2006）以波特的价值链分析理论为基础，将企业商业模式视为企业价值链的一个"函数"，即企业识别出价值链上的价值活动，并对价值活动进行优化重组、整合及创新，最终实现有效的企业商业模式创新。根据价值活动的组合形式，可以进一步将商业模式分为价值链延展型、价值链分拆型、价值创新型三种基本类型。其中，价值链延展型商业模式是指通过纵向延长价值活动（纵向延展型），或者在某些价值活动的横截面上延展同类价值活动（横向延展型），使企业价值链涵盖更多的价值活动；价值链分拆型商业模式是指将企业的基础性价值活动进行分拆、剥离、外包，使企业价值活动减少，企业只保留核心价值活动，这一类模式的基本原则是企业从事基础价值活动所产生的总成本高于其通过价值链分拆、职能外包所产生的新的总成本；价值创新型商业模式是指针对基础价值链上的价值活动进行创新，从而形成其他企业难以学习和模仿的核心能力。

产业融合过程本身就是企业商业模式创新的过程。因此，高闯和关鑫（2006）的研究通过阐明商业模式创新和价值链活动之间的关系，为本章提供了解构产业融合过程的价值链升级视角。

（四）理论框架

基于上述文献回顾可以看到，综合运用商业模式迭代创新理论和价值链分析理论，能够较好地刻画产业融合情境下企业演化发展的路径和作用机制。本章借鉴里斯（2011）、朱晓红等（2019）学者运用的"开发—测量—认知"迭代创新反馈循环模型和高闯和关鑫（2006）提出的价值活动识别、价值活动重组等概念，结合产业融合的情境，构建"需求反馈—价值识别—融合重组"的迭代创新逻辑。在此基础上，参考高闯和关鑫（2006）提出的商业模式概念和产业融合理论，提出以下研究逻辑：企业推动产业融合的过程是商业模式的迭代创新过程。首先，企业在技术层面（技术革新、技术溢出）和制度层面（管制放松、政策引导）等外生因素的驱动下，基于市场上的客户需求反馈，识别出价值链上新的价值活动；其次，企业基于企业自身的素质能力，通过延展价值链、分拆价值链或创新价值链，对价值活动进行融合重组，实现价值链升级，形成新的商业模式；最后，客户对企业的商业模式进行反馈，企业则根据需求反馈识别出新的价值活动，进而重复"需求反馈—价值识别—融合重组"的迭代创新过程。在多阶段的产业融合过程中，企业的商业模式持续迭代创新，价值链上活动的价值总和不断增加，推动企业从价值链低端向价值链高端升级，由价值活动简单相加的低水平产业融合迈向价值活动交叉互动的高水平产业融合。

三、研究方法和案例选取

根据罗伯特·K. 殷（2017）的观点，作为实证研究的一种，案例研究适合于针对目前或最近发生的现象进行研究，研究问题的类型主要包括"怎么样"或"为什么"。本章主要研究价值链升级视角下企业如何通过商业模式迭代创新实现产业融合的问题，因此适用于案例分析的研究方法。

选取纵向单案例研究方法，一方面是因为单案例研究方法有利于对研究案例进行深入、系统的分析，在研究洞见上做到深入、持续，而纵向单案例分析能够揭示所研究的案例随着时间变化的不同演进特征，是单案例研究中较为普遍的做法（李亮等，2020）；另一方面则与本章选取案例的特殊性和可获得性有关。本章选取了一家位于河南省郑州市的区域性轮胎经销商——ZZWT 作为研究对象。① 该案例的特殊性表现在以下两个方面。

第一，ZZWT 在推动产业融合过程中，经历了从服务企业（轮胎经销商）到制造企业（轮胎翻新加工）再到服务企业（轮胎全生命周期托管服务商、轮胎车辆智慧管理）的多轮迭代式创新过程，这一过程与一般的制造服务化和服务衍生制造等产业融合模式相比更加特殊和复杂。

第二，与大部分案例研究所关注的成熟型大企业不同，ZZWT 是立足于区

---

① 本章案例研究相关资料来自笔者实地调研和企业座谈。

域市场、尚处于转型成长期的中小企业，而现有的产业融合政策较多关注龙头企业和行业骨干企业。针对 ZZWT 开展案例研究，有助于提炼和总结推动中小企业实现产业融合和价值链升级的企业经验及政策启示。

该案例的可获得性表现为：笔者与 ZZWT 的主要管理团队进行了详细深入的现场访谈和电话补充访谈，ZZWT 愿意提供与产业融合和企业发展的相关材料（包括路演 PPT、政府部门工作会议 PPT、行业活动演讲稿等），同时留下微信、电话等联系方式便于进一步核实资料，企业官网上的相关资料信息充足，确保案例研究的数据资料基本满足"证据三角"的原则（罗伯特·K. 殷，2017）。

四、案例分析及研究发现

本章从价值链升级的视角分析案例研究对象——ZZWT 的商业模式迭代创新过程。因此，在案例分析之前，给出轮胎产业的价值链示意图。[①] 如图 10 − 1 所示，在轮胎产业的价值链上，价值活动主要包括轮胎生产、轮胎经销和轮胎后市场服务三个部分。其中，轮胎后市场服务是指轮胎销售以后，客户在使用轮胎过程中所需要的一切服务，包括轮胎翻新、轮胎使用咨询、轮胎检修、轮胎监测等。

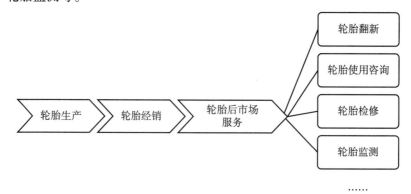

图 10 −1　轮胎产业价值链

资料来源：笔者结合与企业访谈和案头分析归纳所得。

---

① 此处的轮胎产业价值链是产业层面的价值链，与迈克尔·波特价值链理论中阐述的企业内部价值链有所不同。

（一）初创期：围绕轮胎经销核心业务做精做大做强

ZZWT 1997 年成立于河南郑州，最初是一家货车轮胎经销商，主要代理销售两家国产品牌轮胎。2000 年，ZZWT 把第一条"普利司通"（Bridgestone）品牌的轮胎引入河南，成为日本普利司通公司在河南的轮胎总经销商。普利司通是世界最大的轮胎及橡胶产品生产商之一，稳居世界 500 强企业之列，其销售区域遍布全球 150 多个国家和地区，具有行业领先的产品品质和技术研发能力。通过和普利司通的深度合作，ZZWT 凭借区域总经销商身份和优质轮胎产品迅速打开省内市场，并开始实施产品品牌专业化经营战略，逐渐削减其他品牌的轮胎经营。围绕普利司通轮胎经销业务，ZZWT 不断强化营销和销售质量管理，"直接培训引导客户使用和保养轮胎，举办客户技术说明会，推出'不但让客户满意，也要让客户的客户满意'的面向终端客户的高品质服务"，向车辆司机提供轮胎售后服务；同时，抓住河南作为公路物流大省的货运轮胎旺盛需求，不断扩大经销网络，在河南安阳、濮阳、信阳等地开设经销分公司，迎来高速成长期，逐渐成长为河南省内著名的轮胎经销商。

（二）迭代创新 1.0：从轮胎经销商转型为"轮胎经销 + 轮胎翻新"服务商

在企业成立的前十年，ZZWT 的经营活动主要是轮胎经销，这也是企业的唯一价值活动和利润来源。随着时间的推移，ZZWT 面临的轮胎销售市场竞争强度不断加大：一方面，作为公路物流大省的河南市场不断吸引米其林、固特异、韩泰、倍耐力、马牌、横滨、锦湖等国际知名轮胎品牌进入，对普利司通轮胎及其经销商 ZZWT 形成冲击；另一方面，轮胎销售市场大部分采取区域代理的模式，即区域经销商未经授权不能到其他区域代理销售相关品牌的产品，这使得 ZZWT 轮胎销售的市场空间面临天然的"天花板"。为了拓展长期发展空间，客观上要求 ZZWT 必须寻找契机进行商业模式的迭代式创新，找到新的业务增长点，实现企业价值链升级。

2007 年，ZZWT 的上游合作伙伴普利司通以 10.5 亿美元的价格收购了美国著名的轮胎翻新企业奔达可（Bandag），为 ZZWT 带来了全球领先的轮胎翻新技术——预硫化冷翻技术。同时，废旧轮胎循环利用逐渐成为社会共识，国家开始制定实施一系列政策引导轮胎翻新产业的发展，如 2008 年财政部、国家税务总局印发了《关于资源综合利用及其他产品增值税政策的通知》和《财政部 国家税务总局关于再生资源增值税政策的通知》，进一步加大对轮胎翻新的政策扶持力度；2009 年施行的《中华人民共和国循环经济促进法》规定"国家支持企业开展机动车零部件、工程机械、机床等产品的再制造和轮胎翻新"，工业和信息化部和中国轮胎循环利用协会针对翻新企业和其他资源循环利用企业进一步完善了准入制度。技术溢出和管制放松为产业融合提供了外生的驱动力。

同时，ZZWT 在与物流企业等下游客户长期购销合作的过程中逐渐发现，轮胎成本在货运车辆营运成本中占有相当高的比重，而客户对旧轮胎进行翻新使用或直接购买翻新轮胎，最高能够降低一半左右的轮胎使用成本。由此，ZZWT 识别出轮胎经销下游的价值活动——轮胎翻新，并通过纵向延展价值链，对轮胎经销和轮胎翻新两类价值活动进行融合重组。2010 年，ZZWT 投资兴建了普利司通奔达可轮胎翻新厂，成为普利司通收购奔达可之后在中国建设的第一家轮胎翻新厂，同时致力于轮胎翻新设备和胎体培养等研发工作，不断提升技术水平。ZZWT 依托普利司通经销网络和客户优势，重点面向普利司通轮胎客户提供轮胎翻新服务。凭借胎体培养和轮胎翻新的技术领先优势，ZZWT 于 2016 年成为工业和信息化部认证的、河南唯一的"轮胎翻新行业准入企业"，成为"轮胎经销＋轮胎翻新"的"制造＋服务"融合企业。

（三）迭代创新 2.0：构建"轮胎经销＋轮胎全生命周期托管"的综合服务体系

在通过迭代创新开拓发展轮胎翻新业务后，ZZWT 的管理团队发现了新的问题。首先，轮胎翻新是一种新的业态模式，开拓市场面临较大难度。轮胎翻新需要以旧轮胎的胎体为基础，胎体的来源是终端客户，翻新的前提是客户能够主动保存好旧胎胎体。然而，与国外"100% 的轮胎可以翻新重复利用"的消费理念相比，中国消费者循环使用翻新轮胎的意识淡薄、意愿不强，正如 ZZWT 的总经理 Z 所说，"如果客户不接受翻新轮胎，即自己不打算使用翻新轮胎的话，那轮胎胎体的命运极有可能是被磨光甚至爆胎，根本没有翻新轮胎的可能"。其次，客户本身没有维护保养胎体的知识。企业迭代式创新的一大风险是客户的固有消费习惯和知识结构可能与新的产品或服务不兼容（张腾和王迎军，2016）。ZZWT 的技术总监 H 说："我们之前遇到过这样的尴尬局面：客户使用翻新轮胎体验非常好，想加大翻新轮胎使用比率，但不知道怎么保护好胎体，自有胎体大多由于使用过程中维护保养不善而报废，可翻率低于10%。"轮胎翻新没有合适稳定的胎体来源保障，业务拓展自然受到很大局限。

上述问题说明，"轮胎经销 + 轮胎翻新"的产业融合模式还是较低水平的融合，ZZWT 并没有依托其长期深耕轮胎经销的优势，把轮胎翻新服务沿着轮胎经销网络推广给客户，两项业务没有真正实现融合。为此，ZZWT 通过"需求反馈—价值识别—融合重组"的迭代创新路径，试图再次寻找产业融合和价值链升级的机会。ZZWT 的管理团队深入本地各大物流车队进行多次调研走访，发现轮胎翻新仅仅是客户对轮胎后市场服务的其中一项需求，客户希望 ZZWT 能够提供轮胎使用、维修、翻新等一揽子后市场服务，正如 ZZWT 的技术总监 H 所说："客户既需要轮胎使用、胎体保养等方面的咨询服务，还希望 ZZWT 对轮胎气压、外伤、偏磨损等影响轮胎经济性、安全性的问题故障进行及时的排查处理。"只有向客户提供轮胎全生命周期的一揽子服务，才能帮助客户更加安全规范地使用轮胎，使得客户轮胎的胎体能够得到较好的保存，从而提高客户使用翻新轮胎的比率。

至此，根据市场需求反馈结果，ZZWT 识别出了新的价值活动——轮胎全生命周期服务，提出"无服务、不翻新"的新理念，通过横向延展价值链，把服务内容从轮胎翻新拓展到其他轮胎后市场服务领域，然后将轮胎经销、轮胎翻新及其他服务进行融合重组，形成"轮胎经销 + 轮胎全生命周期托管"的商业模式。这一过程又分为两个阶段：2017～2019 年，ZZWT 向优质客户提供了为期 2 年左右的轮胎检测服务，主要服务内容包括轮胎花纹检测、气压检测、报废轮胎检测等；自 2019 年起，ZZWT 围绕客户使用轮胎的服务诉求，进一步拓展了轮胎修补、轮胎寿命分析、轮胎残值统计、轮胎成本和维保费用分析、轮胎故障分析、轮胎租赁承包等服务内容，同时建立服务据点，不断提升服务质量和服务频次，推广"车队服务专员""准承包服务"等服务制度，构建了轮胎全生命周期托管服务体系。在此基础上，ZZWT 逐渐打造形成了从客户购买轮胎到使用轮胎、检修轮胎，最后到翻新轮胎并投入再使用的闭环业务模式，极大地提升了客户黏性和满意度。从市场反馈来看，轮胎全生命周期托管服务。一方面使得客户行驶更有安全保障、运营更加经济、车辆资产管理更加明晰。另一方面显著增加了客户的轮胎翻新率，客户轮胎翻新率由 2010 年的 4% 提高到 2019 年以后的平均 35% 以上，已接近发达国家 40% 的平均水平。例如，某客户的物流车队的轮胎首次翻新率高达 54%，二次翻新率近 20%，三次翻新率达到 4%，成为河南省翻新比率最高的车队；与 ZZWT 合作的本地公交车队轮胎翻新率达到 32.4%。

值得注意的是，ZZWT 在融合重组价值活动的过程中采用互联网行业常用的免费模式，即把服务作为增强客户黏性和引流的手段，不收取任何费用，主要依赖轮胎经销和轮胎翻新（ZZWT 把轮胎翻新业务称为"价值收割机"）盈利。然而，虽然服务客户的数量越来越多，服务的门类越来越丰富，ZZWT 逐渐感到服务的人力成本高、人工效率低，成本收益的经济性不断下降。ZZWT 的总经理 Z 说："检测 1 次看起来很简单，可从人力（人）、物力（车/油）、精力和时间成本来计算，万通服务团队付出了很多。以服务当地一家物流园为例，服务团队往返 22 千米，流动服务车耗油 1 元/千米，团队 4~6 人服务半天的工资支持为 200~300 元，流动服务车及设备半天的折旧费用为 50~100 元，服务一次的成本约为 350 元，但服务全部都是免费的。"如果企业从事价值活动的成本高于收益，就必须通过商业模式创新寻找新的出路。

（四）迭代创新 3.0：通过数字化转型拓展升级为轮胎车辆智慧管理服务商

在为客户提供轮胎全生命周期托管服务的过程中，ZZWT 不断发现客户新的服务诉求。ZZWT 的技术总监 H 告诉笔者，一些大型长途物流车队单次路程远、出行货车多，经常面临崎岖山路、陡坡、急转弯、山崖等复杂路况，如果在长途行驶过程中车辆轮胎温度过高、被锐物扎伤或胎纹磨损过度，很可能造成连锁性的严重交通事故。此外，轮胎在行驶过程中的气压如果低于正常水平，轮胎阻力就比较大，车辆耗油也会增加，同时还会大幅度降低轮胎的使用寿命。ZZWT 通过对上万辆货运汽车的调研发现，汽车轮胎的气压不合格率达到 50% 以上，气压不合格轮胎的早期损坏率高达 60%。通过长期的市场调研，ZZWT 意识到，客户不仅需要静态情况下的轮胎检测和修补服务，还需要行驶状态下对轮胎的实时掌控，以实现更加安全和经济的行驶。这要求 ZZWT 能够提供敏捷化、即时性的轮胎管理服务，但 ZZWT 原有的人工服务模式受到车辆时空的局限，巨大的人力成本不支持 ZZWT 满足客户的服务要求。这也说明 ZZWT 原有的模式不是真正的"全生命周期"托管，因为该模式无法管理正在运行状态的轮胎。

从"需求反馈—价值识别—融合重组"的迭代创新路径来看，此时 ZZWT 已经识别出新的价值活动——敏捷化、即时性的轮胎管理服务，但企业当前的商业模式不支持 ZZWT 通过延展原有价值链实现融合重组，必须通过价值链创新形成新的商业模式。数字技术的迭代创新和规模化应用，为 ZZWT 提供了价值链创新的路径——数字化转型。随着微电子工艺、微处理器技术、精密加工技术和无线通信技术的快速发展，传感器等物联网部件正在向着智能化、微型化、集成化和网络化方向发展，敏捷度和精度不断提升，价格却在持续下降。此外，中央和各地政府积极推进数字经济发展，加大对传统产业数字化转型的支持力度，形成多重政策利好，也为 ZZWT 实施数字化转型创造了良好条件。

2020 年，ZZWT 开始启动搭建"WTJ 车辆轮胎智能化管理系统"，实现车辆轮胎的在途感知和轮胎全生命周期托管。ZZWT 将传感器、中继器和接收器等部件安装在客户的轮胎和车辆上，结合智能管理软件（手机 App 端和 PC 端）组成智能管理体系，并充分利用经过统一规范化培训、分布广泛的线下服务据点，构建线上线下一体化的车辆轮胎智慧管理服务网络。客户利用智能管理软件，可以实时掌握车辆轮胎的气压、温度、行驶里程、实时位置等情况。一旦轮胎运行参数存在问题，系统会第一时间通过短信、微信等渠道提醒车辆司机和车队管理人员。此外，依托智能管理软件，ZZWT 激活了长期从事轮胎管理服务积累的客户轮胎数据，这些数据被上传到线上平台和数据库，成为客户的宝贵数据资产。ZZWT 的管理团队还认为，"智能化管理系统相当于轮胎的即时'体检'系统，而配套的轮胎检修和翻新服务相当于'诊疗'手段"，由此形成了线上管理系统和线下服务体系深度融合的"轮胎经销 + 轮胎全生命周期托管 + 轮胎车辆智慧管理"商业模式。

通过实施数字化转型战略、搭建智能化管理系统，ZZWT 实现了对客户车队的全方位、智能化的高效管理，在极大保障车队安全运营的同时，有效降低了油耗和轮胎意外损坏概率，进而提升了轮胎翻新率，为客户创造了巨大价值。从市场反馈情况来看，"轮胎经销 + 轮胎全生命周期托管 + 轮胎车辆智慧管理"的商业模式极大地解决了 ZZWT 客户难以有效管理车队的痛点问题。

ZZWT 推动产业融合的演进过程与过程解析如图 10 - 2 和表 10 - 1 所示。

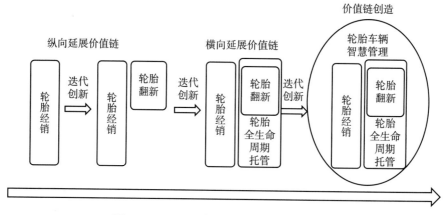

图 10 - 2　ZZWT 推动产业融合的演进过程

表 10 - 1　　　　　　　　ZZWT 多阶段迭代创新过程解析

阶段	时间	外部变量	迭代创新过程					产业融合水平
			需求反馈	价值识别	融合重组			
					价值链	商业模式		
迭代创新 1.0	2010 ~ 2017 年	技术层面：引进全球领先的轮胎翻新技术"预硫化冷翻技术"，掌握了轮胎翻新的技术优势。制度层面：政府加大轮胎翻新财政支持力度，同时出台法律规范优化轮胎翻新行业准入制度	轮胎成本在货运车辆营运成本中比重高，轮胎翻新使用能够降低约一半的轮胎使用成本	轮胎翻新服务	纵向延展价值链：从轮胎经销延展到轮胎翻新	轮胎经销 + 轮胎翻新		低

阶段	时间	外部变量	迭代创新过程				产业融合水平
			需求反馈	价值识别	融合重组		
					价值链	商业模式	
迭代创新2.0	2017~2020年	技术层面：无 制度层面：无	客户希望ZZWT能够提供包括轮胎使用、维修、翻新等在内的一揽子服务	轮胎后市场综合服务	横向延展价值链：从轮胎翻新向包括轮胎翻新在内的一揽子服务延展	轮胎经销+轮胎全生命周期托管	中
迭代创新3.0	2020年至今	技术层面：传感器、中继器、接收器等价格快速下降，性能不断提升。 制度层面：中央、地方出台政策支持数字化转型	轮胎例检、轮位匹配、花纹检测、胎温胎压监测、轮胎磨耗监测等	敏捷化、即时性的轮胎管理服务	创新价值链：实施数字化转型战略	轮胎经销+轮胎全生命周期托管+轮胎车辆智慧管理	高

五、结论与启示

本章通过对一家区域性轮胎经销商（ZZWT）转型为"轮胎经销＋轮胎全生命周期托管＋轮胎车辆智慧管理"综合服务商的过程进行了单案例分析研究，提炼出企业通过实施多阶段迭代创新，实现价值链升级和高水平产业融合的路径（见图10－3）。

（一）"需求反馈—价值识别—融合重组"的迭代创新是企业推动产业融合的有效路径

产业融合不是一蹴而就、"无中生有"的过程。对企业而言，产业融合意味着原有商业模式或价值活动组合发生新的变化。在日趋激烈的市场竞争环境下，商业模式的变化既可能带来新的市场机会，也可能导致巨大风险。迭代创新具有开放性、连续性、容错性和灵活性等优势（张腾和王迎军，2016），

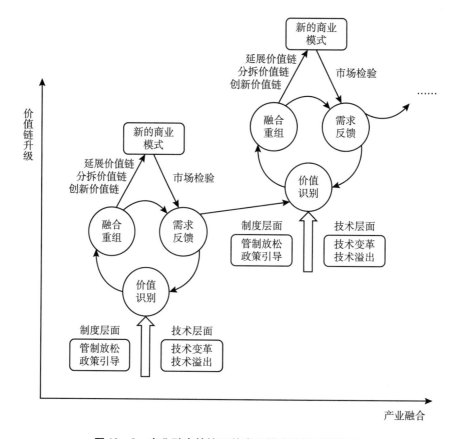

图 10 - 3　产业融合情境下的商业模式迭代创新路径

每一轮创新都建立在上一轮创新的基础上，能够最大限度地降低产业融合的试错成本，盲目地通过颠覆式创新推进产业融合，不一定能够获得预期效果。在本章的案例分析中，ZZWT 经历了三个阶段的迭代创新过程，最终实现了较高水平的产业融合。每个阶段，ZZWT 都进行了深入的市场调研，了解目标客户在上一阶段商业模式（或服务模式）中，还存在哪些痛点问题和服务诉求，然后基于需求反馈识别新的价值活动，并在上一阶段商业模式的基础上，对价值活动进行融合重组，形成新的商业模式。ZZWT 每一轮迭代创新都是阶段性的产业融合过程，都通过开展新的价值活动形成了新的能力。如果 ZZWT 没有遵循"需求反馈—价值识别—融合重组"的多阶段迭代创新路径，而是选择直接从区域性轮胎经销商转型升级为"轮胎经销 + 轮胎全生命周期托管 + 轮胎车辆智慧管理"综合服务商，很有可能因为服务能力不够、经验不足、资源有限等多方面原因走向失败。

（二）"用户导向"和"价值导向"原则是企业推动产业融合的重要遵循

研究表明，颠覆性创新会对客户的消费习惯和需求造成破坏，迭代性创新则高度依赖市场反馈，重视与用户之间的互动（张春辉和陈继祥，2011）。从 ZZWT 的实践不难看出，一方面，"用户导向"是企业以迭代创新实现产业融合的基本原则。在"需求反馈—价值识别—融合重组"的迭代创新过程中，用户的需求反馈是企业识别价值活动的主要依据，每一阶段的迭代创新都以用户的需求反馈为起点。只有遵循"用户导向"的原则，企业才能得到真实的用户需求，从而识别真正的价值活动。另一方面，企业在产业融合发展过程中形成的新的商业模式，也需要由市场（即用户）进行检验。"价值导向"的原则是指企业的产业融合必须为用户创造价值，"价值导向"与"用户导向"具有内在的一致性。在实地访谈中，ZZWT 的管理团队多次提到，"以市场、客户的真正需求为指引，持续性地创造价值是企业多年发展的基本原则"，只有围绕用户需求才能创造价值。

（三）技术和制度层面的积极因素是产业融合的必要支撑

本章关于 ZZWT 的案例分析验证了产业融合理论的经典观点，即技术进步和管制放松是产业融合的重要驱动因素。在迭代创新 1.0 阶段，虽然 ZZWT 发现了轮胎翻新的商机，但如果不掌握全球领先的预硫化冷翻技术，没有政府部门规范完善轮胎翻新准入制度的契机，ZZWT 很难开展轮胎翻新业务，更不可能开启"纯贸易"向"服务商"转型的融合发展之路。在迭代创新 3.0 阶段，如果没有数字技术的快速迭代和广泛运用，ZZWT 的数字化转型可能会面临较大的投入成本，"轮胎经销＋轮胎全生命周期托管＋轮胎车辆智慧管理"的模式将可能没有经济效益和商业价值。因此，为了推动产业融合和企业商业模式创新，政府应积极推动通用型（如数字技术）和专用型（如预硫化冷翻技术）技术的创新和应用，同时不断强化政策的引导功能，通过规范市场准入制度、加大资金补贴力度等方式，为产业融合创造良好条件。

PART

3

第三篇

推动现代服务业
同现代农业深度融合

第十一章

产业融合促进农民共同富裕

共同富裕是社会主义的本质要求，是中国特色农业农村现代化的根本目的。对中国这样一个发展中的农业大国而言，农民农村共同富裕之路究竟该如何走，既无历史经验可循，世界范围内也尚无先例可鉴。从马克思主义所揭示的共同富裕发展规律看，只有社会生产力高度发展，共同富裕才能充分实现。通过社会生产，不仅可能保证一切社会成员有富足的和一天比一天充裕的物质生活，而且还可能保证他们的体力和智力获得充分的自由的发展和运用。尽管共同富裕的最终实现由多种因素决定，但生产力的充分发展才是其中之关键。中国从摆脱贫困到实现全面小康的实践也表明，发展农村生产力不论是过去还是未来一个时期，都将是实现农民致富的根本出路。当前，中国农村一系列重大改革纵深推进，新技术不断向农村渗透，作为农村产业体系、组织方式的重要突破和创新，产业融合已经成为农村生产力发展的重要路径，必然在促进农民农村共同富裕方面发挥重要作用。本章将重点阐述农村产业融合促进农民共同富裕的内在机理、突出障碍与政策措施。

一、问题的提出

共同富裕的研究已经不是一个新话题，但不同时代、不同阶段的研究侧重点不同、各有新意。学界普遍认为，推进共同富裕的关键在于处理好效率与公平的关系，着力缩小城乡差距、区域差距和收入差距。其中，收入差距在很大程度上表现为城乡收入差距。关于城乡收入差距，多数学者认为是城乡部门之间劳动生产率的差异所致。针对城乡收入差距快速扩大现象，不少学者从城市偏向政策角度进行了解释。陆铭和陈钊（2004）认为，中国持续扩大的城乡收入差距与地方政府实施的带有城市倾向的经济政策有关。蔡昉和杨涛（2000）则将城市倾向政策进一步归纳为对生产要素市场的各种干预和政府实施的有利于城市的直接转移项目。林光彬（2004）则认为，中国城乡收入差距扩大是社会等级秩序格局、失衡的财富与收入分配格局、资源的流动性障碍格局与市场等级化格局等社会安排相互作用的结果。这些观点具有很好的解释力和启发性。一个典型事实是，自2004年以来中国实施了一系列强农富农政策，过去城市偏向的制度性扭曲已经得到明显改变，农民收入也随之实现了持续增长，城乡收入比逐年缩小，但收入绝对差距并没有从根本上缩小。2020年，中国城乡居民人均可支配收入之比为2.56：1，收入绝对差为26703元，较2013年增加了9665.6元（见图11-1）。就此看，继续矫正城市偏向政策所形成的收入缩差效应，已经很难对城乡收入差距格局产生根本性影响。进一步缩小城乡收入差距，需要结合国民经济社会发展阶段转变、城乡关系调整以及新的技术条件，在促进农民持续增收问题上进一步破题。

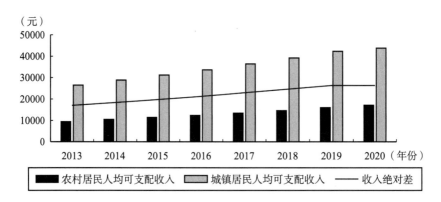

图11-1　2013～2020年中国城乡居民人均可支配收入

资料来源：历年《中国统计年鉴》。

当前，中国农民收入结构已经多元化，影响因素也更加复杂，但不同因素在不同时期的增长贡献不同。各界已经形成的普遍共识是，依靠政府大规模补贴来支撑农民收入增长的空间不断缩窄，事实上也不具有长期可持续性；而工资性收入增长又受整个经济增长中枢下行影响，面临更多挑战，不确定性也在加大；财产性收入虽然有很大潜力空间，但将潜力转化为对农民收入的实际贡献则还有待时日。由此看来，在内外部环境复杂变化的背景下，培育农民持续增收新动能，缩小城乡收入差距，仍需要回到解决农业与非农产业的比较劳动生产率过低这一本源问题上。

在新的技术和市场条件下，产业融合是提高生产率和竞争力的一种有效的发展模式和产业组织形式（厉无畏，2002），应该成为提高农业劳动生产率、缩小城乡收入差距的重要抓手。所谓农村产业融合，是指以农业为基本依托，三次产业有机结合、交叉渗透，最终实现产业链延伸、价值链提升和供应链优化的动态发展过程（涂圣伟，2016），由制度创新、技术进步和市场需求相互推动所产生。农村产业融合发展的积极作用已经引起一些学者的关注。苏毅清（2016）认为，农村产业融合通过让农业参与更大范围内的社会分工，来汲取第二产业、第三产业中已经高度发达的相关细分产业的成果而使农业获益。李晓龙和冉光和（2019）的研究发现，农村产业融合不仅对城乡收入差距存在直接的缩小效应，同时通过促进农村经济增长和加速城镇化两个间接途径显著缩小了城乡收入差距。总体来看，产业融合是农村经济新变量，促进了农业功能拓展和价值提升，对农民就业和收入产生了重要影响，这已经得到越来越多的认同，但关于农村产业融合促进农民增收致富的作用机理的研究还不够系统，需要进一步深化。

二、产业融合促进农民共同富裕的作用机理

城乡人力资本积累水平、技术进步率等差距是城乡收入差距形成和扩大的根源。本章尝试从农村资本要素投入、技术效率提升、组织模式创新等方面，阐述农村产业融合发展促进农业劳动生产率提升，进而带动农民收入增长、实现共同富裕的内在机理。

（一）产业融合、资本积累与农民创富能力提升

资本积累是经济增长的基本动力，对农业农村发展亦是如此。这一论点

目前已经得到了众多实证研究的支持。例如，李谷成等（2014）利用 Griliches 生产函数对中国农业增长因素进行了实证研究，发现在劳动力转移和人地关系未获根本性改善的条件下，资本积累及其深化与制度创新是转型期农业增长的重要动力。长期以来，由于城市偏向政策的实施，中国农村资金长期净流出，直接影响到农村投资和资本积累。城乡之间资本积累差距逐渐拉大，成为城乡收入差距不断扩大的重要原因，而这又进一步弱化了资本积累对农民教育投资的激励，影响到农村人力资本积累。从实践看，这一循环困境由于农村产业融合的发展和深化而得到了一定程度的改善。近年来，受政策调整和制度改革的激励，农村产业融合催生的设施农业、休闲农业、农业服务业等新产业新业态快速发展，提高了农业资本回报率，开始吸引越来越多的工商资本下乡。资本"回流"或下乡，不仅促进了农村物质资本积累，对农村人力资本积累也产生了积极的促进作用，主要体现为资本带动了人才流动产生的知识扩散效应、企业家创业的示范带动效应以及产业投资的知识溢出效应。大量返乡下乡人群依托产业融合创业创新，将现代科技、生产方式和经营理念引入农业；同时，新型职业农民、新型农业经营主体等通过"干中学"提升知识和技能，农村人力资本结构得到改善，提高了农民整体创富能力。由此看来，产业融合带动的农村人力资本水平提升，将对缩小城乡收入差距产生重要和深远的影响。

（二）产业融合、技术进步与农业劳动生产率提升

农业劳动生产率增长会带来农民收入的提高，并可能形成新一轮农业增长的源泉（汪小平，2007）。对缩小城乡差距而言，提高农业部门比较劳动生产率是至关重要的。从影响农业劳动生产率的诸因素来看，技术进步发挥着决定性作用。美国经济学家舒尔茨在其经典著作《改造传统农业》中曾指出，传统农业只能维持简单再生产，是一种长期停滞的农业形态，原因在于农业技术长期停滞和生产要素长期得不到更新。从中国小农经济演进过程来看，农业技术水平低下或技术进步停滞导致农业增长十分缓慢。当前，建立在现代自然科学基础上的农业科学技术的创新和推广，使农业"低水平均衡"得到了明显改善，但并没有从根本上得以摆脱。从农村产业融合和技术进步的协同关系来看，产业融合既源于技术进步，同时其深化发展又促进了技术的

创新和扩散。农业生产、服务、加工、流通和营销等环节的融通发展以及功能拓展，为技术创新提供了新的平台和场景。同时，产业融合促进了产业链上下游企业的集聚以及资源、知识和信息的流动与共享，降低了技术创新成本和不确定性，提高了技术创新能力和效率。一些农业龙头企业、产业园区等依托产业链整合能力，加强了技术融合与集成应用，并推动了新技术在农业产业链、供应链的传播与扩散，促进了技术应用深化，进而推动了乡村产业效率和价值的提升。

（三）产业融合、组织创新与集体增收能力提升

推动农民农村共同富裕蕴含着加强和创新乡村社会治理的要求。实证研究发现，治理能力与经济产出具有较高的相关性，农村治理能力能够显著正向影响农民人均收入水平（李敏和姚顺波，2020）。改革开放以来，随着中国农村人口向城市持续流动和农民群体的不断分化，不少地区农村社会网络呈现松散化趋势，村庄生产生活共同体概念逐步淡化，地方基层政府和组织服务动员能力弱化，村集体管理和服务能力不足，导致陷入"集体行动困境"，亟须加强农村组织创新来提升乡村治理能力。就提升农民集体行动能力来看，农村产业融合发展具有重要意义。产业融合不仅是农村生产方式的重要变革，一定程度上也重构了乡村社会资本，赋予农村经济社会组织发展新动能，进而带来乡村治理能力提升。在农村产业融合过程中，各类融合主体因利益而进行联合或合作，不仅形成了新的治理共同体，提升了小农户组织化程度，同时也提高了村级组织的主体性功能，增强了农村集体创富能力。在江浙等地区，村集体经济组织以集体资产资源参股经营稳健的工商企业，或与工商企业组建混合所有制经营实体，通过发展混合所有制经济实现更加紧密的利益联结，促进了农村集体经济组织内部治理结构的优化和联农带农能力的提升，不仅激活了农村集体经济组织，也有效盘活了农村闲置资源资产，财产性收入成为农民收入的重要来源。

（四）产业融合、利益分配与农民收入增长

利益分配是"三农"问题的关键议题之一，而如何有效保障农民权益和

合理利益又是其中之关键。对实现农民共同富裕而言，健全的利益分配机制在保障农民权益、促进农民持续增收方面具有重要作用。从乡村发展实践看，一些不以农民为主体、将农民利益边缘化的改革和创新往往不具有持续性；相反，与农民利益联结紧密的技术、模式、业态等创新往往具有很强的生命力。农村产业融合作为农业组织方式和形态的重要创新，其发展活力很大程度上取决于农民的参与程度和利益分享水平。从两个方面来看，一些地区的农村产业融合实践已经展现出保障农民权益和收入的积极作用。农村产业融合发展不仅促进了新市场的开辟和新市场结构的塑造（周振华，2003；陈柳钦，2007），提升了农业产业结构的合理化和高级化水平，推动了农业产业链和价值链的提升，做大了"蛋糕"，让农民通过农产品的稳定销售实现增收，或者通过流转获租金、打工挣薪金、经营赚现金等多种方式增加收入；同时，农村产业融合过程中一些新的利益联结模式逐步形成并持续创新，如企农契约型、利益分红型、股份合作型合作等，又为农民参与产业链增值收益分配提供了载体。"保底收购 + 二次分配""农民入股 + 保底分红""固定租金 + 企业就业 + 农民养老金"等紧密利益联结机制，让农民成为产业共同体的主体力量并分享到更多的增值收益。

三、产业融合促进农民共同富裕的效果检视

中国农村产业融合发展实践中，一些新技术、新业态、新模式不断涌现，促进了农业产业化组织模式、产业链技术创新、集体经济组织再造，推动了农村要素配置效率、农业生产效率的提升，对农村经济发展和农民增收产生了积极效果，此部分仅选取典型案例进行阐述。

（一）"反向定制"模式带动农业产业化模式创新

中国是一个以小农户家庭经营为主要形式的农业大国，小农户在未来一个时期仍占农业经营主体的绝大多数，产业化是小农经济现代化的必由之路。发轫于20世纪90年代的农业产业化经营，目前已经成为小农户与现代农业

有效衔接的重要载体和促进农民增收的重要途径。但客观而言，传统以订单农业为代表的农业产业化经营模式，长期面临着契约信用风险等困扰，同时，这种主要侧重于生产端的组织模式，也越来越难以适应多样化、分层化的消费需求变化。近年来，随着城乡居民消费不断升级，新一代信息技术的渗透应用带来农产品供需匹配模式的深刻变化，反向定制成为农产品供应链变革的重要趋势。一些大型电商企业基于消费者需求，通过供应链反向定制，倒逼农产品标准化、规模化生产和精细化加工，从而对农业产业链进行有效整合，实现了从"能生产什么卖什么"向"需要什么生产什么"的转变，成为农业产业化的创新模式，带动了农业产业链升级和农民增收。与传统产业化经营依靠政府行政推动不同，这种供应链反向整合模式，实现了供给与需求的高效适配，是市场需求驱动的结果，展现出较强的活力。例如，某大型电商企业依托"农地云拼"等技术创新体系，带动农产品大规模上行，2019年直连超过1200万人，农（副）产品成交总额达到1364亿元，累计带动脱贫人数超百万。

（二）产业链整合促进全链条技术扩散

中国农业过去数十年取得的辉煌成就，离不开农业技术进步的突出贡献。从未来发展趋势看，农业现代化的根本出路依然在科技，科技创新的方向在全产业链系统集成创新。不可否认的是，不论相对于国外农业科技创新水平，还是适应国内农业发展变化需求，中国农业技术创新进展总体上比较缓慢。特别是，农业产业环节长期分离发展，产业链技术的一致性不强，或存在一些"断点"，导致产业链整体技术效率提高不快。一般而言，产业链中的每个环节甚至每个环节上的不同产品都要运用到不同技术，某种技术的使用可能又必须以某些上游技术的使用为前提（高汝熹等，2006），因此技术的耦合性对产业链竞争力提升至关重要。农村产业融合发展有利于产业间技术转移与协同创新，并通过更多应用场景的构造促进新技术新产品的推广应用，对改善技术效率具有积极意义。例如，宁夏某优质大米产业化联合体，通过与科研院校、农业技术专家、村队土专家等共同组建校企社产学研合作基地，围绕全产业链建设开展科技研发，推动良种繁育、标准化种植、机械化生产、现代化加工装备应用等，提高了产品品质和价值，有效带动了农民增收。截至 2020 年底，联合体实现总产值 10 亿元，带动农户 9500 户，户均增收 8200 元。

（三）混合经营推动农村集体经济组织再造

集体的价值在于为农民个体提供基本保障和发展机会，集体经济并不排斥个体的发展，相反还是个体经济发展的重要依托，集体强与农民富具有内在统一性。作为农村各类市场主体中组织化程度最高的主体，农村集体经济组织通过发展集体经济实现了多样化的联合与合作，有利于提升小农户组织化程度，对带动农民增收、强化乡村治理具有重要意义。因此，通过激活农村集体经济组织来促进农民共同富裕，具有制度优越性和现实可能性。从地方实践来看，产业融合对农村经济社会组织的发展产生了积极影响，一些农民合作社、农村集体经济组织等在参与产业链和价值链的过程中，焕发出新的发展活力和动力。以农村集体经济组织为例，一些地区依托产业融合积极探索混合经营等实现形式，促进了农村集体经济的发展和农民收入增长。例如，浙江省德清县某村的股份经济合作社、农户与县文旅集团组建文化旅游实业有限公司，文旅集团以国有资金投入占股 51%，村集体以现金和集体资产资源投入占股 39%，400 名农户投资 800 万元占股 10%，村集体前两年每年可获得保底收益 100 万元，以后每年可获得保底收益 200 万元，盈利超过部分按照股份再分红，农户按照所投入资金每年获得 8% 的固定收益。2018年，该村集体经济收入就达到 410 多万元，人均收入超过 4.5 万元。

（四）紧密型利益联结与增值收益分配

农村产业融合发展的根本是让农民更多分享增值收益。能否实现这一目标要求，又取决于利益联结机制的完善程度。一般而言，一个紧密、稳定的利益联结机制主要由利益分配机制、利益调节机制和利益约束机制组成，三者相互联系、共同作用，其中利益分配机制是核心。在农村产业融合过程中，如何构建更加紧密的利益联结机制，特别是更加合理的利益分配机制，一直是重点同时也是难点。从部分典型案例看，更加合理的利益联结模式，不仅没有成为融合主体发展的负担，相反却成为持续发展和迭代升级的动力，带来双赢或多赢的局面，融合主体规模得以壮大，农民收入也实现了增长。以北京某龙头企业为例，该企业依托财政资金和政策性金融，探索形成了一套"三权分置"（项目资产所有权归地方政府，经营权归企业，收益权归农民）、合作共赢的产业联农带农模式，企业每年按照固定资产投资总额的10%分季度缴纳租金，确保农户获得稳定股权收益；同时，吸纳致富带头人在企业从事技术管理岗位，设置爱心岗位专门招收建档立卡脱贫群众，并通过玉米订单种植、物流运输、包装材料、临时劳务等上下游产业，提供稳定的采购订单，带动农民围绕产业链创业就业。

（五）产业融合促进乡村人才队伍建设

人才振兴是乡村振兴的关键，也是长期以来中国"三农"发展的痛点。目前，大量农村青壮年、高素质劳动力持续向城市流动的大趋势依然没有根本改变，下乡人才"留不住""用不好"的问题也比较突出，劳动力整体素质不高，影响了农民收入的增长。为了破解这一困境，一些地区在农村产业融合过程中，通过政策支持、平台建设等，为经营人才、技术人才、管理人才下乡创业提供载体，同时积极开展高素质农民培训，取得了积极成效。例如，福建晋江结合农村产业融合发展，搭建农村创业创新平台，实施"人才创业创新"政策和"人才反哺农村"计划，设立农业贷款风险补偿专项资金，积极引导大学毕业生等人才参与农村创业创新，综合开发利用农业农村生态涵养功能、旅游观光功能和文化教育功能，有效改善了乡村人才队伍结构。到2020年，该市建立了高素质农业农村"双创"团队38个、大学生经营规模农场50家，全市农村居民人均可支配收入达到2.87万元。

四、产业融合促进农民共同富裕面临的障碍

农村产业融合发展所形成的增收致富效应，必须建立在其发展层次和水

平不断提升的基础上。然而，体制机制障碍、市场功能缺陷、有效激励和规制缺位以及基础服务体系不健全，影响了要素优化配置、产业交叉融合和利益合理分配，制约了农村产业深度融合发展。

（一）体制机制性障碍制约农村产业融合的深化

推进农村产业深度融合，从根本上离不开生产要素的自由流动和优化配置，而要素配置效率又取决于制度改革。近年来，中国农村产业融合发展取得积极成效，但产业融合层次和水平都不高，体制机制性障碍是关键原因之一。党的十八大以来，中国农村领域系列重大改革的深化和系统集成，促进了资源要素在城乡部门之间的有序流动，但要素的跨界优化配置依然存在一些堵点，资金、技术、人才、信息等要素无法向农村有效汇聚并形成良性循环，产业融合过程中融资难、融资贵、用地难、人才缺等问题比较突出，要素保障水平不高。从 2018 年我们对工商资本参与乡村振兴的一项调查结果来看，338 家下乡工商企业中，大多数企业面临着用地、贷款、人才等困难（见图 11-2）。此外，从农村产业融合的政策匹配度来看，农业生产、加工、流通等各个环节的支持政策在衔接性、均衡性上还有待提升，产业链各环节之间难以形成协同效应；同时，针对农村产业融合新产业新形态新模式的干预手段的机制化建设还比较滞后，部分政策持续性和稳定性不足，对市场主体预期产生不利影响。

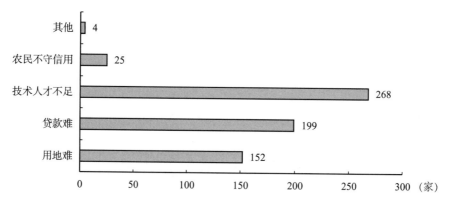

图 11-2　工商企业参与农村产业融合面临的主要困难

资料来源：中国宏观经济研究院课题组 2018 年问卷调查。

（二）市场体系不健全影响农业价值链提升

在健全的市场体系下，要素自由流动存在顺畅的通道或场域，产品价值能够得到有效实现。推进农村产业融合发展，必须建立在城乡商品市场和要素市场充分发育的基础上，依赖于市场的良性循环。然而，不论是从市场完善程度，还是从市场作用发挥的有效性而言，中国农村市场体系建设都显得较为滞后，对农村产业融合发展的支撑力不足。突出表现为，农产品市场体系框架虽然已经基本建立，但主要农产品的价格形成机制还不完善，优价激励优质的正向激励机制尚未充分形成，且市场竞争规范性不足，优质农产品质量溢价效应不明显。农村要素市场发育还很不成熟，要素自由流动受到较多限制，产权交易配套服务链条和政策体系还不完善，土地市场、劳动力市场、技术市场、资本市场等协调性不够。产权保护、市场准入等基础制度还存在明显短板，各类市场主体平等使用生产要素、公平参与市场竞争、同等受到法律保护的局面还没有形成。城乡间流通网络和物流配送体系不完善，县域与农村商贸基础设施建设和协同共享程度还不高（涂圣伟，2021），影响到农产品价值实现。

（三）利益联结机制建设缺乏有效激励和规制

农村产业融合过程中，利益联结关系的形成以及紧密程度，一般是由市场主体通过平等协商确定。从实践来看，尽管产业融合主体之间的利益联结模式在不断创新，但利益联结关系大多比较松散，主要是农产品买卖和土地、集体资产租赁关系，分红型、股权型等紧密型利益联结形式还比较少，导致乡村产业增值收益大部分难以留在农村、留给农民，农民很难充分分享乡村经济多元化带来的好处。尽管政府积极推动建立紧密型利益联结机制，但企业和农民都有诸多顾虑。对农民而言，由于信息不对称和规避风险，更倾向"订单＋收租金"方式，大多只愿意拿固定租金，希望签订合同后就能见到收益。对企业而言，让农民或村集体入股，账务要定期向农民公开，生产经营决策涉及村集体程序比较麻烦，需要开各种会议进行协商，不如直接付给农民和村集体租金方便。这种局面的出现，既与农村信用体系不健全条件下政府对企业、农民等违约行为的有效规制不足有关，也与政府对紧密型利益联结模式的激励机制不健全有关，目前已有的支持政策更加突出"主体"而对"模式"重视不足，针对产业融合主体有效联结、公平分享利益、合理分担风险的政策偏少。

（四）农村产业融合基础服务体系支撑不足

农村产业融合发展，需要健全的基础设施和公共服务配套支撑。目前，中国农村产业融合设施短板依然突出，不少地区与农村产业融合发展相关的供水、供电、供气条件还比较差，道路、网络通信、冷链物流设施等还不发达。产业融合基础设施不足，增加了特色资源开发利用的难度，制约了新产业新业态的发展，也加大了农村产业融合发展的成本和风险。现实中，不少社会资本进入农业领域后，前期大量投入集中在基础设施建设上，导致企业资金被占用，制约其发展壮大。与此同时，农村产业融合服务体系也不健全，信息化服务平台、创业孵化平台等建设不充分，服务功能不强。此外，农业营商环境有待优化，社会资本入乡发展面临审批环节多、流程烦琐、跟踪服务缺失等突出问题，特别是法治化营商环境建设滞后，一些地区基层领导干部法治思维缺失，依法行政能力不足，存在侵犯市场主体产权和合法利益的情形。

五、政策建议

农村产业融合发展本质上是一个自然历史过程，有其自身规律，但政府并非无所作为，高效的规制政策和规制体制不可或缺。具体可以从制度改革、市场建设、利益分配和基础配套等着手，营造农村产业融合发展的良好生态，强化兴农富民带动效应。

（一）促进要素跨界流动，健全农村产业融合要素保障机制

高效的制度和政策供给是推进农村产业融合的关键。在制度改革方面，

应加快推进土地、劳动力、资本、技术、数据等要素市场化配置改革，提高要素综合配置效率。其中，将土地制度改革放在更加突出的位置，着力在以下方面取得实质性突破，包括农户承包地有偿退出机制、农村集体经营性建设用地入市增值收益分配机制、宅基地有偿使用和退出机制、农村闲置宅基地转变为集体经营性建设用地的实现路径等。在政策方面，抓好人、地、钱、技等关键环节，构建系统性、常态化政策支持体系，破解用地、融资和人才等痛点。其中，重点应健全用地支持政策，督促落实单列一定比例建设用地指标支持农村产业融合的政策，支持社会资本参与盘活利用农民闲置宅基地和闲置农房。推广部分地区"点状供地"经验，允许单个地块开发和点状布局多个地块组合开发等灵活方式，保障农村产业融合用地。在资金方面，提高财政投入效能，创新农村金融服务，着力降低社会资本准入门槛，加强下乡企业家合法权益保障，综合发挥财政政策、产业政策的引导带动功能，切实调动和强化社会资本投资农业农村的积极性、主动性，引导社会资本将人才、技术、管理等现代生产要素带入乡村。

（二）围绕形成市场良性循环，加强农村产品和要素市场建设

按照平等准入、公正监管、开放有序、诚信守法的要求，完善市场体系基础制度，建设农村现代市场体系。加强全国农产品骨干批发市场建设，完善以产地专业市场和田头市场为核心的产地市场体系，通过标准化规范化建设、数字化转型、业态模式创新等提升功能，确保市场公平交易、提高流通效率、降低流通成本。加强农产品批发市场冷链设施建设，补齐冷链设施短板，推进农产品出村进城。推进农产品质量区块链溯源体系建设，促进优质农产品产地准出与市场准入有效衔接，强化市场质量安全监管，健全品牌担保品质、优价激励优质的正向激励机制。积极培育农村要素市场，健全要素市场运行机制，推动要素配置依据市场规则、市场价格、市场竞争实现效益最大化和效率最优化。完善农村产权流转交易市场，积极推行统一规则制度、统一交易后台、统一清算结算、统一产品规划、统一市场管理的模式，丰富交易品种，规范流转交易行为，健全综合服务功能。

（三）突出增值收益合理分配，引导建立紧密型利益联结机制

遵循把增值收益、就业岗位尽量留给农民的原则，完善政策支持，积极引导构建多种形式的利益联结机制。一是加大对紧密型利益联结模式的激励和补偿。对积极采取股份合作、利润返还、为农户承贷承还、提供信贷担保等的涉农企业，给予一定的财政激励或税收优惠；对为产业链其他主体提供技术指导、质量检验检测、市场营销等服务的涉农企业，予以一定的奖励。二是强化违约处罚或规制政策约束。加强订单农业、土地流转等方面的法律援助，加大失信违约行为的惩处力度；完善风险防控和损失补偿机制，支持有条件的地区建立利益联结风险基金，对于遭遇违约的主体，以及因认真履约而蒙受经济损失的企业和农户给予适当补偿。三是加快农村信用体系建设，利用大数据、区块链等现代信息技术手段，将农业生产环节、包装物流环节、电商销售环节、农产品追溯环节纳入信用评价，减少市场交易成本。

（四）强化良好生态环境构建，夯实农村产业融合基础支撑

围绕降低农村产业融合基础设施投入成本，推进道路、电网、供水、供气、物流、环保、信息、应急保障等基础设施建设，强化基础设施共建共享、互联互通。推进重点农产品加工园区、产业融合示范区、农贸市场等基础设施建设，提升产业承载功能。根据休闲农业和乡村旅游发展需求，完善停车场、观景台、游客接待中心等配套设施。健全农村产业融合发展的公共服务体系，加快培育产业融合社会化服务组织，鼓励采取订单式、承包式、代理式等方式，积极提供技术支持、创业辅导、投资融资、市场开拓等服务。同时，深化农业管理体制改革，强化政府政策手段的机制化建设，进一步规范政府调控范围和程序，明确政策实施、调整和退出的程序，减少政府对农村新产业新业态新模式的直接行政干预。持续深化"放管服"改革，开展产权保护领域政务失信专项治理行动，健全行政执法过错责任追究及赔偿制度，积极打造面向社会资本的合作平台，强化规划、项目信息、融资、土地、建设运营等综合服务。

第十二章

农业生产托管服务的形成演变：案例分析及启示

近年来，中国农业生产性服务业迅速发展，作为现代农业战略性新兴产业的发展潜能正在加快释放，日益引起各级政府、政策研究部门和学术界的重视。《中华人民共和国国民经济和社会发展第十四个五年规划和2035年远景目标纲要》明确提出，健全农业专业化社会化服务体系，实现小农户和现代农业有机衔接。发展农业生产托管已经成为政府鼓励发展农业生产性服务业或农业专业化社会化服务体系的主推方式，正在为有效解决"谁来种地、怎样种地"等问题提供重要途径，为实现小农户与现代农业发展有机衔接发挥重要引领支撑作用。近年来，一些地方涌现了一些开展农业生产托管服务的先进典型。黑龙江省 L 县①曾是国家级贫困县，其发展农业生产托管服务的经验证明，发展农业生产托管服务的过程，实际上也是建设现代农业产业体系、生产体系和经营体系的过程。只要因地制宜、鼓励创新，推动有效市场和有为政府有效结合，即便在区域发展水平比较低的地区，发展农业生产托管服务同样大有可为。本章将结合对黑龙江省 L 县推进农业生产托管服务发展的区域案例观察，② 揭示农业生产托管服务制度创新的生成机理和演变逻辑，并就农业生产托管服务的政策创新进行探讨。

---

① 为避免给相关地方、经营主体、农户带来意想不到的影响，本章中相关县、乡镇、组织、农户均用英文字母代替。

② 案例根据笔者调研整理。

一、引言

在研究发展农业生产性服务业或健全农业专业化社会化服务体系问题时，相关学者将其上升到农业根本出路（姜长云，2016）、中国小农户与现代农业发展有机衔接的关键（罗必良，2020；姜长云，2018；苑鹏和丁忠兵，2018）、中国农业现代化历史上的第三次新动能（冀名峰，2018）等高度；在政策和实践中，发展农业生产托管服务更是被置于社会化服务主推方式（冀名峰和李琳，2020）、发展服务规模经营主要形式（冀名峰和李琳，2019）等高度。近年来，关于农业生产性服务业或其主推方式——农业生产托管服务的研究也在迅速增加。但就总体而言，当前这方面的研究，仍然侧重于从宏观层面分析其发展的重要性紧迫性、功能作用、政策完善方向（姜长云，2020a，2020b；袁浩瀚，2021），也有一些区域或微观层面发展农业生产性服务业、农业生产托管服务的典型案例观察、调研与解剖（杜小妮和吴彩鑫，2021；姜长云，2011；张瑞娟和宦梅丽，2020；王华等，2020）。但是，发展农业生产托管服务的过程，也是一个推进农业制度变迁层次演进和现代农业产业体系渐进发育的过程。结合区域或微观层面的典型案例观察，从制度变迁和现代农业产业体系建设的互动中，探讨相关逻辑机理及其对深化政策创新启示的文献仍然偏少。

新制度经济学的研究表明，制度是共同体内众所周知的行为规则，成为引导人们行动的手段。其关键功能是增进秩序，在协调个人行动上往往发挥着关键作用。通常，制度对于人们能在多大程度上实现其目标有着巨大影响，恰当的制度是增长的必要前提，对于企业家精神的发挥具有极端重要性，但制度需要培育（柯武刚和史漫飞，2000）。制度变迁过程是制度不均衡时人们追求潜在获利机会的过程，其实质是高效率制度的出现或其对原有制度的替代。任何一项制度安排都是在一定制度环境中形成的，制度环境决定着制度安排的性质、范围和进程，但制度安排也可以反作用于制度环境，通过一系列制度变迁可使制度环境不断完善（杨德才，2019）。L县推进农业生产托管服务发展，并为此构建需求导向的农业生产托管服务体系的过程，为我们提供了一个揭示制度创新生成机理、演变逻辑的良好案例，对于我们探究深化农业重点领域关键环节改革、完善现代农业产业体系，也有重要的政策启示。

二、农业生产托管服务的形成发展及其主要组织形式

L县开展农业生产托管服务的过程，实际上也是推动农业生产经营组织创新的过程。不同类型农业生产经营主体或投资者因地制宜、顺应需求，通过创新农业生产托管服务组织方式，形成既竞争又合作的发展格局，协同推进农业生产托管服务蓬勃发展。

（一）区域概况

位于松嫩平原东南部的L县是黑龙江省传统农业大县，2019年实现贫困县摘帽。同年，全县总人口48.2万人，其中乡村人口40.3万人；实现地区生产总值71.53亿元，较上年同期增长1.0%；在全县地区生产总值中，第一产业、第二产业和第三产业分别占53.5%、6.4%和40.1%；全县人均GDP和城镇居民、农村居民人均可支配收入分别达到14822元和18305元、10058元，略超过全国平均水平的1/5和2/5、3/5。全县农作物生产中粮食占据绝对优势，并以玉米为主，水稻和大豆生产也占一定比重。

（二）典型组织形式

近年来，L县村庄空心化、人口老龄化、农业副业化问题日益凸显，粮食价格波动、极端天气变化的影响不断加大，导致小农户增收困难、种植意愿下降问题凸显。为了解决这些问题，2017年以来，L县部分农业经营（服务）主体顺应市场需求，自发探索形成了农业生产托管服务模式。与此同时，L县积极推进农村改革和现代农业发展，2018年10月入选全省农业生产社会化服务项目试点（示范）县，将积极推广以农业生产托管为主的社会化服务模式作为重要任务。县委、县政府积极引导服务组织同农户签订托管合同，

对农户耕、种、防、收、售等环节作业提供托管服务，农户只需交纳一定的托管服务费，托管服务组织即可按合同提供统一整地、统一购种、统一购肥、统一播种、统一管理、统一收获的"六统一"服务，保证托管地块粮食产量不低于同品种同地力平均产量，产出的粮食归托管农户。2017 年全县农业生产全程托管面积 2600 亩。2018 年、2019 年和 2020 年分别形成全程托管服务规模超过 3000 亩的托管服务组织 2 个、10 个和 42 个，全程托管面积分别增加到 2.2 万亩、18.4 万亩和 41.3 万亩。2019 年全县通过农业生产全程托管带动小农户 1.1 万户，2020 年增加到 1.2 万户，服务面积达 26 万亩；同年，全县农业生产全程托管带动大户 0.7 万户，服务面积达 15.3 万亩。包括全程托管、单环节或部分环节托管的总托管面积，2019 年达到 61.5 万亩，2020 年增加到 126.7 万亩，占全县耕地面积的比重分别达到 23.5% 和 48.4%。通过全程托管、单环节或部分环节托管，全县农业生产托管服务主要形成以下四种组织形式。

1. 村集体股份经济合作社开展托管服务

结合推进农村集体产权制度改革，L 县 105 个行政村全部成立了村集体股份经济合作社，村党支部、村委会、村集体股份经济合作社"三个机构一块牌子"，村党委书记兼任合作社社长。2019 年，全县已有 21 个村依托村集体股份经济合作社开展了全程托管服务。

2. 农机合作社开展托管服务

农机合作社开展农业生产托管服务，有的是单环节或部分环节托管，农户在对应环节使用合作社提供的农机等服务，但自购种子、化肥和农药；有的实行农业生产全程托管，农户不仅使用合作社的农机等服务，所需种子、化肥、农药等也由合作社统一购买并提供。例如，2010 年成立的 L 县 WH 现代农机专业合作社拥有农机具 145 台（套），价值 2300 万元，可以满足 10 万亩农机作业需求。2016 年、2017 年，WH 现代农机专业合作社以自发探索帮农民代耕、代买化肥农药等为基础，逐步形成了农业生产托管服务模式。2018 年，其农业生产全程托管服务面积达到 7200 余亩，2019 年增加到 1.7 万多亩，同时形成单环节农业生产托管 3200 余亩。2020 年，WH 现代农机专业合作社的托管面积扩大到 5.9 万余亩，其中全程托管面积达 4 万余亩。

3. 农民种植专业合作社开展托管服务

2019 年 L 县 LJ 镇农业生产托管服务面积达 2.3 万亩，2020 年增加到

10.6 万亩，约占全镇耕地面积的 50%、玉米种植面积的 70%。该镇① HX、GY 两个玉米种植专业合作社和 WH 现代农机专业合作社，对全镇农业生产托管服务的快速发展发挥了重要作用。2015 年成立的 LH 乡 RF 玉米种植专业合作社，之前主要通过土地流转吸纳农户加入合作社，也通过整合周边农户的小四轮拖拉机等开展农机服务。2017 年，为规避土地流转缺资金的问题，实行农业生产托管 8000 多亩，2018 年和 2019 年分别增加到 1.3 万亩和近 10 万亩，2020 年托管面积基本稳定在上年水平。该合作社拥有农机手 112 人、经纪人 123 人和管理人员 10 余人，经纪人主要帮助合作社与本村本屯农户对接，合作社按托管面积每亩 10 元的价格支付托管服务协调费。合作社对农户服务按耕种、植保、收割三个环节分别收取服务费，如某服务环节农户不满意，下个环节农户可以自己做，每亩服务毛利润为 30~40 元，净利润约 20 元。

4. 农事企业（专业服务公司）开展托管服务

农业生产托管服务市场的繁荣，吸引着工商企业、社会资本投资兴办农事服务企业。有的农事服务企业开始探索与村集体股份经济合作社合作开展托管服务，每亩地给村集体股份经济合作社一定额度的服务补贴。

三、构建需求导向的农业生产托管服务体系的实践探索

近年来，在农业生产托管服务自发发展的基础上，L 县县委、县政府因势利导、顺势而为，将支持引导农业生产托管服务规范发展同面向需求构建面向农业生产托管服务的服务体系有机结合起来，推动形成了"生产托管 + 农村金融 + 农业保险 + 粮食银行"的农业生产社会化服务发展模式和覆盖全程的农业生产托管服务体系，促进了农业发展方式转变和农业节本增效提质降险，形成了农业增产、农民增收、农村增绿和利益相关者合作共赢的良好局面。

（一）政府积极支持并引导农业生产托管服务规范发展

L 县农业生产托管服务的迅速发展，同县委、县政府的积极支持和政府

---

① 本章所称乡镇和合作社等，均属 L 县所辖乡镇或合作社。

有关部门、乡镇、村基层干部的积极引导有很大关系。在部分服务主体先行自发探索的基础上，L 县成立了农业生产社会化服务试点办公室，统筹协调相关工作，加强对服务组织的认定和对托管服务发展的规范指导及监督管理，出台完善了农业生产社会化服务项目实施方案、农业生产托管服务农作物标准化生产技术规程、农业生产托管服务管理制度等制度、服务流程和操作规程，制定了包括服务范围、收费标准、服务价格和质量标准等内容的农业生产托管服务合同样板。例如，2020 年的项目实施方案强调重点支持集中连片、整屯推进、整村推进的农业生产全程托管。L 县还组织力量制作宣传小视频、召开县乡村干部培训会，用群众喜闻乐见的方式开展宣传活动，帮助农户和基层干部算好托管服务效益账，引导试验示范发挥对农户参与托管的带动作用。基于市场调研和成本测算，政府相关部门还对托管服务价格进行明确指导，要求可根据不同地块投入标准的差异有所不同，但应在 320～340 元/亩。

鉴于农业生产托管服务属于新生事物，在推进其发展的初期，为打消农户疑虑，激发其参与托管服务的积极性，2019 年出台的农业生产托管服务管理制度分别有专章就服务流程、质量监测、风险防控、农机及操作、投诉处理、档案管理等进行明确规定，如要求服务组织提供风险担保，担保资金用于收获后弥补亩均产量低于未托管同等地块、地类产量的差额部分。为维护托管双方合法权益，保障托管服务交易资金安全并进行规范监管，L 县要求托管服务组织在县域内金融机构开设托管资金专户，托管服务资金必须存入该专户，由县农经站监管。为避免交易纠纷，维护托管双方合法权益，托管服务采取先交费、后服务的方式，提倡农户以无现金交易方式向服务组织交纳服务费；托管资金使用采取监管部门授权方式支付，确保资金安全。县委、县政府还积极对接金融、保险、粮食等部门，鼓励其面向农户托管服务需求，创新产品和服务供给，强化面向农业生产托管服务的能力建设。这些制度和措施的出台，在控制风险的前提下，发挥了政府对服务组织的增信作用，有利于激发小农户参与发展托管服务的积极性。

（二）金融机构面向农户托管需求创新金融服务

按照 L 县托管服务先交费、后服务的方式，有些农户想要接受服务组织的服务时可能缺乏资金交纳服务费。为解决这个问题，L县中国建设银行在之前面向种粮户发放"农户快贷"、面向种粮的农民专业合作社或家庭农场发放"地押云贷"的基础上，2019年为托管农户开发了新的金融服务平台"裕农宝"，并创新推出无须担保、无须抵押、利率低，且按天计息的"农户托管贷"。农户托管贷2019年10月开始在线下发行时的月利率为0.429%，2020年第一季度末转为线上线下同时发行，月利率降为0.375%，均明显低于农村信用社一般贷款利率（月利率为0.787%）。2020年，全县共发放"农户托管贷"2700万元。"农户托管贷"利用农业生产托管地块面积大、服务闭环有保障等优势，既帮助银行拓展了金融业务，又有效控制了贷款风险（每亩贷款不超过托管服务费高限340元）。农户与服务组织网签托管合同后，如有贷款需求，可将贷款申请通过"裕农宝"发给建设银行，建设银行据此利用农村承包地确权登记等数据进行大数据审核，并在网上通过手机App直接办理放贷，按照服务组织与农户约定，贷款资金可直接打到服务组织在建设银行设立的监管账户，接受行业主管部门和建设银行监管，并由主管部门授权支付，确保服务贷款专款专用。通过"农户托管贷"的金融产品创新，既帮助农户降低了借款困难和借款成本，又帮助托管服务组织化解了提供服务的资金缺口。在建设银行的先行带动下，邮政储蓄银行、农村信用社等纷纷跟进开展托管贷。金融机构协力支持农业生产托管的态势开始形成。

（三）探索"普通保险＋大灾保险＋风险互助基金"应对托管产量风险

为帮助农户有效规避农业生产风险，近年来L县县委、县政府积极推动发展"普通保险＋大灾保险"的政策性农业保险。在此基础上，鉴于普通农业保险难以完全弥补农产品生产物化成本投入、大灾保险难以覆盖农产品完全成本，为进一步增强托管服务的风险保障能力，2020年L县引导全县从事玉米和大豆种植且规模经营2000亩以上的托管服务组织联合成立YN谷物种植专业合作社联合社，并设立种植业风险互助基金，在LJ、LH、YD三个乡镇开展种植业风险互助基金试点，为参与成员提供产量风险互助服务。为规范基金运作，县政府出台种植业风险互助基金设立及运营实施方案，明确该基金坚持自愿加入、风险共担，结转使用、非营利性和民主管理、公开透明原则，由 YN 谷物种植专业合作社联合社负责运营管理，由县政府指定部门负责监管，联合社成员按照其种植品种和面积交纳基金，玉米和大豆分别为每亩 30 元和 18 元。实行全程托管且符合补贴政策标准的，由托管农户按每亩 5 元交纳，其余由农业生产社会化政策补助基金交纳并计入成员个人账户（相当于补贴了服务组织）。不满足享受农业生产社会化服务补助条件的经营组织，自行交纳基金。基金运营在明确具体地块、作物品种、种植面积等信息的基础上，约定产量标准为 3 年平均亩产的 90%。具体赔偿时，根据交纳地块农作物生长期和成长期的受灾程度，按照各时期赔付标准比例计算保障额度。在政策性保险范围内，先由保险公司按标准赔付；在保险公司赔付标准范围之外的，由风险互助基金进行补充赔偿，赔付金额等于约定产量、销售价格和受灾比例的乘积。基金扣除管理费及赔付费用后，当年剩余部分结转第二年，出现的基金差额由成员按面积和标准补充交费。

（四）创新"粮食银行"业务帮助农户有效化解储粮难、卖粮难等问题

以前粮食收获后，都由农户分户储存，容易面临储粮难、卖粮难、粮食卖后收账难和储粮品质保持难等困扰，也容易加大粮食储存损耗。为解决这些问题，L 县支持托管服务组织在"六统一"基础上，依托农业生产托管规模经营优势，积极与地方储备粮公司或粮食收储企业合作，延伸开展"粮食银行"业务，为接受农业生产托管服务的农户提供便捷可靠的粮食仓储和销售等服务。托管服务组织在秋粮收获脱粒后，可按农户要求将粮食烘干，再按粮食存储协议将粮食直接运到地方储备粮公司或 ZH 农业等粮食收储企业的粮库存储，扦样化验后领取存粮凭证。在销售前确保农户粮权不变、卖粮时间不限、落价保底、涨价顺价，农民可按意愿择机售粮，即时、适时结算，便于农户卖出好价钱。

（五）通过网络化技术指导和农资供应服务促进农业提质增产增收

发展农业生产托管服务，能在较短时间内推动农户实现由陌生、质疑到

认可甚至欢迎的转变，一个重要原因是借助服务组织的网络优势，通过规模化整合集成和加快推广农业科技创新成果，以及有效对接优质农资供应渠道，有效促进了农业增产提质增效和农民增收，也促进了农业绿色发展。为支持农业生产托管服务加快发展，L县还通过技术特派员制度鼓励农技推广人员发挥作用，对托管地块进行网格式技术包保，按片区对托管服务组织提供技术指导，提升病虫害防治、测土配方施肥等技术运用水平。在政府相关部门支持下，农业生产托管服务组织与ZH集团等大型农资企业合作实行农资直采，价格往往低于市场价10%甚至更多，全县托管地块每年亩均可节省40元以上的生产成本，促进了绿色低污染肥料、农药的优先使用，也为节约农资成本提供了便利。ZH集团还在L县设立了ZH农业服务中心，集中调运生产资料，通过网络形成从农户到经纪人、合作社、农资企业的服务体系，推动托管地块按测土配方精准施肥。

新制度经济学的研究发现，按照在制度变迁中发挥作用的先后顺序，可将制度变迁主体分为初级行动主体、次级行动主体。初级行动主体能够发现在现行制度安排下不能实现的潜在收益，并企图通过制度创新获得这些潜在收益，他们提出制度变迁方案并在预期收益为正的制度变迁方案中进行筛选和比较。初级行动主体成员至少是熊彼特意义上的创新企业家。次级行动主体为了帮助初级行动主体获取新的预期收益而进行制度变迁。初级行动主体和次级行动主体都是制度变迁的决策单位，但初级行动主体是制度变迁的创新者和最初策划者，只有初级行动主体和次级行动主体共同努力、前赴后继地相互策动，制度变迁才会发生并持续下去（杨德才，2019；卢现祥，2011）。在L县推进农业生产托管服务的制度创新过程中，自发探索农业生产托管的服务组织和组织化推动农业生产托管发展的地方政府，都可视作初级行动主体；后续参与托管服务制度创新的政府相关部门或金融、仓储等托管服务体系参与者，均可视作次级行动主体。L县结合发展农业生产托管服务、构建需求导向的农业生产托管服务体系的过程，实际上是初级行动主体与次级行动主体前呼后应相互策动、持续推进制度变迁，并将深化制度创新与优化制度环境有机结合的过程。

四、农业生产托管服务体系的制度创新：经验和启示

L 县发展农业生产托管服务、构建需求导向的农业生产托管服务体系的过程，虽是一个区域案例，但撇开区域特殊性，跳出 L 县看全国，对于深化农业生产托管服务的制度创新，仍然富有启发意义。

（一）人均耕地较多的平原地区有实现托管服务规模经济的独特优势，按需求导向完善托管服务体系优化了制度环境和产业生态

新制度经济学的研究表明，客观存在的外部收益往往是诱使制度发生变迁的根本性原因。通常，规模经济、外部性、风险和交易费用四个因素会影响外部收益状况。如果新的制度安排能有效克服这些因素的负面影响，成功地将外部收益内部化，那么总收益就会增加，创新者就会在不损害他人利益的情况下获得收益（杨德才，2019；罗纳德等，1994）。L 县地处松嫩平原，人均耕地面积 6.5 亩。与人多地少的南方地区相比，容易形成托管服务、农机具作业和农资批量采购的规模经济，实现农业节本增效降险。例如，L 县 YD 镇的 ST 村和 SG 村于 2019 年开展农业生产托管服务试点，当年托管服务面积分别达 10380 亩和 10110 亩，服务农户分别达 344 户和 296 户。通过引导带动，2020年 YD 镇完成整镇推进农业生产托管服务面积 7.3 万亩。WH 现代农机专业合作社 2018 年托管服务面积为 7200 亩，2020 年增加到 5.9 万亩。RF 玉米种植专业合作社 2017 年托管服务面积为 8000 余亩，2020 年增加到近 10 万亩。近年来，L 县推动构建了需求导向的农业生产托管服务体系，优化了托管服务发展的制度环境和产业生态，为促进制度创新节本增效降险提供了便利；有利于完善现代农业产业体系，夯实以产中服务为重点的农业生产托管服务的发展根基。

之前，在其他地区调研时，有的地方提出，当地耕地流转比例高，农业土地规模经营发展较快、水平较高，容易增加发展农业生产托管服务的难度和阻力。因为许多土地规模经营户通过购置农机形成自我服务能力，形成了较大的沉没成本，影响其接受托管服务的积极性；许多专业大户、家庭农场

带头人拥有较强的技术、资金和市场网络优势，将土地托管出去后可能影响这些优势的发挥和利用。

那么，事实果真如此吗？L县全县耕地面积262万亩，耕地流转比例明显高于全国平均水平。2017年、2018年、2019年和2020年耕地流转面积分别达到132.6万亩、133.4万亩、131.45万亩和111.36万亩，耕地流转比例分别高达50.6%、50.9%、50.1%和42.5%。但从L县的经验来看，只要为这些沉没成本找到消化吸收的路径，为专业大户、家庭农场带头人找到可使其技术、资金和市场网络优势发挥作用的平台，农业生产托管服务是可以克服部分困难顺利发展的。在此方面，L县有些经验可供其他地区借鉴。例如，为增强托管服务能力，YD镇ST村在依托村集体股份经济合作社发展托管服务时，在自愿前提下通过农机租赁等方式整合村里农机和农机手，形成农机服务队，既确保了农机服务不误农时，又提高了农机利用效率、增加了农机手收入。为推进农业生产托管服务，2020年LJ镇GY玉米种植专业合作社在LJ、CJ、KR三个乡镇的村子里找了近60位农机手或农民经纪人作为合伙人，每垧地给其300元，请其帮助开展本村本屯托管服务的组织协调工作。在此，合伙人在服务组织中发挥了近似项目经理或区域经纪人的作用。实际上，在一个区域内，通过发展农业生产托管服务形成服务规模经营和通过土地流转形成土地规模经营，存在一个市场竞争和让农户选择的问题。在此也存在这样一个道理：制度间的生存竞争也会产生均衡制度（罗纳德等，1994）。L县的经验证明，只要注意扬长避短，尊重不同利益主体的利益要求，在人均耕地面积较大的平原地区，即便现有土地流转比例较高，也难以形成发展农业生产托管服务的长期根本性障碍。何况，如果农产品价格不是单纯的趋势性上升，发展土地规模经营相对于发展农业生产托管，并不存在绝对有利的市场环境。

（二）坚持尊重农民意愿、用典型引路、让事实说话，将坚定推进制度创新方向与降低制度创新的成本风险结合起来

习近平总书记在2020年中央农村工作会议上指出，"凡是涉及农民基本权益、牵一发而动全身的事情，必须看准了再改，保持历史耐心。要尊重基层和群众创造，鼓励地方积极地试、大胆地闯，用好试点试验手段，推动改

革不断取得新突破"①。在发展农业生产托管服务的初期，多数农户因为担心服务组织种不好地，不愿把农事作业托管给服务组织。乡村干部宣传动员时，许多农户碍于情面，也只愿把次等地拿出来，好地还是留给自己种。L县尊重农民意愿，注意通过试点试验的实际效果帮助农民转变观念，激发农户参与、乡村干部支持托管服务的积极性。例如，2019年成立的LJ镇GY玉米种植专业合作社，通过整合周边乡村的农机、农技和土地等资源，先在亲戚朋友小范围内托管2000余亩地，在各村搞三垧、五垧地的托管对比试验，通过做给农民看，让农户切身感受到接受农业生产托管服务的好处。2018年，L县HX玉米种植专业合作社利用一些性能较好的农机具为农户提供农机服务，同时自种玉米400多亩。由于自种玉米比其他农户出苗率高、出苗齐，吸引许多农户次年找其播种。2019年该合作社将托管服务面积扩大到5000多亩，2020年增加到2万多亩。我们调研时村民WXZ坦言，2019年他将自家的40亩地交给合作社托管，另外40亩地自种，都是种大豆，一个生产周期下来，发现托管地大豆亩产175公斤，较自种地高出25公斤。种植大豆亩托管费用166元，自种大豆亩费用178元，托管的大豆由于蛋白质含量高，每公斤可卖3.3元，较自种大豆（豆种是自选的）每公斤可多卖0.1元。与自种大豆相比，实行全程托管亩均可增收109.5元，40亩地全程托管较40亩地自种大豆增收4380元。因此，2020年他将这80亩耕地全部托管给村集体股份经济合作社。

在新制度经济学的核心里，到处可以看到制度、交易成本和经济成果之间的相互作用（埃格特森，1996）。新的制度安排只有在以下两种情况下才会发生：一是创新改变了潜在利润，二是创新成本的降低导致制度变迁变得合算（柯武刚和史漫飞，2000）。因而，如何降低制度创新的成本和交易成本，是推进制度创新不可回避的重要问题。发展农业生产托管服务，作为一项重要的制度创新，涉及对现行利益格局的调整，容易面临部分利益相关者的抵触甚至抵制，引发制度创新的交易成本。L县在推进农业生产托管服务的过程中，面对这些抵触情绪甚至抵制行为，没有规避问题强制推进，而是正视问题，不搞政策"急转弯"，在尊重农民意愿前提下，努力降低制度实施的成本和风险。例如，2019年YD镇开展村集体股份经济合作社发展农业生产托

---

① 习近平：《坚持把解决好"三农"问题作为全党工作重中之重 举全党全社会之力推动乡村振兴》，载《求是》2022年第7期。

管服务试点时，在选购良种和农资环节，村集体股份经济合作社充分尊重农民意愿，请有公信力的村民代表比较筛选放心的农资产品，政府通过搭建与农资、农技部门对接的通道，帮助其扩大选择空间，结果选择的是省 NKY 优质高蛋白的黑农 85 大豆原种和 BF 集团测土配方专用肥。村集体股份经济合作社还让村民代表检查种子、化肥和农机作业质量，并了解后期粮食产量。因批量购买，种子、化肥等农资产品都是"工厂批发价"，大大降低了农资成本。通过村集体股份经济合作社专业技术人员的精心指导、精细的田间管理和集中连片的机械作业，这种农业生产托管模式很快得到农户的广泛认可。LJ 镇 GY 玉米种植专业合作社通过吸收农机手或农民经纪人作为合伙人的方式，带动全年农业生产托管面积从 2019 年的 2000 余亩扩大到 2.5 万亩。这实际上利用了合伙人的地缘、亲缘关系，增进了农户对制度创新的信任，减少了制度创新本土化过程的实施阻力。

（三）将促进粮食增产、农户增收与促进利益相关者合作共赢结合起来，集成推进制度创新、政策创新的强大合力

L 县小农户的耕地主要通过三种方式耕种：一是农户自种；二是流转给新型农业经营主体耕种（2019 年亩均流转费 450 元左右）；三是托管给服务组织耕种。在自种、流转和托管三种方式下，2019 年农户亩均可获收益分别为 540 元、450 元和 720 元；相对于自种和流转，农户通过托管亩均可分别增收 180 元和 270 元左右。我们调研时，WH 现代农机专业合作社反映，2020 年农户自种玉米亩投入约 370 元，托管给服务组织种玉米亩投入 320 元（即托管服务费），托管较自种方式每亩可节约成本 50 元。在农机合作社提供托管服务方式下，玉米出苗率齐、长得壮且颗粒饱满，加之采购的化肥农药品质较好，每亩可增产玉米 50～100 公斤，按亩增产 75 公斤和同年 11 月玉米价格 2 元/公斤计算，托管相对于自种，每亩通过节本、增产共可增收约 200 元。有的农户把土地或农事作业托管后，春秋两季在合作社打工，每人每年还可净赚 1 万多元。

之前许多合作社通过土地流转实现农业规模经营，但土地流转费和农业生产成本往往需要较大的资金投入，增加其融资困难，甚至超出其风险承受能力。随着土地流转规模的扩大，规模化种植风险迅速增加。当前许多地方土地流转合同大多一年一签，今年收成好，明年农户的土地流转价格便要提

高。土地流转价格不稳定，容易传导为新型经营主体农业经营和预期收益的不稳定性，影响其从事农业长期投入的积极性。因此，通过流转实现土地规模经营，也会受到新型经营主体资金实力和风险承受能力的刚性约束。例如，WH 现代农机专业合作社 2015 年、2016 年前后规模化种植玉米约 1.2 万亩，按每亩流转费 450 元、生产成本投入 370 元计算，从事土地流转每年需要资金投入近千万元。从土地流转转向从事托管服务后，WH 现代农机专业合作社不仅可以通过托管服务费每亩净赚 20 元以上的利润，通过农资批量采购获得部分收益，还可节约大量资金投入，并将其用于扩大服务规模、提升服务能力。WH 现代农机专业合作社之前通过土地流转进行规模化种植时，还容易出现农机作业量"吃不饱"或大量农机闲置的问题，被迫通过农机跨区作业提高农机利用率。通过推进规模化种植向规模化提供托管服务的转变，WH 现代农机专业合作社不仅提高了农机综合利用率和作业效率，还可以节约每年因大幅度、远距离跨区作业形成的高达 20 余万元的交通和联络成本，并消除了之前跨区作业时部分农机作业费收不回来的问题。

通过发展农业生产托管服务，地方政府和村集体经济组织也有重要的利益改进。从政府看，推进农业生产托管服务，通过实现服务规模经营、农资低价批量统购、农资向大厂家直接采购，可以带动农资、农产品品质的提高和精准施肥施药，促进农业节本增效、化肥农药减量和可持续发展；有利于推进大型农机具对小型农机具的替代，提升农机利用规模化、标准化水平；还有利于解决农户焚烧秸秆带来的环境污染问题，推进秸秆综合利用、土壤深耕深松、黑土地保护并提升农业的生态效益。因而，发展农业生产托管服务符合政府政策支持的方向和地方政府的利益诉求。对村集体而言，依托村集体股份经济合作社开展托管服务，可以通过托管服务费和农业生产社会化服务补助资金，提高村集体经济收入。例如，YD 镇 ST 村曾是全镇两个国家级深度贫困村之一，通过村集体股份经济合作社开展农业生产托管服务，开拓了增收渠道，实现了农户和村集体双赢。

（四）创新政府支持方式和支持重点，推动有效市场和有为政府有效结合

迄今为止，L 县农业生产托管服务发展的总体质量较高，这不仅得益于

L县县委、县政府的高度重视，还得益于L县为引导农业生产托管服务规范发展和优化监管，在推进制度创新、规范服务流程和操作规程等方面卓有成效的努力。例如，2019年发布的《L县农业生产社会化服务项目实施方案》，要求该年各乡镇至少有1个村推进农业生产社会化服务项目，实施面积中必须有3000亩以上的集中连片区域，资金补助采取政府购买服务、先服务后补助方式。2020年完善的该方案进一步明确省级以上财政部门生产社会化服务专项资金为补助资金，重点对开展全程托管服务进行补助，主要优先支持集中连片、整屯推进、整村推进的全程托管方式，要求每个乡镇至少有2个村开展农业生产社会化服务，全程托管面积须达到3000亩以上，同时必须有两个以上的集中连片托管地块。

在推进农业生产托管服务发展的过程中，L县还注意创新政府支持方式和支持重点，探索更好发挥财政投入"四两拨千斤"作用的路径，审慎把握"充分发挥市场在资源配置中的决定性作用"和"更好发挥政府作用"的关系，既积极创造条件支持服务主体增强自我发展能力，并在增加农业服务供给中发挥主力军作用；又努力避免拔苗助长，形成服务主体对财政补贴的依赖。具体表现在以下方面。

第一，坚持构建服务组织市场化运行机制的方向，将服务组织能依靠自身经营实现盈利作为获得政府支持的前置条件，规避了以往财政支持项目中市场主体以难以盈利为借口向政府施压，要求加大补贴强度的问题。L县推进农业生产托管的项目实施方式与通常的项目制也有明显不同。虽然政府对服务组织的资金补助仍采取政府购买服务、先服务后补助方式，但事前不确定对各服务主体的财政补贴数量甚至单位服务量的财政补贴标准，只是根据可用的上级财政补助资金总量和全县达到验收标准的服务作业数量、质量，事后计算单位服务作业量的补贴资金规模，并根据各服务组织实际提供的服务数量和质量计算其应得的财政补贴量。服务主体提供服务后能够获得多少财政补贴，也不是单纯由政府相关部门说了算，而是要充分尊重托管农户对服务主体服务质量的评价，较好体现了发展农业生产托管服务以用户（托管农户）为中心的理念。为此，政府规定了服务组织必备条件和要求，建立了服务组织名录申报审核制度和服务组织名录库，对服务组织运营情况和服务质量进行监管或多层次检查、抽查。各环节作业完成后，必须由托管农户对服务质量、作业数量及标准进行现场确认签字。整个托管服务结束后，由所在乡镇和村委会验收并逐户填写验收单。例如，以村集体股份经济合作社为服务主体的，乡镇验收100%，县级抽查10%～15%；以其他服务组织为服务主体的，当地村委会验收100%，乡镇验收50%，县级抽查10%。第二，通过政府农业生产社会化服务补助资金支持设立和运营种植业风险互助基金，借此支持农业生产托管服务发展"防风险"。这不仅创新了政府财政资金的使用方式，也有利于更好地畅通农业生产托管服务实施机制，降低制度实施的成本和风险。

（五）发展农业生产托管可以对现代农业产业体系建设"牵一发而动全身"，联动激发农业发展方式转变和农村社会变革

许多农业生产托管服务主体具有较强的资金实力和现代经营理念，在运用科技推进农业绿色转型和高产、优质、高效、生态、安全发展方面，也有一定的网络和资源优势，可以成为推进农业服务市场发育和现代农业产业体系建设的生力军。例如，L县农经站和LJ镇政府选择HX、GY两个玉米种植专业合作社和WH现代农机专业合作社、NEC瓜果种植合作社作为发展农业生产托管服务的合作主体。这些合作社的共同特征是农机作业服务能力强，与种子、化肥农药等农资企业合作关系好，都建立了"合作社＋经纪人"的合作模式，形成了较强的本土根植性；都有良好的种植经验和服务诚信，其服务质量都能获得托管农户的好评，并能经受住相关管理部门的监督。县农业农村局还要求县农技中心、农机总站对这4家合作社定点提供技术支持。这些服务组织的服务活动，很容易转化为先进适用科技、优质种子和农资、大型农机、精准施肥施药技术与现代农业发展加快对接的渠道，并通过激发服务市场竞争对增强服务市场活力产生"鲶鱼效应"。从前文分析可见，随着农业生产托管服务的深入推进，由此产生的需求牵动效应还会带动农业科技服务、金融保险服务、仓储销售服务等服务体系的形成发展。

与此同时，许多服务组织直接到农资大厂家直接采购，导致之前乡村散布的小农资经销店迅速失去市场。GY玉米种植专业合作社负责人就是由之前卖种子、肥料出身，转向开展农业生产托管服务的。农业生产托管服务的发

展，不仅可以带动新型职业农民和乡村产业新业态成长，还可以为加强农业基础设施建设、提升现代农业装备水平提供新路径。将众多小农户分散地块上的农事作业进行连片规模化集中作业，为大型拖拉机、精量播种机、大型喷药机等大型农机具替代农户自有小农机提供了便利。农户把农事作业托管给村集体股份经济合作社、农机合作社、种植合作社等服务规模经营主体，由服务组织负责耕、种、防、收、售各环节作业，农户便可腾出手来外出务工经营，并在秋收后取得对应耕地生产的粮食，为推动乡村产业转型升级乃至农村经济社会变革创造了条件。

五、对策建议

从对 L 县的区域案例观察可见，农业生产托管服务的发展，有效提升了农业质量效益和核心竞争力，增强了农业发展活力和可持续发展能力；全面推进乡村全面振兴，日益需要发挥农业生产托管服务的重要作用，协调推动服务强农与质量兴农、绿色兴农、品牌强农有机结合。但从 L 县案例可见，当前农业生产托管服务的发展仍然存在一些政策短板和痛点堵点。推动农业生产托管服务高质量发展，完善相关支持政策仍然至关重要。

（一）坚持让市场选择，鼓励不同的农业生产托管服务组织公平竞争、优胜劣汰或合作共赢

从我们对 L 县的调研可见，其发展农业生产托管服务的四种组织形式各有千秋，不宜人为设定农业生产托管服务组织创新的重点方向。例如，村集体股份经济合作社模式容易产生较强的社区亲和性和本土根植性，容易在较短时间内迅速整合本村本屯闲置农机具形成农机服务能力，迅速动员本村本屯耕地集中连片参与托管；也有利于把发展农业生产托管服务同发展村集体经济、促进本村农民增收较好地结合起来。但其发展规模容易受到村域范围的刚性约束，难以实现跨村服务，托管服务规模的扩张潜力有限；从事托管服务的经营理念和实际成效，也容易面临村集体主要负责人个人素质和责任

心等约束。农机专业合作社和种植专业合作社从事托管模式，往往经营理念较为先进，资金实力较强，可以通过规模化农机作业和服务规模经营，提高农机具利用效率，降低农机作业成本和运营风险；可以通过跨区提供托管服务扩大经营，未来扩张潜力较大，也有利于规避土地流转模式下实现土地集中难、流转成本高、大型农机具闲置多的问题。农事企业或专业服务公司从事托管模式，往往有较强的投资实力，但相对于前三种模式，如何增强社区亲和性和本土根植性，如何避免因盲目追求规模扩张加剧发展风险，都是亟待解决的突出问题。在今后相当长的时期内，应鼓励四种模式公平竞争、优胜劣汰或合作共赢，人为提出何种组织形式为农业生产托管服务组织创新的优选方向，都不利于农业生产托管服务高质量发展。

（二）对发展农业生产托管服务加强有效支持和规范引导依然至关重要，对相关试点县的支持也可考虑"扶上马，送一程"

农业生产托管服务的发展在总体上仍属新生事物，在鼓励其发展的同时，引导其完善政策、规范发展仍然至关重要。例如，我们在作调研时，有群众评价"托管托管，就是啥都不管"，少数基层干部还将其作为经验来介绍。这实际上偏离了农业生产托管服务的发展方向，滑向了农业土地托管的轨道。中央和农业农村部的许多重要文件反复强调，要健全面向小农户的农业社会化服务体系，推进小农户与现代农业发展有机衔接。农业生产托管服务本应在尊重农户土地经营权的前提下，帮助农民解决其自身发展农业"干不了、干不好、干得不经济"的问题；而不应代替农民，让农民放弃农业或土地经营权（姜长云，2016）。今后在发展农业生产托管服务的过程中，对此应予以充分注意。发展农业生产托管服务应该扎实稳健，如果为了短期的速度偏离了正确方向，导致大量小农户退出农业或"疏远农业"，容易动摇农户家庭经营的基础性地位，引发一系列经济社会问题。这方面相关研究较多，政策早已明确，限于篇幅，在此只能存而不论了。

目前，国家对农业生产社会化服务项目试点县补贴3年，聚焦支持农业生产托管为主的服务方式，但3年后能否持续？从我们对L县及其邻近Q县的调研来看，黑龙江省由于人均耕地面积较大，容易通过支持农业生产托管服务实现服务规模经营，因此其农业生产托管服务的自我发展能力较强。但即便在这样的地区，待项目试点结束后，农业生产托管服务的发展是否还会持续像现在这么好？对此可能多少要打些折扣。因此，对部分农业生产托管服务试点县可能还需要"扶上马，送一程"。为巩固拓展脱贫攻坚成果，国家已明确设立"衔接过渡期"。为鼓励支持农业生产托管服务高质量发展，对于相关试点工作做得好的县市，能否也增加一个"试点接续期"，接续支持面向小农户的农业生产托管服务推广工作，重点支持区域农业生产托管服务能力、公共服务平台或面向服务主体的服务能力建设，以便更好地为托管服务主体赋能发展。

（三）结合国家粮食安全产业带等建设，加力支持服务组织购置大型农机具和粮食主产区加强农业基础设施建设及人力资本培训

从调研来看，许多地方对大型农机具购置补贴的支持比例明显低于中小型农机具。但在黑龙江等平原地区的粮食主产区，采用大型农机具作业代替小型农机具，有利于打破犁底层，改善土壤理化性能和蓄水保墒能力，降低病虫害发生，增强玉米抗倒伏能力和除草效果；也有利于通过连片规模化作业，提高作业效率，降低作业成本，有利于促进农业绿色发展并提高农机化质量。据 GY 玉米种植专业合作社介绍，经历 2020 年 8 月底至 9 月初的三次强台风袭击后，多数未经托管的地块玉米倒伏严重，而该合作社近 80% 地块的玉米没有倒伏。玉米托管后抗倒伏性能改善，直接导致农业抗风险能力增强。一般未经托管的玉米地每亩增加收割成本约 20 元，收割损失增加 5%，且玉米穗容易掉落。每亩地仅拣掉落的玉米穗就大约需要 1 个工人，工钱约 150 元。因此，应推动平原地区加强对服务组织购置大型农机具的补贴力度，鼓励其通过推动实施农机作业补贴政策，加强对农业生产托管服务的支持。

近年来，农业水利建设在干支斗渠建设方面投入较多，但在龙渠和毛渠方面投入较少，农民"靠天吃饭"的状况亟待根本改善。近年来，推进高标准农田建设虽然取得成效，但水平低、抗风险能力弱的问题仍然突出。例如，我们调研的 YD 镇 ST 村属于低洼、盐碱地，粮食单产水平低、种植风险大。建议今后大幅提高高标准农田补贴标准和覆盖面，帮助农业增强抵御自然灾

害的能力。我们在 L 县 LJ 镇调研发现，该镇排水系统主要还是 20 世纪 60 ~ 70 年代修建的，2020 年因连续三次强台风袭击，全镇 17 万亩耕地因排水多花费 100 多万元。当地许多农民急迫要求解决的问题，是农业水利和秸秆处理问题。

目前，许多农村"50 后""60 后"种地"干不动"，为发展农业生产托管服务提供了契机。但"70 后"不愿种地，"80 后""90 后""00 后"不愿也不会种地越来越成为普遍问题，影响农村人气和对年轻人的吸引力。L 县通过启动科普之冬，培训农机手、职业农民和村会计等方式，强化对农业生产托管服务发展的人力资本支撑。这对于农村经营和服务主体创新经营理念、加强发展农业生产托管服务的人才储备是有益的。随着农业生产托管服务的深化，许多农业劳动力从繁重的农事作业中解脱出来，通过加强农业农村多种经营或就业培训，帮助其拓展就业创业能力和经营素质日趋紧迫。

（四）发展农业生产托管服务防风险、防垄断仍须警钟长鸣，通过扎实稳健推进其适度规模经营促进其高质量发展

尽管在 L 县农业生产托管服务的发展中，一直把防风险作为完善托管服务体系的重要任务，并在建立互助基金方面进行了积极探索，但是防风险问题仍然丝毫大意不得。这不仅是因为农业生产容易遭受自然风险和市场风险的双重考验，还因为随着托管规模的扩大，发展农业生产托管面临的风险迅速增加，甚至明显超过托管服务企业的风险承受能力。据介绍，1000 万元资产价值的农机合作社，可以形成 4 万亩左右的农机服务能力。按每亩托管服务费 20 元，每年可以收取托管服务费 80 万元，如果某年突遭重大病虫害导致粮食严重减收，每亩损失可能明显超过通过托管服务费赚得的 20 元净利润。中央经济工作会议将强化反垄断和防止资本无序扩张作为 2021 年需要抓好的重点任务。这对推进农业生产托管服务高质量发展也是至关重要的。从以往其他方面的经验来看，在发展农业生产托管服务的过程中，也要注意强化反垄断并防止资本无序扩张，防止片面"贪大求洋"导致托管风险加快集中。因此，注意农业生产托管服务的适度规模经营，也是必要的。这也有利于农业生产托管服务的发展，更好地做到"防风险"。

第十三章

平台经济下农产品供需匹配
模式案例研究

　　解决新发展阶段中国农业结构性失衡问题，提高供给结构适应度和灵活性，对于满足人民日益增长的美好生活需要具有重要意义。农产品电商的出现为实现生产者和消费者的直连提供了可行路径，但也在一定程度上带来了信息不对称问题。在商超等传统市场中，消费者可以直观地了解农产品的大小、颜色，品尝口感，进而实现供需匹配。但是，通过电商购买农产品时，消费者无法直接感知虚拟网络背后的产品形态，也无法直接品尝味道。如果电商平台无法有效实现农产品质量信息的传递，就会出现农产品逆向选择，无法实现供需有效匹配。随着人们生活水平日益提升，消费升级态势越发明显，特别是越来越多的消费者对农产品的品质提出了更高要求，高品质农产品需求快速增长。只有将商品优质信息有效传递给消费者，消费者才愿意支出更高的价格。电商平台为了充分传递商品信息，实现"优质优价"，农产品供需匹配模式也在不断优化，分类营销型、主播带货型、线下引流型和数据赋能型等多种供需匹配的新模式，重塑着农产品交易形态。那么，这些供需匹配新模式的作用机制是什么？在运营过程中存在哪些风险点？如何进一步优化新模式？目前鲜有文献予以解答。若能厘清上述问题，必然能够更好地优化农产品供需匹配模式，助力农产品上行。鉴于此，本章基于信息经济学信号传递理论，分析常见的四种新模式的运作机制和风险点，为更好地实现供需匹配、满足人民群众日益多元化的食物消费需求提出政策建议。

一、平台经济下农产品供需匹配模式的理论基础和分类

信息不对称导致的逆向选择是农产品线上市场供需匹配的痛点，电商平台创造的农产品供需匹配新模式可以实现消费者多样化的消费需求和销售者丰富的产品供给适配，促进农产品市场的健康发展。基于此，本章将以信息经济学信号传递理论为基础，以"信息不对称—逆向选择—信号传递"为框架，进行农产品供需匹配的痛点与化解分析。

（一）农产品供需匹配的痛点：信息不对称和逆向选择

1970 年，美国经济学家乔治·阿克洛夫以"柠檬市场"（二手汽车市场）为例，分析了信息不对称所导致的逆向选择问题。市场上，二手汽车的质量是卖方的私人信息，由于信息不对称，买方很难"观察"到汽车的真实质量，只能根据对汽车平均质量水平的了解支付汽车的期望价值，从而导致汽车市场价格下降，进而出现劣质品驱逐优质品的现象。此时，消费者多样化的需求自然无法得到满足，生产者也只愿意生产品质较差的产品，卖方与买方均面临利益损失的风险。信息不对称问题在农产品线上市场也很突出。一方面，线上市场具有虚拟性特征，买卖双方在达成交易之前无法知晓实际的产品质量；另一方面，农产品具有信任品的特征，消费者很难对农产品的营养成分、农药残留等内在属性进行辨识（豆志杰和郝庆升，2013）。信息不对称问题若得不到解决，就会导致农产品市场的"逆向选择"。以橘子的线上市场为例，橘子质量在高质量（价值 6 元/斤）和低质量（价值 2 元/斤）之间均匀分布。在信息不对称的情况下，消费者无法判断自己购买的橘子质量，因此只愿意以平均价格 4 元/斤购买橘子，价值高于 4 元/斤的橘子就会因无利可图而离开市场，经过几轮选择，高质量的橘子全部退出市场，整个市场也就成为劣币驱逐良币的"柠檬市场"，消费者便无法获得不同质量层次的高质量商品，高质量产品需求得不到满足，供求关系错配。

农产品从农田到餐桌的环节较多，加工和生产过程所需的时间较长，每

个环节都可能导致信息质量问题。例如，种子公司和农民之间在农产品是否经过转基因方面存在信息差距（范贵德，2016；Lakkakula et al.，2022），农民和消费者之间关于农产品是否添加了杀虫剂、化肥或其他添加剂的问题（康婷和穆月英，2020），以及农民和消费者之间关于在生产过程中是否应该使用防腐剂和添加剂的问题（林强等，2021）。客户、商人和批发商对农产品销售和运输中的卫生和安全问题缺乏了解。农产品完整加工和制造的每个阶段都可能经历信息不对称，这使得交流有关农产品质量的信息变得更加困难（董银果和钱薇雯，2022）。在农产品销售市场中，交易参与者之间也存在严重的知识不对称（太玲娟和李林红，2017；王海燕等，2020；Schrobback et al.，2023）。近年来农产品电商交易火热，不可避免地存在信息不对称带来的逆向选择问题（熊雪等，2021；Wan et al.，2022；Guo and Yao，2022）。

信息不对称导致逆向选择从而使帕累托最优的交易无法实现，但如果拥有更多信息的一方（如橘子的卖方）能够有办法将私人信号传递给没有信息的一方，那么交易的帕累托改进就可以实现。斯宾塞于1974年通过建立劳动力市场模型开创了信号传递理论。在斯宾塞模型里，劳动力市场上存在着雇员信息不对称，即雇员知道自己的能力而雇主不知道，但雇员可以通过受教育年限向雇主传递有关雇员能力的信息。原因在于，接受教育的成本与能力成反比，不同能力的人最优受教育程度是不同的。同样，信号传递同样可以运用在农产品线上交易市场中，供给端可以通过一定的外在形式将商品信息传递到需求端，进而帮助消费者购买适合自己的产品，实现农产品供需匹配。

（二）传统供需匹配模式的类型

在农产品电商初兴阶段，大多采用图文宣传、价格排序、销量排序、商品评价等作为显示产品质量的市场信号，进而实现农产品的供需匹配。这四种供需匹配模式的确有过一定效果，但随着四种方式的违约成本逐步降低，所能起到的作用也越发有限。消费者被迫通过平均价格选择商品，导致了逆向选择的发生。

1. 图文宣传

图片文字是最常见的营销方式，电商平台可以通过文字或者图片展现农产品的品质，从而达到信号传递的效果，但这一方式现在所能起到的作用越来越小。一方面，现在消费者日常被短视频、直播等各类信息流裹挟，图文表现形式很难吸引消费者的眼球；另一方面，图片和文字造假的成本很低，由于广告公司的存在，很多线上产品均存在过度包装情况，也就无法实现信号的有效传递。

2. 价格排序

价格是价值的重要表现形式，价格越高，产品质量可能越好。理论上，消费者在电商平台购物时可以根据商品价格判断商品质量状况，但在大多数电商平台这一信号传递方式的效果有限。一方面，一些出售高品质农产品的商家为了在网络价格战中占得先机会降价销售产品；另一方面，一些出售低质量农产品的商家为了获得超额利润也可能将商品高价销售，达成"一锤子买卖"。如此一来，信号传递机制就不那么有效了。

3. 销量排序

若不施加外部干预，线上商品销售量越多，质量可能越高，消费者可以通过电商平台上的销量排序实现供需匹配。电商平台上的很多商家看到这一点，便通过刷单（虚假消费）[①] 提升产品销售数据，那么其就无法再实现信号传递的功能了。

4. 商品评论

淘宝、京东等电商平台均开通了商品评论、晒图等功能，消费者可以对自己曾经购买过的农产品质量进行反馈，这本应成为传递商品信号非常直观的方式，但目前刷单、好评返现[②]的情况屡禁不止，从而使商品链接下的评论失真。

（三）新型供需匹配机制的分类

面对农产品传统电商产品参差不齐的状况，为更加有效地传递商品信息，实现不同质量层级农产品供给和需求的匹配，电商平台开始创新信号传递方

---

① 刷单即店家付款请人假扮顾客，用以假乱真的购物方式提高网店排名和销量，获取销量及好评吸引顾客。

② 好评返现即消费者在完成网购交易后给予卖家好评，并将好评截图发给卖家，卖家随后向消费者返还少量现金或购物优惠券，这种行为广泛存在于电商平台及许多本地服务平台。

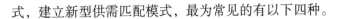

式，建立新型供需匹配模式，最为常见的有以下四种。

1. 分类营销模式

即将同一种商品分为不同类别，包括自营店铺和入驻商家分类、正品店和奥特莱斯店分类、正品时段和促销时段分类，所属分类传递着商品质量信号，进而实现不同消费层次的供需匹配。天猫、京东和东方甄选等平台会将店铺分为自营店铺和入驻商家，通常自营店铺的品质相对更有保障。盒马鲜生等平台会将店铺分为正品店铺和奥特莱斯店铺，通常正品店铺农产品距离保质期限时间更长，品质更好，价格自然也会更高，而奥特莱斯店铺则可以吸引具有质优价廉需求的消费者。美团、盒马鲜生等电商平台会分为不同时段销售商品，正品时段销售的商品品质更优，促销时段的商品则更加便宜。

2. 主播带货模式

即电商平台主播通过短视频或者直播的形式宣传和销售农产品，进而将产品更加全面地展示给消费者，主要包括平台自营主播、自媒体主播和官方主播等分类。平台自营主播代表有东方甄选，主要从事农产品的精选和销售。自媒体中，"漠里姐姐"牛梦琳、四川泸州吴秋月、@张同学、田小宇等主播呈现出百花齐放的状态，很好地促进了农产品上行。

3. 线下引流模式

盒马鲜生、每日优鲜等电商平台同时运作线上店铺和线下店铺，二者协同发展。这也是区别于传统农产品电商单渠道运营的特点。线上消费者无法直观地观察商品质量，那么线下店就提供了商品信息传递的重要渠道。

4. 数据赋能模式

即电商平台通过搜集客户搜索、浏览和购买农产品的信息，通过算法计算，为消费者推送最为适配的产品，进而实现供需匹配。基本上所有平台都会采用数据赋能模式，只是数据采纳的深度和广度等数据运用程度有所差异。

二、新型供需匹配模式的作用机制

四种新型供需匹配模式很大程度上促进了供给端和消费端的连接，满足了不同消费者差异化的农产品需求，本章将详细阐释四种模式的作用机制。

（一）分类营销模式作用机制

分类营销主要包括三方面内容（见图 13 – 1）。一是科学划分标准。设立分类标准是分类营销型信号传递的基础。虽然很难看到平台将商品直接划分为优质和劣质，但是平台会通过设定其他类别设立标准，间接告知消费者哪些农产品品质更优。二是宣传分类标准。宣传分类标准是分类营销的关键。若不能有效传递标准代表的信息，那必然会"酒香也怕巷子深"，平台所设定的分类标准通常会通过广告、销售者试错、邻里口碑来实现。特别是，平台在分类标准建立初期会进行不遗余力的宣传，使得自身在市场竞争中占得先机。例如，消费者在京东购买品质好的农产品时，大多会选择京东自营店，毕竟质量更加有保障，退换货也更加及时。三是严格执行标准。严格执行标准是信号能持续传递的保障。只有严格执行标准，才能够赢得消费者信任，使得信号传递模式长期有效。京东自营农产品严格要求产品品质，如牛羊肉品质管控上从生产源头做起，以耳标等追溯标记规范产品质量管理；盒马鲜生会将临近过期的产品、运输中产生轻微磕碰和当日没有售罄的日日鲜商品运至奥特莱斯店。这些措施都是为了严格执行自身树立的分类标准，使信号传递机制真实可信。

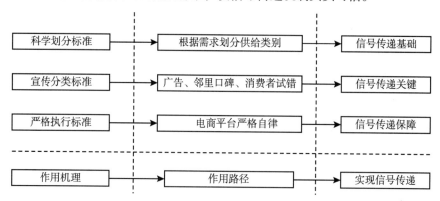

图 13 – 1　分类营销型供需匹配模式的作用机制

（二）主播带货模式作用机制

"人、货、场"是主播带货模式信号传递的三大要素，三者相互协同实现了信号传递（见图 13 - 2）。

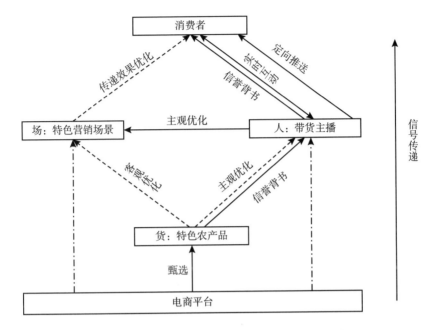

图 13 - 2 主播带货型供需匹配模式的作用机制

一是"人"，即带货主播。董宇辉帮助东方甄选粉丝实现现象级增长；"漠里姐姐"牛梦琳在抖音电商为家乡卖出 200 多吨枸杞；湖北恩施燕窝湾村第一书记徐志新月销罗田板栗、红安苕、茶叶等农产品达 600 多万元；四川泸州吴秋月将一块小小的高山萝卜干做到月销十多万斤。一方面，主播可以为商品背书。主播在农产品销售过程中起到了一个初步筛选的作用。例如，"漠里姐姐"牛梦琳对于枸杞有着一套严格标准：从果子的颜色、口感、形状到肉质厚度、颗粒匀称程度，以及破损率高低层层严格把关，通常 100 吨枸杞里只有 20 吨可以达到合格标准（田梦迪，2022）。在主播短视频和直播带货过程中，消费者可以通过弹幕、评论等方式与主播实时交流，进而将商品信息更加充分地传递给消费者。另一方面，主播大多有着广泛而稳定的粉丝群体，抖音等电商平台会将农产品内容向粉丝群体精准推送。

二是"货"，即特色农产品。直播带货商品需要放在聚光灯下接受考验，因此电商平台和主播通常要遴选优质农产品。抖音电商平台上很多优质农产品在短短一年时间内快速地提升了知名度，如四川@川香秋月的萝卜干、湖南@湘野红姐的豆腐干、广西@康仔农人的金花茶、豆角酱等，传递着产品优质的信号。

三是"场"，即直播带货场景。短视频和直播通常会利用形态多元、理解成本低、信息承载量大等多种优势，相较于静态图片更全面、立体、直观地展现农产品信息，实现商品信号传递。抖音电商平台有的主播会将手机和三脚架立于农村田野，通过直播和短视频以第一人称将农业经营主体生活描摹；有的主播选择云厨房直播间通过韩式厨艺销售农产品，增加农业经营主体和消费者的连接深度和内容触达，拉近农业经营主体与市场的距离，打造有个性的品牌人格化形象。在特色场景中，农产品的优质形象经过拍摄技巧能够得到放大，实现产品的客观优化；主播对于产品的推荐也更加形象，实现产品的主观优化。三者相互协同，促进不同层级农产品匹配到各类消费群体。

（三）线下引流模式作用机制

消费者大多有过在网络上购买到虚假宣传商品的经历，因此对于线上商品始终具有警惕防备心理，线下引流模式则可以通过实体店向消费者充分展示商品信息，实现信号传递（见图 13 - 3）。

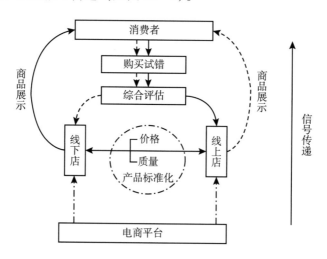

图 13 - 3　线下引流型供需匹配模式的作用机制

1. 产品标准化销售

电商平台同时运营线下店和线上店，线下店和线上店同时销售标准化、无差别的商品。即同一名称的商品，无论是线上购买还是线下购买，消费者获得的产品是同质的。

2. 线下店和线上店同步宣传

线下店和线上店的宣传方式各具特色，线下店对于农产品的展示更加生动、全面，能够帮助消费者挑选出适合自己的商品，方便消费者购买试错。线上店的宣传方式更加灵活，消费者在不受时空限制的情况下便可以了解商品。两者相互补充，为消费者传递更为全面的商品信息。

3. 消费者线上购物

消费者在网上看到一类商品时，可以通过线下店的采购、品尝，综合评估产品类型是否满足需求。每次在线上购买即可。这可以极大地满足快节奏时代消费者对于时间的节省诉求。盒马鲜生便采用了线下引流模式，每家盒马鲜生线下店铺都在多个平台开设网络店铺，一旦线下认准某名称的商品品质，消费者即可通过盒马 App 或者美团等平台线上购买同一品名商品。当然，消费者也会基于商品线上的广告前往线下店购买，形成相互促进的效果。

（四）数据赋能模式作用机制

随着信息技术的不断进步，数据赋能模式逐步被越来越多的平台所运用，实现从"人找货"到"货找人"的转变。数据赋能模式主要包括信息搜集、信息分析和商品推送三步（见图 13 – 4）。

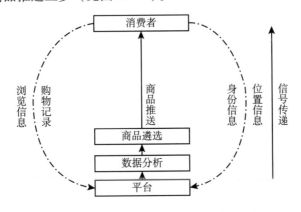

图 13 – 4　数据赋能型供需匹配模式的作用机制

1. 信息搜集

一方面，数字经济时代，消费者在平台浏览、搜索和购买商品时会产生信息记录。电商平台可以利用浏览、搜索点击、售后等行为产生的数据及多种数字技术实现消费者大样本分析，构建消费者行为画像（刘意等，2020）；另一方面，电商平台会根据消费者在平台上注册的身份信息，有选择性地推送与其年龄、性别等信息相匹配的产品，还会根据消费者所在的位置信息推送当地电商产品。

2. 信息分析

电商平台对搜集的信息进行处理，挖掘消费者对农产品的潜在需求，利用已有的良好内容生态、优质创作者、多元化用户和较为成熟的技术，制作满足消费者兴趣和消费需求的宣传信息。

3. 商品推送

电商平台以消费者兴趣点为引领，可以通过短视频、直播、广告等形式将特色农产品推送至潜在目标用户。特别是对于一些因为地理阻隔与流通问题而"养在深山人未知"的小众农产品，借助短视频、直播等宣传方式可以对接到更大市场范围的长尾用户，从而打开知名度与销量。

三、新型供需匹配模式的风险点

在平台经济快速发展的当下，四种新型供需匹配模式发挥着重要作用，有效地促进了农产品生产和消费两端的直连。但是，四种模式也不可能避免存在一定的风险点，具体包括以下四点。

（一）分类营销模式的客观纰漏和主观造假

通过产品质量控制确保部分商品符合高级别产品要求是分类营销供需匹配模式的关键。分类营销模式中最常见的是自营店铺和入驻商家的差别。对于平台自营的商品来说，平台出于长远发展考虑"主观"上会严控产品质量，但难以避免"客观"上的纰漏。农产品很难实现完全标准化和同质化生产，同一批次的产品也可能存在较大差别，品质辨别成本较高。而电商平台本身并非专业从事农业生产的主体，很难精准甄别所有农产品的品质，就连以

"品质"作为主要竞争力的东方甄选也会被品控问题所困扰（苗雁，2022），此时"自营"和"非自营"这一分类营销模式的信号传递机制便会被动失灵。

同样，虽然有些商品在出售时被冠名"三品一标"，但存在一些商家主观造假情况，地理标志商标更是以假乱真的重灾区。五常大米、西湖龙井、库尔勒香梨、舟山带鱼等随着品牌价值的不断提升，商标被冒用等问题层出不穷，"李逵""李鬼"真假难辨。假冒商品以假乱真不仅会使商品传递作用失灵，降低供需匹配效率，还会在平台上造成劣币驱逐良币，形成"柠檬市场"，降低农民种植优质农产品的积极性。

（二）主播带货模式的头部效应和竭泽而渔

短视频和直播带货若想成功，必须有专业设备、拍摄技巧及流量支持，这对于普通农民来说无疑是很困难的。因此，主播带货圈的头部效应明显，少数知名网红主播占据了绝大部分流量资源，而普通农民则很难享受到数字经济的发展红利。长此以往，不仅会切断众多普通农民信号传递的路径，压缩农产品信息传递的总量和种类，不利于农产品供需匹配，而且可能会导致"富了资本，穷了农民"，抑制农民生产优质农产品的积极性。

同时，一些主播竭泽而渔的做法对主播带货供需匹配模式具有很强的破坏作用。为了获得短期超额利润，一些网络主播出现了夸大宣传商品质量、售卖山寨伪劣产品、营销手段打"擦边球"的行为，甚至一些明星也因网络直播而晚节不保。主播带货模式竭泽而渔的做法，不仅使得这一生动形象宣传方式的商品信号传递作用失灵，无法实现供需匹配，也使得主播粉丝数锐减，宣传方式难以为继。

（三）线下引流模式的产品损耗和负重前行

农产品，特别是生鲜品，在运输销售过程中很容易损耗，相比于美团买菜等电商平台"线上销售—前置仓发货"的模式，盒马鲜生的线下引流模式中间环节、损耗环节会更多，最常见的就是生鲜在销售中的变质问题。海鲜、肉品在常温或者暖气环境中很容易变质，线下店经常会出现生鲜产品因消费者弃购后放在冰柜外而引发的变质情况。此外，商品在仓库、正品店、奥特莱斯店间的转运以及外卖员配送过程中也会不可避免地增加产品损耗率。

重资产运营是困扰生鲜电商的传统问题。每日优鲜、叮咚买菜和美团买菜等采用"线上销售—前置仓发货"模式的电商均面临"亏损赚吆喝"困扰，每日优鲜更是 4 年亏百亿元，濒临倒闭（王子西，2022），需要出租店面、支付销售人员工资的线下引流模式运营成本无疑会更高。虽然线下门店自带流量，对于产品销售具有促进作用，但重资产运作的模式还是会在激烈的生鲜产品竞争中带来"船大难掉头"的隐患。

（四）数据赋能模式的信息茧房和隐私滥用

平台算法在不同用户群之间逐渐建立起了信息壁垒，为每个消费者编织起了一个个信息茧房。如果消费者平时经常购买某一种类或某一品牌的农产品，并不再主动了解其他商品，那么平台日后会加大类似的商品信息推送力度，实现一次次消费者个性化信息的精准"投喂"。虽然这一过程能够以最高效率满足消费者过往需求，但是却影响了消费者未来多样农产品需求潜力的挖掘，影响更大范围内的供需匹配。

消费者在使用电商平台时，经常面临数据过度采集的问题。即一些电商平台不仅会收集消费者购买农产品时的搜索、浏览和商品购买记录，还会收集消费者位置、声音、相册等信息，并通过大数据杀熟、商品排序不合理等手段获取超额利润。隐私滥用会引发消费者的反感，甚至弃用 App，使得农产品信号传递机制彻底失灵。

四、对策建议

针对平台经济四种供需匹配模式的风险点，本章有针对性地提出优化建议，能够促进不同品质商品对接不同需求的消费者，提升消费者网络购物体验。

（一）建立健全产品品控机制，树立良好信誉

电商平台的农产品品控要从自营店铺和入驻商家两方面入手。自营店铺对品控有较强的动机进行有益探索，也取得了良好效果。京东围绕售前、售中、售后三个阶段，从标准制定、前置品控、入仓抽检、运输防护、指标监控、神秘采买等方面，全方位保障落地，进而保障产品质量，确保"自营即正品"的信号能够传递到需求端（董枳君，2021）。京东等平台自营店铺品控经验值得借鉴，同时还可以通过招聘农业专业毕业生、开展采购质量识别培训以及企业廉洁合规建设来提高采购部门品控能力。

电商平台对入驻商家的管理则需要投入更多精力，不断强化农产品的抽检和审核。在生产阶段，对商家的仓库、工厂、原材料管理、生产过程、产品检验、供应链资源等多点进行实地考核，直接从"源头"把控商品质量；在销售阶段，要在地理标志商标等方面严格管理，杜绝入驻商家以假乱真、虚假宣传。同时，相关政府部门也应尽快完善相应制度规定，督促电商平台一同对虚假宣传的店铺进行严厉处罚，营造良好的网络购物环境，确保农产品严格履行分级分层销售质量标准。

（二）加大农民主播扶持力度，优化发展环境

持续通过抖音"新农人"计划、快手"农村青年主播"培训班、电商直播大赛、农民夜校等渠道，开展拍摄剪辑、传播运营等技巧培训，培养一批掌握短视频和直播"新农技"，能够实现农产品从供给端到需求端直连的"新农人"。通过政府快递费用补贴、平台流量倾斜、多主体共育地方品牌等形式扶持农民主播做大做强（郭沛等，2021），使农民成为直连供需两端的主力军，通过农产品上行促进乡村振兴，实现农村农民共同富裕。

平台应制定相关内容审核机制，禁止对农产品进行虚假夸大描述、使用"最高级""最佳"等夸张词汇，对于出售假冒伪劣商品的自媒体账号予以严厉处罚；通过实名认证、人脸识别等技术手段杜绝封号后换"马甲"重新开播的行为；着力加强产品售后服务环节的监管，对消费者投诉的情况进行及

时跟踪反馈，依法依规处理，避免消费者损失。

（三）减少商品运输销售损耗，降低运营成本

开设线下店铺的平台要着力解决农产品运输、销售、送货过程中农产品损耗问题。在运输过程中，要做好从"田间—仓库—线下店"一条龙的冷链物流体系建设，制定严格的出货流程和操作标准，尽可能缩短配送时间。政府要多措并举，着力做好疫情等突发事件下的农产品绿色运输通道建设，打通电商平台农产品运输梗阻。在销售过程中，要通过店员定时巡查等方式确保店里冰柜及时闭合、冷藏系统实时生效，及时将散落在收银台、其他货架上的农产品（特别是生鲜品）归置原处，防止因遗落而变质。在送货过程中，通过优化配送箱设置，避免农产品在送货过程中的磕碰，运输生鲜时尽量采用保温箱、蓄冷冰板等设备达到保鲜效果。

电商平台可以通过多方协作、机器代人、线下自提等方式降低线下店铺运营成本，确保线下引流模式长期运营。引流的线下店铺，可以和其他电商平台相互协作，如盒马鲜生线下店铺可以通过美团、饿了么等 App 实现产品销售，在提升宣传效果的同时降低传统广告营销成本。线下店铺可以通过货物分拣传送机器人、无人收银台等方式推广实现机器代人。线下自提则可以通过自提积分换礼品的形式鼓励消费者网络下单后自提商品，降低外卖员的配送成本。

（四）优化信息收集处理方式，避免数据滥用

国家互联网信息办公室（以下简称"网信办"）等相关部门应严格落实《互联网信息服务算法推荐管理规定》，督促农产品电商平台为消费者提供关闭个性化推荐功能以及醒目便捷的关闭选项，避免消费者在无意识的情况下被平台投喂个性化信息。电商平台可以优化个性化推荐功能，如根据消费者选择只进行农产品或者部分商品的可行化推送，避免形成所有商品的信息茧房。

网信办等相关部门应持续开展"清朗算法滥用治理"专项行动，并严格

规范电商平台数据信息收集和使用行为，即使消费者开通个性化推送功能，电商平台也只能收集在电商 App 上的农产品浏览和购买信息，杜绝随意收集用户相册、通讯录、周围声音的情况。全面处理消费者有关信息滥用的投诉，严厉处罚"算法歧视""大数据杀熟"等影响网民生产生活的问题，还网民风清气正的购物环境。

（五）加强政府部门监管力度，保护消费者权益

平台具有盈利的动机，自我监管必然存在一定的局限性。消费者的权益保护势必需要政府力量的介入。一是监督平台把好商品销售关。面临主播夸张宣传产品或者哗众取宠赚取销量的情况，平台监管也会采取"睁一只眼，闭一只眼"的方式，尤其是在"明星卖酒"过程中的"弱监管"。因此，政府相关部门要加强对平台主播的巡查监管，对纵容主播违法违规的平台进行相应处罚。二是监督平台把好产品质量关。政府部门要强化电商产品生产、加工源头治理，完善产品质量追溯制度，加强对农产品生产集中地的清理整顿，把网上监管和网下监管结合起来。建立电子商务企业基础数据库和网络商品交易信用档案，定期对电商平台销售的农产品进行风险监测和监督抽查，切实落实政府监管。三是监督平台把好售后关。有关部门要畅通农产品消费者监督热线，及时受理消费者遇到的电商销售违规行为，切实保护消费者权益。

PART
4

第四篇
发展数字经济
赋能产业深度融合

第十四章

数据作为核心要素的
理论逻辑和政策框架

一、引言

2022 年 6 月 22 日，习近平总书记主持召开中央全面深化改革委员会第二十六次会议时强调，数据作为新型生产要素，是数字化、网络化、智能化的基础，已快速融入生产、分配、流通、消费和社会服务管理等各个环节，深刻改变着生产方式、生活方式和社会治理方式。根据中国信息通信研究院的测算，中国数字经济占 GDP 的比重已达到 38.6%。[①] 数字经济快速发展，使数据作为生产要素的意义进一步凸显出来，因此，有人将数据称为 21 世纪的"新石油"或"新货币"。以互联网平台为代表的企业收集了大量数据，并以这些数据为生产要素，形成了竞争优势。

从经济学上看，数据作为一种新的生产要素，与传统的要素具有显著的区别，包括非竞争性和部分可排他性、与相关技术和其他数据具有强协同性、收益递增与递减并存、使用的外部性等（李勇坚，2022）。数据要素的这些特征使得数据在使用过程中容易出现垄断等现象，大量的数据掌握在一些大型互联网平台企业手中，并被其用于强化平台的垄断地位（孙晋，2021），数据

---

① 《数字中国发展报告（2020 年）》，中国政府网，2021 年 7 月 3 日，http://www.gov.cn/xin-wen/2021 – 07/03/content_5622668.htm。

对社会经济的推动作用没有完全发挥出来。

　　数据作为生产要素，来源是多样的。按照世界经济论坛的观点，根据数据的获取途径，可以分为两种：一是用户明确分享的"自愿数据"和通过记录用户在线行为获得的"观察数据"；二是从观察到的信息分析中得出的"推断数据"。自愿数据和观察数据大部分是互联网平台通过以免费服务交换用户数据的方式获得。推断数据是一种关于数据的数据，需要投入更多的技术、算力等才能够获得，它是很多企业进行业务创新或者开展业务的基本要素，如从事数字营销或者数字广告的企业需要大量的用户数据作为基础投入。由于推断数据的获得途径有限，有些平台企业明确不会与第三方分享此类数据，[①] 很多初创企业或者第三方数据公司只能采取爬虫等方式获得数据，这不仅浪费了大量的计算资源，也容易造成个人隐私的泄露。

　　为了更好地发挥数据要素的价值，并避免大型平台企业以数据为支撑，形成数据分析、网络外部性和交互活动（data analytics, network externalities and interwoven activities, DNA）的反馈循环（BIS, 2019），有经济学家提出可以考虑把数据作为一种核心要素[②]（essential facility），其实质是要求数据拥有者将其所持有的数据以公平的价格分享给第三方使用（Abrahamson, 2014）。

　　从经济学视角来看，数据要素具有非竞争性和部分非排他性的特点。一方面，数据在投入单一企业的生产过程中，会产生边际收益递减；另一方面，数据在不同场景的使用过程中会产生更多的数据，这种正反馈循环使数据要素具有递增报酬。将数据视为核心要素，由于数据使用的非竞争性与正反馈循环，数据拥有者不但不会因分享数据而降低其所拥有的数据价值，更能够通过正反馈循环产生更多的数据，从而使数据要素对经济发展的价值更充分地发挥出来。因此，将数据作为核心要素，可以解决数据如何更好地发挥要素价值的问题，使数据能够用于更多的应用场景，大量初创企业能够利用数

---

　　①　例如，亚马逊、Facebook和谷歌都在其隐私政策中澄清，其不出售第三方的个人数据，不与广告商共享数据。

　　②　通过梳理文献发现，也有学者将"essential facility"翻译成核心设施、必要设施或基本设施。本章根据研究主题，将其翻译成核心要素。

据资源进行更多的创新，降低创新成本，从而使数据作为数字时代"自由"资源的特点进一步发挥出来。①

数据成为平台构建竞争优势的关键要素，大型平台企业等通过对数据的垄断，形成了强大的市场地位，这是数字时代垄断的一个重要特征。数据垄断问题正在成为全球反垄断机构关注的重点，以欧盟和英国竞争和市场管理局为代表的反垄断机构针对数据垄断问题开展了大量调查（李勇坚和刘奕，2022）。数据作为核心要素，在制度层面解决数据共享问题，推动数据在竞争对手之间实现共享，消解平台企业因数据优势而带来的持久市场优势，从而解决因数据而带来的垄断问题，是解决数据垄断问题的一个可行方案。

然而，由于核心要素理论本身存在着不少争议（Abbott，1999；Areeda，1989），对数据作为核心要素仍存在着不同观点，包括数据本身的权属问题、数据可获得性问题以及数据作为一种生产要素如何定价等问题，都对数据作为一种核心要素的理论逻辑提出了挑战。

本章从核心要素理论及其在数据时代的发展出发，对具有特定特征的数据作为一种核心要素的理论逻辑进行了全面的梳理与分析，论证了大数据时代数据作为核心要素的理论与实践意义，并提出了相应的政策建议。

二、核心要素的内涵及其在数据时代的发展

（一）核心要素的内涵及构成要件

在平台经济持续发展过程中，核心要素理论受到法学家和经济学家的重视，核心要素理论得到了激活（Brett and Spencer，2008）。根据平台经济的特点，核心要素学说并不局限于有形资产（Patterson et al.，2002），因此，在数字经济领域，研究者又创造了核心数据（Abrahamson，2014）、核心平台（Nikolas，2021）等各种概念，力图利用核心要素理论来解释平台经济发展过程中的垄断与竞争问题。

---

① 《国家大数据战略——习近平与"十三五"十四大战略》，中国日报网，2015 年 11 月 12 日，http：//www.chinadaily.com.cn/2015－11/12/content_22443173.htm。

根据较为公认的解释，核心要素是第三方需要访问的资产或基础设施，以在市场上提供自己的产品或服务。在现有的技术经济条件下，该设施没有合理的替代方案，并且由于法律、经济或技术障碍而无法复制该设施，该设施是必不可少的。在实践中，不同的资产已被认定为核心要素：桥梁或港口等物理基础设施、知识产权和信息集。也就是说，根据核心要素理论，如果一个实体控制着一个设施，而该设施是其他企业在市场上有效竞争所必需的，则该实体必须允许其竞争对手使用该设施。

从本质上来看，核心要素涉及两个以上的市场：一个市场是核心要素的相关市场，如铁路终端协会案①中的铁路设施，这个市场一般是垄断的；另一个市场是以核心要素作为投入的下游市场，该下游市场本身处于竞争状态，但是上游核心要素的垄断者可以拒绝交易核心要素，使下游市场的竞争被消除，从而进一步垄断下游市场。

根据现有的研究或者案例，拒绝进入核心要素可能构成非法垄断（Patterson，2002）（《谢尔曼法》第2条）或滥用支配地位（TFEU第102条），其本质是根据竞争法评估拒绝交易的合法性。"核心要素"概念的内在性是该设施所有者拥有垄断权的前提。正如法院在赫克特（Hecht）案②中所阐述的，该学说在概念上具有以下几个要素：首先，某种程度的独特性和市场控制是"核心"一词所固有的；其次，该理论将只适用于没有可行替代办法或无法复制的设施；最后，"核心"一词本身意味着具有成本优势或独特性程度的综合实体结构或大型资本资产，通常凭借其预期目的的优越性赋予垄断权和市场控制权（Abbott，1999）。在这种条件下，需要关注核心要素和自然垄断之间的关系。很多核心要素之所以重要，是因为其本来就具有自然垄断的特点。

从法律渊源来看，学术界公认核心要素进入司法领域起源于美国最高法院关于铁路终端协会案的判决。美国最高法院在判决中指出，铁路终端协会有义务让竞争对手使用他们获得的某些铁路桥梁和终端设施。如果没有这种共享访问，竞争对手将无法在密西西比河以外提供自己的铁路服务，进出圣路易斯。这会损害消费者的利益，因为无论是消费者还是竞争者，在铁路桥梁和终端设施所有者的控制之外缺乏竞争服务的选择。如前所述，美国最高

---

① United States v. Terminal Railroad Association of St. Louis, 224 U. S. 383 (1912).

② Hecht v. Pro-Football, Inc., 5 70 F. 2d 982, 992 (D. C. Cir. 1977).

法院并没有在铁路终端协会案以及之后的案件中使用"核心要素"的概念。据考证，"核心要素"最早出现在美国司法文书中是在 1977 年。华盛顿特区巡回法院在 Hecht 案中使用了"核心要素"这一术语。尽管学术界公认在此之前已有数个案件利用"核心要素"学说作出了判决（Terminal Railroad、Associated Press①、Otter Tail②）。最高法院一直未直接使用这一术语。然而，帕特森等（Patterson et al.，2002）进一步提出，在最高法院对多克林（Trinko）案③作出裁决之前，人们相信最高法院已经认可了在下级法院发展起来的核心要素原则。

在学术研究领域，"核心要素学说"（essential facilities doctrine）一词最早由尼尔（Neale）教授在其 1970 年出版的《美国反垄断法》（The Antitrust Laws of the United States of America：A Study of Competition Enforced by Law）第二版中正式提出。尼尔教授使用这个词来描述和分析最高法院和下级法院处理的垂直整合的主导企业拒绝与竞争对手打交道的案例。单纯的学术意义上，学者对核心要素理论也存在着不少争议。另外的研究者指出（Hurwitz，2020），核心要素原则的应用与交易义务有关，涉及具有市场支配地位的主体以反竞争方式"提高竞争对手的成本"。也就是说，核心要素概念应用的一个逻辑是，占有核心要素的主体，在与下游厂商进行交易时，或者一开始就拒绝交易，或者停止维持现有供应水平，或者使用歧视性交易条件（Graef，2016），这会导致下游领域竞争水平的降低以及创新环境的恶化。但是，很多研究者认为核心要素原则的应用仍值得推敲。菲利普等（Phillip et al.，2002）认为，核心要素在理论上与交易义务具有同等程度的重要意义，是否需要单独再应用一个核心要素理论是值得怀疑的。阿伯特等（Abbott et al.，1999）认为，核心要素原则可以被视为等同于自然垄断的经济概念，通过对该原则适用所涉及的行政复杂性进行评估后得出三个结论：第一，对核心要素所有者的多元化限制是无效的；第二，该学说不应适用于知识产权；第三，当垄断便利由众多竞争者共享、产能过剩以及申请人寻求与现有企业相同的条件时，该原则最有可能有用。然而，自然垄断本身有一套理论框架，因此，如果

---

① Associated Press v. United States, 326 U. S. 1 (1945).
② Otter Tail Power Co. v. United States, 410 U. S. 366 (1973).
③ Verizon Communications, Inc. v. Law Offices of Curtis V. Trinko, LLP, 540 U. S. (2003).

将核心要素视同为自然垄断，则其概念存在本身也没有太大的意义（Areeda，1989）[1]。亚历山大（Alexandre，2018）则认为，核心要素原则的应用要考虑激励权衡，因为该原则的确可以带来价格降低、创新增加等好处，也可能会导致主导公司因害怕其他企业"搭便车"而减少对核心要素相关的投资。

整体上看，在数据驱动经济中，有必要将数据视为核心要素。如本章引言以及本章第三节所讨论的，数据要素的使用具有非竞争性，将数据视为核心要素，不会影响到数据持有者使用数据而带来的利益，按照核心要素规则分享给第三方使用还能够给数据持有者带来利益，并为第三方利用数据进行创业创新提供了便利，从而有利于社会价值创造。数据的这种特性，能够回应核心要素理论不利于对核心要素投资的批评。核心要素理论的引入与反垄断有关，而基于数据要素的垄断正是数字驱动经济中平台垄断的重要特征和基础，将数据视为核心要素是治理平台垄断的一个重要且有效的方式。

对于核心要素的构成要件，在不同的法域有不同的理解。1983 年，美国联邦第七巡回法院在美国微波通信公司（Microwave Communications Incorporated，MCI）诉美国电话电报公司（AT&T）案的意见中提出了四个要件：（1）垄断者控制了核心要素；（2）竞争者实际上无法合理地复制核心要素；（3）垄断者拒绝竞争者使用该核心要素；（4）垄断者提供核心要素具有物理和经济上的可行性。[2] 之后在别的案件中，法院又加入了第五个要素：垄断者拒绝交易缺乏正当的商业理由。[3]

欧盟在《欧洲联盟运作条约》（Treaty on the Functioning of the European Union，TFEU）第 102 条中有与《谢尔曼法》第 2 条相似的规定：如果一个

---

① 阿瑞达（Areeda）也同意，如果实施核心要素理论能够通过降低价格或增加产出或创新来大大改善市场竞争，那这个理论也是有效的，然而，阿瑞达认为，在现实中，这种情况并不太可能发生。例如，他指出，绝大部分企业都能够说明其拒绝交易具有合法而正当的商业理由。而美国最高法院在阿斯攀滑雪公司（Aspen Skiing）案中提出，核心要素理论适用的一个重要条件是，被告没有正当理由而中止一项早先曾经存在的对其有好处的商业安排。从这个意义上看，阿瑞达并不是完全否定了核心要素理论，而是认为该理论适用的条件非常严苛，严苛到现实生活中几乎没有相应的案例。而且，他担心错误应用核心要素理论将扭曲私人投资者建造核心要素的激励。

② 在 1984 年具有里程碑意义的旧贝尔系统解体之前，AT&T 是一个受监管的垄断者，控制着大多数市场的本地电话系统，但在长途电话市场面临来自 MCI 和其他公司的新生竞争。MCI 指控 AT&T 无理未能将 MCI 长途交通连接到本地电话系统，以便完成呼叫，违反了《谢尔曼法案》第 2 节。MCI 在陪审团的审判中胜诉，并获得了超过 20 亿美元的赔偿。

③ 例如，在阿斯攀滑雪公司案中，垄断者不愿意续签它与竞争对手一起提供多年的联合滑雪票，并决定通过拒绝交易来放弃短期利润，这不符合普通商业逻辑，表明其行为具有反竞争性质。

或多个企业在欧盟内部市场或其很大一部分市场中占据主导地位，就应禁止其与国内市场不相容，因为这可能影响欧盟成员国之间的贸易。其本质是限制企业单方面的行为，这一规定是核心设施学说的法定依据。TFEU 第 102 条是基于一个理念，即具有市场力量的企业对竞争负有特殊责任，一个主导性企业应承诺"负有特殊责任，不允许其行为损害真正的未扭曲竞争"。在实际判例中，欧盟法院在马吉尔（Magill）、布朗纳（Bronner）、艾美仕健康（IMS Health）和微软（Microsoft）[①] 等案件中为应用 TFEU 第 102 条下的核心设施原则制定了四个条件。基于核心设施原则的滥用支配地位仅存在于特殊情况下，即如果占支配地位企业拒绝交易：（1）涉及不可或缺的资产；（2）阻止新产品的出现（此条件仅在涉及获得知识产权保护资产的情况下提及）；（3）排除下游市场的有效竞争；（4）没有客观的理由。[②] 特别地，TFEU 第 102 条直接限制了垄断租金的获取。欧盟认为，可能构成直接或间接强加不公平的购买或销售价格或其他不公平交易条件，都是对基于核心设施的一种滥用行为。

（二）核心要素的原则及应用

从整体上看，1996 年的马吉尔案明确了欧盟数据作为核心要素的判断标准。马吉尔是爱尔兰的一家出版商，打算出版名为《马吉尔电视指南》的周刊，而爱尔兰广播电视总台（RTE）、独立电视台（ITP）和英国广播公司（BBC）作为电视节目制作和播出方，认为其对电视预告数据拥有版权，不允

---

① United States v. Microsoft Corp., No. 98 – 1232（D. D. C. filed May 18, 1998）；New York ex re/. Vaccov. Microsoft Corp., No. 98 – 1233（D. D. C. filed May 18, 1998）.

② 另外，一方面，普通法院在其微软判决中解释了访问微软互操作性信息的必要性，即竞争对手需要能够在平等的基础上与 Windows 操作系统进行互操作。另一方面，法院在布朗纳案判决中辩称，如果布朗纳可以使用其他方式来分发其日报，如通过邮寄递送和在商店中销售，则使用 Mediaprint 的全国性报纸送货上门计划并不是必不可少的。即使这些替代方案的优势较小。由于核心设施原则平衡了保护竞争的利益与保护占主导地位的公司对创新投资的激励的利益，适用的标准可能因案件的具体情况而异。另外，研究者和机构已经呼吁降低在数据驱动市场中应用核心设施原则的标准，在这些市场中，数据是作为提供服务的副产品而产生的，并且产生此类数据的激励措施不会受到数据共享义务的影响。另外，法院在其斯洛伐克电信判决（2021）中表示，不必证明访问斯洛伐克电信本地环路的必要性，因为该案不涉及彻底拒绝交易，而是涉及强加的访问条件斯洛伐克电信（参见 Case C – 165/19 P Slovak Telekom, ECLI：EU：C：2021：239）.

许马吉尔出版电视指南。特别地，RTE 利用这些数据在爱尔兰独家发布其所属频道的电视节目预告。该案件中，欧洲法院最终认为，马吉尔有权使用三家电视台的电视频道预报信息。其理由是，电视节目列表市场是以节目预告数据作为投入的下游市场，三家电视台试图将其在电视播放市场上的支配地位扩大到电视节目预告市场上，是一种滥用市场支配地位的行为。

而 1998 年的布朗纳案①明确了在什么条件下不构成核心要素。布朗纳报业和媒体印刷日报公司（Mediaprint）是奥地利的两家报纸，前者的发行量占当地市场的 3.6%，后者则占 71%。仅从报纸发行量的市场份额来看，Mediaprint 在这个市场上占有绝对优势地位。与此同时，Mediaprint 还拥有一个有力的竞争武器，即建立了一个全国范围的"送报上门"系统。Bronner 要求Mediaprint 准许它使用其"送报上门"系统但是遭到拒绝。Mediaprint 拒绝的理由是建立这个直接到户的发行网络耗费了其大量资金，因此不愿意与竞争对手分享。Bronner 起诉至国内法院，但因涉及对《欧共体条约》的解释，国内法院将此案提交到欧洲法院。欧洲法院审理认为：首先，Mediaprint 的市场份额确实能够证明其在相关市场上具有支配地位；其次，"送报上门"系统对一家报纸来说无疑是非常重要的设施，因为这种发行网络使报纸到达订户的时间比任何其他发行方式都要快速，对读者来说也最为方便。最后，法庭认为对于 Bronner 这样的报纸，重建一套类似的发行网络几乎是不可能的。但是，法庭并不认为 Mediaprint 应当允许 Bronner 使用其发行渠道，因为这个市场上，还存在其他可供选择的发行方式，如邮政、商店和报亭。也就是说，这种发行渠道并不是发行市场的必不可少的投入。

从案例来看，欧盟关于核心要素的理论比美国走得更远，他们对占统治地位的公司规定了维护竞争的积极义务，而不是纯粹消极地禁止反竞争行为。在具体判定方面，欧盟对核心要素原则的适用一般采用三步法：第一步，明确投入的性质，即投入对下游衍生市场是不可或缺的，②且持有者能够自主处理该投入；第二步，明确主导企业具有消除竞争的计划或意图，对这种意图

---

① Oscar Bronner GmbH & Co, KG v. Mediaprint Zeitungs – und Zeitschriftenverlag GmbH & Co. KG and ors, Case C – 7/97, (1999).

② 在司法过程中，欧盟认为不可或缺性可以从以下几个方面来判定：一是该投入品对下游产品的生产具有必要性；二是该投入品没有可用替代品；三是重复建设该投入品缺乏经济上的可行性。

的判断主要是基于短期利润，如果主导企业的行为牺牲其短期利润，则推定其具有消除竞争的意图；第三步，拒绝向下游市场提供核心要素缺乏客观理由。在实践中，有时还会增加一个判定条件，即拒绝提供核心要素，将阻止有潜在消费者需求的新产品的出现。

从这些分析可以看出，在实际司法实践中，美国和欧盟适用核心要素学说的标准不同。美国最高法院对 Trinko 案作出判决后，对核心要素原则的应用仅限于垄断者通过终止先前存在的自愿交易过程而放弃短期利润的情况，也就是说核心要素拥有者如果一开始就拒绝交易，则不能适用核心要素原则。在欧盟，适用核心要素原则的条件更为开放，如果核心要素拥有者一开始就拒绝交易，也可以应用该原则。除了这些不同的法律标准外，美国与欧盟在政策上也存在重要差异。美国当局和法院依靠市场自我纠正机制的力量，并强调干预主义方法可能对创新产生负面影响，因此，尽量缩减核心要素原则的应用空间。而欧盟竞争政策的特点是强调保持市场开放，并假设市场开放是创新的先决条件。核心要素案例涉及不同利益之间的权衡。欧盟决策实践和判例法中明确规定的权衡涉及核心要素持有人的利益与自由竞争利益之间的平衡。欧盟的整体框架没有区分资产是否受知识产权法的保护，而是建议让新产品条件的适用性取决于市场，判定是否存在外部市场失灵，并确保占据主导地位的企业无法通过拒绝交易来阻止新市场的开放（Graef，2019）。

（三）核心要素内涵在数据时代的发展

数据作为生产要素，在推动社会经济进步的过程中，会形成两种基本的模式，一种是利用数据对现有商业模式的效率进行增强，可以称为数据增强型业务，对这类业务而言，数据是提升业务的手段，是企业竞争的一种手段，相当于强化现有的业务，与企业以技术、资本等要素提升竞争力没有区别，在这种情况下，一般不宜将其视为核心要素；另一种是数据支持型业务，数据成为越来越多的产品和服务的必要投入，产生了很多数据原生型企业或者业务模式，对这些企业和业务来说，缺乏基础数据完全无法开展。亚伯拉罕森（Abrahamson，2014）列举了一个案例，社交浏览器（PeopleBrowsr）利用推特（Twitter）开发了大量数据产品，而一旦 Twitter 不允许 PeopleBrowsr 使用数据，该企业的业务将受到重创。

因此，核心要素的概念在数字经济领域有了深刻的变化，数据能否成为核心要素，不但是一个理论问题，更涉及数字经济时代的经济参与权（Nikolas，2021）。而且，数据也正在成为创新的重要资源（OECD，2015），将数据作为核心要素就更具价值。

事实上，在将无形资产作为一种核心要素的既有判决中，都考虑到了该无形资产作为创新投入要素的重要性。如前所述，在 Magill 案和 IMS Health 案中，法院考虑了创新的重要性：（1）在市场上推出新产品，必然用到现有支配实体的数据；（2）现有支配实体不提供相关数据，可能会导致其在新产品二级市场的垄断地位；（3）现有支配实体不提供数据缺乏可信的理由，是基于任意和不合理的基础。而在数字化的今天，数字平台掌握着创新的瓶颈资源，复兴、更新和扩展的核心要素原则将持续推动数字市场的创新，为在线商家、应用程序开发人员和内容提供商提供蓬勃发展的开放市场（Nikolas，2021）。

因此，在大数据时代，数据可以以非竞争的方式消耗，是数据驱动创新（DDI）的重要资源，在数据领域复活核心要素，既可以带来社会价值（Brett and Spencer，2008），鼓励数字经济领域的创新，也可以提升竞争水平，降低数据驱动的生态系统的垄断力量（Arpetti，2019），从而提升数据资源的社会经济价值，并推动创新、增加消费者福利（Abrahamson，2014）。

三、数据作为核心要素的理论逻辑

数据作为核心要素在理论上可以从以下三个方面进行分析：第一，数据的特点使其更适合作为核心要素，应用于数据共享、反数据垄断等领域；第二，数据作为核心要素，符合司法实践中所明确的核心要素原则所确定的必要条件；第三，反对数据作为核心要素的理由并不能成立。

（一）数据的特点及其作为核心要素的必要性

数据是一种特殊的生产要素，具有使用的非竞争性和部分非排他性、与数据开发工具的互补性及与其他要素的协同性、一定条件下的规模经济和可能存在的范围经济、用途的广泛性等特点，这些特点使数据作为核心要素能够更好地发挥数据的生产力效应（李勇坚，2002）。

数据的非竞争性，意味着数据如果作为核心要素，可以同时给予多个下游企业使用，这不但有利于下游市场的竞争，也有利于在下游市场开展更多的创新活动。而在法律和技术上，可以将数据以具有知识产权的数据库等形式进行排他，如此一来，在数据作为核心要素的同时，还能够确保数据控制者的利益，激发他们投资于核心数据的动力。从数据的来源看，很多数据只是数字企业提供服务的副产品，尽管如今大多数在线平台提供商的商业模式都围绕着数据而展开，但数据的所有权并不是其最初进入现有企业主导的市场的原因。因此，虽然根据核心要素原则施加的任何交易义务都可能对事前投资激励措施产生负面影响，但有理由认为，与其他类型的核心要素相比，数据作为副产品，其所受到的投资激励影响是非常有限的。莫德拉尔（Modrall，2017）则认为，第一方数据来源于企业业务，公司收集与自己的资产、产品或服务等相关的数据，强化自己的竞争优势，其所收集的数据难以构成核心要素，而第三方汇聚了更多的数据，可能从事排他性行为，因此，需要引入核心要素理论。

数据本身并没有任何内在价值，需要与开发工具及其他要素进行协同，才能发挥价值。莱赫蒂奥克萨（Lehtioksa，2018）指出，企业中的非结构化数据量可能达到数据量的80%至85%，其价值取决于上下文和分析工具，需要深度挖掘才能体现出来（Rubinfeld and Gal，2017）。在这个意义上，数据只有通过利用各种开发工具转化为洞察力、应用程序和服务，才能实现数据的价值，这种开发以及后续转化过程将形成数据价值链[①]。这使得数据在应用过程中需要协同技术、资本、劳动力等其他资源。研究发现，数据在协同过程中具有显著的成本降低效应（Goldfarb et al.，2017）。可以设想一下，由于

[①] 这也说明了为什么在数字经济发展历史上，很多企业拥有了相当多的数据，但并没有获得成功。从整体上看，数据价值链有三个独立的阶段或产品：原始数据、用于处理这些数据的算法和计算机程序，以及从最终输出中得出的分析和结论。可以说，与算法或分析相比，原始数据最适合作为核心要素，因为后者享有更强大的知识产权保护。将算法视同为基础设施，更有可能诱发"搭便车"行为，因为竞争对手开发自己的分析技能和算法的动力将减少。参见迪尔德丽·瑞安（Deirdre Ryan，2021）。

不同的企业主体拥有不同的开发工具，如果将数据作为核心要素，由不同的主体使用，将发挥出更多的价值。也就是说，数据的多主体使用将创造出超出预期的价值，在经济学上，这种超出预期的使用会模糊数据垄断者所面临的需求曲线，从而无法按照垄断者的行为做出定价（Abrahamson，2014）。数据成为核心要素后，不但可以用于原数据控制者（即初级市场的主导者）预期的用途，而且可以对数据进行分析并从中提取进一步的知识，这些知识可以用于满足消费者需求的新产品，而这些新产品市场在数据控制者的预想中是不存在的（Graef，2016）。

数据使用在一定范围内具有规模经济效应（李勇坚，2002）。数据的规模经济与实体经济的规模经济不同，它只存在于特定的区间。这意味着数据的规模经济具有门槛效应，也就是说，数据需要达到一个门槛数量才能发挥出更多的作用。这意味着对很多初创企业而言，获得一定的数据量非常重要。由于数据市场并不健全，虽然部分静态数据能够通过数据经纪人购买，但是搜索引擎、社交网络或电子商务平台运营所需的基础数据和信息往往缺乏明确的数据市场和数据来源，[①] 难以通过当前数据市场获得。数据的规模经济还有另一个含义，就是收集数据需要投入大量的前期固定成本，增加数据产量的边际成本较低，这样数据在生产过程中本身会产生规模经济。彼得罗夫（Petrov，2021）指出，大数据的收集和处理与高昂的初始成本有关，这阻碍了竞争对手复制它们的可能性。因此，应将大数据视为核心要素。通过将数据作为核心要素，有利于使初创企业获得同样的数据，从而激发创新创业潜能。瑞安（Ryan，2021）以创意产业为例证，说明在创意产业中引入大数据能够开发高度针对性的内容，从而大大降低了失败的可能性，并降低了投资成本，从而有利于一些初创企业进入该领域。

对数据价值发挥而言，重要的不仅是数据量，还在于其多样性（OECD，2015；Lehtioksaj，2018）。在数据使用过程中，通过不同的数据集聚合能够发挥更大的作用，这意味着数据的范围经济效应十分明显。例如，在谷歌/双击（Google/DoubleClick）的合并决定中，欧盟委员会指出，基于所收集数据质量的竞争不仅取决于各自数据库的规模，还由竞争对手可以访问的不同的数据

---

① 例如，脸书（Facebook）禁止第三方在其一般条件下从其平台上抓取内容，获得其数据的途径只可能来源于平台企业本身。

集和算法决定。从经济角度来看，通过组合和连接不同来源的数据，可以获得更深入、更详细的用户概况，这意味着数据使用具有范围经济。数据的范围经济叠加数据在一定程度上的规模经济，二者相互强化，从而产生正反馈循环。喜欢相关或个性化服务的用户将在平台上花费更多时间，使得提供商能够收集更多数据，从而更好地了解消费者偏好，可用于进一步提高向用户和广告商提供的服务质量，吸引更多的用户和广告商。随着某个提供商提供的不同应用程序（如电子邮件、消息传递、视频和音乐）的数量增加，可以使用的信息更加广泛，这些信息可以连接在一起，用于为用户和广告商提供更好的服务（Graef，2016）。数据经济的一个特点是形成了一批"数据寡头"，数据寡头并没有就数据量形成绝对垄断，但是，由于数据的异质性，很多创业企业会需要某一个平台企业的数据作为核心投入，因此，即使在平台没有完全垄断数据的情况下，只要上游数据拥有者所拥有的数据对某种业务模式是必不可少的，那么不论该数据量的多少，都会构成核心要素。这也是亚伯拉罕森（2014）所提出的"核心数据"理论的基础。这是数据作为核心要素理论与传统的核心要素理论的一个重要区别，数据核心要素与数据量无关，而与其对衍生业务的重要性、与其他数据或要素的强互补性等直接相关。这意味着数据寡头所拥有的数据，也具有成为核心要素的可能性。

对于市场竞争而言，数据作为竞争的重要因素，可能引发两个方面的竞争。一是间接竞争，这涉及潜在竞争对手或新进入者需要访问数据作为产品或服务的输入的情况，该产品或服务与提供商在其自己的平台上向用户和广告商提供的服务没有直接竞争。这是核心要素案件中的通常情况，因为占支配地位的企业可以通过拒绝交易来防止间接竞争的发生，这一事实表明，支配地位从主要或上游市场向衍生品或下游市场具有杠杆作用。PeopleBrowsr 诉 Twitter 案就是这种间接竞争场景的例证。PeopleBrowsr 是一家分析 Twitter 数据的公司，以便向客户出售有关消费者对产品和服务的反应以及识别在某些社区中最具影响力的 Twitter 用户的信息。Twitter 决定，从 2012 年 11 月 30 日起，PeopleBrowsr（以及其他几个第三方开发人员）不再对 Twitter 数据具有完全访问权限。PeopleBrowsr 案的事实表明，企业试图通过拒绝提供必要的投入，将其在上游市场，即与社交网络或（更狭义的）微博服务相关的数据市场，扩展到下游市场，即数据分析服务市场。这一市场竞争的特点，类似于李勇坚等（2020）所提出的"双轮垄断"。

二是直接竞争，潜在的竞争对手或新进入者利用数据，开发与现有的提供商直接竞争的产品或服务。对于这种情况，数据能否作为核心要素，仍需要根据产品或服务的市场竞争情况进行更进一步的讨论。因为数据要素的特殊性，与标准市场上的核心要素商品相比，大数据不会导致竞争对手在市场上完全丧失运作能力（Petrov，2021）。因此，在直接竞争的情形下，一般不应该将数据作为核心要素。然而，如果数据持有者同时是该产品或服务的具有市场支配地位的垄断者，那么在此情形下，如果此类数据是开发此类产品或服务必不可少的投入，则应该将数据视为核心要素。

从总体上看，作为生产要素的特征以及数字经济创新的特点，数据作为核心要素有利于数据的生产力效应更好地发挥出来。

（二）数据作为核心要素的必要条件

数据作为核心要素，并不是将所有的数据都作为核心要素，而是将符合一定条件的数据集作为核心要素，要求其按照市场价格开放访问。亚伯拉罕森（2014）是较早提出将数据作为核心要素的研究者，他认为，数据作为核心要素，需要满足核心要素的几个条件：第一，垄断者必须控制并拒绝访问数据；第二，数据对建立新的竞争秩序至关重要，没有数据，新进入者可能无法进入；第三，新进入者必须缺乏复制数据的手段；第四，垄断者必须有分享数据的手段；第五，要证明数据的控制者在市场上具有垄断能力。从更一般的角度来看，数据作为核心要素应满足以下条件。

1. 数据的不可或缺性

数据的不可或缺性意味着数据存在着两个市场，一个是上游的供给市场，另一个是下游的需求市场。不可或缺性的核心是，下游需求市场将数据作为其生产的必要输入。数据是下游业务结构的核心，并且是在市场上有效竞争的要求。也就是说，如果缺乏数据，下游的产品或者服务就完全无法生产出来。这样，下游市场有完全被拥有数据的上游生产者控制的风险。不可或缺性的另一个含义是没有实际或潜在的替代方案。因为，如果数据集很容易被替换，那么，访问数据集对于竞争对手来说并不是不可或缺的。从实际市场状况来看，在线平台倾向于封闭的生态系统，对其数据库采取自我使用的方式，不向第三方授权。而这些数据与平台的业务密切相关，重建的可能性极小，因此，其不可或缺性特征是非常明显的。例如，高质量搜索引擎所需的特定数据只能通过服务客户来获得，从第三方获得的搜索数据不会构成现有搜索引擎提供商的搜索数据的完全替代品（Tunturi，2019）。

但是，不可或缺性也面临着一个巨大的挑战，就是数据质量。在现实生活中，不同的数据集往往有着不同的质量，高质量的较小数据集往往也能发挥出很大的作用，因此，在司法实践中有时无法判断数据集是否真的具有不可或缺性。此外，数据的价值通常随着时间的推移而降低，数据的不可或缺性还与时间有关。例如，新闻报道可能随着时间推移而失去价值，其不可或缺性会逐渐消失（Tunturi，2019）。在实际的案例中，不可或缺性是数据作为核心要素的最基本条件。例如，在 Google/DoubleClick 合并一案中，欧盟委员会称，将谷歌的搜索行为信息和 DoubleClick 的网络浏览行为相结合，不会给合并后的实体带来竞争对手无法比拟的竞争优势，从而得出结论：谷歌和 DoubleClick 的数据对于在在线环境中提供广告服务不是必要或必不可少的。因此，这种情况下不会产生将其合并后的数据作为核心数据的问题。美国联邦贸易委员会在 Google/DoubleClick 合并案件中也提出，"有证据表明，谷歌可获得的数据和 DoubleClick 的数据都不构成在线广告的重要投入"。在苏伊士环能集团（GDF Suez）案件中，法国竞争管理局（Autorite de la concurrence）认为，GDF Suez 拥有的客户数据资料是独一无二的，竞争对手不可能合理地复制 GDF Suez 所持有的优势，也不可能依靠其他数据库从中检索信息。因此，GDF Suez 拥有的客户资料数据库应分享给其他市场进入者。

2. 排除下游市场的有效竞争

有效竞争是数字市场的活力所在。正如德国联邦卡特尔局（Bundeskartellamt）主席安德烈亚斯·蒙特（Andreas Mundt）所强调的那样，"竞争主管机构在数字经济中的一项核心任务是保持市场开放，以确保创新的新进入者和较小的竞争对手有机会取得成功"（Tunturi，2019）。缺乏数据，新进入者可能只能进行边际竞争，不足以维持有效的竞争。由于市场的特点是显著的网络效应（如多边平台）和反馈循环，并且由于消除竞争将难以逆转，因此，在数字平台拥有大量数据的情况下，平台的数据使用政策可能对下游市场的有效竞争产生根本性的影响。市场需要将数据作为核心要素，使新进入者能够获得最基本的能力，以维持市场有效竞争。

3. 防止新产品的引进

数据驱动创新是数字时代创新的重要形式和方向。企业可以利用大数据进行创新和开发新的产品和服务，从而更好地满足消费者需求。有各种行业使用大型数据集来改善运营，如通信公司和游戏行业。利用数据引入新产品的情形大部分与间接竞争有关。在直接竞争的情况下，新进入者主要是利用占主导地位的平台的数据，通过更有效的广告瞄准自己的客户或吸引更多的新客户。在这个过程中，并没有引入新产品。这要求在监管方面有一种识别是否存在新产品的方法（Tunturi，2019）。一个可行的方案是要求新进入者提供新产品计划，并说明该产品存在消费者需求，并且以旧产品没有的方式满足消费者的需求（Donoghue et al.，2006）。尽管新产品不一定建立新市场，但必须具有更好的质量或具有互补性，以至于从消费者的角度来看，它不能与公司现有的占主导地位的产品相提并论。在间接竞争的情况下，新产品要求最有可能得到满足，即拒绝提供对数据的访问将阻止新进入者引入数据分析等增值服务。格雷夫（Graef，2016）则认为，新产品条件与市场失灵有关。在数据集受到强大网络效应或规模经济和范围经济保护的情况下，现有企业在市场上仍然占据主导地位的事实，可能仅仅是由于围绕数据集增长的市场形势，而不是其竞争成功。阿尔让通等（Argenton et al.，2012）利用搜索引擎竞争经济模型实证研究的结果表明，如果搜索引擎主要基于实际算法进行竞争，而不是基于它们所持有的搜索数据量，创新率、质量、消费者剩余率和总福利率会更高。因此，将数据视为核心要素，可以为消费者带来实质性效用。

4. 缺乏客观理由

对于占据主导地位的数据控制者来说，其不将数据作为核心要素的一个重要理由是与数据保护等客观原因有关。因为数据控制者会提出，如果将数据作为核心要素，使第三方能够访问其所拥有的数据，那么容易产生隐私保护等问题。然而，就原始数据而言，现在可以进行匿名化的技术和方法非常多，单纯的数据保护不构成数据不能作为核心要素的理由。在本质上，数据与信息、隐私之间存在着显著的差异（李勇坚，2019）。由于数据使用的非竞争性，使数据作为核心要素允许第三方访问之后，并不会影响数据控制者自身的使用，将数据开放大概率能够为数据控制者带来额外的收益。拒绝开放数据具有非商业性的理由，这正是核心要素理论需要解决的问题。

基于前文分析可见，如果数据集具有以下特征：作为下游市场不可或缺的投入、控制数据可以消除下游市场有效竞争、缺乏数据将导致无法引入新产品、数据控制者拒绝数据交易缺乏客观理由，这类数据集就可被视为核心要素。

（三）对数据核心要素的争论及回应

如核心要素理论仍有很多争议一样，数据作为核心要素，在理论上和实践中都存在着不少的争议。

1. 数据要素的特点使其无法成为核心要素

数据具有非竞争性的属性，并且有许多来源。因此，有研究者指出，复制运输、通信或能源设施网络等基础设施显然是不可行的。然而，与上述物理结构相反，数据本身是无形的，复制数据也非常简单，因此，数据本身不具备作为核心要素的条件（Tucker，2019）。欧盟委员会在评估 Google 收购 DoubleClick 和 Facebook 收购微信（Whats App）案件对数据收集的影响时也指出，在这些企业合并后，其他公司将获得许多有用的数据来源。在存在数据经纪人的情况下，很多数据可以通过数据市场获得，可替代性非常强（Lambrecht and Tucker，2017）。在很多情况下，数据的收集也不是排他的。勒纳（Lerner，2014）认为，通过收集用户数据可以取消竞争对手赎回权的说法是基于这样的假设，即用户数据是必不可少的输入，需要大量的此类数据来有效竞争，并且大公司禁止较小的竞争对手访问这些数据。但实际上，在线提供商对用户数据没有实际排他性，其性质属非竞争性。这意味着不同的网站可以自由地从同一用户那里收集相同类型活动的相同数据。因此，数据存在许多可获得渠道，不存在不可获得的问题。

还有一种观点认为，数据要素的价值与其新鲜度有关，或者称之为价值的多样性（Graef，2016）。很多数据在价值上更具瞬态性，并且在较短的时间内具有相关性。因此，只有关于过去行为的信息是不够的，即使公司从数据提供商处购买数据，具有既定用户群的公司也比这些公司享有优势。例如，搜索引擎必须不断收集信息，以确保其搜索算法不断更新，因为寻找信息的用户的需求和意图可能会发生变化。在这个意义上，即使把数据作为核心要素，也不能完全解决数据所带来的垄断问题。

科兰杰洛等（Colangelo et al.，2017）则认为，虽然数据是重要的输入，但它与其他输入没有什么不同。数据的经济效用不取决于数据本身，而是取决于公司投资于开发必要的分析工具以从中提取可靠和有根据的推论。数据是错误的竞争目标，相反，重点应放在从大数据中提取的信息上（如果有的话）。只有信息（和用于提取信息的分析工具）才被视为必不可少的投入。而且，数据本身丰富多样，不同的数据所需要的分析工具等有着巨大区别，在这个意义上，数据分析工具等比数据本身更具有价值。因此，把数据视为竞争优势来源并不合适，更不宜把数据作为核心要素。

前述观点存在以下问题。第一，很多数据是在特定场景下收集的，这些场景可能是基于企业在上游市场的业务。很多企业在其特定业务场景下收集并汇聚了大量的数据，形成了庞大的数据集，新进入者要另行收集这些数据的难度非常高，甚至不可能收集。在不可能收集数据的情况下，拥有数据的企业可以利用数据优势形成下游市场的新垄断地位；在数据另行收集成本非常高的情况下，也会形成非常高的进入壁垒，并造成社会福利损失。第二，数据使用的非竞争性与数据收集难度之间不存在直接的关系，很多数据只有在特定的场景下才能收集，并不是所有的新进入者都会在这个场景收集数据。而使用的非竞争性并不代表可以不付代价获得数据。第三，一个汇聚了大量原始数据的好数据集，对新产品开发、新市场拓展等都具有极其重要的意义。数据控制者拥有数据之后，在新产品或者新市场中容易形成垄断优势。同时，同样的原始数据集，通过不同使用者运用数据处理工具，可能开发出不同的新产品和新市场。在数据控制者垄断数据的情况下，这种新产品和新市场可能不会出现，这对社会创新也不利。因此，为了建立良好的竞争秩序，需要将数据作为一种核心要素。第四，针对数据的新鲜度或者说数据价值的瞬时性，也有把数据作为核心要素的必要性。数据价值与新鲜度相关，并不代表数据共享将稀释数据的价值。在此情况下，将数据作为核心要素，关键是建立动态实时的数据共享系统。事实上，在云计算、大数据等技术快速发展的今天，实时共享以确保作为核心要素的数据的新鲜度，在技术上已能够实现。因此，将数据视为核心要素能够在数据具有新鲜度时应用于更多的场景，有利于增加社会福利。当然，数据作为核心要素，并不代表企业所开发的独特算法等数据处理工具也要作为核心要素。

2. 单一垄断利润学说对核心要素理论形成挑战

单一垄断利润学说认为，垄断者可以直接从市场中获取垄断租金。假设垄断者控制其投入的最终产品存在竞争性市场，垄断者可以通过向下游公司收取每件产品一笔费用或特许权使用费，诱使下游公司只生产垄断数量的产品。如果垄断者自己通过纵向一体化直接将最终产品卖给消费者，并不会获得更多的利润。因此，对于控制着核心要素的上游垄断者而言，有动力通过市场化的方式将其所控制的投入资源许可给其他方，不需要额外的政府干预进行强制许可。也就是说，核心要素理论本身就没有存在的必要。

单一垄断利润理论的一个假定是垄断者可以准确地感知下游市场的需求曲线，这样其能够根据市场垄断的特征进行定价和生产，从而实现利润最大化。这与数据的生产、使用以及定价都不能够契合，因此，单一垄断利润理论并不能适用数据作为核心要素的情形。首先，一个数据集可以提供零个或无限的最终商品和服务。由于数据使用的多样性，数据控制者对数据集的用途并不能完全知晓。例如，从电商平台上获得的数据集，既可以用来分析消费者的需求趋势，也可以分析价格趋势、生产趋势等。其次，数据控制者可能无法完全监控数据的最终用途，从而无法准确地预测数据的下游市场。数据集通过与其他数据、分析工具、生产流程等进行深度融合，能够发挥出更大的价值。但是，数据控制者对此不可能全知全能，因此，他可能面临着非常模糊的数据需求曲线，无法做出准确的定价。

在这种情况下，市场还面临着一个巨大的不确定性风险。数据控制者可以暂时许可下游竞争对手使用数据集，以开发新的市场（Modrall，2017）。然而，数据控制者保留了终止竞争对手访问的能力，在证明下游新市场利润丰厚之后，数据控制者可以通过收回许可的方式，重新控制下游市场。这对积极开发下游市场的企业而言，是一个巨大的不确定性风险。例如，在People-Browsr诉Twitter的案件中，PeopleBrowsr认为，Twitter在看到对社交网络数据进行分析具有丰厚利润之后，就开始拒绝共享数据，并且自己最终进入了数据分析市场。正如理查德·A. 波斯纳（Richard A. Posner）法官所指出的，垄断者"引诱新公司进入其市场，只是为了摧毁它们"。因此，在数据垄断领域，必须引入核心要素理论，稳定新进入者的预期，从而降低创新的风险和成本，提高市场竞争。

与此相类似的一种观点是，核心要素学说扭曲了数据控制者的投资动机：由于数据控制者预期在未来无法垄断数据，可能会减少对数据的投资，这不利于创新。美国最高法院的 Trinko 裁决采纳了这一论点，并对核心要素原则的应用进行了非常严格的限制。

这一观点无法否定数据作为核心要素的必要性。首先，作为核心要素，将数据赋予更多的用户能够开发出数据更多的用途，这只是消除了数据控制者利用数据优势垄断下游市场所带来的超额利润。数据控制者依然能够从他未预期到的领域获得许可费收入，获得正常的投资利润，对投资于数据设施具有一定的激励作用。其次，在数字经济领域，数据是平台的一种副产品。例如，Twitter 在刚推出时只是一个连接工具；亿贝（eBay）的第一笔收入来自交易费用。而这些平台收集数据最核心的激励是利用数据来改进服务，拓展新产品市场。数据作为核心要素本身会刺激创新，因此，将数据作为一种核心要素并不会减少关于数据收集利用的投资激励，对创新带来的正向作用要大于副作用。

3. 数据价值的确定、定价以及可管理性的问题

核心要素理论在实践过程中面临的一个现实问题就是如何对核心要素的使用定价以及后期的监督管理问题。对于物理设施而言，可以通过成本核算、审计等方式，来确定核心要素使用的公平价格。然而，数据作为核心要素时，由于数据使用的非竞争性以及数据本身作为一种副产品而被收集，而且数据的价值发挥需要有相应的分析工具协同，这使得数据许可定价非常复杂。这也是很多研究者反对数据作为核心要素的一个重要理由（Colangelo and Maggiolino，2017）。

数据要素的价格确定，本身是数字经济发展过程中所面临的一个难题。如果允许自由定价，那么数据所有者或者控制者可以通过设置一个非常高的许可价格，使数据核心要素失去意义。然而，随着数据市场的完善，数据要素定价理论不断发展，已形成一些较为公认的数据要素定价机制（欧阳日辉和杜青青，2022）。现有的研究倾向于利用这些定价机制，对作为核心要素的数据的许可价格进行管制。在阿斯攀滑雪公司案、铁路终端协会案等案件中，已确立了许可使用核心要素的定价机制：一是公平定价机制，要求核心要素所有者针对使用该核心要素的所有人都要实行同一价格；二是第三方监督机制，如引入审计部门对定价进行审计；三是在法院或者第三方主导下，由双方协商确定许可价格。在技术上，数据作为无形产品，其交易过程可以通过网络和算法完成，通过嵌入人工智能等工具，对其后期监管也更为便捷，比物理设施更为简单。通过这些机制，能够避免因许可价格问题而导致核心要素理论实质上无法实施。

在数据要素价格确定过程中，所面临的另一个问题是"数据集涉及多个数据所有者"，这事实上涉及两个问题。第一，多个数据所有者之间的权利保护问题。如果将有多个数据所有者的数据集认定为核心要素，可能会侵犯某些数据所有者的权益。这个观点在表面上能够成立，但其背后的逻辑是将数据所有权等同于物权。现在普遍的观点是数据所有权并不等同于物权，因为数据的性质并不等同于物权的客体对象。关于数据的性质，学术界有三种观点，即"数据即资本""数据即劳动""数据即知识产权"（Savona，2019）。在数据即资本、数据即知识产权的情况下，数据作为核心要素会涉及收益权，这与数据作为核心要素时数据许可定价机制有关。如果将数据视为劳动（Eric et al.，2018），将对数据核心要素理论带来挑战，因为涉及劳动报酬确定。从国际研究现状来看，数据即劳动的观点仍属于少数观点，在此不作深入讨论。第二，数据集所涉及的收益在多个所有者之间的分配问题。对于多个数据所有者之间的利益关系，同样应按照公平分配、第三方监督、有监管的协商等方法进行确定。

4. 数据作为核心要素与隐私及数据保护的关系问题

数据作为核心要素，意味着数据会扩散，这可能会带来隐私与数据保护问题。因为作为核心要素的数据集可能包含着大量的个人数据，而且作为被收集数据的对象，个人甚至难以知道数据的存在以及交易过程，从而导致个人隐私得不到保护（Lehtioksaj，2018）。数据作为核心要素本身是一个共享的过程，具体共享的对象在数据收集时是不明确的，这容易违反《通用数据保护条例》（General Data Protection Regulation，GDPR）所明确的"透明性原则"。

因此，如果数据集由个人数据组成，则可以合理地屏蔽竞争对手，以保护消费者的隐私并遵守规则（Tunturi，2019）。

然而，数据保护本身并不必然导致数据不能作为核心要素。首先，个人数据只占数据量的一小部分，大量并不属于个人数据的数据集仍然可以作为核心要素。其次，数据作为核心要素，其实质是在保护隐私基本权利与维护市场竞争之间进行动态平衡。在这个平衡过程中，可以通过数据匿名化等方式，对隐私保护和数据核心要素进行协调。

芬兰最高行政法院在数字信息服务商（Numeropalvelu）滥用数据支配地位的案件中，对核心要素原则与数据隐私之间的冲突进行了平衡。在该案件中，Numeropalvelu 提出，由于数据隐私法，服务提供商不得免费向最终用户提供未经互联网注册的服务，因此终止与伊尼洛（Eniro）的合同，并通知 Eniro 不再更新 Eniro 的电子数据库用于搜索。市场法院裁定 Numeropalvelu 滥用其主导地位拒绝向 Eniro 提供某些信息属于滥用支配地位，Numeropalvelu 声称的基于数据隐私法的拒绝理由是不充分的。这说明法院更加重视对市场竞争秩序的维护。

四、数据作为核心要素的政策框架

数据作为核心要素，有利于进一步促进数字经济的市场竞争，并更好地推动创新创业，对于完整地理解社会主义市场经济体制和构建更高水平的市场体系，有着重要的理论价值和实践指导意义。这需要我们推陈出新，在政策上对数据作为核心要素进行有力支持，形成科学合理的政策框架。

第一，需要建立以数据作为核心要素的审查机构、审查标准和构成要件。数据作为核心要素，在中国的法律政策中仍是一个新的概念和理论框架，因此，需要通过强化理论研究，明确数据作为核心要素的政府主管机构，并明确数据核心要素的构成要件，从而使数据核心要素能够落地实施。

第二，以数据价格形成机制作为数据核心要素的重要突破口。数据核心要素理论需要解决的现实问题是，很多数据控制者希望利用数据优势对下游市场形成多轮垄断或进行不正当竞争，在其竞争对手要求使用数据时，往往会因许可价格无法达成一致而不能实现数据共享。在建立完善的数据定价机制后，第三方可以根据数据核心要素理论，强制要求数据控制者以明确的价格许可其使用数据。这样能够实现数据共享，将数据的生产力作用更好地发挥出来。数据定价机制的基础是数据具有价值创造功能，这需要研究在数据作为资产的背景下，如何推动数据的价值创造过程（刘悦欣和夏杰长，2022）。

第三，建立数据隐私保护和数据核心要素之间的动态平衡机制。现有的数据隐私保护条款与数据核心要素之间的矛盾造成了法律困境，在实施数据核心要素理论时，需要在二者之间建立动态平衡机制。重点是建立根据核心要素原则强制共享个人数据的一整套制度安排（Tunturi，2019）。一个重要的突破点是着力开发数据使用与隐私保护并行不悖的新技术，如隐私计算、区块链等。利用这些新技术，推动数据核心要素在使用过程中"可用不可见"，从而解决隐私保护与数据核心要素之间的矛盾。

第四，将数据核心要素理论与数据可携带性、互操作性等相关政策措施进一步协同起来。很多研究表明，数据可携带性作为数据强制共享的基础，是数据作为核心要素的政策依据之一（Lehtioksaj，2018）。在中国，关于数据可携带性、互操作性等问题，在政策上仍不明确。在推动数据作为核心要素时，可以将这些政策措施协同起来，从而更好地发挥数据要素的价值，并提升数字经济市场竞争水平，推动创新创业。

第十五章

数字经济赋能产业深度融合：
维度、问题与建议

近年来，数字经济的蓬勃发展极大地推动了产业的深度融合，数字赋能的一系列跨界融合新产业新业态新模式不仅成为新的经济增长点，更是构建现代化经济体系的强大动能。深入研究数字经济赋能产业融合的作用机制和内在逻辑，探讨分析面临的问题和挑战，并设计良好的公共产业政策，对保持经济中高速增长、稳定经济大盘，提高产业竞争优势、实现高质量发展具有重要作用。

一、数字经济赋能产业融合的三个维度

理解数字经济如何赋能产业融合，通过什么样的方式和途径，需要从数字经济的概念内涵出发。数字经济的概念最早见于美国经济学家唐·泰普斯科特（Don Tapscott）于 1996 年出版的《数字经济：网络智能时代的前景与风险》一书。其后，随着信息技术的创新发展和扩散融合，经济社会的信息化、数字化程度持续提升，数字经济这一术语逐渐引起广泛重视，对其内涵特征的认识也不断深化。本章主要基于以下两个具有代表性的定义进行分析。一是 2016 年 9 月二十国集团领导人杭州峰会通过的《二十国集团数字经济发展与合作倡议》认为，数字经济是指以使用数字化的知识和信息作为关键生产要素、以现代信息网络作为重要载体、以信息通信技

术的有效使用作为效率提升和经济结构优化的重要推动力的一系列经济活动。二是 2021 年 12 月国务院印发的《"十四五"数字经济发展规划》提出，数字经济是以数据资源为关键要素，以现代信息网络为主要载体，以信息通信技术融合应用、全要素数字化转型为重要推动力，促进公平与效率更加统一的新经济形态。

比较分析上述两个定义可以发现，数字经济的内涵包含三个维度或层面。一是价值创造维度，数据资源（数字化的知识和信息）是数字经济的关键（生产）要素；二是发展动力维度，信息通信技术的融合应用（有效使用）是数字经济的重要推动力；三是载体支撑维度，现代信息网络是数字经济的主要（重要）载体。我们认为，数字经济赋能产业融合的作用机制和内在逻辑也应该围绕这三个维度展开分析，可分别称之为数据价值赋能维度、数字技术赋能维度和网络载体赋能维度。这三个维度相互交织、共同发力，有力地推动了产业的深度融合发展；产业的深度融合反过来又创造了海量的数据资源、多样化的数字技术应用场景和旺盛的网络基础设施投资需求，成为数字经济发展的重要引擎。

（一）数据价值赋能维度

数据价值赋能产业融合的基本逻辑是，数据作为数字经济的关键生产要素，其价值化通过"自身增值效应"和"融合增值效应"两个相互联系、相互交融的环节，催生基于数据生产、交易、应用的跨界融合新产业新业态新模式。

1. 数据自身增值效应催生大数据产业

数据自身增值是指数据在其自身生产过程中会不断增值。最初采集的零散单一、非结构化数据内在价值极小，大量的原始数据汇聚可能带来潜在价值；随着对原始数据的清洗、标注，形成标准化、结构化的数据并通过挖掘分析提炼出有用的信息和知识，其价值逐步增加；最终通过数据确权、交易、应用，成为数据资产和数据资本。这一数据价值的增值过程，直接导致了以数据生成、采集、存储、加工、分析、服务为主的大数据产业的形成与发展。大数据产业是一种典型的跨产业边界的战略性新兴产业，其上游主要包括相关硬件设备供应和云计算、大数据平台建设；中游主要包括数据收集、数据存储、数据分析、数据交易、数据安全、数据融资、数据证券化等；下游则是几乎渗透到各行各业的大数据应用市场。

2. 数据融合增值效应诱导形成跨界融合新业态新模式

数据融合增值是指利用数字技术把生产经营、上下游市场主体和消费者的数据进行交互连接、融合使用，能够挖掘更多有效知识和信息，从而使数据增值（许宪春等，2022）。数据价值的这一特性，诱导推动了消费互联网平台、工业互联网平台、智慧供应链、柔性化定制、共享生产平台等各类基于数据交互连接创造价值的跨界新业态新模式的形成发展。例如，消费互联网平台通过为供需双方提供交互场所，使双方信息（数据）在交互碰撞中产生新的高价值数据（即供需双方数据在融合中增值），如产品声誉、用户偏好等，可以大幅降低供需双方的信息搜寻、验证等成本，有效撮合交易，产生极为显著的规模经济和范围经济效应。工业互联网平台利用大数据、云计算、人工智能等技术将企业生产现场数据、经营数据、上下游产业链供应链各环节数据、用户行为数据等广泛连接汇聚起来，在深入分析处理中可以挖掘出大量新的高价值数据（即各方数据在交互连接、碰撞融合中增值），为研发提供企业智能化制造、服务化延伸、网络化协同、精益化管理等系统解决方案，可以有效降低生产、流通和交易成本，提高全要素生产率和经济效益。其他如智慧供应链、柔性化定制、共享生产平台等跨界融合新业态新模式，也都是通过多源数据的碰撞融合实现数据增值、获取经济利益的。

跨界融合新业态新模式畅通了数据增值的渠道，破除了数据增值的障碍，提供了数据增值载体，反过来又进一步提升了数据的增值效应，形成良性的循环互动。可以预见，随着数字孪生技术的创新发展和渗透应用，数据将成为其他传统要素的数字空间"孪生"。工厂、车间、生产线、设备等物理实体和生产流程、物流流程及组织管理等所涉及的上下游各方数据被更加紧密地聚合起来，通过深入的分析挖掘处理，形成全生命周期动态数据复制，精准映射企业真实状态。在此过程中，要素配置效率和价值创造效率会进一步提升，数据价值会进一步增值，全新的产业形态、商业模式将应运而生，成为经济发展的新动能。

（二）数字技术赋能维度

数字技术赋能产业融合的基本逻辑是，数字技术通过扩散应用，与传统技术融合共生，推动传统企业、传统产业实现数字化转型，在此过程中，数字技术的无尽连接能力和海量数据汇聚处理能力可以打破企业内部、企业与用户、产业链供应链上下游企业之间的信息壁垒，形成纵向互联、横向相通的新产业生态，弱化产业边界，催生跨界融合新产业新业态新模式。

1. 数字技术打破信息壁垒并形成互联互通的新产业生态

在传统的工业经济—技术系统中，受限于传统技术范式，企业内部、企业与用户、产业链供应链上下游企业之间存在大量信息壁垒，信息获取和挖掘利用难度大，大量数据价值流失。数字技术特别是以大数据、云计算、物联网和人工智能等为核心的通用数字技术，具有无尽连接能力和海量数据汇聚处理能力，通过与传统技术的融合共生，将企业与用户的横向信息壁垒和行业内的垂直壁垒打破，在虚拟层面使企业与用户之间、上下游企业之间的信息流动变得更加自由、便捷，从而形成纵向互联、横向相通的新产业生态。

2. 互联互通的新产业生态催生跨界融合新产业新业态新模式

在互联互通的新产业生态下，企业与消费者之间、不同行业之间的信息相互交织碰撞，各种要素重新组合，会产生全新的创意和思想火花（吕铁和李载驰，2021），在这一过程中跨越产业行业边界融合发展的新产业新业态新模式应运而生，导致三次产业内部和三次产业之间的边界变得越来越模糊。例如，企业与消费者之间的信息交互畅通，提高了企业对消费者需求的感知力，企业能够对消费者需求及时作出反应，在人工智能等技术支撑下，催生基于柔性制造的大规模定制，使企业能够占领在传统工业经济—技术系统中处于"长尾"的个性化用户市场。生产、流通、消费相应环节的信息交互畅通，叠加相关数字技术支撑，催生了基于需求驱动的服务型制造、基于资源整合的总集成总承包、基于技术引领的创新服务、基于流程协同的智慧供应链管理、基于价值提升的品牌建设、基于低碳转型的绿色制造、基于业态融合的产业文旅、基于平台生态的工业互联网和消费互联网、基于物联网系统的智能制造等跨界融合新产业新业态新模式等。

新业态新模式畅通了企业、用户、产业链供应链各环节之间的信息联系，提供了数据交互连接、相互融合的渠道和载体，反过来又促进了互联互通新产业生态的进一步完善，形成了相互促进的良性循环。例如，作为拥有中国自主知识产权的工业互联网平台，卡奥斯 COSMOPlat 提出"大企业共建、中小企业共享"的生态赋能模式，通过与各行业、各领域的龙头企业共建平台，将沉淀的工业机理模型与中小企业共享，为智能制造领域提供数字转型方案和行业标准，孕育出家电、化工、汽车、服装等诸多行业生态。

（三）网络载体赋能维度

现代信息网络是数字技术和数据价值发挥赋能作用的物理载体和物质基础，网络载体赋能产业融合是通过提升数据价值赋能、数字技术赋能的绩效来实现的。其基本逻辑是，发达的现代信息网络设施通过放大数据自身增值效应和数据融合增值效应、增强数字技术的连接能力和海量数据汇聚处理能力，提升数据价值和数字技术赋能产业融合的绩效。

现代信息网络伴随着信息技术的发展而产生，也将随着信息技术的创新而迭代升级。从赋能产业融合的角度来看，信息网络设施技术水平的先进性与成熟度、技术规范的兼容性与建设标准的统一性、设施使用的经济性和稳定性是最为重要的三个影响因子。一般来说，网络设施的技术越先进、越成熟，对产业融合的赋能作用越强；技术越兼容、建设标准越统一，对产业融合的赋能作用越强；可获得性越便捷、使用成本越低、稳定性越高，对产业融合的赋能作用越强。例如，5G 网络相比 4G 具有高速率、低时延、广连接的技术特点，让现实世界进入万物互联阶段，无处不在的连接使数据的收集、汇聚、传播变得更加容易和高效，补齐了制约智能制造、工业互联网、自动驾驶等在信息传输、连接规模、通信质量上的短板，极大地提升了数据价值和数字技术赋能产业融合的绩效。

综上分析，可以将数字经济赋能产业融合的作用机制归纳如图 15 - 1 所示。

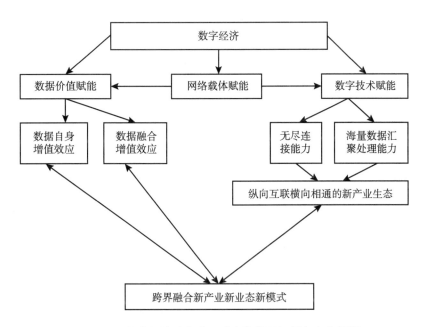

图 15 – 1　数字经济赋能产业融合的作用机制和内在逻辑

二、数字经济赋能产业融合面临的问题与挑战

数字经济发展速度快、辐射范围广，全方位推动生产方式、生活方式和治理方式发生深刻变革。因此，其发展面临的问题和挑战也涉及方方面面。本章围绕数字经济如何更好地赋能产业融合，重点从数据价值赋能、数字技术赋能、网络载体赋能三个维度进行分析。

（一）数据价值赋能维度

数据价值化的前提是数据的开放共享，数据只有连起来、汇聚起来才有可能产生潜在价值。数据价值化的实现依靠数据的流通、交易，数据只有跑起来、用起来才能发挥作用。当前，中国在数据连接、流通、交易等方面还存在着一些问题和障碍。

1. 数据标准不统一、兼容性差

中国经济门类齐全，企业尤其是中小型企业数量众多，整体信息化水平还不够高。不同部门在工艺、产品、供应链等方面的差异性导致需要连接的设备、系统异质性很强，数据标准不一。相当部分进口设备通信协议多样，不同应用协议并存，兼容难度大。不少企业内部由于使用的软件系统标准不统一，造成生产、仓储、财务、人力等不同系统的数据无法共享集成。企业内部的信息孤岛现象、产业链供应链各环节之间的信息壁垒问题较为普遍，制约了数据的交互流动和云端汇聚。

2. 数据价值化缺乏相应的制度规则

中国是传统制造业大国，现行的制度规则带有浓厚的工业经济色彩，很难满足数字经济时代跨界融合新产业新业态新模式的发展要求。就数据价值化而言，关于数据披露、确权、交易的规则设计还处于探索起步阶段，监督管理政策体系尚未建立。例如，数据流通交易缺乏统一的标准规范，数据定价模式缺乏系统框架，具体业务只能针对具体应用场景，制约了统一的数据大市场的形成（信通院，2021）。数据权属特别是企业数据权属界定缺乏法律法规支撑，一方面导致数据侵权行为时有发生；另一方面造成拥有数据资源的市场主体将数据资源视为自己的"垄断资本"，数据开放共享的动力不足。数据不能共享流通，又导致"各起炉灶"、各搞一套，重复建设现象严重，既造成了巨大的财力物力的浪费，又使得规则标准的混乱进一步加剧，更加阻碍了数据资源的整合利用。

3. 数据流动共享带来数据安全风险

数据的流动及其价值化不可避免地带来多方面的风险挑战。数据活动不断发展、迭代与深化，使得数据安全风险越来越具有多样性、复杂性和多变性等特征。例如，在利用数据追求利益最大化的诱导下，个人数据的滥采滥用、窃取、贩卖时有发生，不但侵犯了个人隐私，也增加了个人人身财产乃至生命安全风险。企业在利用数字技术融入互联互通的新产业生态时，也意味着向产业链供应链相关环节的其他市场主体特别是平台企业让渡了部分数据权益，增加了数据泄露和经济损失风险。数据的跨境流动，在促进国际交往、扩大开放水平的同时，也可能给国家产业安全、经济安全带来风险。

（二）数字技术赋能维度

数字技术赋能产业融合的过程，就是数字技术通过扩散应用与传统技术

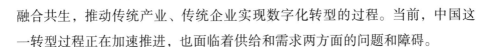

融合共生，推动传统产业、传统企业实现数字化转型的过程。当前，中国这一转型过程正在加速推进，也面临着供给和需求两方面的问题和障碍。

1. 关键核心技术自身有效供给不足

近年来，中国数字科技创新能力显著增强，不少前沿领域开始进入并跑、领跑阶段，但芯片、操作系统、光刻机、核心工业软件、核心算法等关键核心技术仍存在受制于人的情况。例如，就操作系统而言，虽然麒麟、统信等国产桌面端操作系统和鸿蒙、鲸鲮等移动端操作系统的应用近年均有长足发展，但谷歌的安卓（Android）系统、苹果的 iOS 系统、微软的视窗（Windows）系统仍处于垄断地位。其他诸如芯片、核心工业软件等与欧美发达经济体也均有明显差距。关键核心技术受制于人，影响了数字经济发展及其赋能产业融合的安全性、稳定性，增加了被外部因素制约、冲击的风险。

2. 企业刚性制约数字技术需求有效释放

企业现有资源和能力所形成的刚性有时会成为数字化转型的最大阻碍（李载驰和吕铁，2021）。一方面，在传统工业经济—技术系统中形成的固有企业文化、客户和供应商关系网、经过多次优化的业务流程以及职能部门设置，都有可能成为阻碍企业数字化转型的重要因素。另一方面，企业管理决策层数字化思维和相关专业知识欠缺，有可能会对数字技术与传统技术融合共生的战略方向作出错误的选择，使数字技术导入与企业业务实际需求不相匹配，造成大量资源浪费，数字化价值难以体现，影响了数字化投资的持续性。

（三）网络载体赋能维度

现代信息网络设施赋能产业融合面临的问题主要表现在平衡性、协调性、经济性等方面。近年来，中国信息网络设施建设取得重大成就，网络供给和服务能力显著增强，但区域发展不平衡仍然存在。与经济社会发展的实际需求相比，一些地区网络设施相对薄弱，网络供给和服务的可获得性较差、稳定性较低，使用成本较高。网络设施需要与传统基础设施协同推进、共同发力才能有效发挥载体赋能作用，但一些地区由于多头管理、各自为政，造成网络设施建设与传统基础设施建设步调上不一致、时空匹配上不协同，网络设施闲置与供给不足有时会同时存在。网络技术迭代速度快，在向基础设施形态演进的过程中可能会不断试错纠错，再加上网络设施具有典型的公共产品属性，导致其建设成本尤其是初期建设成本居高不下。

三、促进数字经济更好赋能产业融合的对策思考

（一）加强制度规范建设，充分激发数据价值赋能潜力

1. 强化数据标准体系建设

完善数据基础通用标准和关键技术标准，对数据的业务、技术和管理等属性进行统一定义，提高各种数据在共享交换中的准确性和一致性。推动各领域通信协议兼容统一，打破技术和协议壁垒，努力实现交互贯通，提高数据链条的完整性。健全统一规范的数据管理制度和规则体系，加强对数据采集、汇聚、清洗、标注、存储的全生命周期管理。

2. 加快构建数据要素市场规则

积极探索数据确权、定价、交易方式，鼓励各地数据交易平台先行先试，在不断总结经验的基础上，逐步形成有中国特色的数据资产评估、定价、交易、质押、抵押、争议仲裁等规则制度。探索建立市场化、多样化的数据开发利用机制，鼓励市场主体挖掘商业数据、重点行业数据、城市数据、政务数据和公共数据价值，推动数据价值化、服务化，促进数据价值的深度开发利用。健全数据产权保护制度，加强数字版权、数字内容产品和技术专利保护。

3. 统筹数据开放与数据安全治理

一方面，要扩大基础公共数据的有序开放，建立公共数据开放负面清单，深化政务数据跨层级、跨地域、跨部门有序共享；推动公共数据与企业数据有效链接，支持企业之间数据的开放合作，共建安全可信的数据空间。另一方面，在贯彻执行《中华人民共和国数据安全法》的基础上，与时俱进，根据数据活动的迭代与变化，进一步完善数据安全法律法规，健全数据隐私保护制度，完善安全审查规则。推动数据分类分级管理，加强政务数据、企业商业秘密和个人信息保护，打击数据黑市交易，营造安全有序的市场环境。

（二）增加有效供给释放有效需求，强化数字技术赋能作用

1. 增强数字技术有效供给能力

一方面，要发挥中国的制度优势和超大规模市场优势，大力发展信创产业，提高数字技术基础研发能力，加快建立自主可控的信息技术底层架构和标准，在芯片、传感器、基础软件、关键基础材料和生产装备等领域强化自给保障能力。另一方面，要不断探索数字化发展开放合作新模式，在技术开发、产品设计、数字基础设施建设等领域加强国际合作，积极参与数字化国际规则制定，共同促进数据流动、知识流动和成果扩散。

2. 释放数字化发展有效需求

强化传统企业数字化思维，加强对企业管理决策层和普通员工的数字管理能力、数字技能培训，推行普惠性"上云用数赋智"服务，降低技术和资金壁垒，引导企业系统推动研发设计、生产加工、供应链管理、销售服务等业务数字化转型。推动构建数据共享、创新协同、供应链互通的新产业生态，打造一批公共基础性和特色专业型工业互联网平台，在全面提升平台企业自身数字化能力的基础上，开放数字化资源，为传统企业和中小企业提供标准化工业系统软件、行业信息服务、应用场景解决方案和供应链管理服务，全面提升线上线下相结合的资源共享水平。

（三）适度超前建设信息网络设施，提升网络载体赋能绩效

信息网络具有强外部性、规模经济等特点，作为经济社会发展的基础载体，网络设施建设需要适度超前。从赋能产业融合的角度，特别应注重设施建设的区域平衡性、时空协调性和使用的经济性。加快补齐部分地区网络建设短板，提升网络供给和服务能力。统筹规划、协同推进网络设施与传统基础设施建设，提升基础设施的综合效能。在协同建设千兆光纤网络和5G网络、促进云网协同和算网融合发展、推动5G商用部署和规模应用的同时，继续降低面向中小企业的网络费用，以高质量、低成本的网络服务带动传统产业数字化转型，促进产业融合发展。

第十六章

数字经济促进产业融合：
机理、难点与选择

一、引言

近年来，数字经济发展日新月异，正在深刻改变着社会生产方式、生活方式、经济社会治理方式甚至资源配置格局，日益成为推动全球资源要素重组、产业体系乃至经济体系重构、供求关系乃至竞合机制重塑的主导力量。数字经济的发展，在为工业、农业、服务业发展赋能的同时，也在不断拓展着产业融合的空间，日益成为深化供给侧结构性改革和推动经济发展质量变革、效率变革、动力变革的最活跃、最积极的力量。全球数字化浪潮汹涌，推动产业融合、数字经济与实体经济融合步伐加快，产业融合日益成为数字经济时代的鲜明主题。正如哈佛商学院教授迈克尔·波特指出的，技术创新重塑了行业边界，甚至创造了全新的行业，并且为企业带来了前所未有的实现指数级增长的机遇（Porter，2014）。不仅是企业，包括政府在内的各类机构都在持续推进数字化转型。

如何发展数字经济引领助推产业融合，日益成为构建现代化产业体系必须关注的问题。习近平总书记在党的二十大报告中指出，"坚持把发展经济的着力点放在实体经济上""加快发展数字经济，促进数字经济和实体经济深度融合，打造具有国际竞争力的数字产业集群"，并将其作为建设现代化产业体系的重要内容。国务院印发的《"十四五"数字经济发展规划》提出，数字经济"是以数据资源为关键要素，以现代信息网络为主要载体，以信息通信技术融合应用、全要素数字化转型为重要推动力，促进公平与效率更加统一的新经济形态"。中国信息通信研究院（2023）关于数字经济的界定与此基本类似，但特别强调"以数字技术为核心驱动力量""通过数字技术与实体经济深度融合，不断提高经济社会的数字化、网络化、智能化水平，加速重构经济发展与治理模式的新型经济形态"，具体包括数字产业化、产业数字化、数字化治理、数据价值化等内容。

本章尝试从三个方面进行探讨和分析：数字经济发展引领助推产业融合的机理；中国发展数字经济引领助推产业融合面临的问题与挑战；立足当前、着眼长远，发展数字经济引领助推产业融合需要重视的战略思路和现实举措。

二、数字经济促进产业融合的机理

产业融合，实质上就是由于技术创新、制度创新和市场需求变化，包括技术的集成重组和政府管制的放松，所形成的产业边界模糊化和产业发展一体化现象。产业融合不是原有产业的简单相加或并立发展，而是通过产业渗透、产业交叉、产业重组等方式，形成产业之间"你中有我、我中有你，似你非你、似我非我"的有机相融（杨仁发，2018；姜长云，2023e）。产业融合往往伴随着新产业新业态新模式的形成，带来产业发展、供求格局、产业链供应链价值链组织方式甚至空间形态的重塑。随着产业融合的发展和深化，原本相互独立的产业之间的分工，可能会转化为同一产业甚至同一企业内部的分工，引发产业之间、企业之间竞争合作关系的重构。产业融合的发展，可以降低产业运行成本和风险，也会导致通用技术、通用资产的重要性迅速凸显。通常，产业融合往往经历从技术融合到产品或业务融合再到市场融合，直至产业融合的转变过程。创新尤其是技术创新和制度创新，往往是产业融合的内在动力。市场需求变化，往往是产业融合的外部牵引力。降低交易成本和风险的努力，也是推动产业融合形成发展的重要内生机制。

数字技术就是一种重要的通用目的型技术，数字资产也是一种重要的通用资产。通用技术、通用资产的作用凸显，助推产业融合深化。数字技术发展往往导致数字产品具有零边际成本特征和规模效应。数字经济的强网络效应、网络外部性和正反馈机制，容易推动数字化企业的价值增长出现指数级效应。鉴于数字产品固定成本高、边际成本低甚至可以忽略不计，数字产品的定价往往主要基于顾客价值而非生产成本。这不仅容易导致数字产品或服务差别定价的重要性迅速凸显，还容易导致服务个性化和个性化定制的重要性明显增加。因此，数字经济发展需要重视用户中心化、数据贯通化、生产柔性化，培育注意力经济（戚聿东和肖旭，2022），关注用户流量和用户体验。因而，以数字技术为核心驱动力的数字经济发展，依托其强大的链接、匹配、融通、赋能和增值功能，以及需求发掘能力，可以对产业融合发展产生重要的催化、推动和引领作用，甚至可以对产业融合发展产生重要的生态重构、生态赋能效应。

数字技术具有高创新性、强渗透性、广覆盖性等特点，可以产生显著的替代效应、渗透效应和协同效应，显著降低搜寻成本、运输成本、追踪成本和确认成本（姜长云，2022a），因而数字经济发展可以引领助推产业融合是比较显见的。中国信息通信研究院（2022）认为，数字经济的本质是基于新技术应用的连接、联结和协同，其运行机制包括在交易过程中通过降低搜寻成本进而降低经济运行成本，导致原先受搜寻成本约束的经济活动得以释放出来，催生出大量的新经济模式；在生产过程通过深化分工提高经济效率，为在生产端实现规模经济和范围经济、在需求端满足更加多样化的消费或投资需求、在市场端提升企业集中度和竞争复杂度提供了便利。数字经济发展还导致了经济形态重构和数字经济生态体系的形成。相对于传统的线下经济模式，数字经济的创新组织边界转向模糊化，创新资源由封闭式占有转向开放式共享，创新组织方式也由链条化转向网络化和"去中心化"，甚至创新合作方式也由之前的小范围强联系转向大范围弱联系。可见，数字经济发展引发的变化，也容易对接产业深度融合发展的需求。王佳元（2022）、王佳元和张曼茵（2023）探讨了数字经济赋能产业深度融合的作用机制，将其概括为数据价值赋能、数字技术赋能、网络载体赋能，认为工业互联网赋能产业深度融合，主要是通过产业生态重构、数字融合增值等路径实现的。这些探讨有助于我们从不同层面更好地理解发展数字经济引领助推产业深度融合的机理。

发展数字经济引领助推产业融合，往往会带动产业发展的数字化转型。数字化是信息化的升级版，支撑从信息化到数字化转变的是各种智能终端、中央信息处理功能（如人工智能、大数据、云计算等）和互联网等底层技术的广泛应用和升级改造。从信息化改造到数字化转型的转变，主要体现为技术架构从信息技术到数字技术、需求特征从面对确定性需求到不确定性需求、核心诉求从提升效率到支撑创新、核心目标从以企业内部管理为主到以拓展客户运营为主、技术体系从封闭型向开放型的转变（陈雪频，2022），顺应了推动经济社会高质量发展的需求。托马斯·西贝尔（2021）提出，数字化转型正在形成巨大的网络效应，催生经济社会各领域一系列指数级的巨大变革。随着互联网、物联网、云计算、大数据、区块链、人工智能等数字技术的发展和融合，在推动技术范式快速迭代和平台全面网络化发展的同时，产业深度融合日益成为趋势。实际上，在新一代数字技术的加持下，融合越来越成为数字经济发展的必要基础，甚至融合创造日益成为数字经济时代的主旋律；共生越来越成为数字经济可持续发展的关键，打造共生共赢的数字生态共同体越来越成为时代的要求。因而，培育以融合和共生为特征的数字生态圈的重要性更加凸显，数据在其中的关键作用进一步强化（戚聿东和肖旭，2022）。

三、数字经济促进产业融合面临的难点

（一）现实或潜在的"数字垄断""数字霸权"问题

在数字经济引领助推产业融合的进程中，一些数字平台企业极易通过网络效应在市场中发展形成垄断地位甚至形成数字霸权，可能导致其他数字企业（尤其是中小微数字企业）在产业融合进程中难以打破平台企业制造的数据壁垒而发展壮大。并且，依托平台企业开展产业融合的数字企业可能因担忧其核心数据被平台企业利用市场支配地位获取而丧失企业竞争优势，导致数字企业不敢融合、不愿融合。如何加强反垄断监管、遏制数字霸权，是促进产业融合有序可持续健康开展的关键。

洛尔切尔和马克思（Loertscher and Marx，2020）认为，数字垄断是数字经济时代的新型垄断，是由数字企业在数据收集和处理方面具有的"规模报酬递增"特性而形成的，如亚马逊和谷歌都是数字垄断的典型代表。研究指出，当数字垄断企业的定价行为不受限制时，极端情况下生产者剩余将逐步增加至与社会总剩余相等，即此时消费者剩余为 0，数字垄断企业获取了全部的剩余。因此，需要引入价格调控等政策工具来实现生产者剩余与消费者剩余之间的平衡。根据李勇坚和夏杰长（2020）的研究，数字平台企业通常具有数据优势和流量优势，并通过网络效应迅速扩张，在数字市场上形成"赢家通吃"的格局。并且，平台企业在市场中发挥着近乎基础设施的作用，极易通过并购等方式持续性地强化其垄断地位，形成双轮垄断甚至多轮垄断，遏制创新，损害消费者福利。熊鸿儒和韩伟（2022）与洛尔切尔和马克思（2020）的研究都指出，对数字垄断企业的反垄断监管，针对的是数字垄断企业在数据收集与应用等方面的反竞争行为，要避免因过度监管导致企业降低开展数据分析投资的动力，要兼顾防止垄断无序扩张与避免对市场竞争机制形成过度干预，释放可预期、明确的政策信号。肖旭和戚聿东（2019）指出，要顺应数字经济发展形势，创新反垄断规制的目标和方式；同时既要遏制限制竞争的垄断行为，也要为以数字化推动的产业跨界融合创造有利的制度环境。

（二）制约跨领域数据要素资源聚合应用的"数据孤岛"问题

在数字经济时代，海量的数据要素资源广泛地分布在不同行业、同一行业的不同企业、同一企业的不同部门中。这些数据要素资源，是数字经济赋能产业融合的重要"原材料"。然而，由于数据存放位置、数据标准不一等原因，形成了一座座彼此间相互隔离、难以联通的"孤岛"，数据要素的价值未能得到充分释放，即数据孤岛问题。具体而言，这种数据孤岛通常表现为两种形式：（1）物理层面的数据孤岛，指因数据存放于不同位置等原因形成的"孤岛"，如 A 企业的 B 部门和 C 部门分别存储了不同数据，但相关数据未能得到聚合并发挥其价值；（2）逻辑层面的数据孤岛，是指因部门间对数据的定义等存在差异而形成的"孤岛"，如 A 企业的 B 部门和 C 部门都采集了相同的数据，但由于不同部门对数据的定义存在差异，B 部门和 C 部门存储了不同的数据，当开展跨部门合作时可能出现"鸡同鸭讲"的情况，难以促进数据要素互联互通的问题（朱宗尧，2021）。

以数字经济推进产业融合促进，亟待打通数据孤岛，提升数据要素的开放共享水平，促进数据要素的有效聚合。正如怀尔德－詹姆斯（Wilder－James，2016）指出的，企业要想获得持续性竞争优势，既需要数字技术，也需要数据。并且，当企业在运用数字技术开展数据分析时，往往需要投入80%的精力用于进行数据的获取并调整数据使其适合于开展业务。数据孤岛的存在，将显著提高企业获取和准备数据的成本。

（三）数字经济发展不平衡形成的"数字鸿沟"问题

伴随着数字经济的快速发展，与数字经济相伴相生的数字鸿沟问题逐渐得到关注（姜惠宸，2021）。美国国家电信和信息管理局（National Telecommunications and Information Administration，NTIA）将数字鸿沟定义为能够获得现代信息技术（如电脑、互联网等）与不能获得现代信息技术的群体之间产生的鸿沟（NTIA，1999，2000）。数字鸿沟通常表现在国家之间、区域之间（如城乡之间），也表现在行业之间。例如，根据胡鞍钢和周绍杰（2002a）的研究，数字鸿沟与国家的收入水平有关，如2000年的数据表明，国际互联网主机主要分布在人均收入水平较高的国家中，即这些国家属于"数字富国"，而人均收入水平较低的国家往往国际互联网主机拥有量较低，属于"数字贫困"国家。胡鞍钢和周绍杰（2002b）进一步指出，在这一时期，中国属于发展中国家，当时还是"数字穷国"，并且地区之间、城乡之间也存在数字鸿沟问题，如东部地区因特网普及程度远高于中、西部地区。根据邵培仁和张健康（2003）的研究，国家间数字鸿沟现象是由于发达国家通过创新、垄断迅速占据信息技术的高地从而获得先发优势，而发展中国家工业化水平相对较低且人才匮乏，故而在信息时代处于边缘地位，并且一些国家本身收入水平就低，尚存在温饱问题，也就难以认识到"数字红利"的潜在价值，难以跨越数字鸿沟。金兼斌（2003）提出，可通过信息网络建设、信息化人力资源、信息产业等方面指标，测算不同地区的信息化程度，通过比较信息化程度差距来测算数字鸿沟。罗廷锦和茶洪旺（2018）发现，数字鸿沟与地区的贫困程度呈同向变动关系，他认为，贫困地区信息化程度低，居民创造财富的途径较少，信息化素养难以提高，会导致贫困地区的数字鸿沟进一步放大，可设立信息基础设施建设专项资金汇集政府、企业等多方力量，优化贫困地区信息环境，促进信息技术在贫困地区不同行业尤其是农业领域的应用，带动经济发展。

随着时代发展，数字鸿沟的内涵逐渐丰富，主要可从两个方面进行分析：（1）数字接入鸿沟：数字基础设施供给不足导致的不同群体在信息技术可及性方面的差异；（2）数字能力鸿沟：不同群体在数字技术运用能力方面的差异（田刚元和陈富良，2022；周慧珺和邹文博，2023）。杜勇等（2022）将数字鸿沟的内涵拓展到企业维度，指出企业在以数字技术推进产业融合时存在两方面的数字鸿沟：（1）企业转型升级面临的技术挑战及相关的支持性安排（如管理者战略、企业组织架构等的变革）；（2）构建跨产业的异构生态系统面临的技术挑战及相关的支持性举措。

随着数字经济的蓬勃发展，数字鸿沟问题日趋复杂，呈现多样化趋势。从国家层面，王玉柱（2018）指出，与发达国家相比，发展中国家以资本密集型和技术密集型为典型特征的数字经济方面可能面临资本、技术短缺问题，即形成了新数字鸿沟。从城乡层面，吴玲和张福磊（2018）认为，近年来，农村互联网普及率有所提高，但与城镇相比仍有显著差距。由于农村地区数字化教育资源短缺，"数字文盲"正成为"新数字鸿沟"的主要表现，如农民对互联网的应用仅停留在浏览新闻层面。缺乏数字化能力的农民工，难以将数字技术应用于智慧化农业的生产、经营和服务，难以作为人力资本支持以数字技术为支撑的现代农业发展。农村地区的数字鸿沟问题，极有可能通过"马太效应"放大城乡差距，亟待引起重视。从行业层面，何宗樾等（2020）研究发现，数字金融叠加数字鸿沟，可能会引发新的结构性问题，即数字金融可以为能够接触互联网的居民提供便利，但也有可能挤占未能接触互联网的居民本可以获得的金融资源；李洁（2018）将数字鸿沟细分为年龄数字鸿沟和教育数字鸿沟，认为受教育程度较低的群体可能会难以尝试智慧医疗等新医疗理念，高年龄群体可能由于受教育程度不足叠加生理因素，难以充分运用智慧医疗等数字技术。

目前，中国正稳步推进数字基础设施建设，互联网普及率从 2018 年 6 月的 57.7%（CNNIC，2018）增长到 2023 年 6 月的 76.4%（CNNIC，2023）。同时，推进工业互联网平台、国家和行业层面工业互联网数据中心、数据要素登记确权平台等组成的工业互联网生态体系建设，在电子设备制造业、钢铁、纺织等行业推进"5G + 工业互联网"融合性项目建设（CNNIC，2018，2023）。综上可知，跨越数字鸿沟，形成产业融合的数字红利，一方面要加强数字基础设施建设，确保不同地区都能有机会享受到数字技术的红利，跨越数字接入鸿沟；另一方面也要进一步加强数字人才培养，缩小不同人群在运用数字技术方面的能力差异，跨越数字能力鸿沟，为推进产业融合奠定人才基础。

（四）数据要素流通使用和权益保护面临的"数据确权"问题

海量数据要素的自由流动和优化配置是数字经济的生命力所在，也是数字经济引领助推产业融合作用发挥的前提。如何确定数据要素权属，始终是促进数据要素流通时不可回避也是对流通各方权益保护尤为关键的问题，不仅是学术界讨论的热点，也是实践层关注的焦点。

数据要素是数字经济时代的新型生产要素，数据要素的流通过程通常涉及数据的提供、采集、加工、存储、使用、管理、维护等多个环节。并且，与传统生产要素（如资本、土地）相比，数据要素具有明显的可复制性、非竞争性、一定程度的非排他性，一定程度上增加了数据确权的难度，导致数据资产权属模糊（刘悦欣和夏杰长，2022）。戚聿东和刘欢欢（2020）认为，数据的所有权是数据确权领域争论的焦点。如果数据的所有权无法明确其归属，则数据的使用权和交易权就成了"空中楼阁"，数据收益权的实现更是无从谈起。并且，从不同角度分析数据的权属，可能会得出截然相反的结论。例如，个人用户的数据通过数字平台企业的聚合，形成了能够发挥数据要素价值的大数据，从这个角度看数据的产权（包括所有权、使用权、收益权、交易权）似乎应属于平台。但是，如果没有许多个人用户生成数据并向数字平台企业贡献数据，则数字平台企业难以实现用数据创造价值，从这个角度看数据的产权似乎又应该属于或部分属于个人用户。王建冬等（2022）指出，数据要素的复杂特性（如可复制性、不确定性等）导致数据确权难，数据供求双方难以实现有效对接。研究提出，可探索先明确数据的使用权和流通权的归属以提升数据流通效率，并结合"数据登记"等方式应对数据流通过程中权属模糊的问题。于施洋等（2020）指出，数据要素具有虚拟性的特点，与传统具有实物性特点的生产要素（如土地）相比，确权难度更大。并且，平台数据流通的过程涉及多个主体，可能是个人用户数据与平台数据混合形成，此时数据的权属较为模糊，给数据确权带来更多挑战。2022 年 12 月印发的《中共中央 国务院关于构建数据基础制度更好发挥数据要素作用的意见》提出，将数据分为公共数据、企业数据、个人数据三类，探索建立"分类分级确权授权制度""数据资源持有权、数据加工使用权、数据产品经营权等分置的产权运行机制"。该文件也指出，要"不断探索完善数据基础制度"。可见，如何确定数据的权属，是值得持续研究的内容。

四、结论与建议

数字经济在引领助推产业融合的过程中，能够凭借其具有的强网络效应、网络外部性和正反馈机制，有力推动产业数字化转型，促进新产业新业态新模式不断涌现，形成产业融合与数字经济相互促进、共同发展的良性循环。但与此同时，数字经济促进产业融合还面临数据流通过程中数据权属如何明确、如何促进海量数据要素形成的数据孤岛互联互通、如何提升对数字平台企业垄断行为（或更高程度的"数字霸权"问题）的反垄断监管能力、如何确保数据可信流通、如何跨越数字鸿沟赢得数字红利等问题。

关于如何助力数字经济更好引领助推产业融合，形成推动经济高质量发展的强大动力，本章提出如下主要建议。

（一）统筹数字经济发展和安全，促进数字经济治理体系和治理能力现代化

近年来尤其是新冠疫情暴发以来，数字经济引领助推产业融合的作用日益凸显，数字经济在创造新产业新业态新模式新就业形态方面取得诸多成绩，新型数字基础设施建设也为促进未来产业转型升级和跨界融合奠定基础。立足当前，着眼长远，在数字经济引领产业融合的同时，数字垄断、

数据确权等一系列新问题新情况也逐渐涌现，对促进数字经济治理体系和治理能力现代化提出了新的要求。要以数据驱动促进反垄断监管创新，遏制数字垄断对市场公平竞争行为的影响，培育支持创新的良好市场制度环境。有序推进数据基础制度建设，对数据所有权、使用权、交易权、收益权归属作出明确的制度安排，激励多方主体形成良性互动的数据流通模式，坚持"加强监管＋包容创新"双轮驱动，以高质量数据安全助力数字经济高水平助推产业融合。

（二）夯实数字经济发展根基，跨越"数字鸿沟"赢得"数字红利"

数字红利是指由数字投资带来的在经济增长、就业、服务方面的收益。具体而言，数字技术有助于政府为大众提供更好的公共服务，数字技术能创造新的就业岗位，数字技术还有助于企业提高生产率（WB，2016）。要促进创新链产业链人才链有机融合，打造更具活力的数字经济生态。构建"政产学研金服用"七位一体的数字经济政策支持体系，探索和推进数字经济创新发展沙盒机制和数字经济创新发展试验区建设，打通行业、企业、部门间数字孤岛，以更高水平数据开放共享促进产业跨界融合，创造更多数字红利。

（三）加强数字基础设施建设，为产业融合构筑坚实"数字底座"

数字基础设施是数字经济的基础工程，对数字经济和产业融合的高质量发展具有重要的公共产品作用。根据德国经验，加强惠及农业农村的数字基础设施建设，对于弥合数字鸿沟也有重要作用。德国政府持续推进农村地区数字基础设施建设，弥合城乡间存在的数字鸿沟，为发现数字红利的潜在价值创造机遇。德国政府于2019年启动"移动通信战略"，设立约11亿欧元的"数字基础设施"特别投资基金，以补贴的方式支持5000个农村地区移动通信站点的开发，确保这些对私营公司而言"经济上不可行"的农村地区也能获得与城市相同速度的移动通信网络。并且，由德国食品和农业部

（Bundesministerium für Ernährung und Landwirtschaft，BMEL）每年投入 10 亿欧元支持农村地区的数字化转型、支持"智慧农村"建设；BMEL 还启动面向农民需求的农业部门移动通信改善支持计划，投入 6000 万欧元支持农村地区的网络建设，并以合理费用向农民提供网络服务，帮助农民在农业生产中采用数字化的解决方案，提高生产中的资源配置效率和产量（BMEL，2019）。

（四）加力支持数字化转型试点试验，促进相关理念传播

近年来，中国有关部委和地方政府结合推进产业融合，开展了各种数字化转型试点，对于推进产业融合高质量发展和促进数字经济与实体经济融合，发挥了画龙点睛的作用。要在总结各地经验的基础上，加大对试点试验方案的经验总结和推广力度。鼓励结合试点试验，推进数字化理念的发展与传播，通过带动利益相关者数字素养的提高，为发挥数字经济对产业融合的引领助推作用创造条件。

此外，从德国经验来看，推进数字化转型还有利于拓展农村地区的发展可能性边界，为数字惠及农业农村产业融合创造更多机会。仍以德国为例，数字技术的快速发展，不仅让距离遥远的农村与城市之间可实现快速通信，也为农村地区发展创造了许多可能性（如农业数字化转型形成的新职业、新产业、新业态、新模式）。据 WB（2021）的数据，2050 年全球每个农场产生的数据点预计将达到 410 万个，海量的数据要素资源将为农民安排农业生产并保证合理盈利提供重要的参考。同时，数字技术在农业部门的广泛运用（如农业电子商务），也有助于促进农业部门的生产者销售产品、消费者选择以环境友好型模式生产的农作物来支持环境保护。德国农村发展能力中心（Kompetenzzentrum Ländliche Entwicklung，KomLe）代表 BMEL，在促进研究成果推广的"联邦农村发展计划"（Bundesprogramm Ländliche Entwicklung，BULE）的支持下，设立"土地数字化"项目，资助运用智能信息和通信技术改善农村生活的创新项目，并通过网络会议分享项目经验，对优秀项目给予持续性的资助。土地数字化旨在服务虚拟化（如以数字化的方式提供远程医疗服务，既节约时间，也降低成本）、服务网络化（如建立共享平台，提高资源的使用率）、服务自动化（如构建能够自行订货的智能自动售货机，为人口

密度较低、老龄化程度高于城市地区的德国农村提供服务），2017～2022年已为涉及交通运输、医疗保健等七大主题的48个示范性项目提供了840万欧元的资助（BMEL，2022，2023a，2023b）。

从2023年起，德国政府将"联邦农村发展计划"升级为"联邦农村发展和地区价值创造计划"（BULEplus），对前瞻性、创新性解决方案进行试点、分析、经验分享，计划开展"土地数字化2.0"项目。该项目计划从两个角度助力相关项目成功推进：（1）聚焦重点领域，加强多部门间合作（如促进与卫生部合作推进"土地数字化＋健康"项目，与交通部合作推进"土地数字化＋交通"项目）；（2）在"土地数字化2.0"项目设计方案中，增加对"土地数字化"项目中发现的成功因素的考量，并定期组织开展经验交流会，对相关项目的发展提供建议（BMEL，2023a，2023b）。

此外，德国食品和农业部启动了8个面向农作物生产领域、3个面向畜牧业领域、3个面向跨学科领域的"数字化试验田"，探索以数字技术促进农业生产和实现环境保护，从而实现增强数字化、现代化、绿色化的农业部门工作职位更具吸引力、以创新性的"数字化＋农业"产业融合模式可持续发展的目标；并且，成立由食品和农业部数字化专员任主席、约30名专家和试验田相关人员共同参与的"农业部门数字技术能力网络"，每年召开两次会议，共同分析农业数字化的发展状况与面临挑战（BMEL，2021）。

第十七章

工业互联网赋能产业深度融合

近年来，得益于信息技术与制造技术的突破、融合及产业数字化的庞大需求，工业互联网日益成为实体经济数字化转型的关键支撑。工业互联网的海量数据汇聚处理功能，促使产业生态系统相关环节的多源数据进行交互连接，打破了传统的产业生态系统中各要素、各环节之间的信息壁垒，为产业融合新模式的兴起创造了基础条件。工业互联网既是现代服务业同先进制造业深度融合的重要载体，又是数字经济赋能产业深度融合的重要平台。本章力图阐释工业互联网赋能产业融合的路径及其作用机制，分析工业互联网对若干跨产（行）业边界的融合发展新模式（以下简称"产业融合新模式"）的赋能作用，探讨面临的问题和挑战，并提出具有针对性的政策思路。

一、工业互联网赋能产业融合的路径与作用机制

数字经济赋能产业融合的作用机制可归纳为数字技术赋能、数据价值赋能和网络载体赋能三个维度，其中，网络载体的赋能作用是通过提升数字技术赋能和数据价值赋能的绩效来实现的，而数字技术和数据价值的赋能作用则是分别通过产业生态重构和数据融合增值等路径来实现的（王佳元，2022）。因此，本章主要基于产业生态重构和数据融合增值两个路径，对工业互联网赋能产业融合的作用机制展开分析。

（一）工业互联网重构产业生态

工业互联网是连接人、生产设备、软件系统及产业链供应链等链条各相关环节的重要载体，其"万物互联"功能可以全面增强数据的有效流动，推动形成纵向互联、横向相通的新产业生态。

产业生态是由影响产业发展的关键要素及其相互作用关系构成的复杂系统（李晓华和刘峰，2013）。对某个具体产业或企业而言，其产业生态系统是一种复杂的网链结构，既包括产品链、产业链、供应链、价值链、创新链、技术链、信息链及其他各种服务链，也包括消费者、中介组织、规制机构，以及生产要素供给、基础设施、政策体系、市场环境、文化习俗等辅助因素。在传统工业经济的技术范式下，产业生态系统各环节、各要素之间存在多重信息壁垒，企业内部、企业相互之间、企业与用户、企业与中介机构、企业与政府部门的信息交互均存在时滞性、局限性，效率低下甚至存在循环断裂的风险，不仅制约微观企业的发展，也影响宏观产业生态系统的整体效能。

基于感知技术和通信技术的工业互联网，通过部署感知终端和数据采集设施，可以实时感知监测系统各环节、各要素的状态信息；通过部署包含网络互联、数据互通、标识解析三部分的网络体系，可以实现信息在各要素、各系统之间的相互传输、相互理解，建立起全要素的编码认证与数字映射。这种万物互联的无尽连接功能，可以有效打破传统的产业生态系统中各要素、各环节之间的信息壁垒，打通资产体系、生产系统、供应链网络和管理系统，实现全要素、全环节的信息互联互通，重构产业生态。一是将孤立的设备资产单元串联起来，实现资产体系的信息互联互通；二是将企业内人员、机器、材料、环境、系统等全面连接起来，实现生产系统各要素之间的信息互联互通；三是将上下游各节点市场主体全面连接起来，实现产业链供应链等链条各环节的信息互联互通；四是将企业与用户、企业与中介机构、企业与监管部门全面连接起来，实现企业与各支撑要素之间的信息互联互通；五是将产品设计、生产、销售、使用全过程连接起来，实现产品全生命周期的信息互联互通。

（二）工业互联网引致数据融合增值效应

工业互联网以数据为核心。其网络、平台、安全三大功能体系均服务于数据的采集、传输、集成、管理和分析，形成一个自下而上的包含感知识别、数据连接与数据集成、数据模型和工业模型、决策优化等环节的信息（数据）流。从数据价值活动的角度，这个信息（数据）流可理解为工业互联网的数据价值链（关于"数据"的概念内涵及其与"信息"的关系认识不一，在此不做过多讨论。本章把数据看成信息的数字化载体，包括各种以数据形式存在的服务和产品），它描述了工业互联网中的数据由非结构化的低价值形态转变为结构化的、可应用于特定场景或商业模式的高价值形态的过程。

工业互联网平台具备海量数据汇聚处理功能。通过各类软硬件方法采集的机器设备的状态行为数据、企业内部各管理系统的运行数据、产业链供应链等各相关环节的数据、消费者行为数据、政策数据等，由网络层面汇聚到工业互联网平台，经过建模分析（主要提供基于大数据、人工智能分析的算法模型和各类仿真工具）、知识复用（主要提供工业经验知识转化的模型库、知识库）和应用创新（主要提供各类工业 App、云化软件）等阶段，其价值在交互融合中会持续增值，产生显著的数据融合增值效应。即沿着数据汇聚—建模分析—知识复用—应用创新这一链条，工业互联网中的数据会不断碰撞、融合，其规模越来越大，种类越来越多，蕴含的有效知识和信息越来越丰富，价值越来越高。这是数据规模报酬递增特性在工业互联网中的具体表现。

（三）新产业生态和数据融合增值效应赋能产业深度融合

新产业生态为产业融合新模式的兴起创造了基础条件。新产业生态中全要素、全环节的信息互联互通，促进了不同产业、不同行业的知识、创新思想等相互碰撞交融，使三次产业及其细分行业之间能够相互提供、吸纳对方的产业元素、价值观念、支撑要素等，这必然会模糊弱化产业、行业边界，为产业融合新模式的兴起提供基础和前提。例如，产品设计、生产、销售、使用全过程的信息互联互通，为开展产品全生命周期管理创造了条件；机器设备等资产体系的信息互联互通，为开展柔性生产制造提供了前提；企业与产业集群相关市场主体的信息互联互通，为开展共享制造奠定了基础；企业与供应链上下游相应环节的信息互联互通，为优化供应链管理、建立智慧供应链网络创造了机会；企业与创新链上下游相应环节的信息互联互通，为开展跨区域协同研发设计提供了可能；企业与用户之间信息的互联互通，为开展大规模定制化生产铺平了道路；等等。

数据融合增值效应为产业融合新模式的兴盛提供了经济动因。随着数字产业化、产业数字化的深入推进，数据作为关键生产要素，快速融入经济活动的各领域、各环节，获取不断融合增值的数据价值，成为市场主体关键的利润增长点，数据融合增值效应也由此催生了一系列基于数据汇聚融合、创造并实现价值的产业融合新模式。例如，在产品全链条信息互联互通的基础上，贯穿产品设计、生产、销售、使用等各环节的数据，通过不断交互汇聚释放大量数据红利，这是产品全生命周期管理这一产业融合新模式兴起的直接经济动因。在企业与产业集群其他市场主体信息互联互通的基础上，相关数据不断碰撞融合提升价值，引发共享制造等产业融合新模式。在企业与供应链上下游信息互联互通的基础上，相关环节的数据价值被挖掘释放，成为智慧供应链发展的经济动力。在企业与创新链上下游信息互联互通的基础上，相关人员、算法、模型、任务等数据汇聚整合会产生额外价值，诱发协同研发设计等产业融合新模式。企业与用户之间信息的互联互通，使得用户数据被大量汇聚挖掘，为大规模定制化生产拓展了市场需求，等等。

综上分析，工业互联网赋能产业融合的路径及其作用机制可概括为：工业互联网的万物互联功能，打破了传统的产业生态系统中各要素、各环节之间的信息壁垒，实现全要素、全环节的信息互联互通，弱化产业、行业边界，重构产业生态，为产业融合新模式的兴起奠定了基础和前提。工业互联网的海量数据汇聚处理功能，将产业生态系统相关环节的多源数据交互汇聚、融合使用，产生数据融合增值效应，为产业融合新模式的兴盛提供了直接经济动因。这两条路径相互交织、共同发力，赋能产业深度融合。

二、工业互联网赋能产业融合的主要模式

近十年来，数字经济蓬勃发展有力地推动了先进制造业与现代服务业深

度融合，一些极具发展潜力的产业融合新模式应运而生。工业互联网通过产业生态重构和数据融合增值两个路径在其中发挥了巨大的赋能作用。

（一）大规模定制化生产

这是一种依托工业互联网和智能工厂，将用户需求直接转化为生产计划，及时满足客户个性化需求的产业融合新模式。从产业生态重构的视角，工业互联网的应用，促进了数控机床及其他自动化设备等资产体系的互联互通、企业柔性生产相关应用与企业 ERP、MES、WMS 等系统的互联互通，以及企业与用户信息的互联互通。从数据融合增值的视角，工业互联网的应用缩短了生产线根据生产要求进行重构的时间，实现了对用户、产品、设备、生产等数据的实时分析处理，提高了企业的柔性生产能力；增强了企业对用户偏好的感知力，促进企业与用户实现价值共创，发展个性化设计、用户参与设计、交互设计等；提升了企业对用户特殊需求、体验反馈等数据进行分析挖掘的能力，企业可以为用户刻画出更完整的画像，定位在传统工业经济—技术系统中处于需求曲线长尾末端的个性化用户，重新发现这些在标准流水线生产条件下被放弃的群体价值，实现了企业定制生产的规模化。以红领集团基于工业互联网和智能制造生产线创立的 C2M 定制模式为例，该企业依托 C2M 平台，畅通了企业与用户的信息互联，提升了生产线上不同产品数据、产品规格、配套元素之间的灵活搭配能力，实现了定制化设计、制造工艺、生产流程、物流配送、交易支付、售后服务等环节的数据化跟踪和无缝对接，从而重构了企业的产业生态，大幅减少了设计、生产、销售等中间环节的费用（江志斌，2020）。

（二）共享制造

这是一种基于工业互联网平台，把产业集群中生产制造各环节、各领域分散或闲置的资源集聚起来，弹性匹配、动态共享给需求方的产业融合新模式。从产业生态重构的视角，工业互联网的应用促进了产业集群中相关市场主体制造资源、研发资源，以及物流仓储、产品检测、售后服务等资源信息的互联互通，并突破了传统产业集群的时空限制，在线上实现更多闲置资源的信息互通。从数据融合增值的视角，工业互联网的应用大幅降低了需求方的信息搜寻成本，促进了生产设备、科研仪器设备及共性服务能力的高效利用和价值共享。例如，宁夏共享集团以"绿色智能铸造"共享云平台为依托，畅通了供需双方的信息互联，促进了分布各地的铸造资源共享，重构了企业的产业生态，明显降低了模具的投入成本（树根互联，2020）。

（三）智慧供应链管理

这是一种基于工业互联网平台及智能化物流装备、仓储设施，促进供应链各环节数据集成、弹性匹配、协同高效的产业融合新模式。从产业生态重构的视角，工业互联网的应用使企业能够与供应链合作伙伴的相关信息实现实时共享，及时掌握能源、原材料、零部件、物流、交易等各类数据。从数据融合增值的视角，工业互联网的应用使企业能够对供应链运营过程实现及时检测和操控，提高供需匹配的效率和精准性；并通过基于供应链数据分析、人工智能和可视化工具进行应用创新，建立覆盖供应链全环节的智能化预警体系，将业务流程转换为智能工作流程，增强供应链弹性和敏捷性。以安踏集团基于 SAP S/4HANA 平台的供应链管理为例，依托该平台，安踏实现了零售、供应、工厂、财务等各环节数据的连通与整合，促进了全业务链条的贯通，重构了产业生态；通过自动运算销售交期、供应链交期以及在线反馈机制，显著提升了整体效率（计世网，2020）。

（四）协同研发设计

这是一种依托工业互联网平台及现代信息网络，汇聚人员、算法、模型、任务等研发设计资源，实现工业研发设计轻量化、并行化、交互化、远程化的产业融合新模式。从产业生态重构的视角，工业互联网的应用使研发设计资源实现了跨区域信息互联互通。从数据融合增值的视角，工业互联网的应用使科研团队能够跨区域实时分享实验现场、跨区域在线协同操作实验流程，实时生成分享工业部件、设备、系统、环境等数字模型，大幅提高研发进度和设计效率。例如,中国商飞与中国联通合作,开展了"5G + 工业互联网赋能大飞机智能制造"项目建设,实现了协同研发设计场景的应用,压缩研发实验成本 30% ,缩短了 20% 的设计周期。[①]

(五) 全生命周期管理

这是一种依托工业互联网平台和现代信息网络,开展从研发设计、生产制造、安装调试到状态预警、故障诊断、维护检修、回收利用等全链条服务的产业融合新模式。从产业生态重构的视角,工业互联网的应用实现了产品全链条数据的互联互通和生产设备的实时在线监测。从数据融合增值的视角,工业互联网的应用实现了产品全链条数据的融合处理分析,显著提升了企业各环节的效率和水平;实现了对设备健康状态的实时评估,拓展了售后支持、预测性维护等增值服务。例如,中国宝钢联合中国联通,建设了"流程行业5G + 工业互联网高质量网络和公共服务平台"项目,实现了对设备故障的提前预警,有效提高了设备寿命预测准确率,降低了现场布线工作量和员工点检负荷率。[②]

三、工业互联网赋能产业融合:问题与挑战

近几年工业互联网赋能的一系列产业融合新模式快速成长,成为当前稳定经济大盘、实现高质量发展的强大动能。但无论是工业互联网赋能的基础能力和服务水平,还是产业生态重构、数据融合增值等赋能路径,都面临着一些不容忽视的问题和挑战,制约了赋能作用的有效发挥。

(一) 工业互联网赋能的基础能力不够强

中国工业互联网发展成效显著,网络、平台、数据、安全等方面均有长

---

①② 《"5G + 工业互联网"十个典型应用场景和五个重点行业实践》,中华人民共和国工业和信息化部网站,2021 年 5 月 31 日,https://www.miit.gov.cn/ztzl/rdzt/gyhlw/gzdt/art/2021/art_689c758fc77045eeb32a5932d3ea4f22.html。

足进步，已全面融入 45 个国民经济大类，应用范围覆盖经济活动的各领域、全流程。但总体来看，数据可信流通、边缘计算、工业软件等关键技术仍存在短板，工业互联网赋能的基础能力和应用服务水平有待进一步提升。

以工业软件为例，中国工业软件起步较晚，虽然这些年发展很快，但国外软件企业仍占据了 80% 以上的国内市场，仿真设计、分析工具、先进控制等工业软件核心技术多为国外厂商所掌控。特别是研发设计类软件，由于技术门槛高、体系设计复杂、生态构建困难，几乎被国外厂商垄断。其他如生产控制类软件、信息管理类软件等，国内厂商虽有一定的竞争力，但也多集中于中低端市场。目前，国际主流常用的 150 余款各领域工业软件，几乎均由国外企业提供（张婷和秋平，2022）。中国工业化历程不够长，行业机理、工艺流程、模型方法等经验知识以及算法库、模型库、知识库等微服务均需要时间积累，国内工业软件企业又面临着人才供给短缺、商业化困难等问题，短时间内追赶国外工业软件巨头的难度较大。

（二）产业生态重构的企业数字化基础较为薄弱

构建全要素、全环节信息互联互通的新产业生态，需要具有较强数据汇聚处理能力的工业互联网平台及坚实的企业数字化基础作为支撑。经过多年的发展，目前中国具有一定行业和区域影响力的特色工业互联网平台超过 150 个，跨行业跨领域平台遴选出 28 家，重点平台连接工业设备数量超过 7900 万台，工业 App 数量达到 28 万余个。[①] 一些平台企业已初步构建起产业生态赋能模式，如卡奥斯 COSMOPlat 已孕育出家电、服装等若干行业生态，服务企业超 7 万家。但总体来看，中国具有较强国际或行业影响力的工业互联网平台仍不够多，特别是占企业总量 90% 以上的中小企业，数字化基础水平总体较低，制约了产业生态重构的进程。

根据江苏、山东、浙江、广东等地的 2600 余家中小企业的数据，能够基于标识技术进行数据采集的企业占 40%，实现关键业务系统间集成的企业占 23%，采用大数据分析技术对生产制造环节提供优化建议和决策支持

---

① 《2022 年上半年工业和信息化发展情况发布会》，中华人民共和国工业和信息化部网站，2022 年 7 月 19 日，https：//www.miit.gov.cn/gzcy/zbft/art/2022/art_ a7501e80d7fe409a95551648b3315224.html。

的只有 5%（杨梦培等，2020）。企业数字化转型一般叠加或融合在过去的自动化、信息化基础之上，需要对原有系统进行进一步开发，面临着较大的投入成本。加之中小企业数字化技术、管理人才比较缺乏，对关键业务场景与数字技术导入的认知识别有时会不够清晰，也影响了转型的投入产出效益。特别是近年来受新冠疫情影响，不确定性增加，企业缺乏数字化发展动力。

（三）数据融合增值面临多方面的障碍

顺畅的数据互联互通、科学合理的数据确权和定价，是数据融合增值效应发挥赋能作用的基础。由于对数据要素本质特征的认识尚在不断深化，数据要素的市场化配置也刚刚起步，在数据采集、确权、定价、交易、应用、安全等方面不可避免地存在诸多困难和问题。一是数据标准不统一、兼容性差。各领域通信协议的多样性和设备系统的异质性，导致数据接口和数据格式各有标准，增加了数据采集、互通互操作的难度。二是数据确权和价值评估缺乏有效手段。数据的生成链条涉及多方面利益主体和相关当事方的多种权利，数据的价值创造与具体的生产活动紧密相连，数据价值在汇聚融合中不断增值，这些因素使数据持有权、使用权、经营权、收益权等权属的界定比较困难，也使数据价值和成本的计量变得非常复杂，影响了数据开放共享的积极性，阻碍了数据流通交易的规模化和数据要素市场的一体化发展。三是数据安全存在较大风险。数据的海量、多源、非竞争性、低成本复制性等特点，使数据泄露、篡改、滥用等安全风险加大。大数据技术的广泛应用，增加了政府、企业、个人敏感信息泄露的风险。

四、对策选择

围绕上述三个方面的问题和挑战，建议有针对性地加大制度建设和政策创新力度，进一步激发工业互联网赋能产业融合的潜力。

（一）完善体制机制，统筹推进工业互联网赋能产业融合工作

围绕落实党中央、国务院决策部署，近几年国家有关部门和各级地方政府围绕促进工业互联网创新发展、先进制造业与现代服务业融合发展、服务型制造发展、新产业新业态新模式发展等方面，出台了一系列政策措施，明确了发展的总体原则、阶段性目标、重点任务和工作举措等，取得显著的实施成效。鉴于工业互联网赋能产业融合意义极其重大，事关当前的经济稳增长及长期的经济发展潜能，其内容范围又极为广泛，涉及多个部门的职能职责，建议建立工业互联网赋能产业融合部际联席会议制度，整体统筹工业互联网赋能相关工作，促进跨部门跨地区跨层级协调联动。对现有制度规定、政策措施的推进落实情况组织开展评估，适时进行动态调整，并根据形势变化和发展趋势出台新的改革举措和产业政策，有效增强制度建设与政策创新的系统性、协同性和可操作性。围绕工业互联网赋能产业融合面临的技术、法律等难题，统筹组织理论研究和立法研究，为完善基础制度、政策、标准等提供理论保障。坚持顶层设计与基层先行先试相结合，建立创新容错机制，支持先进制造业和现代服务业集聚区、有影响力的工业互联网平台在促进数据汇聚融合、构建平台生态等方面开展试点探索，并及时总结提炼可复制可推广的经验做法。

（二）突破短板制约，着力提升工业互联网赋能的基础能力

大型工业软件研发难度大、研发周期长，一般需要较长时间才有可能得到市场认可；数据可信流通、边缘计算等关键技术，要在一个不太长的时间内取得较大进展，也同样面临诸多障碍。必须充分发挥中国的制度优势，整合优化科技资源配置，集中力量攻关突破。一是推进产业链与创新链深度融合。面向全国乃至全球选择"帅才"，广泛汇聚行业龙头企业、高校、科研机构等各方面的优势研发力量，协同开展关键技术研究，协同开发面向工业生产全过程、各环节的核心工业软件，有效释放创新潜能。二是加大政策支持力度。增加财政投入，引导社会资金、保险资金跟进，在国家层面和重点产

业集聚区成立工业软件产业基金；用好上市融资、信用类债券和资产支持证券融资、知识产权等动产质押融资等各类金融工具，为关键技术开发、人才引进、应用场景拓展、特色高端软件产品推广等提供资金保障。三是加强关键技术专门人才培养。面向创新需求强化相关学科建设，充分挖掘高校、科研院所和企业潜力，共建实验室、专业研究院和共享型实习基地，加快培育一批既具备丰富行业知识又具有较强研发创新能力的高素质复合型人才。

（三）突出平台引领带动和中小企业数字化转型两个关键环节，加快构建新产业生态

充分激发新产业生态对产业融合的赋能作用，需要从工业互联网平台和中小企业两个环节共同推进。一是打造一批具有国际或行业影响力的工业互联网平台。完善财税、金融等政策体系，加大对工业互联网平台设备接入、知识沉淀、应用开发等方面的支持力度，推动行业知识经验在平台集聚，增强平台的数据汇聚和融合创新能力，加快完善"跨行业跨领域综合型＋行业和区域特色型＋技术专业型"的平台体系。二是充分发挥工业互联网平台的引领带动作用。借鉴卡奥斯COSMOPlat等平台的"大企业共建、中小企业共享"的生态赋能模式，依托有影响力的工业互联网平台和行业龙头企业，为上下游中小企业量身打造数字化平台，提供行业通用或企业专用工业 App、标准化工业软件、系统解决方案、供应链管理服务等。三是支持中小企业加快融入平台生态。探索建立工业互联网平台、行业龙头企业与中小企业的数据双向公平授权新模式，鼓励共同合理使用数据，为中小企业上云、上平台创造基础条件。提升针对中小企业数字化转型的金融服务水平，鼓励发展信用融资，支持建设升级企业内网，网络化改造传统工业设备，整合内部信息系统，发展网络营销、远程协作、智能生产线等。

（四）畅通数据互联互通、确权、定价等堵点，拓宽数据融合增值路径

充分激发数据融合增值效应对产业融合的赋能作用，需要畅通数据融合

的堵点难点，拓宽增值路径。一是加速推进数据互联互通。加快数据采集和接口标准化建设，做好工业互联网标识解析体系的规模应用推广，推动标识解析与工业互联网平台、工业 App、企业信息系统的融合适配，促进跨系统、跨企业间的多源异构数据互联互通，以及工业互联网平台间的数据互联互通。二是探索建立数据产权制度。针对公共数据、企业数据、个人数据的不同特征，研究确立数据分类分级确权授权的规则体系。依据数据来源及其生成过程，科学界定数据生成链条各相关利益主体的合法权利，建立持有权、使用权、经营权、收益权等权属分置的数据产权运行机制。三是加快完善数据定价、流通和交易规则。依据各类数据的不同特性，引入人工智能算法等技术，开展差别化的数据资产评估定价，探索形成多样化的数据要素定价模式和价格形成机制，推动企业数据和个人数据由市场自主定价，公共数据实行政府指导定价。加快构建多层次的数据交易市场体系，鼓励符合条件的数据交易机构先行先试，探索完善数据交易规则，培育发展一批数据商和第三方数据专业服务机构，加快形成全国统一的数据流通和交易基本制度。四是严守数据安全底线。以落实《中华人民共和国数据安全法》为契机，加快建立数据生成全链条的合规审查制度，在数据汇聚处理、流通交易等各环节明确政府、企业、社会各方主体的责任和义务。出台数据交易流通负面清单，建立数据要素市场信用体系，推动区块链技术应用，为数据安全流动共享及融合增值提供保障。

第五篇

深化产业融合提升产业链供应链现代化水平

第十八章

全球产业链分工格局变化
对中国的影响

改革开放以来，中国制造业通过融入国际分工体系、嵌入全球产业链获得快速发展，融入全球化带来的增长效应显著促进了制造业发展和产业体系建设。当前，在新一轮科技创新加速推进和各国发展战略加快调整的影响下，全球产业链进入深度调整期，在动力机制、发展模式和分工格局上呈现新变化。中国制造业要实现高质量发展，需要积极应对全球产业链调整在产业领域、合作空间、分工路径等方面带来的深刻影响，顺应产业链演变的新趋势新要求，加快形成参与乃至引领国际分工的新优势。

一、全球产业链分工的时代特征

（一）垂直分工型

产业链垂直分工是当前全球分工的主要类型，大型跨国企业主导的电子信息、汽车装备等产业都属于这一类型。相比于产业间分工，产业链垂直分工的形成源于生产工序的细化，产品生产链条被分割为技术水平和工艺流程不同的多个环节。例如，芯片生产被细分为 IC 设计、晶圆制造、加工、封装及测试等环节，每个环节的技术、工序和工艺都有显著差别，上下游环节贯通集合才构成芯片的全产业链过程。发达国家凭借科技创新、市场、人才、品牌等优势，牢牢占据着关键核心零部件、研发设计、品牌、售后服务等价值链高端环节，将一般零部件制造、加工组装等低端环节转移到低成本的发展中国家。由于产业垂直分工的细化深化，企业组织结构也发生相应的变化，发达国家拥有大量链条治理能力强大的链主企业，发展中国家企业则多以子公司和代工企业的身份嵌入国际分工体系。例如，中国服装领域的知名代工企业——申洲国际，2020 年营业收入达到 230.3 亿元，耐克、阿迪达斯、优衣库、彪马四大客户贡献了超过八成的收入，在长达 25 年的国际合作中建立了 NIKE 设计开发中心、Adidas 服装设计中心等专业化代工服务机构。[①]

（二）布局集中型

全球产业链呈现在地理空间上聚集分布的特征。主要表现为，特定的要素资源条件为某一产业或某一产业链环节的布局发展提供了支撑，进而导致该产业或环节的企业在某一地区大量集聚，从而形成一个完整的、具有根植性的产业发展生态。例如，法国的葡萄酒加工产业集群、新西兰的乳品加工产业集群、美国硅谷地区的高新技术产业集群、日本丰田周边的汽车产业集群、中国浙闽地区的轻纺产业集群、珠三角地区的电子信息产业集群、苏南地区的机械装备产业集群等。以苏州集成电路产业为例，拥有以中国科学院苏州纳米所等为代表的一大批科研院所和超过 230 家企业，引进了数十家世界知名芯片企业，相关从业人员达 4 万人，2020 年实现整体销售收入 625.7 亿元。[②] 因此，从占比来看，全球制造业在空间上是高度集中的。中国长期被称为"世界工厂"，也是制造业在沿海地区集中布局、"供应买全球、产品卖全球"的结果。2012 年到 2020 年，中国制造业增加值从 16.98 万亿元增长到 26.6 万亿元，占全球的比重由 22.5% 提高到近 30%，在 500 种主要工业产品中，有 40% 以上产品的产量居世界第一；[③] 出口额高达 17.9 万亿元，占全球

---

① 蓝朝晖：《申洲国际 2020 年净利润同比增长 2.5%》，载《北京商报》2021 年 3 月 29 日。

② 《2020 年苏州市集成电路产业发展白皮书》，苏州市工业和信息化局网站，2021 年 3 月 8 日，http：//gxj. suzhou. gov. cn/szeic/dzxxcy/202103/73f387b4d04d4ca688b0e52c63b85520. shtml。

③ 《工信部：我国制造业增加值连续 11 年位居世界第一占全球比重近 30%》，中央广电总台央广网，2021 年 9 月 13 日，https：//news. cri. cn/xiaozhi/75682528 - 6c19 - 47d0 - 9cd4 - a59c9f9d80fa. html。

出口总额的 15.8%，第一大出口国地位进一步巩固。①

（三）制服分离型

在发达国家产业升级过程中，加工制造环节不断向发展中国家转移，产业结构的重心则向服务业转移，尤其是生产性服务业发展优势得以保留并不断强化。在此影响下，全球产业分工呈现"制造—服务分离"的发展格局，即发达经济体主要出口服务、进口商品，发展中经济体主要进口服务、出口商品，共同构成全球层面的产业大循环。以美国为例，信息通信、科技研发、金融等服务业领域高度发达，服务贸易顺差高达 2000 亿~3000 亿美元，商品贸易逆差高达 8000 亿~9000 亿美元。② 顺应制服分离发展趋势，发达国家制造业企业向服务环节的拓展延伸不断加快，产品服务已经成为企业竞争力和创造利润的重要来源，如 GE、罗尔斯·罗伊斯等公司，产品服务创造的收入约占企业总收入的 2/3。③ 中国、东南亚等发展中国家和地区在制造业快速发展的同时，在金融投资、技术引进、研发设计、软件信息等领域高度依赖进口。2020 年，中国货物贸易顺差 5338 亿美元，服务贸易逆差 1453 亿美元，其中，知识密集型服务进口 1395.6 亿美元，占服务进口总额的比重达到 36.6%，增长较快的领域是金融服务、电信计算机和信息服务、知识产权使用等。④

（四）工贸互促型

随着发达国家与发展中国家制造—服务分离的不断深入，以机电、纺织、家电等为重点的终端产品贸易规模不断扩大。同时，随着产业链分工不断加深，原材料、零部件等中间产品需要在参与分工的多个国家间频繁地进口和出口，表现为中间产品贸易的迅猛发展（江小涓和孟丽君，2021）。当前，全球中间产

---

① 世界贸易组织（WTO）：《2020 年全球主要国家贸易动向》，2021 年 2 月 28 日。
② 周武英：《美国商品贸易逆差创十年新高》，载《经济参考报》2019 年 3 月 8 日第 6 版。
③ 徐建伟：《推进产业深度融合发展 增强装备制造业核心竞争力》，载《宏观经济管理》2019 年第 11 期。
④ 冯其予：《去年我国知识密集型服务贸易占比提高近一成》，载《经济日报》2021 年 2 月 6 日第 5 版。

品占全部货物贸易量的比重已经超过一半，中间品贸易将全球产业链、价值链、供应链紧密连接在一起（张荣楠，2020）。可以说，终端产品和中间产品贸易的快速发展，共同促进了全球贸易的普遍繁荣。一个国家和地区能够在产业上嵌入全球分工体系、在贸易上融入全球市场体系，产业发展和贸易出口相互促进，成为经济快速发展的重要支撑条件。比较典型的是，在中国制造业大市场中，2020年苏州市实现规模以上工业总产值34824亿元，进出口总额达22321亿元，贸易额与产值比为64.1%；① 东莞市规上工业产值22600亿元，进出口总额13303.0亿元，贸易额与产值比为58.9%。② 反之，由于全球经济震荡再加上国际贸易政策不确定，给出口导向型制造业发展带来的冲击同样不容忽视，成为当下经济稳定增长面临的重要挑战。联合国贸发会议报告指出，2020年全球货物贸易额同比下降5.6%，是2008年国际金融危机以来的最大降幅，服务贸易同比下降15.4%，是1990年以来的最大降幅（宋雅静，2021）。

（五）跨国企业主导型

作为全球产业分工格局的重要推动者和关键塑造者，跨国公司在全球产业链分工和价值链治理中发挥着不可替代的作用，推动形成了当前全球价值链的基本格局（张熠涵，2020）。跨国公司整合利用各个国家和地区的劳动力、自然资源、区位优势、市场空间、政策支持等基础条件，通过直接投资建立研发基地、生产基地、子公司，以及与代工厂签订生产合同、设立海外经销商等方式，构建起全球化的生产协作网络，成为具有强大生态主导力的产业链"链主"企业。根据联合国贸易和发展组织的研究报告，跨国公司协调了全球价值链中80%的贸易往来（吴海英，2015），其投入与产出的跨境贸易都在子公司、供应合作伙伴、经销合作伙伴构建的网络中进行。跨国企业始终把控着产业链核心领域，且主要来自发达经济体，导致绝大多数发展中国家企业一直处于跟随和附属地位，在全球产业链中话语权缺失。同时，

---

① 《2020年苏州市国民经济和社会发展统计公报》，苏州市人民政府网，2021年4月25日，https：//www.suzhou.gov.cn/szsrmzf/tjgb2021/202104/b737f95065e84ef3bbc44679ca6b604d.shtml。

② 《2020年东莞市国民经济和社会发展统计公报》，东莞市统计局网站，2021年3月31日，http：//tjj.dg.gov.cn/gkmlpt/content/3/3490/post_3490925.html#832。

处于价值链关键环节的隐形冠军企业也有着突出地位，赫尔曼·西蒙调查发现，德国拥有全球数量最多的隐形冠军企业，数量高达 1307 家。[1] 这些隐形冠军企业具有领域专注、持续创新和国际化经营的特点，业务规模稳居世界前列，业务范围辐射全球（熊丽，2021）。

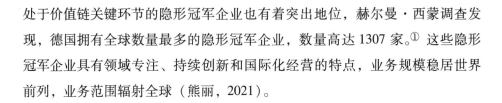

二、全球产业链调整演变呈现新趋势

（一）合作形式由国家间高度依存向偏向自主发展转变

近年来，受金融危机影响，发达国家重新认识到实体经济的重要性，"再工业化"呼声高涨，纷纷制订计划推动制造业投资和生产回迁本国。例如，美国先后制定"制造业回流计划""国家制造创新网络计划""美国优先计划"等，旨在推动制造业加速回流国内。受全球贸易争端和新冠疫情影响，发达国家推动制造业回流、减少对外依赖的趋势进一步强化，自主发展再次被提上议程。特别是新冠疫情暴发后，经济全球化过程中产品内分工体系的风险和脆弱性充分暴露出来，美日欧等国家和地区出于供应链安全自主可控的考虑，着手推动自主重建供应链，以图降低供应链对外依赖和产品进口风险。欧盟调查发现，在 137 项战略敏感产品中有一半依赖中国，为此制定了《欧盟新工业战略》，重点在电池、可再生能源、制药、航天、数字等领域实施关键原材料行动计划，以提高自我供应和保障能力。[2] 美国白宫国家经济委员会为激励企业回流，提出允许企业将迁回美国发生的所有成本进行 100% 的费用化处理，减少纳税总额，降低企业回流成本。日本政府制定经济刺激计划，在用于"改革供应链"的 2435 亿日元中，有 2200 亿日元（约合人民币 143 亿元）用于资助日本企业将生产线转移回日本本土。[3] 在主要国家从高度

---

① 江苏省国际科技交流与合作中心：《世界隐形冠军比拼：德国 1307 家、美国 366 家、中国 68 家》，2019 年 6 月 11 日。

② 《欧盟公布产业战略升级计划》，财联社，2021 年 5 月 6 日，https：//www.cls.cn/detail/740867。

③ 《疫情影响产业链，日本拟拨款 143 亿资助日企将生产线迁回国》，澎湃新闻，2020 年 4 月 9 日，https：//www.thepaper.cn/newsDetail_forward_6886039。

分工合作向重视自主发展转变的趋势下，一些在全球范围内分包的生产工序和环节有可能回迁母国，回缩到跨国企业内部。

（二）产业布局由区域化集中布局向多元化弹性布局转变

除了各国自建产业链以外，多元弹性布局也成为发达国家和跨国企业规避产业链集中布局带来的断链风险的重要选择。从产业领域来看，一些易受突发事件影响的全球产业链，如供应链较长且分工复杂的汽车和电子制造产业链，可能不再像过去那样集中于某一区域或国家，转而分散布局在多个国家和地区，更多地制订实施备链计划和替代方案，甚至构建更小区域范围的产业链供应链。根据日本东京商工 Research 公司的调查，在业务受到疫情影响的日本企业中，有37%的企业计划加强从中国以外的企业采购。日本企业长期推行的"中国＋1"投资战略将被更多跨国企业采纳。① 《欧盟新工业战略》也提出，将努力扩大原材料国际合作伙伴关系，通过多样化采购渠道保障原材料供应，降低对单一来源的过度依赖。由于东南亚和南亚国家生产成本较低、具有出口政策便利，替代中国成为国际供应链新选择的可能性很大。虽然国内一些电子信息企业反映，东南亚及南亚国家要建立起与中国等同的产业配套能力仍需要十几年的发展历程，但是其产业发展路径与中国相似，在全球产业链供应链上对中国的替代进程也会不断加深。这种替代比欧美日韩等发达经济体自建产业链带来的影响更深刻更全面，需要予以高度重视。

（三）分工结构由产品内深度分工向链条扁平发展转变

智能制造技术的兴起给全球产业发展模式带来了深刻变革，随着工业机器人、自动化系统、3D 打印、工业互联网等新技术的推广应用，产品设计、生产、管理、服务的产业链流程正在重构，研发与制造、生产与消费、前端与终端的兼容性大幅提升。一是自动化智能化成为提升生产效率新的支撑，大大缓解了劳动力高成本和技能人才短缺对发达国家产业发展的硬约束。2014～2019 年，全球机器人装机量增长约85%，正在运行的工业机器人超过

---

① 刘光友：《日本企业的"中国＋1"海外直接投资战略探析》，载《现代日本经济》2016 年第6 期。

270 万台，达到历史新高（国际机器人联合会，2020），韩国、日本、德国等国的机器人推广应用水平全球领先（见表 18-1）。为了加强与国外低价劳动力竞争，美国专门组建了先进机器人制造研究所（ARM），整合学术界、研究机构、制造业、政府和非营利组织等资源，以协助振兴美国制造业并确保其领先地位。二是电子商务、"新零售"等的兴起，极大地改变了产业链和价值链的构成，提高了生产制造与市场需求间的动态匹配程度，快速响应与敏捷供给正在成为满足细分市场需求的新要求。三是随着 3D 打印等新技术的推广应用，以"短链"为特征的制造新模式逐渐形成，产业的柔性化、网络化和个性化水平不断提高。例如，美国越野赛车 Local Motors 公司通过社会化生产方式，将越野赛车的个性化设计与制造分包给不同社区，在社区内的微型工厂实现快速小批量的设计和生产（张朝辉等，2017）。可以说，新技术应用下的产业链条重构特别是变短变快更加智能的新变化，在一定程度上会削弱产业外迁的动力、增强产业回迁的引力。

表 18-1　　　　　2019 年部分国家制造业机器人密度比较　　　　单位：台/万人

项目	新加坡	韩国	日本	德国	瑞典	丹麦	美国	中国
密度	918	855	364	346	277	243	228	187

资料来源：国际机器人联合会（IFR），《2020 世界机器人报告》，2020 年 9 月 24 日。

（四）竞争重点由获取低要素成本向寻求产业生态转变

很长一段时期内，发展中国家依赖低成本优势参与国际分工，并且不断强化低成本发展优势，发达国家依赖创新发展引领国际分工，并且不断推进国际产业转移，全球产业链形成了看似紧密联系、实则严重分裂的循环发展格局。随着新一轮科技革命和产业变革的快速推进以及国际经贸格局变化，一个国家、一个地区的产业发展不仅取决于生产制造或研发创新单个环节，更取决于是否拥有良好的产业发展生态。这就需要改变过去只注重加工制造、生产成本、生产效率的狭隘观念，更加重视产业发展主体、配套要素和政策环境的多维考虑与系统优化，形成产业链各参与者、关联支撑要素和政府政策支持协同作用、有机耦合的产业发展系统。有研究认为，美国经济发展和其在全球经济中的领导地位得益于一个精心构筑的创新生态系统（美国总统科技顾问委员会，2004）。目前，美国等国家正在着力构建有利于重振制造业的产业新生态，这可能给全球产业分工格局带来深刻影响。中国要实现制造业高质量发展和现代产业体系建设同样需要统筹考虑创新、产业、市场、政策等各个环节，构建适应新发展阶段和新发展格局的产业新生态。

三、全球产业链分工格局变化对中国的影响

（一）外部关联震荡调整，产业链供应链稳定运行面临挑战

长期以来，由于深度融入全球分工体系，部分国内企业主要与国外零部件供应商、品牌运营商、终端零售商等开展合作，在技术、产品、市场上高度依赖国外。长期外部关联导致内生自主的产业关联被打破，国内产业链条是不健全不配套的，有的链主在外，有的配套在外，有的市场在外。在全球经贸摩擦加剧的情况下，企业外部联系存在零部件断供、技术合作破裂、出口市场打压等问题，既往的外部合作格局正在被打破甚至重构，由此带来的震荡风险和转换成本很高。

从供给端来看，大量企业在重大生产装备、核心零部件、关键材料等方面依赖进口，部分领域"卡脖子"问题突出。例如，2020 年中国集成电路进口额达到 24207 亿元，同比增长 14.8%；半导体制造设备进口额 1752 亿元，同比增长 15.8%（见表 18 - 2）。本课题组针对浙江某地的调研显示，有 7.6% 的规上企业在生产中需要使用芯片，其中，汽车及零部件、计算机及通信设备、电气、仪器仪表、智能装备等主要行业占比超过 5.1%。在电子信息领域，虽然中国拥有先进的芯片设计及封装测试能力，但制造技术差距大、关键化学材料进口"卡脖子"，导致国内高端芯片供给紧张、缺口较大，企业光刻胶每批次采购量从超过 100 千克降至 10 ~ 20 千克。在汽车领域，中国汽车芯片进口比率超过 90%，先进传感器、车载网络、三电系统、底盘电控、自动驾驶等关键系统芯片更是被国外企业垄断。① 芯片断供导致部分汽车企业

---

① 《第二代汽车芯片即将在汉量产 计算处理能力提升 4 倍》，长江日报－长江网，2021 年 1 月 21 日，https：//www. app. dawuhanapp. com/p/226469. html。

生产经营波动,有的企业因芯片价格上涨而调整产量或产品价格,蔚来等企业一度出现停产状况。从需求端来看,一些企业在产品开发、市场订单、售后服务等方面处于被动地位,习惯于"前店后厂""外店内厂"的接单代工生产,转向贯通产业链前后端的自主创新发展并非短期内所能完成。

表 18 - 2   2020 年中国部分重要零部件及装备进口情况

分类	金额（亿元）	同比增速（%）
电子元件	28084	13.4
其中,集成电路	24207	14.8
自动数据处理设备及其零部件	3709	8.0
电工器材	2965	1.6
计量检测分析自控仪器及器具	2795	8.5
汽车零配件	2246	0.6
半导体制造设备	1752	15.8
通用机械设备	1343	-1.0
液晶显示板	1321	-7.7
音视频设备及其零件	1188	10.3
医疗仪器及器械	871	1.3
机械基础件	771	4.1
航空器零部件	530	-28.4
机床	458	-17.4

资料来源:海关总署。

(二) 传统合作路径遭遇打破,参与全球产业链分工空间大幅收缩

技术引进和产品出口一直是中国产业发展的两大关键动力。在新的国际形势下,技术引进难度加大、产品出口市场受限,既有的产业发展路径一定程度上被打破。一是部分国家加征进口关税将影响中国制造产品的国际竞争力,对出口导向型产业造成直接冲击。2020 年,中国纺织原料、铁合金、皮革、毛皮及其制品、箱包及类似容器、合成有机染料、鞋靴等优势产品出口额同比降幅都在 20% 以上,出口规模超过 9000 亿元的服装及衣着附件降幅也达到 6% (见表 18 - 3)。二是发达国家对中国高科技企业实施制裁,加大对

核心零部件、核心装备和核心软件的出口限制，将严重影响中国制造业转型升级步伐。例如，一些国家对中国民用飞机零部件、半导体生产设备、放射性材料、地理空间影像软件、MATLAB 软件等高科技产品进口不断施加限制。

表 18 - 3 2020 年中国主要商品出口额及同比增速变化

分类	金额（亿元）	同比增速（%）
纺织原料	156	-28.0
铁合金	58	-26.8
皮革、毛皮及其制品	511	-24.5
箱包及类似容器	1429	-23.9
合成有机染料	84	-23.3
鞋靴	2454	-20.9
烟花、爆竹	45	-18.5
伞	141	-17.2
笔及其零件	154	-15.6
钢材	3151	-14.8
未锻轧铝及铝材	907	-13.6
帽类	271	-13.1
美容化妆品及洗护用品	295	-10.6
未锻轧铜及铜材	376	-9.7
橡胶轮胎	965	-9.3
肥料	467	-7.5
服装及衣着附件	9520	-6.0
纸浆、纸及其制品	1456	-4.0

资料来源：海关总署。

中国传统要素优势格局正在发生重大变化，劳动、土地、资源等一般性要素成本刚性上涨，特别是中国进入劳动年龄人口供给减少、年龄结构加速老化的复杂时期，以往支撑产业发展的要素数量、规模、成本等优势逐步消退。我国 15 ~ 64 岁人口比重的峰值水平为 2010 年的 74.5%，从 2011 年开始下降，2020 年降至 68.5%；15 ~ 64 岁人口规模的峰值水平为 2013 年的 100582 万人，从 2014 年开始下降，2020 年降至 96776 万人。[1] 对比之下，东

---

① 张车伟、蔡翼飞：《从第七次人口普查数据看人口变动的长期趋势及其影响》，载《光明日报》2021 年 5 月 21 日。

南亚、南亚等新兴经济体凭借劳动力低成本优势，积极引进外国投资、承接国际产业转移，使劳动密集型产业对中国的替代进程不断加深。其中，东盟纺织服装对外贸易额逐年上升，2017 年其出口额尚不足中国出口的 1/4，2019 年迅速增长到接近中国出口额的 30%（商务部，2021）。2020 年，越南纺织品服装出口额达 350 亿美元，皮革鞋类出口约 200 亿美元，① 成为世界第二大纺织品服装出口国，在全球纺织品服装出口中的份额不断增加。因此，受发达国家打压和新兴发展中国家挤压双重影响，中国既有开放路径带来的产业发展动能和分工合作空间可能被大幅压缩。在分工存量盘被挤压的情况下，如何在全球产业链分工中稳住存量盘、做大增量盘成为一个重要而紧迫的问题。

（三）新产业新生态竞争加剧，突破短板再创产业竞争新优势难度不小

发达国家在重振制造业战略中，都将高新技术、智能、电子、信息、数字等作为关键点，对"创新要素"更是高度重视（黄剑辉等，2020）。这与中国以增强创新能力、加快动能转换为核心的转型升级路径基本一致。然而，创新要素是一种战略性稀缺资源，全球范围内对创新要素的争夺将更加激烈。站在发达国家的角度来看，维持全球领先的科技创新优势关系到欧美等发达国家的核心利益，也关系到发达国家在国际经济竞争中的地位，故而对其科技创新优势具有高度敏感性。在这种情况下，中国创新能力持续提升，容易被处于创新领导地位的发达国家认为是一种威胁。一些发达国家很可能会利用其在知识、技术、标准、知识产权等方面的领先地位和先发优势，强化对中国知识和技术的封锁，迟滞中国产业升级。

从国际比较来看，中国科技创新瓶颈依然明显，仍处在从点的突破迈向系统能力提升的转折时期，还不能有效满足高质量发展的要求（白雪洁和庞瑞芝，2021），技术创新成果中具有原创性、颠覆性和高价值含量的专利数量偏少，核心技术受制于人、"卡脖子"问题突出，要在短时间内构建创新生

---

① 《2020 年越纺织服装皮革鞋类出口减少》，中国国际贸易促进委员会网站，2021 年 1 月 14 日，https://www.ccpit.org/a/20210114/202101148c4s.html。

态、实现技术赶超并非易事。2021 年，中国三方专利数量仅有日本的 1/4 ~ 1/3，在技术方向覆盖面、领域均衡性上相比日本、美国、德国仍有较大差距（中国科学院科技战略咨询研究院，2021）。其中，日本和美国三方专利覆盖了接近 95% 的技术焦点，德国在 70% 左右，中国只有 50%（见表 18 – 4）。以浙江某市电气行业为例，在 11900 家生产企业中，规上企业仅 1000 多家，大量的中小企业研发创新能力不足，中低端产品占比超过 70%，同质化竞争激烈，缺少具有自主知识产权的创新型产品。

表 18 – 4　　　　　　2021 年部分国家科技创新水平比较

国家	研发经费支出占GDP 比例（%）	每百万人研发人员数量（位）	三方专利技术焦点覆盖度（%）
中国	2.40	1307	约 50
美国	2.83	4412	约 95
德国	3.13	5212	约 70
日本	3.28	5331	约 95
韩国	4.53	7980	约 50

注：中国研发经费占比为 2020 年数据，美国每百万人研发人员数量为 2017 年数据。
资料来源：世界银行、中华人民共和国国家统计局。

四、政策建议

（一）优化国内产业协作，提高产业链畅通循环水平

制造业是中国建设现代产业体系和参与国际竞争的基石，必须增强内循环能力、筑牢发展根基。一是畅通产业链条，提高产业耦合协作能力和根植性、黏着性。发挥产业链龙头企业和产业集群的引领带动作用，提高装备、电子、信息、材料等不同产业间的配套协作水平，提升整机与零部件、装备与系统软件、制造与增值服务的融合发展水平，畅通产业链上下游、前后侧，释放现代产业体系的内生耦合和畅通循环效应。二是加快培育建链关键企业。推动建链基础条件好的制造业龙头企业，发挥创新引领、技术渗透、辐射带动作用，尽快推动本土企业贯通上下协作链条，把国内企业互相协作、互相

支撑的架构搭建起来。更大力度支持基础科学、基础部件、基础材料、基础装备、基础软件企业和机构向专精特新发展，夯实产业链基础根基、缓解"卡脖子"瓶颈约束。发挥平台型企业的要素聚合、资源交换和优化配置作用，提高产业链上下游、前后侧、内外围的耦合发展水平。三是协作共建优势产业链群。立足于京津冀、长江经济带、粤港澳大湾区、长三角、黄河流域等重点区域，充分发挥各自比较优势，加强产业链对接合作，在汽车、电子信息、机械装备、材料、轻工纺织等领域建设一批世界级的标志性产业链群。

（二）加快新兴产业布局，在新一轮产业变革中形成先发优势

相比垂直分工格局固化的传统产业领域，中国在一些重大和新兴前沿领域与主要国家发展有先后但差距不大、技术有高低但处于同一水平，在部分领域甚至已经形成先发优势。根据国家制造强国建设战略咨询委员会的研究，中国在通信设备、轨道交通装备、电力装备等产业重点核心技术取得突破，正在成为技术创新的引导者，航天装备、海工及高技术船舶、新能源汽车、机器人等产业技术进步较快，有望进入世界领先水平。根据《国家数字竞争力指数研究报告（2019）》，中国以 81.42 分居全球第二位，仅次于美国（86.37 分），全球领先地位初步形成（腾讯研究院和中国人民大学统计学院，2019）。要抓住重要发展机遇和窗口期，系统谋划、前瞻布局，加快构建自主发展新路径，培育产业体系新支柱，形成引领发展新优势。一是聚焦新兴前沿和未来领域强化国家战略科技力量，加大对培育创新要素、建设重大科技基础设施、发展新型研发机构的引导支持，争取在一些领域率先取得创新突破，实现率先抢位发展。二是整合优化创新资源配置，完善技术创新市场导向机制，推动产业链、创新链、资金链、人才链等有机衔接和深度融合，提升跨领域和全链条创新能力。三是开拓升级国内消费市场，积极构建新技术推广应用多元场景，加快新技术工程化产业化突破，加快新产品商业化规模化应用，不断壮大消费新增长点，把内需市场优势切实转化为产业发展优势。

（三）强化内外产业协作，积极有序地推动产业链再造重构

顺应产业转移和市场规律，需要统筹国内国外产业发展，构建新型区域分工协作关系，提高国内产业链自主发展和国内国际产业双循环水平。一是优化国内产业布局与协作，提高区域梯度分工和协作水平。立足不同区域发展条件和水平差异大、互补性强，推动东部地区产业转型升级、迈向中高端，创造更好条件、更大力度支持有条件的地区承接国内外产业转移，加快传统产业在转移和转型中重塑竞争力、焕发新活力，新兴产业在转移和协作中形成发展合力、释放增长潜力，进一步拓展中国经济发展空间、回旋余地，增强国内产业体系协调性和坚韧性。二是积极整合利用国外资源要素和市场，构筑互利共赢、多元弹性的产业链供应链合作体系，加强与日本、韩国、欧盟、俄罗斯等互补卡位地区的创新合作，深化与《区域全面经济伙伴关系协定》（RCEP）等产业分工地区的产业链合作，推进与"一带一路"沿线等需求潜在地区的市场合作。支持具备技术、产品、产能和市场优势的国内链主企业"走出去"，以 RCEP、俄罗斯、东欧等地区为重点，加快构建中国企业主导的区域产业链，逐步向更高水平的全球产业链跃升，推进国内产业链协作关系国际化拓展延伸，提高企业价值链治理能级和国际分工位势。

（四）优化产业支撑体系，构建强大稳固的产业发展生态

产业的竞争归根结底是产业生态的竞争，围绕制造业发展"固本培元"才是持续发展的关键。一是聚焦产业转型升级，推动关键共性技术平台建设。顺应制造业智能化、绿色化发展趋势，结合不同产业领域，分类推动智能化改造、绿色化转型、工业大数据等公共平台建设，构建不同层次的智能化制造系统，全面推广绿色制造工艺和装备，重塑制造业转型发展新模式。聚焦产业发展的痛点、堵点和难点，整合产业链资源，创新机制模式，推进重大关键共性技术研发平台建设，加快产业迈向中高端、提高核心竞争力。二是夯实提升技术技能人才优势。加强教育和产业统筹融合发展，支持引导高校与企业深化产教融合，研究建设一批培养专门技术人才的应用型大学，完善

以高水平技术技能人才为主的教育和培训体系，适应新技术推广应用下的人机协同发展需要，培养造就高素质的工匠人才队伍。三是构建自主产品推广生态。发挥需求牵引作用，推动战略性全局性产业链建设，更大力度推动自主创新产品推广应用，加大对首次投放国内市场、具有核心知识产权的首台（套）装备、首批次新材料、首创系统软件等创新产品采购力度，为重大创新产品提供应用场景和技术产品迭代的市场空间。

第十九章

深化产业融合引领助推产业链
供应链现代化

产业链供应链现代化是适应新发展形势变化和新发展阶段要求，构建起与高质量发展相适应的安全自主可控、内外协作顺畅、稳定有序升级的链条发展高级形态。习近平总书记强调，产业链、供应链在关键时刻不能掉链子，这是大国经济必须具备的重要特征。[1] 习近平总书记在致产业链供应链韧性与稳定国际论坛的贺信中指出，维护全球产业链供应链韧性和稳定是推动世界经济发展的重要保障，符合世界各国人民共同利益。中国坚定不移维护产业链供应链的公共产品属性，保障本国产业链供应链安全稳定，以实际行动深化产业链供应链国际合作，让发展成果更好惠及各国人民。[2] 王茅（2022）研究认为，产业链供应链的韧性与稳定性问题已经上升到国家、世界层面。改革开放以来，中国产业通过融入国际分工体系、嵌入全球产业链获得快速发展，融入全球化带来的增长效应显著促进了制造业发展和产业体系建设。当前，在全球经济环境变化、外部势力封锁打压、重大突发事件等挑战冲击下，市场和资源"两头在外"的国际大循环动能明显减弱，中国产业发展运行的不确定性和波动性不断加大。同时，中国产业链供应链也存在着风险隐患，产业基础投入严重不足，产业链整体上处于中低端，大而

---

① 《健全提升产业链供应链韧性和安全水平制度需要把握哪些重点》，人民网，2024 年 8 月 21 日，http://finance.people.com.cn/n1/2024/0821/c1004-40303151.html。

② 《习近平向产业链供应链韧性与稳定国际论坛致贺信》，人民网，2022 年 9 月 19 日，http://cpc.people.com.cn/n1/2022/0919/c64094-32529547.html。

不强、宽而不深（盛朝迅，2023）。为此，需要聚焦"卡脖子"领域和环节补短板，围绕优势领域和环节锻长板，推动产业间有机融合、产业链嵌套融合，进一步优化国内外产业循环协作关系，提升产业链供应链稳定性和产业综合竞争力，在关系国计民生和国家经济命脉的重点产业领域形成完整而有韧性的产业链供应链，为经济增长建立更为安全、更加优质、更可持续的产业基础。

一、主要问题

（一）技术打压导致创新升级难度增加

经过多年努力，中国科技创新能力、产业创新水平有了较大幅度的提升。世界知识产权组织（World Intellectual Property Organization，WIPO）发布的《2022 年全球创新指数报告》显示，2022 年中国创新指数排名上升至第 11 位。在新能源、轨道交通、高端装备等领域，相继涌现出一大批世界一流甚至领先的科技创新成果。但中国科技创新、产业创新的发展还处在散点突破阶段，尚未实现系统性、全局性、根本性突破，关键核心技术、工艺、材料、装备、人才仍严重依赖欧美创新链。随着大国博弈日趋激烈，欧美不断强化对我国的技术制裁封锁，不断扩大对华科技限制领域，从终端商品到关键材料、制造测试设备、技术人员交流、企业科技合作，逐步构建起全链条式的全球科技封锁网，试图阻碍中国高新技术产业发展步伐。[1] 例如，美国在 2023 年重新修订了《芯片和科学法案》，进一步扩大了对我国的芯片制裁力度。该法案要求接受美国芯片补贴的企业，不得在 10 年内在中国大陆扩大半导体产能，不能参与联合研究及技术授权等。在发达国家戒备之心与日俱增的情况下，其对华技术输出、创新合作、科技交流等领域严格限制趋势短期难以缓解，将导致中国企业创新合作难度增大、技术开发成本增加、发展不确定性加大。

---

[1] 《新华国际时评：美对华技术封锁害人伤己》，新华网，2020 年 7 月 9 日，http：//www. xin-huanet. com//world/2020 - 07/09/c_1126216432. htm？rsv_upd = 1。

（二）断供卡阻导致链条运行震荡明显

相比国际先进水平，中国在重大技术装备、核心零部件、关键材料、工业软件等领域尚有差距、进口依赖突出，一些高度国际化的支柱产业，如电子信息、汽车、高端装备等，断供风险大、"卡脖子"隐患凸显。从重要产品和技术来看，2022 年中国生物技术、航空航天技术、计算机集成制造技术、电子技术进口额与出口额之比分别达到 303.7%、212.5%、205.6%、180.5%，纺织原料、集成电路、医药材及药品进口额与出口额之比分别达到 254.5%、269.8%、170.6%。[①] 在国际竞争最激烈的半导体领域，2022 年中国半导体销售额占全球比重超过 30%，但光刻机等关键设备、EDA 软件、核心 IP 等占全球的比重几乎可以忽略不计，[②] 存在突出的"卡脖子"问题。在关键材料方面，中国是基础化学品出口大国，然而高端电子化学品、高端功能材料、高端聚烯烃、芳烃类、化纤类等关键基础化工材料进口依存度较高，部分领域甚至仍为空白；中国钢铁产量全球占比超过一半，但高温合金、耐蚀合金等高端合金材料严重依赖进口。近年来，上游进口受限，多次导致国内企业采购周期延长、成本升高、产品开发受阻、生产经营停滞等问题，给产业链稳定运行造成巨大冲击。例如，受芯片短缺等因素影响，一些国产手机品牌出货量出现下降，部分汽车企业生产线也曾面临严重停产风险。

（三）市场封锁导致产能释放滞缓

中国制造业面向广阔的出口市场形成了强大的生产制造能力和显著的规模经济效益。当前，部分国家祭起贸易保护大旗对中国出口产品进行打压，如美国在特朗普第一任期中先后对价值近 3700 亿美元的中国商品加征了四轮关税，其中，电气设备、机械设备、电子产品等机电产品加征关税较多，家具、塑料制品等劳动密集型产品也受到显著影响。[③] 加征关税倒逼一些国际品

---

① 据中华人民共和国海关总署 2022 年数据测算得到。
② 《中国大陆仍是 2022 年全球最大半导体市场，占比达 32.5%》，芯智讯，2023 年 2 月 8 日，https：//www.icsmart.cn/59777/。
③ 《新闻调查 | 美国从对华贸易战中得到了什么》，中央广播电视总台，2024 年 3 月 27 日。

牌商和代理商减少中国订单、强化订单转移，导致国内优势产能难以释放、需求订单频繁波动。由于中国企业长期沿袭出口加工业务，在出口关税提高、国外订单严重脱节等影响下，企业产品外销受阻、内销市场开拓滞缓，在市场和销售端的短板充分暴露出来，给企业生产经营和转型调整带来很大压力。2022 年，美国占中国商品出口总额的 16.2%，在家电等领域超过 20%，笔记本电脑、手机等单项产品的出口额都超过 300 亿美元，双边市场震荡的影响不容忽视。[①] 从整体来看，2022 年美国占中国商品出口总额的比重相比 2016 年下降 2.2 个百分点，形成对比，2022 年越南对美国出口额超过 1000 亿美元，同比增长 13.6%，形成对中国出口下降的强劲替代。[②] 国外高端市场封锁还会导致创新型企业先占优势丧失、获益空间减少。例如，一些中国企业和机构被国外以国家安全为由列入实体制裁清单，对企业推广新技术新产品和扩大市场形成制约。

（四）生态脱钩导致自主发展形势紧迫

一些国家对中国的打压和封锁没有停留在产品供需上的"硬割裂"，还谋求在产业发展生态上闭合循环，对中国实施"脱钩断链""软出局"。德国总理朔尔茨认为，德国企业不能过于依赖中国供应链和市场，而应该更多地着眼于"多元化"。欧盟制定的工业行动计划旨在减少六个战略领域对中国和其他外国供应商的依赖，包括原材料、原料药、半导体、电池、氢能以及云计算等领先技术。2022 年 9 月 12 日，美国总统拜登签署一项行政命令，支持国内生物制造业并且减少在新药品、化学品和其他产品方面对中国的依赖。发达国家还利用其在国际组织中的话语权和影响力，改变全球贸易和技术规则中的法规、标准等，限制中国企业参与国际合作或是将中国企业排除在相关组织和联盟之外。一些国家积极组建针对中国的地缘政治与安全、科技、经济和意识形态等联盟模块，如"芯片联盟"等，妄想通过构建排他性、对抗性的逆全球化"小圈子"达到孤立、割裂与中国的产业、技术和市场联系的战略企图。此外，随着欧盟工业 5.0 等理念的提出，发达国家可能会在绿色

①　据中华人民共和国海关总署 2022 年数据测算得到。
②　据美国国际贸易委员会（United States International Trade Commission）的公开数据测算得到。

低碳、劳工保护、知识产权、国有企业、市场采购等方面构筑更多壁垒，抬高中国企业参与全球合作的成本甚至剥夺中国企业国际化发展机会。因此，要实现国内自主发展与国际合作发展的有效衔接和高效转换难度不小、挑战很大，需要我们保持战略定力，做好统筹部署，打开开放合作新局面。

二、制约因素

（一）国际分工深化导致外部协作加深

由于深度融入全球分工体系，国际产业协作国内化趋势增强，本土产业协作很大程度上被国际产业协作所替代，部分国内企业与海外企业在产业链、供应链、创新链、资本链上紧密关联，内生自主的产业关联被打破。在以内循环为主的经济体系中，材料与装备、机械与电子、硬件与软件、制造与服务之间是相互衔接、互为支撑的。长期嵌入国际分工体系导致国内产业发展"多线"断裂，"有产业无关联""有企业无协作"的现象比较突出。从供给端来看，大量企业的关键生产装备、核心材料由海外企业提供，"卡脖子"问题突出。据中国机电产品进出口商会统计，2022年，中国进口机电产品7.0万亿元，占进口总值的38.5%，其中集成电路进口5384亿个，金额达27662.7亿元。在半导体关键装备——光刻机上，美国不断扩大对中国光刻机进口限制范围，一些企业被要求禁止对华提供的芯片制造设备从10纳米工艺制程扩大到28纳米工艺制程，并要求日本、荷兰、韩国同步跟进对中国芯片的制裁。国内企业在长期的对外合作中形成了"重生产、轻研发""重引进、轻自主"的路径依赖，重大装备、关键系统、核心零部件及工艺等长期被外资企业或国外供应商所把持，导致产业自主性和控制力下降，低端过剩、高端紧缺的结构性失衡突出。从需求端来看，一些企业长期沿袭代工式生产，在产品开发、市场订单、售后服务等方面依赖外资企业，处于被动地位。随着全球经贸摩擦加剧、合作壁垒提高，关键零部件断供、技术合作破裂、出口市场打压等外部风险的频次和力度加大，给国内企业维护产业链供应链畅通、保障生产稳定运行带来了巨大挑战。

（二）发展水平差距导致升级路径跟随

近年来，中国科技实力与产业竞争力快速提升，但综合发展水平与主要经济体仍有较大差距，大部分关键价值链的国际分工位势不高。根据中国工程院（2019）的相关研究，相比国际先进水平，中国在许多重点和关键产业领域还处于差距较大或巨大的追赶阶段。从历史来看，作为后发国家，改革开放后中国依靠要素低成本优势顺利嵌入全球经济大循环，积极引进海外先进技术和产业，逐步构建起了规模庞大、门类齐全的产业体系，迅速成为举世瞩目的世界工厂。依托外循环带动内循环构建产业体系，能快速释放要素低成本和规模经济优势，但也导致产业发展内生动力偏弱、外生动力路径依赖严重，部分产业在技术、工艺、理念上与国外存在明显代差劣势，被动陷入"引进—老化—再引进"的跟随式升级恶性循环，产业升级路径被发达国家锁死。汽车产业特别是传统燃油车是中国长期跟跑、一直未实现并跑甚至超越的典型行业代表。其主要原因在于中国汽车企业自主创新能力弱，与大众、丰田等汽车名企差距过大，关键零部件、核心技术对外依赖度非常高。"2022年全球汽车零部件供应商百强榜"显示，中国仅10家汽车零部件企业入围百强榜，且无一入围前10，最高排名仅为第17位。新能源汽车是中国的优势产业，但比亚迪、蔚来、理想、小鹏等新能源车企与特斯拉在创新能力、制造工艺、品牌声誉、盈利能力上还存在一定差距，在市场竞争中大部分汽车企业只能选择被动跟随策略。2023年初，特斯拉率先在中国市场降价，掀起国内汽车市场降价潮，部分汽车企业面临着"降价找死、不降价等死"的困境。在光通信领域，华为、中兴烽火科技在10G及以下光芯片上已经取得了较高市场份额，但光探测芯片、25G以上高速率光芯片较国外厂商还有较大差距。

（三）市场竞争无序导致企业协作割裂

由于国际化的产业协作在很大程度上替代了本土产业协作，国内不同产业和环节间互不衔接、支撑断裂，"有产业无关联""有企业无协作"的现象比较突出（徐建伟，2021）。一是产业链上下游合作缺链。早期中国产业体系不全、生态不优，国内企业主要零部件、材料、装备被迫依赖进口，与海外企业形成了紧密且相对封闭的供应链合作关系。本土配套企业起步晚、发展不成熟，缺少过硬的产品和市场声誉，难以进入国内企业的供应商体系。市场是检验产品的最佳标准，也是培育产品塑造品牌的最佳助手。由于新产品缺少市场应用空间，部分新材料、新装备很难得到市场检验机会，难以通过迭代提升性能和质量。在美国制裁中国芯片产业之前，本土装备和材料质量低、性能不稳定，很难进入芯片制造商供应链。如今，出于保障极端情况下生产正常运行考虑，本土芯片企业才开始倾向于给国内供应商提供更多机会。二是受各地做大经济体量、抢抓发展新动能等影响，一些地区在发展中思路不清、定位不明，未能根据当地发展基础和条件找准产业发展方向、集中发力，反而呈现诸多产业无序发展乱象。有的地方在发展中主导产业不清晰，引进了大量缺乏关联度、集聚度的产业项目，既不成链、也不成群，导致资源配置效率不高、耦合协同效应偏低。

（四）外资企业转移导致产业链条重整

近年来，受要素成本上升、逆全球化趋势等因素影响，外资企业加速从中国市场转移。长期来看，外资制造企业转移是产业结构升级的客观趋势，可为内资企业留出空间。但当前外资制造企业出现过快过早转移倾向，在诸多环节形成留缺难以由内资企业及时补位，极易冲击和破坏中国产业链供应链体系的开放性和完整性。一是"断点"效应可能阻塞产业链供应链内外循环。美国等一些西方国家出现对华"脱钩"倾向，采取贸易打压、技术封锁等一系列举措，企图推动在华外资企业回流或外迁，由此导致一些外向型外资制造企业被迫转移，中国制造与国际市场的关联开始出现断点和裂缝，国际国内产品和要素流通渠道出现变窄甚至阻塞风险，对外向型企业及关联产业链供应链安全构成挑战（付保宗，2022）。二是"断头"效应可能引致产业链供应链"空心化"。一些制造业外资企业处于产业链供应链的主导地位，链主作用突出，通过技术、产品、市场联系带动大量上下游配套企业发展，"果链"企业即是典型代表。一旦链主型外资制造企业转移，部分关联配套企业尤其是紧密关联的企业将被迫随之迁移。部分实力不足和较为松散的关联配套企业将面临需求流失，被迫转产甚至倒闭破产，区域产业链供应链可能集体遗失。三是"断层"效应可能延缓产业链供应链升级进程。受国际政治气候等因素变化影响，一些外资企业选择产业转移具有一定的非经济性，在一些领域特别是中高端环节可能人为构成产业链供应链空缺，短期内较难由内资企业补齐。此外，外资企业是国内市场的重要主体，在对接国际规则方面也发挥着引领和驱动作用，外贸企业转移可能降低市场竞争活力，弱化优胜劣汰效应。

（五）工业 5.0 实施导致合作空间压缩

2021 年 1 月，欧盟委员会研究和创新总局发布《工业 5.0：迈向可持续、以人为本和韧性的欧洲工业》，提出工业发展不能局限于追求利润和效率，要综合考虑环境和社会约束，关心和增进投资者、工业、消费者、环境、社会等所有参与者的利益和福祉。工业 5.0 一旦深入落实，将加快重塑全球产业链供应链体系，改变欧盟传统工业发展路径，可能压缩中国参与全球产业链协作空间。一是欧盟构建高水平产业生态将形成新的发展赛道，可能扩大与中国的竞争鸿沟。工业 5.0 更加关注工业与整个经济—科技—社会系统的深度融合，发展竞争的重点从技术和产品层面向生态和系统层面转化。虽然短期内可能有损产业竞争力，但欧盟仍着眼长远发展构建产业竞争新赛道，这是在更高工业文明演进上的先行探索。二是欧盟构建新的竞争规则将再添制度壁垒，可能增加中国参与全球经贸合作的成本障碍。欧盟一直是可持续发展的先锋，将绿色发展作为增强工业竞争优势的重要支撑，以便更好地与美国、中国等高碳经济体竞争。与可持续发展相配套，欧盟将在气候治理规则和指标标准等方面采取强力举措，如碳关税等的实施将会形成绿色贸易壁垒，从而抬高中国制造产品出口欧盟市场的成本，削弱中国传统优势产业竞争力。同时，工业 5.0 强调以人为本，将工人的福利置于生产过程的中心位置，可能会在劳工标准、工人权利、工作环境等方面设置更高要求。三是欧盟构建新型制造范式将改变国际分工合作格局，减少对中国的产业依赖，压缩产业链供应链合作空间。欧盟在工厂、供应网络和工业系统多个层面提高产业自主发展弹性，将会加大在欧盟内部及周边地区的投资，导致国际互补性降低、竞争性增加，从而减少对中国的基础零部件、应急安全产品、加工制造能力等产业链供应链的依赖，并在技术装备引进、资本合作、市场开拓等方面给中国带来冲击。四是欧盟进一步强化创新引领，可能加大与中国在新兴和传统产业领域的重合竞争。欧盟与中国产业创新发展的新兴领域高度重合，中欧有巨大合作空间，同时也面临着资源、市场、规则和生态等激烈竞争。欧盟围绕新型制造范式加强技术研发。新型制造技术突破可能颠覆发达国家和发展中国家的优势格局，导致欧盟成员突破长期存在的高成本约束，重拾在一般加工制造领域的发展优势，从而削弱中国制造业发展的成本和效率优势。

（六）发展生态不优导致本土循环不畅

受做大经济总量、做强产业链条等目标驱动，一些地方和企业在发展中求大求全、链群封闭化发展倾向增加。一是部分地区忽视产业发展规律，片面理解国家产业发展规划和区域发展战略，从本土封闭市场的角度出发提出打造涵盖创新研发、加工制造、增值服务于一体的世界级先进制造业集群，企图实现产业链、供应链、创新链的全链条式集群化发展，造成产业链的过度区域化、封闭化。例如，"十四五"以来各地重复全链条布局电子信息、生物医药、新能源、新能源汽车等战略性产业的现象非常普遍。一些地方把产业发展的必要条件当作充分条件，不论是有氢气资源，还是有整车企业，或是有相关科研机构，都在不遗余力地推进氢能源全产业链布局发展。二是链主企业越来越倾向于构建封闭式的产业生态圈。在一些高度竞争领域，部分链主企业出于自身竞争利益最大化的考虑，更倾向于以我为主的封闭式产业生态圈。例如，许多家电和家具企业积极推动一站式智慧生活解决方案，这些方案具有共通性，很大程度上是能够相互共享或兼容的。封闭式的链群发展虽在短期内有助于链主企业快速构建产业链、供应链，但也造成了大量重复建设、资源过度浪费现象，不利于产业内的交流与协作，长期看容易导致规模经济效应边际递减加速，产业生态快速衰落。

三、需要科学把握的若干重要关系

中国作为快速崛起的制造业大国，在长期的追赶发展历程中，积极承接全球资本、技术和市场订单转移，大量进口关键核心产品，在核心技术、重要零部件、重大装备、关键材料、出口市场等方面高度依赖国外企业，产业转型升级面临着国内支撑不足、国际循环不畅的挑战，如何提高产业链供应链高级化、现代化水平紧迫而重要。面对新的发展形势、进入新的发展阶段，中国在产业结构体系上与德国、日本等体系较完备的制造强国相似，具备增强产业链核心控制力的良好基础，又因面临国外技术封锁和打压，有着提高自主创新能力、形成创新引领型控制力的现实需要。基于时代背景和国情条件，中国需要以实施更大范围、更宽领域、更深层次对外开放为前提，对外强化中国与全球产业链的互利共赢关系，通过国际合作阻止破坏全球产业链供应链畅通循环的恶劣行为，维护产业链供应链的全球公共产品属性，对内在关系国家安全的重点领域和关键节点构建自主可控、安全可靠的国内生产供应体系，力争重要产品和供应渠道都至少有一个替代来源，形成必要的产业备份系统，在关键时刻可以做到自我循环，确保极端情况下经济正常运转。在这一过程中，需要把握好内外协作融合、新旧接续融合、整零畅通融合、要素支撑融合四个重要关系。

（一）把握内外协作融合关系

产业是全球高度分工的，当前发展形势又促使各国增强自主发展倾向。出于经济安全和稳定发展的考虑，要坚持"内向发力"，稳步推进"卡脖子"隐患突出的重大技术装备、关键材料、核心零部件等领域攻坚突破，不断增强产业链供应链自主可控的能力和底气。出于国际合作和扩大市场的考虑，要坚持"外向拓展"，着力推进产业链供应链国际合作稳固化、多元化、弹性化，尤其要加强与欧盟、日韩和东盟国家的全面合作，织密织牢国际分工协作网络。

（二）优化新旧接续融合关系

领域齐备、门类齐全的产业体系是稳定产业链供应链的强大依靠。一方面要稳定基石，高度重视传统优势产业、基础产业对产业体系稳定高效运行的支撑作用。通过稳定传统产业和基础产业发展优势，把深耕制造、做强实业的资源要素和文化精神传承下去。另一方面要做大增量，加强对战略新兴和未来前沿产业的系统性谋划和链条式布局，防止在新的领域再走传统发展路径，形成又一轮的发展短板和瓶颈，争取做到与世界先进水平同步甚至领先。

（三）强化整零畅通融合关系

整零关系是产业链供应链运行的核心。强大的产业链供应链首先要有"整"的纲领，只有培育形成一批强大的产业链链主型企业和终端集成型产品，才能把产业链条的架构搭建起来，构建起现代产业体系的"梁柱"。同时，还要有"零"的支撑，只有形成一批专精特新的配套型企业和零部件原材料产品，才能把产业链条贯通起来，使得现代产业体系"血肉鲜活"。

（四）强化要素支撑融合关系

产业是竞争的外在，要素是竞争的内核。强大的产业链供应链必须以强大的要素支撑体系为保障。加快构建与制造业高质量发展相适应的科技创新体系、金融服务体系、人力资本体系是现代产业体系建设的一项重要任务，否则产业链供应链稳定和高效运行就成为"无本之木""无源之水"。在各支撑要素均衡发展的同时，要进一步增强相互间的联动与协同，密切产业、科技、资本、人力等要素的联系，形成互相促进、互为支撑的良性循环格局。

四、思路与建议

（一）前端补链，自主发力突破"卡脖子"环节

一是突破"技术关"，聚焦关系国家重大需求、经济安全和人民生命健康、世界科技前沿的重大技术装备、核心零部件、基础材料、工业软件，综合研判国内外技术差距、外部风险高低、需要轻重缓解等条件，选择具备条件的"卡脖子"领域和"瓶颈"环节进行攻坚突破。近期，优先选择进口数

量多、基础条件好、断链风险大的智能装备、电子制造装备、重大成套加工装备、关键基础零部件及材料，协同发挥政府部门和市场力量作用，组织实施重大产业基础短板攻坚工程，争取尽快接近或达到国际先进水平，增强产业链供应链的弹性与韧性（徐建伟，2020）。鼓励创新技术路径和工艺模式，尽快在市场需求迫切、供给风险大的领域缩小与发达国家的技术差距。二是突破"品质关"，推广应用先进质量管理方法和技术，加快质量安全标准与国际标准接轨，推动国内先进标准"走出去"，强化检验检测能力建设，加大优质品牌培育力度，不断提高产品质量和品牌声誉，在解决"有和无"的基础上更好地解决"好和差"的问题。三是突破"市场关"，进一步加强供需对接，突出应用牵引，加快工程化迭代，为重点"卡脖子"领域的新产品、新技术、新工艺打开应用推广空间。不断优化"首台套""首批次"应用政策，更大力度支持"卡脖子"产品示范应用，充分发挥国家重大工程、重大项目的示范引领作用，通过应用加快技术完善和产品成熟，积极创造产品市场化推广应用的良好条件和健康生态。

（二）后端延链，面向市场提高响应服务能力

一是做强市场需求端，适应市场多元化需求，推进国际消费中心城市建设，大力培育大型零售商、代理商和知名品牌商，积极发展电子商务等新型商贸主体，提高市场地位和品牌效应，提升服务市场、联动生产的能力和供需衔接水平。聚力推进工业品牌建设，优化品牌设计和售后服务，畅通品牌建设用户参与渠道，在轨道交通装备、电力装备、船舶及海洋工程装备、工程机械、特种设备等领域培育一批系统集成方案领军品牌和智能制造、服务型制造标杆品牌，在化妆品、纺织服装、家用电器、汽车、食品等领域培育一批设计精良、生产精细、服务精心的高端品牌（夏杰长等，2022），加快集成电路、系统软件等自主品牌成长，打造技术和产品比肩跨国企业的世界知名品牌。二是积极发展面向需求的服务业，发展提升产品设计、用户体验、个性定制等服务业，通过客户体验中心、在线设计中心和大数据挖掘等方式，增强定制设计和柔性制造能力，提高生产制造与市场需求的协同水平。三是推动内外需求贯通衔接，加快部分产品内外需"同线同标同质"转型，引导

和指导扩大"三同"适用范围至一般消费品、工业品领域，从源头上提升内销产品质量。积极推动民营企业出口产品转内销，加快出口产品转内销市场准入、质量合规性转化，加强出口产品转内销服务平台建设，打通国内国际两个市场。引导外贸企业建立完善风险防范体系，提升合规经营管理水平，不断增强国际竞争能力，高标准打造民营经济领域开放型国际合作平台，提升民营企业"走出去"水平。

（三）畅通协作，围绕链主深化链条融合贯通

一是培育龙头链主企业。推动建链基础条件好的制造业龙头企业，进一步增强创新优势和发展能级，深度整合产业要素资源，推进关键前沿技术开发和重大科技成果产业化应用，开展兼并重组、境外并购和投资合作，育强一批自主创新能力强、掌握关键核心技术、市场品牌优势明显的世界级标杆企业（徐建伟，2022）。引领龙头链主企业带动本土企业贯通产业链供应链，把国内企业互相协作、支撑融合的发展架构搭建起来。二是培育关键基础企业。更大力度支持共性技术平台、基础科学和前沿科学机构创新发展，引导基础部件、基础材料、基础装备、基础软件企业向专精特新发展，夯实产业链基础根基，缓解"卡脖子"瓶颈约束。支持企业不断精耕细作、提升专业化优势、提高市场占有率，加快培育一批专精特新"小巨人"企业，形成一批主业突出、特色鲜明、竞争力强的"行业隐形冠军"。三是推动各类企业融合发展。鼓励龙头企业搭建大中小企业创新协同、产能共享、供应链互通的新型产业生态，支持重点行业领域的代表性企业探索两业融合发展的新模式新路径。培育平台支撑企业，发挥平台企业的要素聚合、资源交换和优化配置作用，提高链主企业与配套企业、制造企业与销售企业、生产资源与创新资源的耦合发展水平。

（四）动能再造，推动产业链创新链融合共生

一是厚植基础科学优势。加强基础科研机构和科学基础设施建设，创新基础研究组织模式和实施机制，支持企业承担更多重大基础研究任务，不断

提升原始创新和源头供给能力，重点推进北京、上海、粤港澳大湾区等世界级科技创新中心建设。二是突破关键共性技术。加强各级各类研发创新平台的统筹协调与整合优化，充分发挥科研机构、企业、新型研发机构等主体作用，有重点、有次序、多路径地突破一批关键共性技术。三是推进应用技术开发。充分发挥市场对研发方向、技术路线等各类创新要素的导向作用，推进应用型技术研发机构市场化、企业化改革，加强面向中小微企业和产业集群的技术创新服务，培养壮大全球最优的新型技能人才队伍。四是完善创新载体平台。围绕重点领域的共性和关键技术，支持建设一批高质量研发机构，探索建立分布式、网络化的新型科研机构，提升科技创新服务业支撑能力。搭建全产业链协同创新平台，建立上中下游互融共生、分工合作、利益共享的一体化创新模式。

（五）优化布局，构建区域产业融合发展格局

一是提升东部沿海地区制造业发展能级和竞争位势。发挥东部地区的区位交通、产业基础、科技创新、人力资源等优势，强化政策支持和土地、能耗等要素保障，加快建设与发达国家齐肩的世界级制造业集中带。推进北京、上海、粤港澳大湾区国际科技创新中心建设，育成一批关键核心和未来前沿技术创新策源地，抢占新一轮科技革命和产业创新发展制高点。增强制造业企业竞争能级，在电子信息、机械装备、汽车、原材料、轻纺等领域培育一批产业链领军企业和关键零部件企业，提高国内产业链协作水平和全球价值链治理能力。二是集中资源和力量在中西部和东北地区重点培育一批承接产业转移的核心增长极。围绕保障国家经济安全和产业平稳运行，在矿产资源丰富、能源支撑充足的华北及西北（鄂尔多斯、陕北、宁东、准东、晋东南等）、长江中游（湘南、赣南及赣东北、鄂中及鄂东、两淮及沿江等）、西南（北部湾、川西及川南、滇南及滇西北）等地区建立一批以基础化工、现代煤化工、有色金属、高品质钢材、新型建材、新材料为主导的能源和原材料产业基地，提高关键核心材料生产供给能力，推进研发、生产和使用全过程绿色转型。围绕深化区域间梯度分工与保障产业链安全稳定运行，在分工协作便利、产业基础较好的安徽皖江、成渝、郑汴洛、武汉都市圈、长株潭、昌

九等地区建设一批以高端装备、电子信息、汽车、生物医药、关键核心零部件为主导的先进制造和战略性新兴产业基地，提高区域间产业配套协作能力，打造具有战略意义的产业链备份基地，增强国内产业体系的弹性与韧性。

（六）开放合作，织密筑牢国际产业协作网络

一是构筑互利共赢、多元弹性的产业链供应链合作体系。积极整合利用国外资源要素和市场，加强与日本、韩国、欧盟等互补卡位地区的创新合作，深化与《区域全面经济伙伴关系协定》（Regional Comprehensive Economic Partnership，RCEP）等产业分工地区的产业链合作，推进与"一带一路"沿线等需求潜在地区的市场合作。支持轻工纺织、原材料、高端装备、新能源汽车等优势产业"走出去"，提高国际科技、矿产、劳动、市场等资源整合利用水平，以RCEP、拉丁美洲、非洲等地区为重点构建区域分工合作网络，推进国内产业链协作关系国际化拓展延伸，提高企业价值链治理能级和国际分工位势。积极应对发达国家自主建链和新兴发展中国家加快工业化进程的变化趋势，推动优势产业嵌入东道国产业链建设，乘势把产业链长板"做长"。二是更加积极融入全球创新网络。秉持"开放包容、互惠共享"的合作理念，以全球视野谋划和推动科技创新，深度参与全球科技治理，推动中国产业链与全球创新链深度融合，深化与欧盟、日本、韩国、金砖国家的创新合作，构建更大范围、更宽领域、更深层次、更高水平的科技创新开放合作新格局。三是集聚国际化高水平人才。在粤港澳、长三角等地区设立国际人才移民试验区，打造国际人才发展的"类海外"环境，建立与国际接轨的海外人才专项薪酬福利制度，在便利往来、提供补助、减免税收、入学就医等方面创新施策，全面提升国际人才的吸引力和根植性。

第二十章

推进产业链供应链绿色低碳化转型

一、引言

近年来，世界主要国家纷纷提出促进碳减排、实现碳中和的安排，美、欧、日、韩等主要经济体相继宣布计划在 2050 年前后实现碳中和，中国确定力争 2030 年前碳达峰、2060 年前碳中和的战略目标。截至 2021 年底，全球已有 136 个国家提出碳中和承诺，覆盖了全球 88% 的二氧化碳排放、90% 的 GDP 和 85% 的人口（陈迎，2022）。碳减排已成全球共识，绿色低碳发展是未来全球经济发展的主基调。党的二十大报告指出，站在人与自然和谐共生的高度谋划发展，推动经济社会发展绿色化、低碳化是实现高质量发展的关键环节，同时强调着力提升产业链供应链韧性和安全水平。作为全球制造业第一大国、全球能源消费第一大国，中国产业链供应链的绿色低碳转型至关重要、十分迫切。

绿色经济、低碳经济的概念最早源于英国（David Pearce et al.，1989；DTI，2002）。此后，国内外学者围绕低碳经济、低碳产业、产业低碳化和绿色经济、绿色产业、产业绿色化等开展了一系列研究（Subhes et al.，2004；Ewing et al.，2007；Ang，2009；张坤明等，2008；中国科学院可持续发展战略研究组，2009；何建坤，2013，2018；潘家华等，2010；陶良虎，2016；厉以宁等，2017；王磊和崔晓莹，2017；余壮雄等，2020；彭苏萍等，2021）。时至今日，以低能耗、低排放、低污染为特征，促进经济社会发展与生态环境保护双赢的低碳经济模式，已得到社会各界的普遍认可。

产业链供应链是产业经济活动的普遍形态和产业体系的基本载体，是一个从原材料供应到产品设计、生产制造再到市场销售的过程，涉及产品设计、采购、生产、包装、运输、销售等所有环节，涵盖原料供应商、制造商、分销商、零售商到最终用户多个主体。不同环节和主体的经济活动所产生的碳排放不同。据专家测算，生产一辆燃油乘用车产生的碳排放是 9.2 吨二氧化碳当量，而生产一辆三元动力电池乘用车产生的碳排放为 14.6 吨，磷酸铁锂电池乘用车则达 14.7 吨。就生产阶段而言，目前电动汽车并不低碳。[1] 欧洲运输与环境联合会（T&E）的报告显示，电池生产的碳排放范围在 61～106 千克二氧化碳/千瓦时，最高可占据电动汽车全生命周期碳排放的 60% 以上。其中，动力电池碳排放主要集中在电池生产和组装以及上游正负极等关键材料的生产这两个环节，电池生产和组装的碳排放在 2～47 千克二氧化碳/千瓦时，而电池生产的上游部分（采矿、精炼等）为 59 千克二氧化碳/千瓦时，占比超过一半。[2] 因此，不论是传统产业还是新兴产业，仅靠某个环节、某个主体减碳是不能达到绿色低碳发展目标的，产业链供应链绿色低碳化的实现程度取决于产业链供应链各环节、各主体之间的协同行动。

本章研究认为，产业链供应链绿色低碳化是在产业链供应链涉及的所有环节、所有主体深入践行绿色低碳理念，全面推行低碳运行模式，实现整个产业链供应链体系碳排放持续降低的动态过程。在低碳经济时代，产业链供应链绿色低碳程度将影响甚至决定一个地区、行业、产品的国际竞争力水平，是产业链供应链现代化的内在特征。与产业低碳化更多关注行业自身的节能减排和绿色发展不同，产业链供应链绿色低碳化强调产业链供应链全链条、全过程、全周期的绿色低碳转型，是产业链供应链上所有环节、所有主体的共同责任。产业链供应链绿色低碳转型是一个系统过程，其中最关键的是结构问题和创新问题，前者主要涉及产业结构、产品结构、用能结构、区域结构，后者主要涉及绿色低碳技术创新、管理创新、制度创新、文化创新（见图 20-1）。

---

① 中国工程院院士孙逢春在新能源汽车国家大数据联盟 2020 年会上做《中国节能与新能源汽车可持续发展与碳交易研究》主题发言的观点。参见姚美娇：《动力电池企业主动降碳成趋势》，载《中国能源报》，2022 年 2 月 14 日第 8 版。

② 《双碳背景下电池产业链碳排放管理的重要性》，欧洲运输与环境联合会网站，2022 年 5 月 5 日，http://www.ciaps.org.cn/news/show-htm-itemid-39294.html。

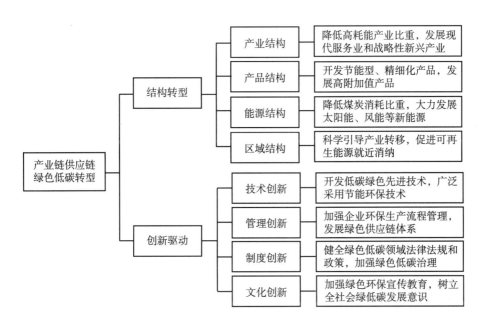

图 20-1 产业链供应链绿色低碳转型的关键路径示意

二、进展与问题

党的十八大以来,中国坚定不移走生态优先、绿色发展道路,绿色发展理念贯穿于经济社会发展的各方面和全过程,经济发展与减污降碳协同效应凸显,产业链供应链绿色低碳转型取得了明显成效。

(一)中国产业链供应链绿色低碳转型的主要成效

1. 出台"双碳"顶层设计,产业绿色低碳转型的制度体系更加健全

党的十八大以来,中国把绿色、循环、低碳发展作为生态文明建设的基本途径,出台了一系列促进产业绿色低碳转型的政策体系。工业是能源消耗最大的领域,能源消耗和温室气体排放占全国的比重分别达到 60% 和 70%(张生春,2021),是中国低碳转型的关键环节。为此,先后出台了《工业节能"十二五"规划》《工业绿色发展规划(2016—2020 年)》《绿色制造工程实施指南(2016—2020 年)》《绿色产业指导目录(2019 年版)》等政策,为

推动工业绿色低碳转型提供了规划方向和制度依据。此外，还制定了《关于促进新时代新能源高质量发展的实施方案》《关于加快推进快递包装绿色转型的意见》等，出台新能源汽车车购税优惠、"双积分"管理办法等措施，大力推动新能源和新能源汽车发展，推动农业、建筑、交通、物流等多个领域绿色低碳发展。

"双碳"战略提出以来，以《中共中央 国务院关于完整准确全面贯彻新发展理念做好碳达峰碳中和工作的意见》为顶层设计，《2030年前碳达峰行动方案》和分领域分行业实施方案，金融、价格、财税、土地、政府采购、标准等保障方案为补充的"1+N"政策体系基本建立。2021年以来，国务院出台《国务院关于加快建立健全绿色低碳循环发展经济体系的指导意见》，工业和信息化部等部门印发《工业领域碳达峰实施方案》，制定钢铁、建材、石化化工、有色金属等行业碳达峰实施方案，研究消费品、装备制造、电子等行业低碳发展路线图，国家发展改革委等部门制定《高耗能行业重点领域能效标杆水平和基准水平（2021年版）》，农业农村部等部门出台《农业农村减排固碳实施方案》，为产业链供应链绿色低碳转型提供更加全面、更有激励的制度保障。

2. 深化供给侧结构性改革，产业、能源、交通等领域绿色转型步伐加快

党的十八大以来，中国把供给侧结构性改革作为经济发展的主线，用改革的办法推进结构调整，减少无效和低端供给，扩大有效和中高端供给，增强供给结构对需求变化的适应性和灵活性，特别是大力促进产业、能源、交通等领域结构性转型上取得了明显成效。从产业结构来看，中国三次产业结构从2012年的10.1∶45.3∶44.6调整优化为2021年的7.3∶39.4∶53.3，淘汰落后和化解过剩产能钢铁3亿吨、水泥4亿吨、平板玻璃1.5亿吨重量箱，六大高耗能行业①规上工业企业营业收入占工业企业营收比重下降了0.86个百分点，高技术制造业占规模以上工业增加值比重增加5.7个百分点，产业提质增效明显。② 据测算，2011～2018年，一、二、三产业增加值平均二氧

---

① 六大高耗能行业为化学原料及化学制品制造业，黑色金属冶炼及压延加工业，有色金属冶炼及压延加工业，非金属矿物制品业，石油、煤炭及其他燃料加工业，电力热力的生产和供应业。

② 《我国工业经济稳定增长 综合实力显著提升》，国家统计局官网，2022年9月15日，http：//www. stats. gov. cn/xxgk/jd/sjjd2020/202209/t20220915_1888243. html；《生态环境部：调整"四个结构"助力打好蓝天保卫战》，载《中国城市报》2022年9月15日。

化碳排放强度分别为 0.35 吨/万元、2.66 吨/万元、0.91 吨/万元（刘仁厚等，2021），与第二产业相比，服务业碳排放强度仅为工业的 1/3 强，具有明显的低碳排放特征，服务业比重的增加对于降低整体碳排放量具有积极作用；从能源结构来看，2012 ～ 2021 年，中国清洁能源消费占比提高了 11 个百分点至 25.5%，煤炭消费占比下降了 12.5 个百分点至 56.0%（见图 20 - 2）。新能源发电量超过 1 万亿千瓦时，全国燃煤锅炉和窑炉从 50 万台减少至 10 万台，能源清洁低碳转型步伐加快；从交通结构来看，2012 ～ 2021 年中国淘汰老旧和高排放机动车辆超过 3000 万辆，截至 2022 年底新能源汽车保有量达 1310 万辆（占汽车总量的 4.1%），机动车排放标准和油品质量标准均实现了从国四到国六的"三级跳"。[①]

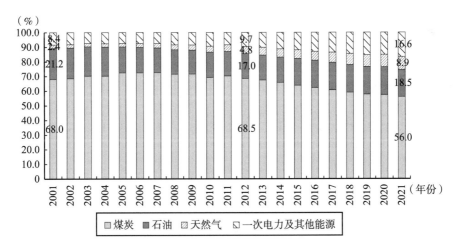

图 20 - 2 2001 年以来中国能源消费总量的构成情况

资料来源：历年《中国统计年鉴》。

3. 推进节能减排和循环利用，产业能源资源利用效率明显提升

党的十八大以来，中国大力推进节能减排和资源节约集约循环利用，引导重点行业企业开展节能改造，积极发展循环经济，推动中国能源资源利用效率大幅提升。单位 GDP 能耗呈现逐年下降态势（见图 20 - 3），2021 年单位 GDP 二氧化碳排放、水耗分别较 2012 年下降了 34.4%、45%，主要资源产出率提高了约 58%。重点推进工业能效、水效提升，打造一批行业能效、

---

① 《中共中央宣传部就"贯彻新发展理念，建设人与自然和谐共生的美丽中国"举行发布会》，中国网，2022 年 9 月 15 日，http://www.china.com.cn/zhibo/content_78417630.htm。

水效"领跑者",工业能源资源高效节约利用成效显著。规模以上工业单位增加值能耗在"十二五"时期和"十三五"时期分别下降28%和16%的基础上,2021年又进一步下降5.6%,万元工业增加值用水量在"十二五"时期和"十三五"时期分别下降35%和近40%的基础上,2021年进一步下降7%。2020年,一般工业固废的综合利用率达到55.4%,再生资源回收利用量约3.8亿吨(金壮龙,2022)。

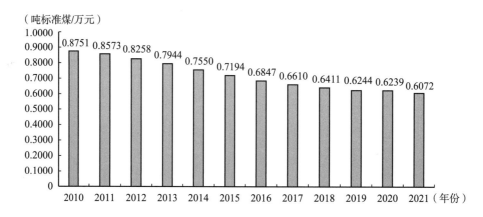

（吨标准煤/万元）

图20-3　2010年以来中国万元国内生产总值能源消耗量

注:国内生产总值按2010年可比价格计算。

资料来源:历年《中国统计年鉴》。

4. 开展标杆建设和试点示范,打造一批绿色制造、绿色农业、绿色服务的示范主体

开展标杆建设试点示范,是中国推进产业链供应链绿色低碳发展的重要举措之一。工业领域,全面推行绿色制造,培育一批绿色低碳发展走在前列的示范主体,以点带面引领制造业绿色转型。从2017年开始,工业和信息化部先后组织评选了六批绿色制造名单,共评选了2799家绿色工厂、2709个绿色设计产品、224家绿色工业园区和296家绿色供应链管理企业(见表20-1),对助力工业领域实现"双碳"目标起到积极作用。农业领域,大力发展绿色种养循环农业,打通种养循环堵点,增强绿色优质农产品供给,促进农业节能增效。2021年开始,农业农村部选择了274个县开展绿色种养循环农业试点,力争形成可复制可推广的绿色循环农业发展模式。服务业领域,研究出台了《绿色旅游景区》《绿色旅游饭店评定标准》《绿色餐厅标准》《绿色物流服务质量要求》等行业标准,以标准化引领推动服务业绿色低碳转型。例

如，2018 年商务部等部门提出利用三年时间培育 5000 家绿色餐厅，每万元营业收入（纳税额）减少 20% 以上的餐厨废弃物和能耗；[①] 2021 年交通运输部等部门确定了天津市、石家庄市、衡水市等 16 个城市为首批"绿色货运配送示范城市"。[②]

表 20 - 1　　　　　　　　　　中国绿色制造名单数量

分类	绿色工厂（家）	绿色设计产品（个）	绿色工业园区（个）	绿色供应链管理企业（家）
第一批	201	193	24	15
第二批	213	53	22	4
第三批	402	30	34	21
第四批	602	371	39	50
第五批	719	1073	53	99
第六批	662	989	52	107
合计	2799	2709	224	296

资料来源：根据工业和信息化部公布的绿色制造名单汇总所得，详见工业和信息化部节能与综合利用司网站（https：//www. miit. gov. cn/jgsj/jns/index. html）。

（二）推进产业链供应链绿色低碳化面临的突出问题

1. 产业结构偏重、能源结构偏"化石"，产业链供应链含碳量高

从产业结构来看，中国钢铁、有色、建材、石化等高耗能产业比重偏高，产业资源能源利用集约度不高，产品附加值偏低。以化工行业为例，中国化工行业市场集中度偏低，生产工艺落后、能耗和碳排放强度较高的"小散"企业及落后产能仍占有相当比例。2019 年，中国年产不足 20 万吨规模的炼油厂仍有 67 家，10 万吨及以下规模的炼油厂多达 54 座。[③] 天眼查数据显示，截至 2022 年 4 月，全国化工行业共有存续（含在营、开业、在业）企业 19. 23 万家，其中注册资本小于 100 万元人民币的企业有 7. 4 万家，占比近四成；

[①] 商务部服贸司负责人解读《商务部等 9 部门关于推动绿色餐饮发展的若干意见》，中华人民共和国商务部官网，2028 年 6 月 5 日，http://www. mofcom. gov. cn/zcjd/zhsw/art/2018/art_477174e41 d0a419696215ba9e8fe85e9. html。

[②] 《交通运输部 公安部 商务部关于命名天津市等 16 个城市"绿色货运配送示范城市"的通报》，交通运输部官网，2021 年 8 月 10 日，https://xxgk. mot. gov. cn/2020/jigou/ysfws/202108/t20210810_ 3614881. html。

[③] 洪群联：《我国产业链供应链绿色低碳化转型研究》，载《经济纵横》2023 年第 9 期。

员工人数（按照参保人数计算）小于 10 人的企业有 9.6 万家，占比近五成。同时，中国化工产品仍以大宗基础原料、中低端传统化工产品为主，精细化程度不高，部分低水平、低附加值产品已面临市场饱和及产能过剩。而高密度聚乙烯、电子化学品、高性能纤维、高端膜材料等高端化工产品供给相对不足，甚至主要依赖国外进口。产业结构性短缺矛盾的背后是全行业产品附加值总体较低，单位产出能耗和碳排放的平均水平偏高。

从能源结构来看，中国"富煤贫油少气"的资源禀赋造成煤炭消费长期占据首位，电力结构也形成以煤为主的格局。目前来看，中国人均二氧化碳排放量与欧美国家相当而且增长较快，原因就在于能源消费结构差异，中国以化石能源为主，中国能源消费中煤炭占比仍高达 50%，而欧美国家煤炭消费仅占 11% 左右，世界平均水平约为 27%。2021 年，中国燃煤发电占中国发电量的 62.6%，占全球燃煤发电量 52.1%。[①] 同时，以煤作为工业产品原料也使得中国工业产业链条中含"碳"量明显偏高。例如，生产 1 吨合成氨的二氧化碳排放量，煤头路线约 4.2 吨，天然气头路线则为 2.04 吨；生产 1 吨甲醇的二氧化碳排放量，煤头路线约 3.1 吨，天然气则为 0.58 吨（顾宗勤，2021）。中国合成氨和合成甲醇主要以煤为原料，单位产品碳排放是主要以天然气为原料的国外同类产品的两倍左右。

2. 低碳技术创新和应用水平不高，绿色循环生产方式尚未完全建立

绿色低碳转型离不开低碳技术创新和推广应用。从技术研发来看，目前中国低碳技术战略储备不足，关键技术自给率偏低，低碳技术发展和支撑能力建设的短板效应明显，总体技术水平落后（吴晓青，2022），特别是在温室气体捕捉封存技术、储能技术及氢能技术等新兴领域。在技术应用方面，绿色低碳技术工业化应用不足。例如，中国钢铁仍以高炉—转炉长流程生产工艺为主，具有低排放优势的电炉短流程炼钢技术推进缓慢（刘仁厚等，2021）。对于企业特别是传统企业、中小企业而言，绿色低碳转型的前期投入大、融资成本高、短期收益不明显，特别是研发或引进减碳工艺技术、购买和改造节能脱碳等装备装置需要大量资金，企业对此往往能力不足、望而却步。

---

① 《世界能源统计年鉴2022》，英国石油公司（BP），2022 年第 71 版，https：//www.bp.com.cn/content/dam/bp/country – sites/zh_cn/china/home/reports/statistical – review – of – world – energy/2022/bp – stats – review – 2022 – full – report_zh_resized.pdf。

目前，中国单位 GDP 能耗明显高于主要发达国家和世界平均水平（见图 20 - 4），单位产出所消耗的钢材、铜、铝消耗量也高于世界平均水平，资源与能源利用效率还有很大提升空间。虽然中国已经建立了生产者责任延伸制度，正在加快构建再生资源回收体系，但尚未形成有效激励机制，企业主动建立绿色循环生产方式的积极性还比较弱，资源循环利用水平偏低。例如，中国废钢、废塑料、废旧纺织品回收率分别仅为 21.2%、26.7%、10.0%，远低于世界发达国家水平。[①] 机动车回收拆解率只占机动车保有量的 1.0% ~ 1.5%，远低于发达国家 5% ~ 6% 的水平。[②]

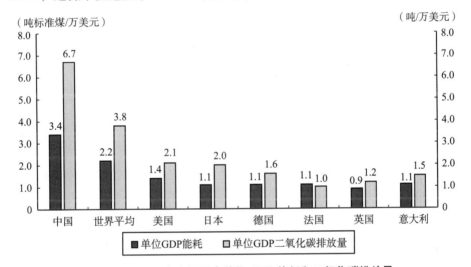

图 20 - 4 2020 年主要国家单位 GDP 能耗和二氧化碳排放量

资料来源：Yinao Su, Houliang Dai, Lichun Kuang, Jizhen Liu, Dazhao Gu, Caineng Zou, Haixia Huang. Contemplation on China's Energy - Development Strategies and Initiatives in the Context of Its Carbon Neutrality Goal [J]. Engineering, 2021, 7 (12)：1684 - 1687.

3. 绿色供应链管理普及率不高，绿色低碳供应商不多

2015 年，中国首次明确提出打造绿色供应链，此后先后制定了《企业绿色采购指南（试行)》《绿色供应链管理企业评价要求》《环保"领跑者"制度实施方案》，开展绿色供应链示范企业评选，营造促进绿色供应链发展的制度环境。但总的来看，绿色供应链管理普及率还不高，主要是部分大

---

① 《高质量发展阶段我国再生资源行业发展现状及前景》，央广网，2022 年 8 月 22 日，https：// baijiahao. baidu. com/s？id = 1741850585560810600&wfr = spider&for = pc.

② 刘瑾：《报废车告别"论斤卖"有望催生千亿级市场》，载《经济日报》2020 年 8 月 27 日第 7 版。

中企业、龙头企业开展相关绿色供应链管理，产业链供应链的"全链绿化"还不多见。一方面，中国绿色供应链实践起步较晚，许多市场主体特别是中小企业的认知度还较低，推进绿色供应链管理体系建设也具有一定难度。另一方面，绿色供应链的建立在一定程度上会增加上游企业的成本，也会提高终端绿色产品的价格。由于缺少健全有效的激励机制，特别是鼓励绿色生产、绿色消费的政策环境还没有完全形成，企业打造绿色供应链的积极性和主动性还不足。

4. 相关法律法规和制度建设不健全，产业链供应链低碳转型的激励约束不强

绿色低碳转型需要建立一套完善的既有约束力又有保障力的制度体系。在法律法规方面，中国现有绿色低碳的相关法律涉及环境、能源、资源等多个领域，但囿于其自身的立法目的和立法时机，缺乏对碳达峰目标和碳中和愿景的统筹考虑（王江，2021）；在政策执行方面，"双碳"顶层设计出台以来，中央通过一系列政策文件进一步明确了"十四五"时期节能减排的政策机制，包括强化能耗强度降低约束性指标管理、增强能源消费总量管理弹性、能耗"双控"向碳排放总量和强度"双控"转变、各地区原料用能不再纳入全国及地方能耗双控考核等。部分地区仍习惯性地把能耗总量控制作为实现强度目标的主要手段，政策调整不及时、执行不精准，可能造成"一阵紧、一阵松"，一定程度影响行业低碳转型步伐；在激励机制方面，目前中国电力体制改革仍不到位，"市场煤、计划电、垄断网"的体制障碍依然存在。碳市场覆盖行业和交易主体较为单一，活跃度不高、流动性不足，价格形式机制不健全，碳履约驱动现象明显。根据生态环境部公布数据，目前全国碳市场只纳入发电行业，首个履约周期完成交易量1.79亿吨，交易量不足该行业二氧化碳排放总量的4%。[①] 此外，绿色消费制度保障体系不健全，激励约束弱，从消费端促进生产端绿色低碳转型的传导机制尚未畅通。

---

① 张佳兴、蔡琳：《全国碳市场首个履约周期收官 覆盖45亿吨二氧化碳排放》，载《光明日报》2022年1月24日。

三、他山之石及其启示

发达国家较早认识到绿色发展的重要性，通过制度约束、全球布局、科技创新、供应链管理等手段，推进产业链供应链绿色低碳转型。

（一）通过健全绿色低碳制度体系强化产业链低碳转型约束

发达国家绿色低碳制度体系主要包括三个方面。一是气候应对和碳减排的法律法规。英国于2007年公布了《气候变化法案》，要求通过制定中长期限额减排规划来设置二氧化碳总排放量上限。美国先后制定实施了《清洁空气法》《能源政策法》《电动汽车促进法》，2021年发布了《应对国内外气候危机的行政命令》《清洁未来方案》等法案。二是制定有关碳交易制度。英国于2002年正式实施碳排放交易机制，欧盟在各成员国的基础上建立了温室气体排放贸易体系，美、日等国也采取了相类似的排污机制。三是实施绿色采购和绿色产品标准等。美国基于《联邦采购、循环利用和废物预防》《通过废弃物减量、资源回收及联邦采购来绿化政府行动》等法律，颁布一系列商品采购指南，要求政府应采购生态型、环保型、对人体健康和环境影响最小的产品和服务。德国推出了世界上第一个环境标志认证系统"蓝色天使"、第一个废弃物回收利用系统"绿点"标识，并在纺织品、汽车、机械等多个领域推出生态标签。

面对产业链供应链高碳排放等带来的严重外部性，发达国家建立了一套健全且有执行力的绿色低碳制度，发挥制度的约束激励作用，这是发达国家产业链供应链较为顺利实现绿色低碳转型的重要保障。当前中国绿色低碳发展的相关体制机制、法律法规、标准体系正在不断完善，但与"双碳"目标和可持续发展要求相比还不相适应，迫切需要建立完整的绿色低碳发展基本制度和政策体系。

（二）通过供应链全球化布局降低本土高碳产业和高碳环节

人们普遍认为，当今世界出现过四次大规模的制造业迁移：第一次在 20世纪初，英国将部分"过剩产能"向美国转移；第二次在 20 世纪 50 年代，美国将钢铁、纺织等传统产业向日本、德国等国转移；第三次在 20 世纪 60至 70 年代，日本、德国向亚洲的韩国、新加坡等国家和地区，以及部分拉丁美洲国家转移轻工、纺织等劳动密集型加工产业；第四次在 20 世纪 80 年代至 90 年代初，欧美日等发达国家和地区以及亚洲的韩国、新加坡等新兴工业化国家，把劳动密集型产业和低技术高消耗产业向以中国为代表的发展中国家转移（叶玉瑶等，2021）。在全球产业转移过程中，先发国家将高碳产业和高碳环节转移到发展中国家，通过国际贸易仍然享受到高品质的产品和服务。联合国环境规划署（2020）指出，目前存在一种普遍的趋势，即富裕国家基于消费的排放量（排放分配给购买和消费商品的国家，而非生产商品的国家）比基于领土的排放量要高，因为这些国家通常实行清洁生产，服务业更发达，而初级和次级产品往往依靠进口。中国在承接全球制造业产业转移的同时，一定程度上成为发达国家的"污染产业天堂"，发达国家通过国际贸易和投资向中国转移了大量的碳排放。研究表明，中国承接国际产业转移所产生的碳排放，2007 年比 2002 年增加了近两倍，达到 14.29 亿吨，占全国碳排放总额的 22%（杜运苏和张为付，2012）；2009～2015 年，中国与主要发达国家之间的国际贸易，共向中国转移了 9.67 亿吨二氧化碳（芦风英和庞智强，2021）。

不论是客观趋势还是主观为之，伴随全球产业转移，发达国家将高碳、低附加值的产业和制造环节外迁到后发国家，从而降低了本国产业碳排放水平，促进了本土产业低碳转型。地球作为全人类共同的家园，正面临着生态环境恶化的严峻挑战。习近平总书记强调，面对生态环境挑战，人类是一荣俱荣、一损俱损的命运共同体，没有哪个国家能独善其身，国际社会应该携手同行，共谋全球生态文明建设之路。[①] 因此，中国推进产业链供应链全球布

---

① 习近平：《共谋绿色生活，共建美丽家园——在 2019 年中国北京世界园艺博览会开幕式上的讲话》，载《人民日报》2019 年 4 月 29 日。

局和绿色低碳转型时，不能照搬发达国家高污染产业转移的老路。

（三）通过支持科技创新应用提高生产绿色低碳循环水平

发展新能源实现"绿能"替代，加快绿色低碳科技创新，是发达国家促进产业链供应链绿色低碳转型的关键做法。美国把创新清洁能源技术作为减碳政策的主线。2006年，时任美国总统布什提出"先进能源计划"，强调增加可替代能源和清洁能源技术的投入。2022年美国总统拜登授权能源部利用《国防生产法》，加速扩大美国制造太阳能电池板零件、清洁发电燃料设备、关键电网基础设施等关键清洁能源技术的生产。碳捕捉和封存技术（CCUS）是美国气候变化技术项目战略计划框架下的优先领域，全球51个二氧化碳年捕获能力在40万吨以上的大规模CCUS项目中有10个在美国（李万超等，2022）；日本早在第一次石油危机之后，为改善能源结构、减少对石油的依赖，持续推进新能源开发和应用。2020年，日本"绿色成长战略"提出到2040年海上风力发电能力达到最高4500万千瓦，到2050年氨、氢两种零碳燃料占到电力结构的10%左右；《革新环境技术创新战略》提出计划投入30万亿日元，用以促进可再生能源、氢能、核能、碳捕集利用和封存、储能、智能电网等39项重点绿色技术的快速发展。[①]

发达国家无一不加大科研投入，大力谋划发展新能源，创新减排技术，开发碳捕集等领先型科研项目，既推动了本国资源能源节约，也塑造了在绿色低碳领域的技术领先优势。"双碳"问题根本上是科技创新问题，中国要推动产业链供应链绿色低碳转型，必须也只能依靠科技创新。

（四）通过绿色供应链管理优化产业链全生命周期低碳发展

20世纪90年代以来，绿色供应链理念在全球兴起，发达国家政府和领先企业共同发力，推动建立绿色供应链体系。从政府角度看，欧盟、美国主要采取立法、市场激励、政府绿色采购等方式。2002年以来，欧盟率先通过立

---

① 刘平、刘亮：《日本迈向碳中和的产业绿色发展战略——基于对〈2050年实现碳中和的绿色成长战略〉的考察》，载《现代日本经济》2021年第4期。

法发布和实施了《报废电子电器设备指令》（Waste Electrical and Electronic Equipment，WEEE）、《危害性物质限制指令》（Restriction of Hazardous Substances，RoHS）、《关于化学品注册、评估、许可和限制法案》（Registration，Evaluation Authorization and Restriction of Chemicals，REACH）等。WEEE 和 RoHS 实施后，全球范围内的电子电气设备零售商、制造商，上游电子电气元器件供应商不得不对设计、生产、采购过程进行调整，寻求绿色材料，延长产品使用寿命，以满足欧盟的市场准入要求。这一举措为世界各国推动电子电气供应链的绿色化转型提供了宝贵的经验。美国于 1986 年、1990 年先后颁布《危机应急规划和社区知情权法案》《污染预防法案》，要求对制造业、金属采矿、采煤业、通过燃煤和/或石油进行商业发电的电力行业等涉及有毒有害物质产生的行业部门，每年须提交有毒物质排放清单（Toxics Release Inventory，TRI），披露设施现场处置或排放到环境中的每一种化学品的数量等信息。据美国环境保护署数据库数据，截至 2022 年 11 月，美国 TRI 披露的环境信息涵盖了 800 多种有毒化学品。

从企业角度来看，领先企业参照相关国家法律法规并结合自身减排需求，将环境绩效纳入供应链管理指标体系，对上游供应商进行筛选和定期评估，并通过培训、技术支持和信息共享等手段与供应链上的各个企业结成战略联盟，实现经济效益与环境保护双赢。例如，IBM、戴尔、惠普等企业早在 2004 年就发布了《电子行业行为准则》（Electronic Industry Code of Conduct，EICC），对电子企业在有害物质、废水和固体废弃物、污染预防和资源节约、废气排放、产品含量限制等环境相关方面做出了明确要求，起到了规范电子行业全球供应商的环境行为和社会责任的作用。2017 年 10 月，EICC 更名为责任商业联盟（Responsible Business Alliance，RBA），目前全球超过 500 家品牌公司成为 RBA 成员并承诺遵守《RBA 行为准则》。① 近年来，全球环境、社会责任和公司治理（ESG）快速发展，全球大型企业、跨国企业均将 ESG 要素纳入供应链评估体系以促使供应商履行 ESG 责任，ESG 投资、ESG 信息披露、ESG 评估等做法倒逼产业链供应链上下游各主体加快绿色转型步伐。

绿色供应链管理是产业发展和企业管理的必然趋势。近年来，中国加快

---

① 详见责任商业联盟（RBA）网站（https：//www. responsiblebusiness. org/）。

打造绿色供应链，许多企业也提出了以碳减排为目标的绿色供应链倡议，如华为提出 2025 年前将会推动其前 100 家供应商设定碳减排目标，[①] 隆基发布《绿色供应链减碳倡议》得到 150 家供应商的积极响应。[②] 我们要借鉴发达国家在绿色供应链管理方面的有益做法，发展全过程、全链条、全环节的绿色供应链发展体系，加速产业链供应链绿色低碳转型。

四、路径选择

习近平总书记对做好碳达峰、碳中和工作和提升产业链供应链现代化水平作出了许多重要论述及要求，要始终坚持以习近平新时代中国特色社会主义思想为指导，遵循"双碳"工作和产业链供应链发展的客观规律，通过产业产品升级绿色减碳、用能用料源头绿色减碳、技术创新应用绿色减碳、空间优化布局绿色减碳、精细高效管理绿色减碳，多措并举推动产业链供应链绿色低碳转型。

（一）产业产品升级绿色减碳：优化产业结构和产品结构

一是持续优化产业结构。大力发展先进制造业和现代服务业，积极发展节能环保、新能源产业，培育壮大低碳、零碳和负碳产业，逐步降低高碳行业比重。推动以市场化手段淘汰落后产能，有序引导兼并重组，鼓励应用绿色低碳生产工艺技术的行业领先企业做大做强，有序扩大绿色低碳产品产能。压缩通用型、供给过剩产品产能，逐步淘汰不符合能耗、碳排放基准水平的落后产能、企业，提高全行业绿色低碳产能比重。加快完善碳排放监测、统计、核算体系，推动更多工业行业尽快纳入全国碳排放权交易市场配额管理，依托市场机制倒逼高耗能、高碳排放的产能逐步退出市场（洪群联，2022a）。二是推动产品结构升级。按照"去粗存精""舍低向高"的导向，推动工业

---

① 周毅：《约束供应商、产业链：华为举行首次供应商碳减排大会》，观察者网，2021 年 5 月 19 日，https://www.guancha.cn/industry–science/2021_05_19_591322.shtml。

② 《光伏行业发起绿色供应链减碳倡议，150 余家供应商响应》，载《中国能源报》2021 年 1 月 10 日。

产品向产业链价值链中高端延伸，提升产品附加值和资源的利用率，降低单位产出碳排放水平。聚焦需求缺口较大、依赖国外供应的高端、高精产品，引导行业龙头企业和技术领先企业实施保链稳链工程，突破制约产业链安全的"卡脖子"技术问题。

（二）用能用料源头绿色减碳：支持更多利用绿色低碳能源和材料

一是逐步实施原材料替代。短期内，一定程度地提高油气尤其是天然气作为工业原料的比重，如在化工领域可采取包括烯烃原料轻质化、炼厂制氢原料和燃料调整、合理增加甲醇进口、对资源条件优势地区给予"煤改气"支持等（温倩等，2022）；中长期，开发以生物质为基础的工业材料，通过绿色原料转型实现根本性减碳。二是以非化石电力替代传统煤电。在全国有序推进能源结构优化转型的同时，鼓励地方和企业结合实际情况，通过自建分布式光伏、绿电绿证交易等方式提高电力消费结构中非化石占比。推动用能设施电气化改造，合理引导燃料"以气代煤"，适度增加富氢原料比重。三是提高原料使用效率。鼓励高耗能行业企业跨行业耦合示范，如推动"钢化联产"、电力化工多联产等，提高产业链上下游原料使用效率。

（三）技术创新应用绿色减碳：推动全产业链低碳技术创新与示范推广

聚焦可再生能源制备和储运、CCUS、减污降碳、碳负排放技术、VOCs污染控制、零碳流程重塑等研究领域，整合行业龙头企业、技术路线企业以及国家及省级重点实验室、高校、科研院所等组建创新联合体和技术应用转化平台，强化关键核心技术、行业共性技术和工艺的研发攻关及应用推动。推动新能源、新材料、生物技术、数字技术与化工行业生产技术工艺交叉融合、协同创新，推动形成一批具有较强适用性的绿色低碳技术群。大力推进低碳技术全流程应用，构建从原料采购、生产制造、运输物流、销售使用、回收再利用的全生命周期绿色低碳管理体系。

（四）空间优化布局绿色减碳：优化产业链供应链的空间布局和区域联动

统筹产业对内转移和对外转移，优化产业链供应链的国际布局和区域联动。一是依据国内资源能源禀赋条件，推进制造环节向中、西部地区转移。支持西部地区探索将资源优势转化为经济优势的有效途径，培育一批以可再生能源为主的支柱产业，一方面通过"西电东送"外销模式加快东、中部地区能源替代，另一方面通过产业"内生"式发展和承接产业转移"外引"式发展促进可再生能源就地就近消纳。借助"东数西算"契机，梯次推进数据中心区域布局调整，加强中、西部地区数据中心和电力网一体化设计，提高绿色能源使用比例，缓解可再生能源电力与用电负荷的时空错配。建立和完善绿色产业帮扶机制，鼓励发达地区加大对欠发达地区清洁电力、生态旅游等领域的投资，优先购买其丰富的绿色能源资源，形成西部稳定输电、东部稳定消纳的长效机制。二是主动谋划产业链供应链全球布局，建立以我为中心的全球产业链供应链格局。下大力气将本土企业技术研发、市场营销等高端关键环节留在国内，引导产业转移在中国主导建设的境外园区布局。

（五）精细高效管理绿色减碳：提高企业全生命周期精细管理水平

一是提高企业环保意识，加速向绿色供应商转型。引导企业提高节能环保意识，按照相关质量技术标准，加强绿色节能改造，打造绿色企业、绿色工厂、绿色供应链管理企业等。支持有条件的企业申请 ISO14000 认证，成为全球绿色供应商。二是依托供应链链主企业，全方位构建绿色供应链。依托链主企业的核心优势，与上下游供应商和合作伙伴开展联合创新，带动供应链上下游企业在节能、减排、利废、治污等方面创新模式，在家电、食品、药品等重点行业率先培育发展绿色供应链，提升产业链供应链的能源效率和环境效益。三是强化供应链全生命周期管理与监控。完善能耗和排放检测、监测认证制度，加快建立绿色供应链评估标准和认证体系（王静，2021）。

五、对策思考

（一）健全绿色低碳法律法规和制度体系

加强绿色低碳发展法治建设，健全适应"双碳"战略需要的法律制度体系。加强对绿色供应链领域的立法，要求供应链重点领域和关键环节的企业向公众披露采购、能耗、污染物排放处理、逆向物流方案等绿色供应链相关信息。完善清洁低碳能源相关领域技术标准和安全标准，严格实施《建筑节能与可再生能源利用通用规范》关于强制碳排放计算的规定。鼓励各地区和行业协会、企业等依法制定更加严格的地方标准、行业标准和企业标准。制定绿色低碳产业指导目录，建立和完善绿色低碳转型相关技术标准及相应的碳排放量、碳减排量等核算标准。

（二）加大绿色低碳适用技术创新应用支持力度

强化碳中和科技工作的宏观统筹和协调管理，打造绿色低碳科技国家战略力量。聚焦产业链供应链绿色低碳转型"卡脖子"难题，发挥新型举国体制优势，补齐关键核心技术领域的"短板"，加快形成一批碳中和领域的原创性、引领性、颠覆性技术。强化基础研究支持力度，完善基础学科布局，鼓励学科交叉基础领域研究。加大财政投入支持力度，优化创新投入、研发、转化和激励机制，促进适用技术研发和推广应用。

（三）完善产业链绿色低碳转型财税金融政策

扩大碳排放权交易市场的覆盖范围和参与主体，推动配额分配方式改革，推动以碳市场为主体、以碳税为补充的混合式碳定价机制，逐步形成合理碳定价。引入更多机构投资者和个人投资者，提高碳排放权交易市场的活跃度和流动性。适时逐步扩大碳排放权配额有偿分配范围和比例，实现以免费分配为主、免费与有偿分配并存的格局。发挥政府采购导向支持作用，建立绿色低碳物资采购目录和供应链协同采购机制。针对高碳消费行为构建灵活多样的成本约束调控机制，择时对碳密集消费品开征碳税。探索将碳排放权作为信贷融资的增信措施，适时鼓励银行将碳排放控制管理纳入授信评价体系，探索碳排放权抵押融资机制。

（四）加强产业绿色低碳领域人才培养

强化教育的系统性变革和人才的专业化培养，将绿色低碳理念深度植入各学科、各层级教育培养体系。瞄准科技前沿加快造就一批储能、氢能和CCUS等领域的紧缺人才，聚焦产业需求加快培养一批碳中和专业人才，大力培育复合型人才和通用型人才。在具有较好基础的高校探索建设碳经济、碳金融、碳管理等新学科。优化职业学校教育和职业技能培训体系，发展订单制、现代学徒制等多元化人才培养模式。优化碳中和领域职业能力证书制度，提高"双碳"领域技术技能人才和产业工人的经济社会待遇。

（五）开展产业链供应链绿色低碳转型试点示范

积极培育打造一批绿色设计产品、绿色工厂、绿色园区和绿色供应链管理企业，鼓励企业探索绿色低碳转型的路径和模式。打造低碳交通、低碳建筑、低碳商场、低碳社区等多元示范应用场景，建设一批绿色低碳城市、零碳城市。选取一部分可再生能源基础较好的西部地区城市、中部地区小城镇和东部地区工业园区，率先实现100%的可再生能源供应。

（六）增强全社会绿色低碳意识

增强全社会绿色低碳、环保节约意识，加强生态文明教育，把绿色低碳教育内容列入中小学课程中，积极开展绿色校园创建、低碳环保行动、绿色环保使者等实践活动，让广大学生增强低碳生活的意识，从小养成爱护环境、倡导低碳生活的好习惯。强化绿色文明宣传教育和"双碳"科普，增强全民节约意识、环保意识、生态意识。强化消费者绿色环保意识，依托各类支付平台和消费平台做好绿色消费行为的统一记录，探索实行个人碳积分制度，研究制定量化算法和奖励分发规则，建立个人数字碳账本并与绿色金融、信用体系相连接。

（七）强化产业链供应链绿色治理监管

构建多部门协调联动的综合执法体制机制，依托新一代信息技术提高执法效能。明确各部门在环境信息披露方面的监管职能，建立环境信息整合管理平台，在一定权限内实现碳排放信息共享，更好形成监管合力。将有害物质使用和可回收利用率管理纳入相关行业管理，生产企业、上市公司定期报送有害物质使用及可回收利用率等相关数据信息，推行年度信息披露制度。完善环境信息披露的激励约束机制，开展环境信息披露评估。强化金融机构环境责任，金融机构应公开披露发放碳减排贷款情况及贷款带动的碳减排量等信息。促进实体企业公开披露碳排放以及配额分配、交易、履约和碳资产管理、开展碳金融业务等情况。引导社会中介机构参与环境信息披露（周宏春，2022）。

（八）促进全球产业链供应链绿色低碳协同合作

加强产业链供应链绿色低碳转型的国际合作，利用中国在新能源、新能源汽车、5G等方面的世界领先技术优势，加强与"一带一路"共建国家在重点低碳领域的产业合作。鼓励国内新能源龙头企业"走出去"，积极参与和引领低碳技术、清洁能源、绿色投资、绿色金融等国际合作，推动建成一批绿色能源国际合作示范项目（武汉大学国家发展战略研究院课题组，2022）。通过和上下游企业的共同联动、协作与融合，建立安全稳定、绿色可持续、国际化的供应链体系。优化劳动密集型产业的国际化布局，利用RCEP优势，强化中国与东盟、日韩等成员伙伴间的重点产业链合作，巩固提升中国在轻工、纺织、家电等重点产业领域的优势地位。做好应对碳边境调节税等绿色贸易壁垒的政策储备。

第二十一章

着力提升产业链供应链韧性和安全水平

　　党的二十大报告中明确提出"高质量发展是全面建设社会主义现代化国家的首要任务",并将"着力提升产业链供应链韧性和安全水平"作为推动高质量发展的基本要求;与该报告第一部分将"确保粮食、能源、产业链供应链可靠安全和防范金融风险还须解决许多重大问题"作为我们面临的困难和问题、该报告第十一部分将"确保粮食、能源资源、重要产业链供应链安全"作为"增强维护国家安全能力"的重要任务相呼应,足见提升产业链供应链韧性和安全水平至关重要。[①] 那么,如何看待产业链供应链韧性和安全水平? 怎样提升产业链供应链韧性和安全水平? 怎样看待产业融合赋能对提升产业链供应链现代化水平的作用? 本章认为,深入回答这些问题,需要将其放在党的十九大报告的完整体系中,特别是结合"以中国式现代化全面推进中华民族伟大复兴"的使命任务来理解,找准提升产业链供应链韧性和安全水平的着力点,强化产业融合的赋能作用,培育提升产业链供应链韧性和安全水平的兴奋点。

一、如何看待产业链供应链韧性和安全水平

　　"韧性"一词,在汉语中系指物体受外力作用时产生变形而不易折断的性质,体现物体所具有的柔软结实特性,也指坚忍不拔、顽强持久的精神(中国社会科学院语言研究所词典编辑室,2009;李行健,2004)。欧盟委员会

　　[①]　本书编写组:《党的二十大报告辅导读本》,人民出版社2022年版,第13、25、48页。

（2021）发布《工业5.0：迈向可持续、以人为本、富有韧性的欧洲工业》战略时，将韧性界定为灵活应对变化的能力。系统动力学将韧性理解为系统在受到外界干扰时所表现出的持久力和复原力，或动态维持稳健状态的能力（盛昭瀚等，2022）。刘彦平（2021）将韧性界定为物体受到外力发生变形后恢复到原状的能力，并将城市韧性界定为一个城市面对可预见或不可预见的风险冲击时所具有的抵御风险、减轻灾害损失，并能合理调配资源以便从灾害中快速恢复、重建和发展的能力。

当前，学术界对产业链供应链韧性的界定在总体上并未达成高度一致，但基本意思较为接近。鉴于学术研究在一些基本概念上应该体现必要的包容性和共同性，尽量避免"自说自话、各说各话"形成无谓争论；更要防止争论各方不在一个频道和话语体系上讨论问题，导致双方争论的问题虽以同一名义出现，但在实质上往往南辕北辙。因此，基于前述分析，我们可以将产业链供应链韧性界定为面对重大突发事件或外部冲击时，产业链供应链免于断裂并能较快恢复原状的能力；换言之，产业链供应链免于遭受实质性损坏，并能通过快速修复维持持续、稳健运行的能力。当然，这些重大突发事件或外部冲突可能多种多样，包括各种"灰犀牛""黑天鹅"事件，如重大疫情、地缘政治冲突、突发旱涝灾害、极端高温或低温气候、突发交通或能源供应通道堵塞及中断等。

"韧性"与"弹性"密切相关，类似于对同一事物从不同角度的观察。"弹性"系指物体受外力作用变形后，待除去作用力时能够恢复原状的能力，也可比喻事物依实际需要进行调整、变通的性质（中国社会科学院语言研究所词典编辑室，2005）。可见，"韧性"和"弹性"在很大程度上相当于一个"硬币"的两面，只是二者强调的重点不同而已。"韧性"更强调抵御和应对危机的能力，物体即便遇到惊涛骇浪，仍能形成动态调适能力和对外部冲击的修复力，不至于因环境变化风高浪急，导致功能丧失、断裂甚至被撕裂肢解。而"弹性"更强调面对外部冲击的复原力。产业链供应链韧性和弹性也是如此。一般而言，产业链供应链弹性强，韧性也就足。因此，可以将二者视为同义语。正如史沛然（2022）指出的，韧性供应链也称弹性供应链，系指供应链在部分失效时仍能保持连续供应并能快速恢复到正常供应状态的能力。需要说明的是，产业链供应链本是既相互联系又相互区别的概念，但本章为简便起见，未对二者作严格区分。

产业链供应链韧性往往与其安全问题密切相关。原因很简单，如果产业链供应链韧性不够，因为重大突发事件或外部冲突导致产业链供应链被迫中断，或出现难以恢复的损害时，产业链供应链往往难以恢复原状，甚至难以保持原有主要功能，出现部分甚至全部功能实质性变异直至丧失。这时，产业链供应链的安全性实际上遭到严重破坏。当前，百年变局叠加新冠疫情，发展环境的不稳定不确定因素明显增多加重，许多因素的变化往往超出预期。以美国为代表的发达国家以产业安全甚至国家安全为由，以增强产业链供应链韧性为名，动辄在重要产品和关键核心技术出口上对我国"卡脖子"，部分国家联手打造供应链联盟围堵我国，或推进产业链供应链"去中国化"（费洪平等，2022）。部分跨国公司为分散产业链供应链投资风险，推进产业链供应链核心环节从我国外迁，或通过"中国＋1"方式分散向我国过度集中的风险，推动全球产业链供应链布局分散化、本地化。在此背景下，增强我国产业链供应链韧性和安全水平的重要性和紧迫性明显增加。这一问题日益引起从政府到学术界、实践部门的重视，具有很大的必然性。李巍和王丽（2022）发现，早在2010年就有报告指出，企业供应链应从单纯强调效率转向效率与韧性并存，而供应链韧性更强调安全逻辑。当今世界，供应链安全问题正从经济问题转变为政治问题，并早已超出了网络信息安全的内容。

重视产业链供应链的韧性或安全问题，实际上是对长期重视成本收益和效率导向的供应链战略的矫正。精益生产方式要求产业链供应链运行适应不断变化的用户需求，并通过推动产业链供应链协同优化和精益求精，结合激发员工乃至产业链供应链参与企业的智慧和创造力，通过实现产业链供应链流程再造或重构，精简产业链供应链运行中一切可能属于冗余的资源、要素投入乃至各种缓冲环节，最大限度地减少产业链供应链运行过程中的资源、要素占用，实现企业零库存、对市场变化的快速反应和企业与市场需求之间、产业链供应链不同环节之间的和谐协调，借此降低产业链供应链运行成本、提高产业链供应链运行效率，改善产业链供应链输出产品（服务）的质量和市场竞争力。[①] 但当产业链供应链各环节之间的弦绷得太紧时，就容易出现产

---

① 范德成、胡钰：《精益思想模式的研究综述》，载《管理现代化》2013年第4期；朱谨：《从精益生产发展史看中国式生产管理》，载《企业管理》2024年第3期。

业链供应链断裂。因此，增强产业链供应链韧性的问题就迅速凸显起来。当产业链供应链运行环境较为稳定时，产业链供应链不同环节之间、不同利益相关者之间形成较为稳定的利益平衡关系，实现产业链供应链的正常功能具备常态化条件。但当发展环境的不稳定不确定因素明显增加时，产业链供应链不同环节之间、不同利益相关者之间的利益平衡容易遭到破坏，导致产业链供应链部分环节停摆、部分功能丧失，必须通过产业链供应链流程再造或重组，才能修复原有功能。如果进一步走向极端，产业链供应链很难通过流程再造或重组，实现修复进而恢复持续或稳健运行的能力，那么这种产业链供应链就将失去韧性，归于破碎或断裂。

自 2020 年新冠疫情全球蔓延以来，全球产业链布局本土化、近邻化、区域化、分散化、多中心化趋势凸显，给维护产业链供应链的安全稳定带来新的挑战，从而进一步暴露出以效率和成本为基准考虑产业链供应链布局的局限性，导致安全问题对全球产业链供应链布局的影响更加凸显。但除此之外，甚至在此之前，中美之间大国竞争升级，已经导致企业风险偏好明显弱化，生产布局从效率优先转向战略优先，寻求建立兼具韧性与稳健性产业链供应链的偏好更加凸显；政府应对国际贸易政策收紧和重大风险事件的举措，则强化了产业链供应链韧性和安全偏好。因此，在当前乃至今后一段时期内，产业链布局的成本和效率导向，将会在一定程度上让位于安全原则和韧性偏好（杨丹辉，2022）。可以说，随着以中美两国为代表的大国博弈的深化和复杂化，随着新冠疫情导致的全球供应链中断或收缩现象多发重发，越来越多的国家、越来越多的学者将关注产业链供应链的目光，从主要局限于效率效益转向统筹关注效率效益与韧性安全问题。随着国内外发展环境中风险和不确定性因素的增加，随着供应链全球化的深化及其对我国依赖程度的提高，许多跨国公司也越来越注意通过增加供应链多元性，甚至推动部分生产的本土化，以增加供应链韧性。这既有规模经济、范围经济方面的原因，也有保障产业链供应链安全方面的考虑。根据史沛然（2022）等的研究，关于供应链全球化的影响，有些学者也有不同看法，如认为全球供应链开放是有收益的，全球价值链在应对冲突时可以具有足够弹性，全球价值链整合程度的降低将会带来显著的经济成本，未必会减少甚至可能会提高本国经济的波动性；由于供应商的多元化有利于降低经济运行的波动性，应注意均衡本地化和多元化对国内经济的影响。在类似半导体等核心战略部门，国防采购等政府干预行为可能重塑全球供应链，甚至带来地缘政治风险。

近年来，关于产业链供应链韧性和安全问题的研究，在总体上仍然是见仁见智，这在任何学术问题研究的初级阶段都属于正常现象。但是，客观地说，提升产业链供应链韧性和安全水平，既是一个重要的理论问题，更是一个重要的政策和实践问题。这需要相关理论工作者求同存异，通过加强深入、接地气的对话和交流，增强学术包容性和服务决策、对接实践的能力；也需要努力规避从一个极端走向另外一个极端，从过度追求效率效益走向过度追求韧性安全。因为韧性安全在一定程度上是要靠牺牲部分效益效率来实现的，追求效率效益和韧性安全都要把握一定的"度"，"过犹不及"在此同样适用。例如，不能将增加产业链供应链韧性安全简单等同于追求经济体系的自给自足，更不能因此否认分工深化和参与全球产业分工对提高产业链供应链效率的积极意义。这就像抗洪工程建设一样。如果抗洪工程的防洪等级在无须多大投入的情况下都能实现"百年一遇"当然是好事，但关键是抗洪工程的防洪等级从"五十年一遇"提高到"百年一遇"，在多数情况下需要追加的投入往往不是只有原先的两倍、三倍那么简单。况且，有些地方常态化的洪涝灾害很少超过"五十年一遇"，非骨干性、枢纽型工程将其防洪等级提高到"百年一遇"，其必要性和合理性都是值得怀疑的。

在考虑产业链供应链韧性和安全问题时，也存在类似道理。郑江淮等（2022）从韧性供给体系的角度来研究供应链韧性，并将弹性供应链作为韧性供给体系的一个子系统。他认为，韧性供给体系是指掌握关键核心技术、保持供应链畅通高效、能快速应对各种风险挑战的产业供给体系，对此不能只从产品视角进行解读；打造完整的韧性供给体系，至少要从构建自主创新体系、人才引培体系、弹性供应链体系、产品备份系统和内外协作体系五个系统入手。但是，我们认为，笼统要求建立产品备份系统是否具有必要性和经济合理性，是值得怀疑的。例如，强化粮食和能源等战略物资储备的底线要求、强调工业和金融基础软件自主可控是必要的，但不分轻重缓急、不结合特定产业链供应链的具体特点，简单要求各类产品都建立产品备份系统，势必增加我国供给体系的运转成本和可持续发展困难。况且，应对重大突发公共安全事件，首要问题可能不是增加产品备份系统，而是如何增加应急物资供应保障能力。这需要在加强应急物资储备和提升应急管理能力两方面统筹发力，仅靠增加应急物资储备"单兵独进"远远不够。

二、从中国式现代化看提升产业链供应链韧性和安全水平的方法论

党的二十大报告提出，"从现在起，中国共产党的中心任务就是团结带领全国各族人民全面建成社会主义现代化强国、实现第二个百年奋斗目标，以中国式现代化全面推进中华民族伟大复兴"，并指出中国式现代化"既有各国现代化的共同特征，更有基于自己国情的中国特色"。[①] 这为我们提升产业链供应链韧性和安全水平，提供了科学的方法论支持。

（一）兼容国际经验与国情要求

具体到我国当前的发展阶段，提升产业链供应链韧性和安全水平，需要科学区分三种形式的产业链供应链韧性和安全问题，对症下药，精准施策。一是由产业链供应链正常运行过程中风险因素累积和极端天气灾害等自然因素引发的，由此形成的产业链供应链韧性和安全问题需要常态化关注。例如，许多新兴经济体后进赶超步伐加快，导致我国部分产业链供应链遭遇挤压并面临危机。二是在新冠肺炎等疫情防控过程中，为控制疫情传播，通过对人流、物流进行控制和物理隔断所形成的。近年来，许多跨国产业链供应链因此面临物流中断、运费飙升、港口歇业、运期拉长等问题的严重困扰，但由此形成的产业链供应链韧性和安全问题，尽管某些方面会在较长时期内形成滞后影响，但就总体而言多是暂时的、短期的、突发的。当然这也警示我们，要注意通过产业链供应链的适度多元化来分散相关风险，保持产业链供应链的必要韧性。三是由国际政治冲突和地缘政治风险因素引发的。例如，近年来美国对我国半导体等部分关键产业链采取全方位打压或排斥措施，由此侵

---

① 本书编写组：《党的二十大报告辅导读本》，人民出版社 2022 年版，第 19~20 页。

蚀了我国相关产业链供应链运行的安全性，导致增强相关产业链供应链韧性和安全水平的重要性迅速凸显。解决此类产业链供应链韧性和安全问题，仅靠经济手段是远远不够的，需要经济、政治、外交手段协同发力，但随着大国博弈的深化和地缘政治冲突的增加，今后此类产业链供应链安全问题更加需要引起重视。

（二）置身于提升产业链供应链现代化水平的大系统

提升产业链供应链韧性和安全水平，同提升产业链供应链竞争力一样，都是提升产业链供应链现代化水平的主要内容，要注意将二者协同起来。鉴于实现高质量发展是中国式现代化的本质要求，提升产业链供应链现代化水平应该以提升产业链供应链竞争力为重点，兼顾提升产业链供应链韧性和安全水平的要求，把握好二者结合的"度"，不是说产业链供应链韧性和安全水平"高高益善"。但在当前风险挑战明显增加的国内外环境下，提升产业链供应链韧性和安全水平的确是当务之急。增强产业链供应链抵御外部冲击和不利变化的韧性，提升其安全水平，在一定程度上说，要以牺牲相关产业链供应链的部分竞争力为代价；甚至通常一国产业链越是具有全球竞争力，越是需要形成对全球生产网络较高程度的依赖，不依赖国际贸易实现自主可控的水平就越弱（王茜，2022）。但提升产业链供应链竞争力，只有建立在产业链供应链安全可靠的基础上才可以持续，提升产业链供应链韧性和安全水平，是持续提升产业链供应链竞争力的重要依托。因此，产业链供应链竞争力和其韧性、安全水平之间，实际上是一对矛盾统一体。至于产业链供应链竞争力，当然要通过其创新力、附加值来体现。因此，《中华人民共和国国民经济和社会发展第十四个五年规划和2035年远景目标纲要》提出，"坚持经济性和安全性相结合，补齐短板、锻造长板，分行业做好供应链战略设计和精准施策，形成具有更强创新力、更高附加值、更安全可靠的产业链供应链"。

（三）共商共建共享

中国式现代化是人口规模巨大的现代化，是全体人民共同富裕的现代化。

充分利用庞大而又具有层次差别的国内市场条件，有利于提升我国产业链供应链的韧性和安全水平，甚至延长我国许多产业的生命周期。波特（2002）研究发现，在产业竞争优势上，国内市场的影响力主要通过客户需求的形态和特征来施展；相对于国际市场，企业通过国内市场更容易感知客户需求及其变化；企业通过及早发现国内市场的客户需求，可以形成相对于国外竞争对手的竞争优势。因此，在产业国际竞争优势中，母国市场的客户形态往往具有关键性的意义。内行而挑剔的本土客户、母国市场快速的内需成长，往往是激发企业竞争优势的动力，甚至国内市场的质量绝对比市场需求量更重要。中国作为一个拥有 14 亿人口的大国，人均 GDP 已经超过 1 万美元，在推进中国式现代化的过程中，如何利用庞大而又多层次、富有成长性的内需市场，提升产业链供应链的韧性和安全水平，是需要重视的一个重大战略问题。近年来，随着消费结构升级和消费需求分化，个性化、多样化甚至小众化、长尾化的市场对于我国产业发展的重要性迅速凸显。随着数字经济深入发展及其与实体经济融合的深化，通过其赋能产业链供应链、链接供求和凝聚、引导、激发需求的作用，可以把小众化、长尾市场的需求积沙成塔、集腋成裘，推动我国人口规模巨大的优势转化为在提升产业链供应链现代化水平过程中获得规模经济、范围经济和网络效应的优势，从而将提升产业链供应链竞争力与提升产业链供应链韧性和安全水平更好地结合起来。

中国式现代化还是物质文明和精神文明相协调的现代化、人与自然和谐共生的现代化。因此，提升产业链供应链韧性和安全水平也好，提升产业链供应链竞争力也罢，都是一项艰巨复杂的系统工程，调动一切积极因素至关重要。为此，既要注意发挥领航企业、头部企业、领军人才的带动作用，又要注意激发中小微企业参与发展的积极性，鼓励领航企业、头部企业、平台型企业对参与产业链供应链的企业、产业组织和劳动者赋能发展，夯实提升产业链供应链韧性和安全水平的底蕴。要注意规避和解决"少数人迅速获益，多数人被迫买单"的问题，努力防止居民收入差距进一步扩大，力戒提升产业链供应链现代化水平以出现规模性返贫为代价。

中国式现代化是走和平发展道路的现代化。因此，在提升产业链供应链韧性和安全水平的过程中，调动一切积极因素也需要通过发展高水平开放型经济，在参与国际分工中增强参与国际分工的能力，发挥构建新发展格局对提升产业链供应链韧性和安全水平的推动作用。近年来，打造富有国际竞争力的世界级产业集群日益引起重视，与此也有很大关系。

（四）因链制宜、精准施策

提升产业链供应链韧性和安全水平，不可眉毛胡子一把抓，要重点关注战略性产业链供应链、关键性民生产业链供应链，特别是在大国博弈中容易成为关注焦点的敏感性产业链供应链，以便"集中优势兵力"更好地攻坚克难。

三、找准提升产业链供应链韧性和安全水平的着力点

（一）培育竞争优势并强化本土根植性

提升产业链供应链的本土根植性，对于提升产业链供应链韧性和安全水平具有重要意义，根植性与抗冲击能力共同构成观察产业链韧性的两个维度（李晓华，2022）。当然，独特的资源条件、技术优势和历史文化传承，都可以成为产业本土根植性的源泉，为提升产业链供应链韧性和安全水平增加他人难以模仿复制的筹码。例如，许多发达国家通过加强对全球战略性矿产资源的控制，或构建将我国排斥在外的战略性矿产供应链，降低我国战略性矿产供应链的韧性。而我国在加强战略性矿产资源调查的基础上，探索相关战略性矿产供应链增强自主可控能力的路径，也有利于增强相关产业链供应链的本土根植性。

当然，由于对增强产业链供应链的本土根植性缺乏前瞻性，许多地方将产业发展的过程不自觉地演变为侵蚀产业链供应链韧性和安全水平的过程。这方面的教训值得重视。例如，许多地方在推进畜牧业产业化的过程中，过度追求畜牧业规模化集约化的发展，叠加环境治理要求加大畜牧业限养禁养力度，推动养殖土特品种的畜禽散养户加快退出。与此同时，通过大量推广外来商品化品种或引种进行杂交改良，推动那些体现高效率导向的规模化集约化养殖主体加快攻城略地，形成对畜禽土特品种的全面替代和覆盖。在此

背景下，许多富有区域特色和独特竞争优势的畜产品品种很容易遭遇萎缩甚至消失的命运，相关产业链供应链的韧性和安全水平只能伴随产业发展的迅速扩张而迅速走低。近年来，我国生猪和中高端蔬菜多数种源高度依赖进口，就有这方面的原因。今后，提升产业链供应链现代化水平也好，提升产业链供应链韧性和安全水平也罢，要努力规避此类现象。

需要注意的是，仅靠独特的资源条件、技术优势和历史文化传承，企图在提升产业链供应链韧性和安全水平方面"一招就灵""一劳永逸""以不变应万变"，也是靠不住的。因为，产业本土根植性的增强，只有在与产业链供应链的成长和竞争力协同共进，至少不妨碍产业链供应链的成长和竞争力提升时，才意味着产业链供应链韧性和安全水平的提升。如果一个地方产业本土根植性强，但产业链供应链难以适应环境变化保持基本的成长性，甚至难以避免产业萎缩的趋势，则只能说产业链供应链韧性和安全水平降低了，产业因路径依赖呈现衰弱趋势，产业发展的不安全问题凸显。况且，正如波特（2002）所指出的，在国家或企业竞争优势上，初级生产要素的重要性越来越低，高级生产要素的重要性越来越高。当国家把竞争优势建立在初级与一般性生产要素上时，它通常是浮动不稳的，一旦新的国家踏上发展相同的阶梯，也就是该国竞争优势结束之时。因此，该国在保持初级生产要素优势的基础上，实现生产要素的持续升级和专业化，对其提升竞争优势至关重要。培育产业竞争优势和产业发展的本土根植性，也要注意这一点。

（二）远近结合解决关键核心技术"卡脖子"问题

近年来，随着大国博弈的深化和复杂化，随着中美之间贸易摩擦的升级和以美国为代表的发达国家在重要产品、关键核心技术上对我国全面打压态势的强化，我国面临的关键核心技术"卡脖子"问题迅速凸显，引起了从政府到企业到社会的高度重视。可以说，这是与产业链供应链韧性和安全水平直接相关的问题。但是，也需要注意以下方面，并将其同加快实施创新驱动发展战略、深入实施人才强国战略等有效结合起来，在完善相关体制机制和政策环境方面久久为功，为切实强化企业科技创新主体地位、推动创新链产业链资金链人才链深度融合提供良好环境。可以预见，当鼓励创新、崇尚创新成为全社会潜移默化的自觉行为时，我国离建成创新型国家也就为期不远了，科技创新就容易成为提升产业链供应链韧性和安全水平的强劲"内功"。

1. 科学辨识关键核心技术"卡脖子"方面的真问题和伪问题

当前，我国许多关键零部件、关键元器件、关键原材料大量依赖进口，甚至基础工艺普遍依赖国外。许多人据此论证我国产业发展面临严重的"卡脖子"问题。我们认为，这既是客观现实，也要防止借此将"卡脖子"问题泛化和扩大化。我国关键零部件、关键元器件、关键原材料大量依赖进口，有些源自其背后的关键核心技术"卡脖子"问题，有些实际上属于深度参与国际分工的正常现象，并非真正意义上的"卡脖子"问题。如果将其简单等同于"卡脖子"问题，不仅难以集中优势兵力解决真正的"卡脖子"问题，反而堵塞了通过深度参与国际分工提高产业链供应链效率和竞争力的路径。当前，经济全球化尽管遭遇逆流，但仍是全球发展的大趋势。在国际分工日益深化的背景下，许多产品生产若追求全部实现自主制造既无必要，也违背效率原则。不应把产业链供应链的短板弱项，全部视同"卡脖子"问题。产业链供应链的短板弱项，并非都会影响产业链供应链的韧性和安全，如果能通过持续、可靠的国际合作稳定去"补"去"强"这些短板弱项，并非都需要我们自己亲力亲为。只有在国际合作渠道不可靠、难持续时，为维护产业链供应链的韧性和安全，才需要我们去"补"去"强"这些短板弱项。

专栏 21-1

圆珠笔笔尖钢属于关键核心技术"卡脖子"问题吗

长期以来，作为世界圆珠笔出口大国，我国的圆珠笔头大量依赖进口。圆珠笔头包括笔尖上的球珠和球座体，我国生产的球珠不仅可以满足国内需要，还可以大量出口。但球座体从生产设备到原材料，关键核心技术掌握在瑞士、日本等少数国家手中，我国缺乏制造这种球座体的高韧度精密钢材（即笔尖钢），其生产加工的工艺要求也非常精细。2010 年，日本把笔尖钢价格提高 15%，导致我国数千家制笔企业被迫咬牙苦撑。大约 10 年前，太钢集团承担相关关键材料和制备技术研发及产业化任务后，经过艰难研发攻克了相关技术难题，成功实现笔尖钢从研发到制造再到量产的转化。但这种笔尖钢市场需求量有限。太钢集团的锅炉仅一个月生产的笔尖就能够满足未来十年国际市场的需求。为了清空库存，太钢集团直接将笔尖钢半价销售，导致日本许多笔尖钢生产企业被迫关门。① 可见，之前我国笔尖钢大量依赖进口，虽有技术原因，市场规模小也是一个重要原因；具有"隐形冠军"性质的日本小公司凭借先发优势和长期依托工匠精神的技术积累，占据了这些大公司可能看不上、即便看上进入后也可能缺乏经济合理性的缝隙市场，构筑了其他小企业难以进入的技术壁垒。但这些技术还称不上"卡脖子"技术。因此，经历"圆珠笔芯"事件后，许多日本企业跟我国公司合作时都将不要宣传他们的技术作为前置条件，避免遭遇与日本笔尖钢生产企业类似被挤垮的厄运。

2. 将解决当前"卡脖子"问题与培育解决"卡脖子"问题的长效机制结合起来

在科学辨识"卡脖子"真问题的基础上，实施关键核心技术特别是关键核心技术"卡脖子"问题攻关工程，有效防范"卡脖子"问题转化为侵蚀我国产业链供应链韧性和安全水平的风险，是必要的。但是，鼓励开展相关变革性技术的研发，探索另辟捷径式解决关键核心技术"卡脖子"问题的新路，也是重要的。所谓变革性技术，即通过科技创新或突破，对传统技术、工艺、产品进行另辟捷径式的革新，产生重塑行业乃至全球经济的颠覆式进步。科技部已设立"变革性技术关键科学问题"重点专项，力图以国家重大战略需求为牵引，以解决重大共性科学问题为导向，围绕可能产生变革性技术的前沿交叉基础研究进行战略部署。② 我们认为，变革性技术创新很大程度上存在"有心栽花花不发，无心插柳柳成荫"的问题，循规蹈矩往往很难产生真正意义上的变革性技术。因此，依靠项目申报、名师大家筛选专项的方式，来支持解决变革性技术关键科学问题，成功的概率未必很高。因此，在继续实施现有"变革性技术关键科学问题"重点专项的同时，建议更多考虑通过以奖代补、支持科技人员利用结余经费开展自主研究等方式，鼓励开展变革性技

---

① 《笔尖下的中国工夫——中国圆珠笔的创芯之路》，中国日报网，2019 年 9 月 10 日；《我国耗时 5 年造出圆珠笔芯，有望完全替代进口》，载《人民日报》2017 年 1 月 9 日。

② 《"变革性技术关键科学问题"重点专项简介》，中华人民共和国科学技术部高技术研究发展中心（基础研究管理中心），https：//www.htrdc.com/gjsxzx/bgxjs/index.shtml。

术研发和创新。

与此同时，鼓励创新"卡脖子"问题长效解决机制，也是重要的。有的机构提出，要将美国等发达国家对我国"卡脖子"设备清单，转化为我国相关机构的科研任务清单。从服务国家发展需求的角度来看，这有其积极意义。但也要防止因此被美国等发达国家"带了节奏"，甚至被发达国家在此方面释放的"烟幕弹"带偏了节奏，导致我们在解决关键核心技术"卡脖子"问题上缺少战略谋划和前瞻思考，陷入急功近利的短视思维，处于被动应付、盲目跟风的尴尬地位。其结果，不仅是当前的多数"卡脖子"问题难以解决，反而会让新的"卡脖子"问题越来越多、越来越重，导致解决"卡脖子"问题的长效机制越来越受到侵蚀，从而错失解决关键核心技术"卡脖子"问题的机遇，甚至延误提升产业链供应链现代化水平的良机。从专栏 21 - 1 日本、瑞士等国在笔尖钢生产上的优势来看，鼓励民营经济、小微企业自主创新，汇聚众志成城的鼓励创新创业氛围，有利于培育解决关键核心技术"卡脖子"问题的长效机制。

（三）协同提升产业链供应链韧性和竞争力

提升产业链供应链韧性和安全水平，相当于增进产业链供应链的公共产品，需要产业链供应链利益相关者的集体行动。而小集团比大集团更容易组织起集体行动，具有有选择性的激励机制的集团比没有这种机制的集团更容易组织起集体行动；社会激励主要是在小集团中才显得重要，只有当大集团是较小集团的联邦时，它们才在大集团中起作用（奥尔森，1996）。在此，行业协会、产业联盟和行业领军企业即属于这种小集团或有选择性激励机制的集团。况且，"春江水暖鸭先知"，相对于政府部门，行业协会、产业联盟和行业领军企业对提升产业链供应链韧性、竞争力的需求和困难，更有深切感知。因此，鼓励行业协会、产业联盟和行业领军企业发挥引领带动作用至关重要。例如，依托行业协会、产业联盟推进行业数字化转型和优化行业治理，加强行业创新能力，特别是行业创新中心和公共服务平台建设；鼓励行业协会、产业联盟和行业领军企业在推进产业链供应链合作、培育产业链供应链战略伙伴关系、推动大中小企业融通发展方面发挥引领带动作用等，带动中小微企业向专精特新式"小巨人"企业和"隐形冠军"转化，协同提升产业链供应链韧性和竞争力。

在此需要注意的是，在许多政策研究和地方政策实践中，将培育具有核心竞争力的链主企业作为提升产业链供应链韧性和竞争力的重要举措，甚至提出要实现产业链供应链"链长行动计划"，统筹促进产业链供应链上下游各环节供求对接、重大项目引进，并强化要素保障。当然，如果能真正培育出一批具有市场竞争力的产业链供应链链主企业，并能切实发挥其对提升产业链供应链韧性和竞争力的引领带动作用，特别是形成"具有生态主导力和核心竞争力"的领航企业，肯定是个好事。关键是，这样的链主企业应该是从市场竞争的惊涛骇浪中成长起来的，具有市场竞争力、行业公信力和服务行业发展的公德心，而不应是主要依靠政府选育或指定的。许多战略性产业链供应链、关键性民生产业链供应链，特别是影响深远的未来产业链供应链，链主企业需要经历一个在市场竞争的厮杀中脱颖而出的过程，许多行业头部企业虽然表现出较强的市场竞争力，但未必具有行业公信力和服务行业发展的公德心，因此，其作为产业链链主未必堪当大任。况且，在市场竞争中，"三十年河东三十年河西"，许多行业头部企业"今天强"不等于"未来强"。"兵熊熊一个，将熊熊一窝"，选错了链主，很容易导致一个产业链供应链丧失了未来。因此，即便鼓励行业头部企业成为产业链供应链的链主，支持其在培育产业链供应链韧性和竞争力方面发挥引领带动作用，也应更多注意有效市场、有为政府、有机社会①的有效结合，更多注意在完善相关激励机制、引导市场主体优化竞合关系、鼓励头部企业发挥引领带动作用上下功夫，力戒政府代替市场、帮市场选择的问题（姜长云等，2022）。至于培育具有核心竞争力的链主企业，更是政府往往力所不及的事。

（四）优化营商环境、产业生态和空间布局

良好的营商环境和产业生态，与产业链供应链之间如同"鱼和水"的关系。优化营商环境和产业生态，有利于降低产业链供应链成长过程中面临的

---

① 在许多发达国家，行业协会、产业联盟等社会组织在优化行业治理，促进行业自律、自强、自卫过程中发挥了重要作用，成为联结政府与市场的桥梁和纽带。

困难和风险，完善产业链供应链成长的动力机制，引导利益相关者优化竞合关系，培育供应链战略伙伴关系，并鼓励行业协会、产业联盟等行业组织和领航企业、平台型企业等对中小微企业赋能发展。近年来，"加快打造市场化、法治化、国际化营商环境""加快营造稳定公平透明可预期的营商环境""维护自由开放规范的营商环境""打造稳定透明、公平竞争、激励创新的制度规则和营商环境"等提法，日益引起党中央、国务院和各级政府的高度重视。深化"放管服"改革、开展营商环境创新试点等实践也在普遍展开。但是，优化营商环境和产业生态没有"完成时"，只有"进行时"。2022 年中央经济工作会议提出，"当前我国经济恢复的基础尚不牢固，需求收缩、供给冲击、预期转弱三重压力仍然较大，外部环境动荡不安，给我国经济带来的影响加深"①。要注意用优化营商环境和产业生态的稳定性确定性持续性，对冲发展环境的不稳定不确定性，增强产业链供应链的韧性和抗风险能力。通过优化营商环境和产业生态的持续努力，切实提升企业家安心、省心、舒心水平和对未来发展的信心度，让投资者感到便利、效率、稳定、透明、可预期，让创新创业者想干事、敢干事、能干事、不担心出事，借此为提升产业链供应链韧性和竞争力提供雄厚底蕴。

与此同时，结合国家优化重大基础设施、重大生产力和公共资源规划布局，特别是能源、交通、信息通信等重大基础设施和国家创新中心、国家重大科技基础设施空间布局的优化调整，结合区域经济空间布局的优化，引导战略性、全局性、未来性产业链优化空间布局，也是重要的。例如，结合推进城市群、都市圈建设，鼓励培育从中心城市到梯级节点城市，再到县城、中心镇、广域乡村的产业链供应链梯度发展、优势互补关系，对于提升产业链供应链韧性和安全水平具有重要意义，也有利于夯实提升产业链供应链竞争力的根基。结合构建优势互补、高质量发展的区域经济布局和国土空间体系，鼓励不同区域联手探索产业链供应链跨区域合作和资源优化配置、风险防范机制，将推动各地区产业链供应链差异化特色化发展与共建共治共享提升产业链供应链现代化水平的成果结合起来。

---

① 《中国经济工作会议举行 习近平李克强李强作重要讲话》，中国政府网，2022 年 12 月 16 日，https：//www.gov.cn/xinwen/2022 - 12/16/content_5732408.htm。

（五）坚持统筹发展和安全，强化产业链供应链安全的国际合作

提升产业链供应链韧性和安全水平，本就是统筹发展和安全的重要举措。为此，要加强对国内外产业发展风险的前瞻性研究，推动建立重要资源和产品全球供应链风险预警系统，夯实提升产业链供应链韧性和安全水平的根基，努力做到防患于未然。我国人口规模已经见顶回落，人口老龄化不断深化；与此同时，消费需求升级和消费需求分化并存发生。要科学把握人口增长和需求结构变化趋势对产业链供应链韧性和安全的影响。我国人口规模巨大，各地区区域差异较大。要统筹推进构建高水平社会主义市场经济体制和建设更高水平开放型经济新体制，稳步扩大规则、规制、管理、标准等制度型开放。鼓励行业协会、产业联盟和企业，特别是产业链供应链领航企业，在参与国际竞争合作中增强应对国内外风险挑战的能力。要坚持经济性和安全性相结合，推动产业链供应链适度多元化，分散我国产业链供应链安全风险。在经济全球化高度发展的背景下，全球产业分工日益深化、细化，产业链供应链出现短板弱项在一定程度上是难免的。但如果我们拥有了可以"一招致命"的"杀手锏"技术，发达国家即便想"卡"我们的"脖子"，也不敢随便乱"卡"。因此，要坚持"以战止战"思维，通过加快实现高水平科技自立自强，打造真正具有全球影响力和控制力的"杀手锏"技术，增强应对国外"卡脖子"风险的能力，震慑国外对我国的"卡脖子"行为。

四、培育提升产业链供应链韧性和安全水平的兴奋点

产业融合，简单地说，就是由于技术创新和制度创新所形成的产业边界模糊化和产业发展一体化现象。李浩燃（2019）提出，媒体融合不是权宜之计，而是发展大计，不是"左手一只鸡、右手一只鸭"的简单相加，而是"你就是我、我就是你"的有机相融。在物理变化的基础上，努力激发化学反应、创造更多可能性，推进"融合＋"，这段话用到产业融合上，也是非常贴

切的。通过产业融合形成的新产业新业态新模式，往往呈现产业之间"你中有我，我中有你，似你非你，似我非我"的发展格局。产业融合不同于原有产业之间的分立发展，通过产业渗透、产业交叉、产业重组等方式，为现代科技和高级、专业化要素有效植入产业链供应链提供便捷通道，也为提升产业链供应链现代化水平赋能。通过产业融合，实现产业间分工的内部化，带来产业间、企业间竞争合作关系的重新调整，必然引发产业链、供应链、价值链的分解和重构，形成产业链供应链运行方式和组织模式的重大变化，深刻影响产业链供应链竞争力和韧性安全水平。当今世界，推进产业融合发展已经成为推进产业链供应链转型升级和发展方式转变的新趋势，也是各国抢占产业链供应链竞争制高点的重要选择。以现代服务业、先进制造业、现代农业为重点的三次产业融合发展当然属于产业融合。数字经济与实体经济融合、虚拟经济与实体经济融合往往以产业之间的融合为载体。

以中国式现代化提升产业链供应链韧性和安全水平，应该更加重视产业融合的赋能作用，主要原因有二。一是这些产业交叉处往往是创新的"富矿"和沃土，容易成为创新最多、成长最快的领域（杨仁发，2018）。二是我国人口规模巨大，属于后发型发展中大国，不同的产业组织之间，甚至同一产业链供应链不同环节的产业组织之间，在经营规模、国际竞争力等方面往往具有明显的梯度差，在产业发展领军人才、一般人才与普通劳动者之间往往也差异悬殊，重视产业融合的赋能作用，有利于更好地发挥先行标杆对实现共同富裕的引领带动作用，有利于培育产业链供应链不同环节之间、不同利益相关者之间和谐共存、合作共进的发展氛围，强化提升产业链供应链韧性和安全水平的底蕴。

前文分析了提升产业链供应链韧性和安全水平的几个着力点。要借此切实提升产业链供应链韧性和安全水平，也需要做好推动产业融合发展的文章。近年来，推进产业融合日益引起从学术界到政府部门、从理论界到实践部门的高度重视，一个重要原因是产业融合是催生新产业新业态新模式的"温床"，有利于培育经济发展的新增长点。但是，我们认为，仅仅注意这一点是远远不够的，通过促进新产业新业态新模式与传统产业融合发展，产业融合还是带动传统产业转型升级和发展方式转变、建设现代化产业体系的催化剂。任何一个国家，无论是发达国家，还是发展中国家，传统产业的体量和对居民获得感、幸福感、安全感的普遍影响，都要明显大于新兴产业。

首先，深化产业融合，有利于推进区域优势、特色产业发展更好地融入区域生产网络，将区域生产网络转化为滋养区域优势、特色产业发展的产业生态，有利于强化区域优势、特色产业发展的本土根植性，激发区域优势、特色产业与区域生产网络其他组成部分之间的知识分享机制和交叉唤醒机制（林雪萍，2020），促进区域文化、生态甚至传统技艺"资源变资产"，增强区域优势、特色产业发展适应外部环境变化的柔性，进而将提升产业链供应链韧性和安全水平，同增强产业链供应链的竞争力结合起来，提升产业链供应链创新力和附加值。结合推进产业融合，打造高端品牌，形成核心技术、专利、技术标准和独特的营销网络、商业模式，强化进入壁垒和垄断利润摄取能力，拉大竞争者相对于自身在产业价值链中的地位落差。例如，法国葡萄酒誉满全球，葡萄酒产业链供应链兼具较强竞争力和韧性，独特的产区气候、土壤、品种条件为形成产业发展的本土根植性提供了雄厚底蕴，长期累积的栽培、采收、酿造技术进一步强化了这种本土根植性。在此基础上，发达高效、网络联动的农业合作社、农产品行业协会、农产品展会、涉农跨国企业等涉农行业组织，其经营活动覆盖了葡萄种植、加工、储藏保鲜、营销服务、品牌打造和农资供应等农业产业链供应链全过程，成为推动涉农服务业、葡萄加工（制造业）、葡萄种植（农业）融合发展的骨干。

其次，深化产业融合，有利于解决关键核心技术"卡脖子"问题，促进科技自立自强。例如，相对而言，种业是我国农业发展面临的重要"卡脖子"问题。许多发达国家的种业竞争力强，产业链供应链韧性也足，一个重要原因是，通过深化产业融合，吸引产业链供应链不同利益相关者参与。推动种业研发体现了消费者对产品营养和美味的要求，也考虑到种子及相关产品的储藏性能、加工性能、产品种植过程中对机械的要求等。这些发达国家的种业跨国公司全球竞争力强，一个重要原因是通过推动现代服务业同先进制造业、现代农业深度融合，形成了对全球优质资源、优质要素的凝聚能力，并抢占了全球种业竞争的制高点。许多工业设计基础软件受制于人，是影响我国制造业产业链供应链韧性和安全问题的突出软肋。要根本改变这种局面，必须坚持产业融合思维，面向制造业转型升级的需求，推进数字化、智能化、网络化技术与制造业深度融合。

专栏 21-2

智能网联汽车与产业融合

智能网联汽车作为车联网和智能车的有机结合，是以车辆为主体和主要节点，融合现代通信和网络技术，实现车辆与人、路、后台等智能信息的共享交换和协同控制，达到车辆安全、舒适、高效、节能行驶，并最终代替人来操作的新一代汽车。智能网联汽车产业发展的核心问题是安全、节能、环保，重点是解决汽车安全性问题。近年来，我国智能网联汽车发展很快，但如果不解决车载芯片和操作系统受制于人、自主可控能力弱的问题，如遇突发战时状态，受外方控制，较为严重的情况可能是，智能网络汽车变成一堆堵塞交通的废铁，甚至可能转化为破坏我国交通安全的工具。智能网联汽车作为一种跨技术、跨产业的新兴汽车体系，解决这些问题的关键，也得将解决关键核心技术"卡脖子"问题与深化产业融合结合起来。

至于鼓励行业协会、产业联盟和行业领军企业在提升产业链供应链韧性和竞争力方面发挥作用，更是与推动产业融合密切相关。从国内外经验来看，许多行业协会、产业联盟和行业领军企业，推动产业融合往往是其"拿手好戏"，是其提升产业链供应链韧性和安全水平的比较优势所在。我国许多地区产业互联网蓬勃发展，在促进产业生态重塑和数据融合增值方面发挥了重要作用，其中相当一部分是通过行业协会、产业联盟等行业组织和行业领军企业等实现的。

优化营商环境、产业生态和创新创业生态，作为提升产业链供应链韧性和竞争力的重要举措，更是对深化产业融合提出的更高层次的要求。近年来，我国消费互联网蓬勃发展，在精准识别、凝聚、引导、激发需求和促进供求衔接匹配、精准对接等方面发挥了重要作用，也为优化营商环境作出了重要贡献。但消费互联网本身就是深化产业融合的产物。谈到创新创业，美国硅谷的科技创新体系和创新创业生态往往广受关注，也是许多国家（地区）效仿的榜样。但硅谷发展实际上是研究型大学、创新型企业、高效的政府政策和管理、科技服务体系（包括风险投资和法律、咨询等）、区域创新文化有机结合、良性互动的结果（马晓澄，2019），本身就体现了现代服务业同先进造业、数字经济与实体经济、虚拟经济与实体经济的深度融合。

第二十二章

现代服务业同先进制造业、现代农业深度融合：区域案例

当今世界，推动现代服务业同先进制造业、现代农业融合发展（以下简称"产业融合"），已经成为提升产业素质和竞争力、培育新产业新业态新模式、打造产业发展制高点的重要途径，也是推进产业转型升级、提升产业链供应链现代化水平的重要选择。在各地推动产业融合的过程中，往往既有成功的经验，又有失败的教训，更有在发展中形成且亟待在发展过程中进一步解决的问题（黄汉权和洪群联，2021）。基于典型地区调研，跳出典型看一般，揭示推动产业融合过程中值得注意的问题，探讨对推动产业融合高质量发展的启示，对于完善产业融合支持政策、加快发展现代产业体系、提升产业质量效益和核心竞争力，具有重要的战略意义和现实作用。地处中部地区的 H 省 Z 市近年来推动产业融合积极有为，在培育区域现代产业体系、提升产业链供应链现代化水平方面初显成效，对扎实做好"六稳"工作、全面落实"六保"任务作出了重要贡献。鉴于 Z 市推动现代服务业同先进制造业、现代农业融合发展的情况对于全国同类地区具有较强的典型意义，2021 年 7 月 11 ~ 14 日，我们对 Z 市进行了专题调研，同市政府相关部门和部分企业进行了座谈，并赴该市 JK 区、HJ 区、XZ 市、GC 区等进行了实地考察。期望通过此次调研，探讨对同类地区乃至全国推动现代服务业同先进制造业、现代农业深度融合的政策启示。

一、推动产业融合的现状、模式和成效

Z 市是近年来我国北方地区发展速度较快的城市。2020 年，全市生产总

值达到 1.2 万亿元,居全国城市第 16 位。同年,全市第一、第二、第三产业增加值之比为 1.3∶39.7∶59.0,人均生产总值达到 95257 元/人,是全国平均水平的 1.3 倍;城镇居民和农村居民人均可支配收入分别为 42887 元和 24783 元,分别比全国平均水平低 2.2% 和高 44.7%;常住人口 1260 万人,进入特大城市行列。进入 2021 年以来,全市经济整体呈现稳中提质、稳中加固态势。2021 年上半年,全市实现生产总值同比增长 12.5%,两年平均增长 6.0%,分别高于全国和全省平均水平 0.7 个和 1.2 个百分点;其中第一、第二和第三产业增加值分别同比增长 6.4%、12.5% 和 12.6%,两年平均增长分别为 1.0%、6.2% 和 5.8%。2021 年前 8 个月,全市规模以上工业增加值同比增长 15.8%,增速分别高于全国和全省 2.7 个和 7.2 个百分点;两年平均增长 8.6%,增速快于全国平均水平 2.0 个百分点,并与全省持平。近年来,Z 市培育形成电子信息、汽车、装备制造、现代食品、铝精深加工等千亿级产业。其中,电子信息产业企业数超过 300 家,产值规模超过 5000 亿元,成为 Z 市"一号"产业,已形成智能终端、信息安全、智能传感器三个较为完整的产业链,在软件和信息技术服务、5G 及北斗、集成电路、新型显示等核心领域的竞争力不断提升,传感器产量已占全国 70% 以上。Z 市还积极培育壮大新能源及网联汽车、智能装备、新型材料、生物医药及高性能医疗器械、绿色环保等战略性新兴产业,不断形成区域经济新增长点。长期以来,Z 市发展都市型现代农业亮点纷呈,农业产业化和农村一二三产业融合发展走在全国前列。这些领域大多是 Z 市推动现代服务业同先进制造业、现代农业融合发展的先行领域甚至重点所在。

(一) 强化规划引导和政策支持,积极推进试点示范和公共平台、产业融合生态建设

Z 市将推动产业融合发展作为推动产业转型升级和高质量发展的重要政策取向,培育服务型制造、服务型农业和服务业、制造业、农业同互联网深度融合等产业发展新增长点,加大对试点示范项目和公共服务平台建设的支持,不断优化产业融合的制度环境和发展生态。2020 年以来,Z 市先后出台《Z 市制造业高质量发展三年行动计划(2020—2022 年)》《Z 市支

持制造业高质量发展若干政策》等政策文件，出台了服务型制造实施方案、工业互联网、智能制造、"企业上云"等系列规划和行动计划，从企业、平台、园区三个层面组织开展国家级、省级"两业融合"试点和服务型制造示范遴选工作。

基于政府支持和企业、行业协会等协同发力，Z市推动产业融合发展不断取得进展和实效，成功获批国家服务型制造示范城市，创建国家产融合作试点城市，举办了全国服务型制造大会。截至2021年7月，全市累计分别已创建国家级、省级服务型制造试点示范企业（项目、平台）4个和67个，累计支持近4000万元；形成国家级智能制造试点示范企业（项目）40个；Z市JK区、HXN健康食品公司、YTZG公司3家单位入选首批国家级两业融合试点企业（园区）。结合推动农村一二三产业融合发展，Z市食品产业链和食品产业集群的质量效益竞争力持续提升，龙头企业影响力进一步彰显，食品加工体验游、大枣和石榴风情游、黄河鲤鱼和雁鸣湖大闸蟹美食游、生态农业园采摘游、乡村民宿度假游等特色旅游项目蓬勃开展，已建成全国休闲农业与乡村旅游示范县、中国美丽休闲乡村各2个，全国休闲农业与乡村旅游星级企业54家，农业科普研学基地16家。

（二）一批先行企业转型成长为产业融合的重要引领服务平台，持续放大推动服务化转型的乘数效应

在Z市，一些先行企业利用其理念、技术、资金甚至营销或社会网络优势，为相关企业推动产业融合发展提供技术、数据、网络平台支持和综合服务，并在提供和创新服务中拓展成长空间（参见案例22-1和案例22-2）。全市已培育8家省级工业互联网平台和20家省级企业上云服务平台，带动全市企业上云超过3.3万家，围绕智能工厂、智能终端等打造了一批公共技术服务平台。Z市还大力支持制造企业数字化转型，把人工智能、大数据、5G、工业互联网等数字技术作为产业融合创新的新动力，在智能制造、智慧医疗、智慧交通、智慧农业等领域推动跨产业跨领域深度融合、赋能行业发展。例如，引进HE集团全国规模最大的热水器互联工厂，通过5G场景应用技术进行全流程再造，全面提升数字化、智能化水平，以改善用户体验为中心实现

零距离交互服务和个性化大规模定制，为推动 HE 集团从家电制造企业向面向全社会孵化创客开放的工业互联网服务平台转型提供重要载体。

案例 22-1

Z 市 ZJLY 公司是中国智能制造系统解决方案供应商联盟理事长单位，入选全国两化融合管理体系贯标咨询首批认证的 80 家服务机构、国家智能制造系统解决方案供应商首批推荐名录 23 家入选单位、工业和信息化部首批工业节能诊断服务机构、国家制造业与互联网融合发展试点示范工程，获批牵头成立国家级工业互联网平台应用创新推广中心，参与大量智能工厂建设的国家标准制定。近年来，ZJLY 公司基于在智能与信息化、智能工厂等领域的技术优势和多年积累的数据资源，构建"智能工厂全生命周期工业互联网平台"，为制造企业数字化服务化转型和智能化改造工厂提供系统解决方案；研发的"成套装备全生命周期数字化服务平台"成功落地应用，赋能企业从卖单品向卖成套、从卖产品向卖服务、从制造商向综合性解决方案提供商转型；依托"精益生产服务平台"，向中小型制造企业提供精益生产咨询和精益生产管理工具实施服务，协助中小企业实现精益透明生产。

案例 22-2

SN 食品公司是专业从事速冻米面食品研发、生产和销售的企业。近年来，SN 食品公司专注打造研发、品控、渠道、品牌等核心竞争力，将运输、营销和部分生产制造等非核心业务外包给富有专长的合作伙伴。同时，实施"先进制造业同现代服务业融合发展"项目，快速调整数字化经营策略，构建和运作"智慧供应链协同服务平台"，打造以 SN 食品公司为主体、以产业链上下游企业供需为导向的供应链生态圈，实现供应链各环节的数据共享和作业可视化，推动生产、供应、物流、经销等环节的良性互动，提高上下游企业协同效率，促进中小企业从生产型制造向服务型制造转型。SN 食品公司还依托其供应链协同服务平台为小微企业建立信用档案，通过供应链金融形成核心企业承担风险的产融合作模式，帮助供应链上的中小经销商、供应商、物流商解决融资困难。

（三）越来越多的龙头企业加快推进服务化转型，成为提升产业链供应链现代化水平的排头兵

近年来，越来越多的行业龙头企业通过积极探索推动现代服务业同先进制造业、现代农业深度融合的模式与路径，加快实现由生产制造商向服务型制造商或生产型农业关联企业向服务型农业关联企业的转型，甚至转型成长为产业链供应链综合问题解决方案提供商，成为提升产业链供应链现代化水平的排头兵，也带动了企业创新链和价值链升级（参见案例 22 -3 至案例 22 -7）。

案例 22 -3

ZZLX 服饰公司集女裤产品技术研发、生产制造、市场销售和品牌运作于一体，通过探索以渠道营销为载体的女裤定制化生产服务模式，推进从传统制造到"智能人体测量 + 个性化设计参与 + 服务技术数据对接转换 + 柔性生产"的服务型制造转型，成为全国女裤行业的"领跑者"。

案例 22 -4

YT 客车公司长期专注于客车产品的研发、制造和销售，已建立 6 个国家级研发中心和试验平台，参与 123 项国家、行业标准制定，获国家及省市级科技进步奖 20 项。作为国内客车行业的龙头企业，YT 客车公司积极推广应用全生命周期管理并提供多元化解决方案，推进企业从"制造型 + 销售产品"向"制造服务型 + 解决方案"转型，全力拓展燃料电池、智能网联、智能交通和智能服务等新业务，通过优质产品和服务引领客车和新能源客车行业发展，增强国际竞争力，成为全省唯一入选的工业和信息化部企业上云典型案例。在专注客车主业、做精做强产品的同时，基于在客车行业领先的智能技术和服务能力，结合实施"先进制造业和现代服务业融合发展试点"，开发了智能服务车辆网系统产品，搭建售后运营服务一体化平台、大数据处理监控平台、智能服务车辆网系统，在全国建立了 13 家客车服务 4S 中心站，形成以 Z 市为中心，集技术服务、信息反馈、配件供应、技术培育于一体，辐射全国的售后服务网络，促进人车端无缝对接，为用户提供全方位出行保障，实现不因故障、不因维修、不因配件、不因保养而影响运营，为客户带来节

能、环保、安全、可靠的驾驶出行体验，协助客车运营企业提升专业化运营管理水平和终端用户用车体验。

案例 22-5

KX 冷链公司是一家专业研发、生产和销售全系列冷链设备的综合性高新技术企业。依托长期以来在冷链设备研发生产领域形成的领先技术优势，KX冷链公司由装备制造商向产品设计和综合冷链物流服务商转变，搭建"KX 冷链"服务平台，破解了农产品产地"最先一公里"预冷和冷链配送"最后一公里"的瓶颈制约，实现冷链全程无断点、监控无盲点，为提高食品药品冷链运输质量提供坚实保障，为保障广大市民菜篮子"新鲜活美"和药品全程冷链运输提供系统解决方案。

案例 22-6

DX 家居公司是全国定制家居行业的龙头企业，也是国家首批服务型制造试点示范企业、国家智能制造试点示范企业。近年来，DX 家居公司专注设计引领，将互联网、大数据等技术应用于研发设计和生产制造，依托自主研发的软件系统建立企业个性化定制云中心，开发了 2700 多个标准化产品功能模块，实现定制家居的大规模个性化定制，使成品家居综合成本降低 15% 左右，供货周期明显低于国际平均水平，显著提高了市场竞争力。同时，依托个性化定制模式搭建了 O2O 模式家居定制新零售平台、现代家居工业设计平台、现代家居生活全方位服务平台，以全面智能化生产制造体系为核心，推进研发、设计、制造、销售、服务一体化，为整个家居定制市场提供全方位服务，满足现代家居生活体验需求。此外，依托特色家居博物馆群，推进产品销售、方案设计、VR展现体验、生产制造、仓储物流等全链条融合发展，打造了大数据云瀑布、家居博物馆、游学中心、智能制造简易厅、企业文化长廊、家居定制体验馆、检测测试中心、智能制造可视中心等 10 余个特色观光游览景点，实现工业旅游、文化营销、培训营销等有机结合，DX 工业园已建成国家级工业旅游景区。

案例 22-7

XDF 重工科技有限公司作为国内率先从事大型特种重型施工装备研制的

行业领军企业，始终遵循"以创新求发展，以发展促创新"的理念，把填补国内空白和打破国外垄断作为研发方向，通过"数字化＋仿真"技术手段，实现虚拟样机的优化设计，推动产业结构转型升级，已经发展成为集研发设计、制造销售、安装服务、设备租赁于一体的国家高新技术企业。

（四）形成了一批产业融合发展的新业态新模式，成为区域发展和现代产业体系建设的重要增长极

Z 市通过积极推进产业融合发展，促进了网络协同制造、信息增值服务、智能服务、系统解决方案、大规模个性化定制、服务型农业、休闲农业和乡村旅游等新业态新模式迅速崛起，有力推动了区域经济发展和现代产业体系建设，为做好"六稳"工作、落实"六保"任务提供了重要支撑（参见案例22-8 和案例22-9）。有些地方通过产业融合的空间集聚和集群发展，已经成为推进产业融合的特色优势区。例如，Z 市 JK 区已成为中西部地区服务型制造增长最快的区域之一，GX 区成为全国重要的服务外包、软件与信息技术服务业、智能传感器研发生产基地，ZDX 区成为金融租赁、供应链金融的重要集聚地。GX 区网络安全产业园、JS 区信息安全产业示范基地在培育网络安全产业集群方面已经初显成效。ZDX 区已引进大数据企业 151 家，注册资本金近 19 亿元，营业收入近 12 亿元，集聚相关科技信息类企业近 2900 家。

案例 22-8

HXN 健康食品股份有限公司主要从事红枣等健康食品研发、采购、生产和销售，近年来聚焦健康、时尚、快乐、品质的品牌定位，积极打造食品制造产业集群，培育现代服务业同先进制造业、现代农业深度融合的产业链和产业生态，已形成"红枣种植＋采购加工＋仓储物流＋科技信息＋文化旅游＋电子商务＋教育培训＋品牌营销＋批发零售"等全产业链，成为全国特色农产品全产业链标杆企业、在全国有重要影响的农村一二三产业融合发展领军企业、H 省红枣深加工智能工厂、H 省服务型制造企业、全国农业农村信息化示范基地，并通过"两化融合管理贯标体系"认证，为 Z 市创建全国农村一二三产业融合发展先导区提供了坚实支撑。HXN 公司拥有全国红枣行

业唯一的国家级企业技术中心，近年来通过兴办3A级旅游景区红枣小镇、中华枣文化博物馆、HXN红枣博物馆和开展红枣文化节、中华枣乡风情游等活动，带动枣文化创意旅游蓬勃发展。该公司在积极拓展出口渠道的同时，已形成较为完善的"专卖店+互联网+商超+流通"商业模式。

案例 22-9

ZZWT汽车轮胎股份有限公司是一家以轮胎翻新为主业的行业领军企业。轮胎翻新有重要的节能环保效应，但长期以来用户对轮胎翻新存在偏见，翻新企业"小、散、乱、差"的现状导致翻新胎的品质、经济性和用户体验总体水平偏低，优质胎体严重短缺、国际橡胶价格波动对轮胎翻新经济性也有显著影响。这些问题往往导致轮胎翻新"叫好不叫座"。为解决行业痛点，ZZWT公司开发了智能服务平台，探索轮胎全生命周期托管服务模式，统筹提升轮胎经济性和安全性，疏通轮胎翻新价值链，并从增进车辆安全、降低运营成本等方面，努力改善轮胎用户体验，探索形成"新胎+服务+翻新"的轮胎综合解决方案，在为用户创造价值中提升自身价值和竞争优势、发展空间，成为轮胎行业从轮胎经销商模式向服务商模式转型的引领者。ZZWT公司还同LY科技职业学院建立校企联盟，设立"ZZWT轮胎工程师特长班"，加大服务型人才培养力度。

二、推动产业融合发展面临的主要问题

（一）部分产业融合政策落地难、项目推进难，难以获得有效的要素支撑

推进现代服务业同先进制造业、现代农业融合发展的过程往往需要大量的人力、财力和物力投入，存在较大风险和不确定性。有些产业融合项目发展前景较好，政府推动的愿望也比较强烈，但企业因担心风险或缺乏要素支撑，存在较大畏难情绪，"政府积极，企业不积极"现象严重。有些企业老总经营理念先进、推动工作积极，但企业中层和一线员工受工作惯性影响畏新

怕变，存在较大抵触情绪，导致推动产业融合的实际进展与预期相距甚远。许多产业融合项目是对企业既有业务结构和盈利模式的重塑，存在较大的不确定性风险。有些企业对产业融合项目实施中的风险和困难估计不足，容易出现"想起来很好，干起来很难""长期看好，起步很难"的问题，抑或在项目实施越过盈亏相对平衡的阶段性拐点前"陷入泥潭"、举步维艰，因实施难度超出想象被迫半途而废。上述问题很容易影响产业融合活动特别是相关试点项目的实施效果，加大推进过程中的阻力，甚至导致推动产业融合的部分政策"愿景"，难以转化为提升产业链供应链现代化水平的"风景"。

此外，许多产业融合项目的推进，往往面临着土地、资金、人才等要素支撑不足的困扰。例如，有的企业开发的服务型制造、智能制造产品或服务，面临市场拓展难、推广应用难、获得资金和人才支持难的问题。还有一些产业融合项目难以落地，重要原因是缺乏新增项目建设用地。近年来，中央政府相关部门在创新完善产业用地政策方面不断推出新的举措，如鼓励探索混合产业用地供给等。但现行用地政策常常对不同类型产业的容积率、建筑高度、混合比例等提出明确要求，而产业融合形成的新业态新模式很难明确界定其产业类型和属性，导致现行用地政策在推动产业融合发展过程中常常面临落地障碍。从融资环境和融资政策来看，当前以短期资金为主的信贷供给结构，难以适应企业推动产业融合对资金的需求，特别是对中长期资金和供应链融资等金融创新的需求。从人才支撑来看，许多产业融合项目涉及的新产业新业态新模式需要更多跨领域跨专业的复合型人才和新型细分领域的专业人才；但在现行教育体制下，懂软件的人才往往不懂制造业、懂制造业的人才往往不懂信息化，复合型人才和新型细分领域专业人才供给严重缺乏，且对薪酬要求较高，往往导致企业很难招到合适的人才，也很难留住人。Z市作为中部地区，人才薪酬水平、创新创业环境与东部发达地区差距明显，导致适合产业融合项目的高层次复合型人才外流现象严重。[1] 此外，产业融合活动往往要求企业家和员工的知识结构能够适应产业发展需求的变化，进行快速更新迭代。但现行职业教育发展不足、高校人才培养模式与企业人才需求脱节，加剧了企业产业融合实践中人才储备不足的问题。

---

① 例如，全市高校每年培养的新型显示和智能终端专业大学生在万人以上，但留在本地发展的不足30%。

（二）龙头企业引领带动产业融合能力不足，大中小企业融通发展亟待加强

　　龙头企业往往是推动产业融合发展的中坚力量和积极实践者。近年来，Z市积极支持优质龙头企业在推动产业融合中发挥引领带动作用。但在调研中有些部门反映，部分龙头企业经营规模不大，盈利能力和发展潜力不足，对不同产业之间、产业链上下游之间的融合发展难以起到有效的引领带动、人才培训、知识溢出和协同联动作用。《Z市支持制造业高质量发展若干政策》在支持战略性新兴企业扩大规模、支持重点新兴领域加快发展和支持领军型企业做大做强等方面，主要将企业主营业务收入作为参考指标，没有考虑盈利能力和发展潜力等因素。还有一些龙头企业本地配套率不高，核心和关键零部件制造能力不足，抗风险能力弱，不仅对市外、省外市场的开拓能力不足，对本土市场的开拓能力也亟待加强，产业链供应链的安全稳定性容易面临较大冲击。

　　与产业链龙头企业相比，中小微企业在推动产业融合发展过程中容易处于边缘地位。从调研情况来看，中小微企业在此方面容易面临发展理念滞后、资金短缺、人才支撑薄弱、抗风险能力捉襟见肘等制约，难以实现不同产业领域的规模化融合渗透和互补发展。例如，一些中小微企业结合数字化转型推动产业融合，但往往因难以在短期内见到实际效果，也很难保证有较大的成功概率，担心推动产业融合发展投入过高、障碍过多、战线过长，感到不如投入其他方面划算。又如，中小微企业对核心技术的掌控力和对产业发展趋势、技术应用前景的判断力在总体上处于弱势，也影响其探索应用的积极性。帮助中小微企业克服这些方面的局限，亟待深化大中小企业融通发展。况且，相对于大企业，特别是行业龙头企业，中小微企业在争取产业融合相关政策支持方面容易处于劣势，更需要借助龙头企业的引领带动实现产业链上下游大中小企业融通发展。近年来，在Z市，大中小企业融通发展开始引起重视，但就总体而言仍然比较薄弱。有些龙头企业对产业链上下游企业影响力有限，协同带动能力不足，推动产业融合的效果与其作为行业"龙头"或产业链"链主"地位不相称；有些龙头企业自身发展较好，但"各人自扫门前雪"心理比较严重，对行业或区域发展的社会责任意识不强，不重视带动产业

链供应链转型升级，不重视带动中小微企业协同共建区域产业融合发展生态。这些问题的存在，加剧了中小微企业参与产业融合面临的困难和风险。

（三）过度依赖政策支持的倾向较重，部分新兴产业产能过剩问题开始凸显

部分市县区、部分产业在推动产业融合的过程中，存在尊重企业和市场选择不够，过度依赖政府行为和政策支持的倾向。例如，近年来为推动产业链提升工作，许多地方对重点产业链实行"链长制"，鼓励"链主"企业发挥作用，绘制产业发展相关图谱。这些举措有的只是普通的产业发展和转型升级问题，有的与推动产业融合密切相关。但迄今为止，对于"链长"的决策、依靠政府主导评选的"链主"企业以及政府部门绘制的相关"图谱"能否经受市场竞争的考验，还需要强化实施机制来保证。从历史经验来看，在实施产业政策、推动产业融合发展的过程中，很容易出现"有心栽花花不发，无心插柳柳成荫"的现象。能否建立有效的长效机制，防止用政府行为替代企业作用和市场选择的现象严重发生，当前并未引起足够重视。过度依赖政府行为和政策支持的趋向还表现为：第一，部分企业的产业融合项目推进路径不清，盈利前景渺茫，或面临技术先进、但市场规模化拓展能力不足等困扰，但却寄希望于政府加强政策引导、资金和市场拓展等方面的支持、"多下猛药"，给予政府优先采购、强力鼓励本地化示范应用等优惠。第二，部分政府部门对于某些产业融合项目"方向不明决心大，路线不清办法多"，存在简单蛮干、盲目决策的倾向，通过政府政策和资金支持层层加码，人为"拉高"企业推动产业融合的热情。类似措施容易影响政府政策支持的精准性和有效性，加剧政策和财政资金错配的问题；还会导致企业推动产业融合的步伐明显超出自身能力甚至有效管理半径，待相关产业融合项目进展到一定阶段后，容易因资金链断裂、管理失控或缺乏市场而出现虎头蛇尾的问题，加大企业推动产业融合的风险。

近年来，在部分率先推进产业融合的新兴产业发展领域，产能过剩问题日趋凸显，这从其较低的产能利用率即可看得非常清晰。这也警示我们过度依赖政府行为，甚至不惜依靠政府力量下任务、定指标，可能会给未来产业

发展埋下隐患。例如，新能源及智能网联汽车是 Z 市鼓励发展的新兴产业，但目前 Z 市该产业产能利用率低的问题已经比较突出。2021 年国家发展改革委发布《关于加强汽车产业管理 促进新能源汽车健康发展的若干措施的通知》，明确对产能利用率低于 20% 的整车企业限期 1 年整改，整改期后经核查不能保持生产准入条件的，暂停其生产销售。到 2021 年 7 月，Z 市整车产能超过 150 万辆、建成投产产能 145 万辆，2019 年和 2020 年产能利用率分别仅为 42% 和 36.3%，Z 市 HM 汽车公司 2019 年和 2020 年的产能利用率分别仅为 8.1% 和 4.8%，HM 新能源汽车 2019 年和 2020 年的整车产能利用率分别仅为 6.7% 和 1.9%。

（四）创新产业融合的政府治理日趋紧迫，构建统一规范的产业融合统计监测和评价体系有待提速

产业融合活动涉及公共服务平台和大量新产业新业态新模式的培育，容易形成大量监管真空或盲区，影响市场秩序的正常运转，还会对利益相关者行为特别是企业经营者利益、社会创新创业创造活力、消费者福利乃至产业融合的可持续发展形成负面影响，亟待创新监管方式、提升治理水平，形成体现高质量发展导向、包容审慎且兼顾产业特性的监管模式和治理方式，有效规避许多新兴产业发展"一放就乱，一管就死"的问题。产业融合活动往往涉及不同产业部门甚至政产学研用合作，完善相关合作机制至关重要。但目前仍有许多政府部门习惯于各自为政，或缺乏同产学研用平等互助的合作意识，导致政出多门，不同部门之间在推动产业融合方面难以形成政策和工作合力。例如，许多产业融合领域需要大数据等技术支持，近年来部分地区为解决大数据人才短缺问题，启动了相关人才培养计划，积极寻求加强同高校、科研院所、培训机构和行业知名企业的合作，明确要求在特定时间内培养多少大数据人才。但在此过程中如何协同发挥高校、科研院所、培训机构和企业作用，怎样推动相关人才培养标准或培养出的人才符合大数据及相关产业快速变化的需求，仍亟待深入探索。此外，许多地区简单要求龙头企业在与产业融合相关的产业链建设中争当主角，不愿当配角，未必符合所在区域的比较优势，并难以形成独特的竞争优势。

对推动现代服务业同先进制造业、现代农业融合发展的支持，还涉及对产业融合统计监测和评价的问题。例如，按照 Z 市培育服务型制造现行政策，要求示范标杆企业服务收入占营业收入的 30% 以上，但在一个企业内部，哪些是服务收入，哪些是制造业或农业收入，如何在现行统计制度基础上形成更加权威、统一、规范的标准，以便更好地适应推动产业融合发展的需求，仍亟待深入研究。近年来，有些地方结合推动产业融合，明确强化梳链建链补链强链工作导向，建立月度评比、季度通报工作机制，列出政府月度综合督查评比、季度综合督办范围，制定相关绩效考核目标、考核评比办法和指标体系、评分细则，并要求根据重点工作实际推进情况不断完善调整。从推动当前工作来看，这些措施可能有良好的积极意义；但从长期来看，同其他经济工作一样，绩效指标考核、考核评比不仅存在指标体系能否准确反映产业融合进展和成效的问题，还可能因为推动产业融合的进展和成效并非都是可以量化的，在某些方面难免存在"重要的难以量化，容易量化的不甚重要"的现象，导致过度依赖指标考核评比，容易形成对推动产业融合的误导和引导偏差。

三、关于推动产业融合高质量发展的思考

前文分析了当前推动现代服务业同先进制造业、现代农业融合发展面临的主要问题。这些问题实际上也昭示了完善产业融合支持政策的方向。从这些问题可见，推动有效市场和有为政府有效结合仍是一篇需要久久为功的大文章。当然，在此过程中，科学辨识产业发展的政策需求和产业融合的政策需求，提升产业融合支持政策的精准性和有效性，也是至关重要的。引导行业组织和公共服务平台更好地对行业发展赋能，推动有效市场和有为政府、有序行业治理有效结合，更是有利于产业融合行稳致远，更好地实现高质量发展。

（一）创新政策，聚焦推动产业融合发展的需求精准施策、重点发力

基于前文分析，提出以下建议。（1）注意科学把握政府支持产业融合的

方式、时机和力度。对于产业融合活动，政府从弥补市场失灵角度或社会公益目标出发，提供一定的引导资金支持，并结合推进行业标准化等，出台鼓励示范应用和服务消费等支持措施，往往有其必要性和合理性。但这种支持应该主要针对产业融合的起步阶段，并注意"多用文火，忌下猛药"；对特定产业领域的倾斜支持，应有明确的退出时间表，并因地制宜地选用财政补贴、贴息贷款、以奖代补等多种方式，注意同建设高标准市场体系的战略方向有效衔接起来。（2）科学辨识推动产业融合和产业发展在政策创新需求上的异同。例如，许多产业融合项目用地难、用人难、融资难有产业发展项目的一般性，但也有其特殊性。许多产业融合项目对长期资金需求量大、投资风险高，产业融合发展对高端人才或复合型人才的需求更强，产业融合发展往往发生在产业发展的边缘地带或交叉领域。应结合开展试点试验示范，探索有针对性的解决方案，并注意与产业发展的一般性支持政策区别开。

推动产业融合发展精准施策，还应注意科学选择推动产业融合发展的重点。基于前文分析，对产业融合发展的政府支持，重点应该放在以下方面。（1）鼓励龙头企业、行业组织和公共平台发挥对推动产业融合、提升产业链供应链现代化水平的领航带动作用。例如，要鼓励龙头企业在推动区域经济转型升级、提升产业链供应链现代化水平方面增强社会责任意识，引导龙头企业在推动产业融合和大中小企业融合发展中发挥表率作用。（2）鼓励部分地区、部分产业链先行先试，探索加强产业融合统计监测和评价体系建设的路径，为政府构建统一规范的产业融合统计和评价体系积累经验。（3）切块支持中小企业推动产业融合。在产业融合的政府支持资金中，切块支持中小企业参与产业融合，有利于改变中小企业在推动产业融合和争取相关政策支持方面的边缘地位，包括鼓励大企业、行业领军企业带动中小微企业融合发展。（4）鼓励探索有利于推动产业融合的区域生产网络和产业生态建设。在推动产业融合发展的过程中，进行考核评比和通报、督查，只要掌握在一定限度内，有其积极作用。但如超出一定范围，其负面影响也会日趋凸显。因为考核评比的指标体系和评分细则未必能准确反映推动产业融合的需求，区域生产网络和产业生态建设是个系统工程，其中涉及的制度环境、创新能力培育、诚信和创新文化建设、主导企业—配套企业—关联企业利益关系形成等，往往难以量化。

（二）推动产业融合应更多依靠市场力量和企业选择，促进有效市场和有为政府有效结合

"十四五"规划要求充分发挥市场在资源配置中的决定性作用，更好发挥政府作用，推动有效市场和有为政府更好结合。但从调研情况来看，在推动产业融合发展的实践中，要将此有效落地还需不懈努力。在新冠疫情防控阶段，发挥好政府作用得到了充分展示，但在部分地区过度推崇政府作用，甚至用政府作用替代市场选择的倾向也有所强化，助长了推动产业融合过度依赖政府支持的现象。从大量理论研究和历史经验来看，对产业融合的政策支持和推动产业融合的政府行为，如果掌握在一定限度内并保持兼容市场环境变化的弹性，有利于发挥有为政府对推动产业融合发展的引导促进作用，实现有效市场和有为政府有效结合；但如超出这个限度，很容易出现用政府行为替代企业作用和市场选择的问题，影响企业（家）中坚作用的发挥，也容易导致产业融合活动难以适应市场环境和市场需求的动态变化。充分发挥市场在资源配置中的决定性作用和更好发挥政府作用是辩证统一关系，二者应该并行不悖，不可以顾此失彼，更不能将政府作用的边界任意放大，特别要注意发挥好政府作用依托特定条件，需要科学把握发挥政府作用的比较优势和比较劣势，将发挥好政府作用同尊重企业和市场选择、激发社会活力和创新创业创造积极性结合起来；不应也不能以排斥市场、社会力量和公众参与为前提，更不宜搞政府"全盘包办"或政府替代市场。

当前，随着产业融合的深化，部分新产业新业态新模式的产能过剩问题开始凸显，这实际上向我们敲响了警钟：应该推动促进产业融合的主导力量由政府回归市场，做实做深推动有效市场和有为政府更好结合的文章。当然，有人会说，从历史经验来看，在新产业新业态新模式的发展过程中，出现一定程度的产能过剩往往不可避免。我们不否认这一点，但是关键看这种产能过剩是企业行为和市场选择造成的，还是政府干预甚至政府代替市场造成的。政府对新产业新业态新模式的发展给予一定的引导、支持是必要的，但切忌过度推波助澜，否则会放大产能过剩问题，加剧社会资源浪费，推动新产业新业态新模式发展出现"大上快下"的波动，不利于新产业新业态新模式的

健康和可持续发展。有些地方要求围绕重点制造行业，复制推广服务型制造成熟模式。但是，每种模式的成功往往都依赖特定环境和条件，企业推进服务型制造能力的成长也有个水到渠成的过程。企业能否推广这些在其他企业较为成功的模式，需要更多由企业结合自身实际进行探索，自主作出选择，政府不可以越俎代庖或拔苗助长。

近年来，许多地方推行产业链"链长制"，并鼓励"链主"企业发挥作用，对提升产业链供应链现代化水平开始发挥重要作用。但是，这里面也存在如何实现有效市场和有为政府有效结合的问题。

首先，哪些企业能够胜任"链主"企业角色，不是政府说了算，而是市场包括产业链、供应链利益相关者说了算。依托企业营业收入等指标选择"链主"企业，只能从一个角度说明其经营规模，不能说明其发展质量和效益状况。即便相关企业质量、效益好，也不能说明这些"链主"企业对产业链供应链转型升级和产业融合发展带动能力强，更不能说明其能够在推动产业链供应链整合协调、培育区域产业生态和产业链供应链战略伙伴关系、提升产业链供应链协同创新能力中发挥引领带动和表率作用，何况特定企业能否成为市场认可的"链主"企业，本身也有个"三十年河东，三十年河西"的问题。

其次，政府主要领导作为"链长"，在面向重点产业链供应链特别是其"链主"企业和核心配套企业优化政府服务，完善产业发展空间规划、空间协调和区域合作机制，强化土地、资金、人才等要素保障，推动产业链供应链抓重点补短板强弱项，甚至强化产业链供应链重大风险救助机制方面，确实可以发挥重要作用，但也需要防止因此导致不同产业链供应链之间，甚至同一产业链供应链不同企业之间不公平竞争和发展环境不平等的问题，何况产业链供应链运行主要遵循的市场逻辑和政府主要领导遵循的行政逻辑往往差别很大，担任"链长"的行政官员如果过于强势且不了解产业和市场，很容易因决策失误危害整个产业链供应链，影响企业家和创新创业者的积极性。

最后，当今世界，许多产业链的运行已超出行政区边界，要求每个行政区或每个行政区内的龙头企业都作产业链"链主"，可能不是合理选择，甚至得不偿失。有时在推动产业链区域合作中甘当配角，甚至在全球或全国产业链、大都市圈产业链上下游配套能力建设中，找准自己的比较优势和独特方位，可能更有价值。提升产业链供应链现代化水平，需要加强产业链供应链发展的区域合作，"画地为牢"方式可能会加剧区域之间的产业同质竞争，也不利于加强区域产业生态和区域生产网络建设。

（三）推进多元共治并创新行业治理，加强产业融合试点示范、案例研究和风险防范预警工作

产业融合发展在总体上属于新生事物，推进产业融合的过程也是推动多种新技术组合集成和融合渗透的创新过程，需要经历在波浪式推进中不断试错、反复迭代。在一定时期内，实际路径和商业模式不清晰不确定性较大往往是难免的，出现类似"打铁没样，边打边像"的现象也是正常的，容易面临较大的风险和失败概率。因此，应加强对推动产业融合发展的试点试验和示范推广工作，并结合加强产业融合风险的防范化解工作。这不仅有利于促进产业融合高质量发展行稳致远，还有利于发挥产业融合对提升产业链供应链现代化水平的引领助推作用。建议通过强化试点试验和示范推广工作，聚焦探讨政策落地难、项目推进难的原因和化解之策。选择推动产业融合取得显著成效、形成可持续发展能力的先进典型，加强案例总结和分析推广工作，为更好地发挥先行经验的辐射带动作用创造条件。另外，推动产业融合与其他经济现象一样，都容易出现"幸存者偏差"的问题，来自"未幸存者"的教训容易处于被政策研究者遗忘的角落，这些"未幸存者"在推动产业融合的过程中往往并非只有失败的教训而没有曾经取得阶段性成功的经验，"幸存者"能够幸存、"未幸存者"失去幸存机会可能既有必然因素，也有偶然因素。积极拓宽视野，加强对这些问题的研究，对深化产业融合理论研究、完善产业融合支持政策，都有至关重要的积极意义。

同时，要顺应产业特性和发展要求，创新行业监管模式，鼓励龙头企业、行业组织、公共平台之间及其与政府之间加强合作，推动行业共治，促进有效市场和有为政府、有序行业治理协同发力，为精准把控推动产业融合的风险源风险点、协同提升产业链供应链治理水平创造条件。应更多引导行业协会、产业联盟等行业组织和公共服务平台对推动产业融合、提升产业链供应

链现代化水平发挥赋能作用。例如，要鼓励行业协会、产业联盟等行业组织在加强行业培训和人才队伍建设、行业标准化品牌化建设、解决行业发展的共性关键问题等方面增强带动能力。鼓励平台型企业面向产业链供应链和区域生产网络，加强服务能力建设，赋能产业链供应链关联企业发展。要客观评估平台型企业部分市场行为对推进产业融合高质量发展的影响。平台型企业是推进现代服务业同先进制造业、现代农业深度融合的重要引领和支撑力量，也是培育产业发展新动能的重要方式之一。但在发展过程中，部分网络平台以低价竞争、压价竞争为主的营销模式，很容易导致企业提升产品质量和品牌的努力因无利可图而难以持续。对此应给予充分警惕，注意将支持平台型企业带动行业创新发展和转型升级、增强国际竞争力同强化竞争政策基础性地位、强化反垄断和反不正当竞争有效结合起来，促进平台型企业在推动产业融合过程中更好地兴利去弊，为提升产业链供应链现代化水平、带动企业转型升级更好地发挥赋能作用。

还有一些与数字化、智能化相关的产业融合活动投资需求较大，创新活动的风险和不确定性更高，商业化落地难、规模化量产难容易成为普遍现象。加之，这些产业融合项目可能存在过度竞争严重、风险投资等创新友好型投资生态不健全等制约，进一步加大了其面临的风险。因此，推动相关产业融合工作既需要雷厉风行、攻坚克难，更需要脚踏实地、久久为功，涉及产业体系培育和产业生态建设时尤其如此。要鼓励行业龙头企业在带动中小微企业融通发展的同时，通过小步迭代方式降低推动产业融合的风险。在此方面，Z市SN食品集团推动产业融合和数字化转型的经验值得借鉴（参见案例22 - 2和案例22 - 10）。SN食品集团的实践证明，与盲目推进产业融合和数字化转型、追求"短平快"的做法相比，"小步迭代、试错快跑"的方式能够更好地与企业、产业发展需求有效衔接，有利于扎实稳健地推动产业融合发展和高质量发展。

案例22 - 10

SN食品集团在搭建供应链协同服务平台、推动数字化转型的过程中，并没有采用短期、激进的"全链式"改造策略，而是采用持续性、渐进式的"三阶段"转型模式。第一阶段，SN食品集团引入德国SAP公司的ERP，初步解决企业经营管理信息化的问题。第二阶段，SN 食品集团根据企业自身和上下游合作伙伴业务规模、实际需求的变化，逐步构建了企业内部供应链协同平台、物流仓储管理系统，实现企业内部供应链从信息化向数字化的转型。第三阶段，即近年来 SN 食品集团为解决产业链运行效率和业务规模不匹配的问题，全力推动企业内部供应链协同平台向上下游企业延伸扩展，为上游食品原材料供应商和下游经销商、零售商搭建供应链协同服务平台，打通供应链不同企业之间的商流、信息流、资金流、物流，实现企业间业务流程和交互方式的数字化、网络化、敏捷化，真正从一家食品加工制造企业转型为赋能全产业链的供应链服务平台型企业，发挥了产业链"链主"的引领带动作用。

参 考 文 献

1. 艾丽格玛：《烟台经济技术开发区：攀登两业融合发展"高原"》，载《中国战略新兴产业》2022年第16期。

2. ［德］奥利弗·索姆、伊娃·柯娜尔：《德国制造业创新之谜：传统企业如何以非研发创新塑造持续竞争力》，工业4.0研究院译，人民邮电出版社2020年版。

3. 白雪洁、庞瑞芝：《全球产业变革新趋势及对我国科技发展的影响》，载《国家治理》2021年第4期。

4. 本书编写组：《党的二十大报告辅导读本》，人民出版社2022年版。

5. 本书编写组：《党的十九届五中全会〈建议〉学习辅导百问》，党建读物出版社、学习出版社2020年版。

6. 本书编写组：《中华人民共和国国民经济和社会发展第十四个五年规划和2035年远景目标纲要》，人民出版社2021年版。

7. 蔡昉、杨涛：《城乡收入差距的政治经济学》，载《中国社会科学》2000年第4期。

8. 陈柳钦：《产业发展的相互渗透：产业融合化》，载《贵州财经学院学报》2006年第3期。

9. 陈柳钦：《产业融合的动因及其效应分析》，载《西南金融》2007年第4期。

10. 陈骞：《美国、德国工业互联网联盟机构解析》，载《上海信息化》2016年第12期。

11. 陈山枝：《信息通信产业融合的思考——关于网络、终端与服务》，载《当代通信》2006年第Z1期。

12. 陈雪频：《一本书读懂数字化转型》，机械工业出版社2022年版。

13. 陈迎：《碳中和概念再辨析》，载《中国人口·资源与环境》2022 年第 4 期。

14. 邓洲：《制造业与服务业融合发展的历史逻辑、现实意义与路径探索》，载《北京工业大学学报（社会科学版）》2019 年第 4 期。

15. 丁晓燕、孔静芬：《乡村旅游发展的国际经验及启示》，载《经济纵横》2019 年第 4 期。

16. 董银果、钱薇雯：《农产品区域公用品牌建设中的"搭便车"问题——基于数字化追溯、透明和保证体系的治理研究》，载《中国农村观察》2022 年第 6 期。

17. 董枳君：《京东生鲜坚持全链路严把控提高产品质量 推动行业标准化规范化》，载《证券日报》2021 年 10 月 29 日。

18. 豆志杰、郝庆升：《信息经济学视角的农产品质量安全问题研究》，载《中国农机化学报》2013 年第 3 期。

19. 杜小妮、吴彩鑫：《合作社托管产出"金果果"——礼泉县群家兴果园托管合作社发展纪实》，载《中国农民合作社》2021 年第 2 期。

20. 杜勇、曹磊、谭畅：《平台化如何助力制造企业跨越转型升级的数字鸿沟？——基于宗申集团的探索性案例研究》，载《管理世界》2022 年第 6 期。

21. 杜运苏、张为付：《我国承接国际产业转移的碳排放研究》，载《南京社会科学》2012 年第 11 期。

22. ［德］恩格斯：《反杜林论》，中共中央马恩列斯著作编译局译，人民出版社 1970 年版。

23. 《二十国集团数字经济发展与合作倡议》，G20 官网，2016 年 9 月 20 日，http：//www. g20chn. org/hywj/dncgwj/201609/t20160920_3474. html。

24. 范贵德：《信息不对称条件下"互联网＋农产品"销售模式研究——以南宁市石埠郊区农业为例》，载《中国市场》2016 年第 40 期。

25. 费洪平等：《着力提升我国产业链供应链韧性和安全水平》，载《中国经济时报》2022 年 12 月 21 日第 A03 版。

26. 丰晓旭、雷尚君：《先进制造业和现代服务业深度融合发展的模式与建议》，载《全球化》2020 年第 6 期。

27. 冯其予：《去年我国知识密集型服务贸易占比提高近一成》，载《经济日报》2021 年 2 月 6 日第 5 版。

28. 冯其予：《自贸试验区硕果累累》，载《经济日报》2022 年 5 月 2 日第 5 版。

29. 付保宗：《增强产业链供应链自主可控能力亟待破解的堵点和断点》，载《经济纵横》2022 年第 3 期。

30. 高闯、关鑫：《企业商业模式创新的实现方式与演进机理——一种基于价值链创新的理论解释》，载《中国工业经济》2006 年第 11 期。

31. 高汝熹、纪云涛、陈志洪：《技术链与产业选择的系统分析》，载《研究与发展管理》2006 年第 12 期。

32. 顾宗勤、苏建英：《氮肥、甲醇行业应勇于扛起碳减排的重任》，载《化学工业》2021 年第 4 期。

33. 郭沛、张成鹏、李梦琪：《电商助农：运作实践、增收机理、创新绩效和优化路径》，载《中共云南省委党校学报》2021 年第 5 期。

34. 郭滕达：《韩国第四期科学技术基本计划及其政策启示》，载《世界科技研究与发展》2018 年第 4 期。

35. 郭晓丹、何文韬：《融合与跨越：新旧产业间技术升级路径研究》，载《东北财经大学学报》2012 年第 1 期。

36. 国际机器人联合会（IFR）：《2020 世界机器人报告》，2020 年 9 月 24 日。

37. 国家发展改革委宏观经济研究院、国家发展改革委农村经济司：《产业融合：中国农村经济新增长点》，经济科学出版社 2016 年版。

38. 国家发展改革委宏观院和农经司课题组：《推进我国农村一二三产业融合发展问题研究》，载《经济研究参考》2016 年第 4 期。

39. 国家发展和改革委员会：《〈中华人民共和国国民经济和社会发展第十四个五年规划和 2035 年远景目标纲要〉辅导读本》，人民出版社 2021 年版。

40. 韩娜：《GE 之路——通用电气的服务化转型》，载《装备制造》2015 年第 12 期。

41. 韩小明：《对于产业融合问题的理论研究》，载《教学与研究》2006

年第 6 期。

42. 何建坤：《我国低碳发展的创新之路》，载《中国科技产业》2013 年第 2 期。

43. 何宗樾、张勋、万广华：《数字金融、数字鸿沟与多维贫困》，载《统计研究》2020 年第 10 期。

44. 贺俊、吕铁：《从产业结构到现代产业体系：继承，批判与拓展》，载《中国人民大学学报》2015 年第 2 期。

45. 洪群联：《力推绿色低碳产业稳健发展》，载《经济日报》2022 年 7 月 1 日，a。

46. 洪群联：《推动先进制造业现代服务业深度融合》，载《经济日报》2022 年 6 月 14 日，b。

47. 洪群联：《中国先进制造业和现代服务业融合发展现状与"十四五"战略重点》，载《当代经济管理》2021 年第 10 期。

48. 胡鞍钢、周绍杰：《新的全球贫富差距：日益扩大的"数字鸿沟"》，载《中国社会科学》2002 年第 3 期，a。

49. 胡鞍钢、周绍杰：《中国如何应对日益扩大的"数字鸿沟"》，载《中国工业经济》2002 年第 3 期，b。

50. 胡汉辉、邢华：《产业融合理论以及对我国发展信息产业的启示》，载《中国工业经济》2003 年第 2 期。

51. 胡金星：《产业融合的内在机制研究——基于自组织理论的视角》，博士学位论文，复旦大学，2007。

52. 胡永佳：《产业融合的经济学分析》，中国经济出版社 2008 年版。

53. 黄汉权、洪群联：《推动先进制造业和现代服务业深度融合研究》，经济科学出版社 2021 年版。

54. 黄建华、张春燕：《三网产业融合与产业价值链效应分析》，载《商场现代化》2009 年第 5 期。

55. 黄剑辉等：《欧美"再工业化"最新进展及对我国的启示与借鉴》，民银智库报告 2020 年 5 月 29 日。

56. 黄晓星：《日本章化旅游机制创新的经验与启示》，载《社会科学家》2019 年第 8 期。

57. 冀名峰：《农业生产性服务业：我国农业现代化历史上的第三次新动能》，载《农业经济问题》2018 年第 3 期。

58. 冀名峰、李琳：《关于加快发展农业生产性服务业的四个问题》，载《农村工作通讯》2019 年第 8 期。

59. 冀名峰、李琳：《农业生产托管：农业服务规模经营的主要形式》，载《农业经济问题》2020 年第 1 期。

60. ［美］加里·皮萨诺、威利·史：《制造繁荣：美国为什么需要制造业复兴》，机械工业信息研究院战略与规划研究所译，机械工业出版社 2014 年版。

61. 江小涓、孟丽君：《内循环为主、外循环赋能与更高水平双循环——国际经验与中国实践》，载《管理世界》2021 年第 1 期。

62. 江志斌：《服务型制造创新发展方向——定制化服务》，载《中国经济时报》2020 年 12 月 21 日。

63. 姜长云：《促进小农户和现代农业发展有机衔接是篇大文章》，载《中国发展观察》2018 年第 Z1 期。

64. 姜长云：《发展农业生产性服务业的模式、启示与政策建议——对山东省平度市发展高端特色品牌农业的调查与思考》，载《宏观经济研究》2011 年第 3 期。

65. 姜长云：《发展数字经济引领带动农业转型和农村产业融合》，载《经济纵横》2022 年第 8 期。

66. 姜长云：《服务业高质量发展的内涵界定与推进策略》，载《改革》2019 年第 6 期。

67. 姜长云：《关于发展农业生产性服务业的思考》，载《农业经济问题》2016 年第 5 期。

68. 姜长云：《科学把握农业生产性服务业发展的历史方位》，载《南京农业大学学报（社会科学版)》2020 年第 3 期，a。

69. 姜长云：《论产业融合与科技创新的协同推进》，载《开放导报》2021 年第 3 期。

70. 姜长云：《论农业生产托管服务发展的四大关系》，载《农业经济问题》2020 年第 9 期，b。

71. 姜长云：《农业强国建设中需要澄清的几个重要关系》，载《农村金融研究》2023 年第 2 期。

72. 姜长云：《日本的"六次产业化"与我国推进农村一二三产业融合发展》，载《农业经济与管理》2015 年第 3 期。

73. 姜长云、姜江、张义博等：《深圳市打造高质量创新型经济体战略路径研究》，载《区域经济评论》2018 年第 4 期。

74. 姜长云、李俊茹、巩慧臻：《全球农业强国的共同特征和经验启示》，载《学术界》2022 年第 8 期。

75. 姜长云、李俊茹、王一杰：《怎样看待当前的粮食安全风险》，载《山西农业大学学报》（社会科学版）2022 年第 5 期。

76. 姜长云、李子文、巩慧臻：《推动现代服务业同先进制造业、现代农业深度融合的调查与思考——以 HN 省 ZZ 市为例》，载《江淮论坛》2022 年第 1 期。

77. 姜长云、王一杰、李俊茹：《科学把握中国式农业农村现代化的政策寓意和政策导向》，载《南京农业大学学报（社会科学版）》2023 年第 2 期。

78. 姜惠宸：《多维视角的数字经济发展研究》，博士后研究报告，2021 年 8 月。

79. 金兼斌：《数字鸿沟的概念辨析》，载《新闻与传播研究》2003 年第 1 期。

80. 金莹、张以文：《云制造服务平台对虚拟组织合作的影响与博弈分析》，载《预测》2013 年第 3 期。

81. 金壮龙：《新时代工业和信息化发展取得历史性成就》，载《学习时报》2022 年 10 月 3 日第 1 版。

82. ［德］柯武刚、史漫飞：《制度经济学：社会秩序与公共政策》，韩朝华译，商务印书馆 2000 年版。

83. 雷刘功、徐刚、周嵘：《铸牢共同富裕的基石——浙江高质量发展新型农村集体经济的实践与启示》，载《农村工作通讯》2021 年第 19 期。

84. 李丹：《韩国第四次科学技术基本计划浅析及对我国的启示》，载《全球科技经济瞭望》2018 年第 4 期。

85. 李谷成、范丽霞、冯中朝：《资本积累、制度变迁与农业增长——对

1978—2011 年中国农业增长与资本存量的实证估计》，载《管理世界》2014 年第 5 期。

86. 李浩然：《勇立潮头，推进全媒体时代"融合"》，载《人民日报》2019 年 1 月 28 日第 5 版。

87. 李华伟：《文化和旅游融合的国际经验启示》，载《洛阳师范学院学报》2019 年第 7 期。

88. 李洁：《数字鸿沟背景下中国"智慧医疗"的发展》，载《电子政务》2018 年第 2 期。

89. 李蕾、刘荣增：《产业融合与制造业高质量发展：基于协同创新的中介效应》，载《经济经纬》2022 年第 2 期。

90. 李亮、刘洋、冯永春：《管理案例研究：方法与应用》，北京大学出版社 2020 年版。

91. 李美云：《国外产业融合研究新进展》，载《外国经济与管理》2005 年第 12 期。

92. 李敏、姚顺波：《村级治理能力对农民收入的影响机制分析》，载《农业技术经济》2020 年第 9 期。

93. 李乾：《国外支持农村一二三产业融合发展的政策启示》，载《当代经济管理》2017 年第 6 期。

94. 李青、韩永辉、张双钰：《德国政府经济角色转变的表现特征、动因分析和对中德关系的影响——以〈德国工业战略 2030〉为线索》，载《东方论坛》2022 年第 3 期。

95. 李仁涵：《德国人工智能战略解读》，载《中国工业和信息化》2019 年第 4 期。

96. 李万超、李诚鑫、姜明奇：《中美欧日脱碳：路径与政策比较》，载《北方金融》2022 年第 3 期。

97. 李巍、王丽：《拜登政府"供应链韧性"战略探析》，载《当代美国评论》2022 年第 2 期。

98. 李晓华：《产业链韧性的支撑基础：基于产业根植性的视角》，载《甘肃社会科学》2022 年第 6 期。

99. 李晓华：《服务型制造：先进制造业与现代服务业深度融合的新业

态》，载《经济日报》2019年6月4日。

100. 李晓华、刘峰：《产业生态系统与战略性新兴产业发展》，载《中国工业经济》2013年第3期。

101. 李晓龙、冉光和：《农村产业融合发展如何影响城乡收入差距——基于农村经济增长与城镇化的双重视角》，载《农业技术经济》2019年第8期。

102. 李行健等：《现代汉语规范词典》，外语教学与研究出版社、语文出版社2004年版。

103. 李艳：《金融支持科技创新的国际经验与政策建议》，载《西南金融》2017年第4期。

104. 李勇坚：《个人数据权利体系的理论建构》，载《中国社会科学院研究生院学报》2019年第5期。

105. 李勇坚：《数据要素的经济学含义及相关政策建议》，载《江西社会科学》2022年第3期。

106. 李勇坚、刘奕：《全球数字经济平台反垄断：现状、趋势及启示》，载《全球化》2022年第2期。

107. 李勇坚、夏杰长：《数字经济背景下超级平台双轮垄断的潜在风险与防范策略》，载《改革》2020年第8期。

108. 李宇、杨敬：《创新型农业产业价值链整合模式研究——产业融合视角的案例分析》，载《中国软科学》2017年第3期。

109. 李载驰、吕铁：《数字化转型．文献述评与研究展望》，载《学习与探索》2021年第12期。

110. 李子文：《发达国家推动制造业和服务业融合发展的政策实践及启示》，载《中国经贸导刊》2020年第18期。

111. 厉无畏：《产业融合与产业创新》，载《上海管理科学》2002年第4期。

112. 厉无畏、王慧敏：《产业发展的趋势研判与理性思考》，载《中国工业经济》2002年第4期。

113. 厉以宁、朱善利、罗来军：《低碳发展作为宏观经济目标的理论探讨——基于中国情形》，载《管理世界》2017年第6期。

114. 联合国环境规划署：《2020年排放差距报告》2020年版。

115. 梁爱云：《产业融合进程中的政府规制分析》，载《科技与经济》2015 年第 4 期。

116. 林光彬：《等级制度、市场经济与城乡收入差距扩大》，载《管理世界》2004 年第 4 期。

117. 林强、马嘉昕、陈亮君等：《考虑成本信息不对称的生鲜电商销售模式选择研究》，载《中国管理科学》2023 年第 6 期。

118. 林雪萍：《灰度创新》，电子工业出版社 2020 年版。

119. 刘光友：《日本企业的"中国＋1"海外直接投资战略探析》，载《现代日本经济》2016 年第 6 期。

120. 刘仁厚、王革、黄宁：《中国科技创新支撑碳达峰、碳中和的路径研究》，载《广西社会科学》2021 年第 8 期。

121. 刘旭、王学嵩：《用"模块化思维"考虑生产方式的变革》，载《合肥工业大学学报（社会科学版）》2002 年第 5 期。

122. 刘彦平：《城市韧性与城市品牌测评——基于中国城市的实证研究》，中国社会科学出版社 2021 年版。

123. 刘意、谢康、邓弘林：《数据驱动的产品研发转型：组织惯例适应性变革视角的案例研究》，载《管理世界》2020 年第 3 期。

124. 刘英恒太、杨丽娜、刘凤：《我国数字经济发展的结构分解、经济联系与产业融合》，载《统计与决策》2022 年第 6 期。

125. 刘悦欣、夏杰长：《数据资产价值创造、估值挑战与应对策略》，载《江西社会科学》2022 年第 3 期。

126. 卢东斌：《产业融合：提升传统产业的有效途径》，载《经济工作导刊》2001 年第 6 期。

127. 卢现祥：《新制度经济学：第 2 版》，武汉大学出版社 2011 年版。

128. 芦凤英、庞智强：《中国与世界主要国家间碳排放转移的实证分析》，载《统计与决策》2021 年第 3 期。

129. 陆铭、陈钊：《城市化、城市倾向的经济政策与城乡收入差距》，载《经济研究》2004 年第 6 期。

130. 陆娅楠：《推动平台经济规范健康持续发展》，载《人民日报》2022 年 1 月 21 日第 7 版。

131. 吕铁、李载驰：《数字技术赋能制造业高质量发展——基于价值创造和价值获取的视角》，载《学术月刊》2021年第4期。

132. 栾庆伟：《评价企业竞争优势的价值链分析法》，载《中国软科学》1997年第12期。

133. 罗必良：《小农经营、功能转换与策略选择——兼论小农户与现代农业融合发展的"第三条道路"》，载《农业经济问题》2020年第1期。

134. ［美］罗伯特·K.殷：《案例研究：设计与方法》，周海涛、史少杰译，重庆大学出版社2017年版。

135. ［美］罗纳德·H.科斯等：《财产权利与制度变迁：产权学派与新制度学派译文集》，刘守英等译，上海三联书店、上海人民出版社1994年版。

136. 罗廷锦、茶洪旺：《"数字鸿沟"与反贫困研究——基于全国31个省市面板数据的实证分析》，载《经济问题探索》2018年第2期。

137. 马大明：《中央企业"十四五"期间进一步加强产业技术创新战略联盟建设的研究》，载《国有资产管理》2021年第6期。

138. 马健：《产业融合理论研究评述》，载《经济学动态》2002年第5期。

139. 马健：《产业融合论》，南京大学出版社2006年版。

140. 马晓澄：《解码硅谷》，机械工业出版社2019年版。

141. ［美］迈克尔·波特：《国家竞争优势》，李明轩、邱如美译，华夏出版社2002年版。

142. 曼瑟尔·奥尔森：《集体行动的逻辑》，陈郁、郭宇峰、李崇新译，上海人民出版社、上海三联书店1996年版。

143. 美国总统科技顾问委员会（PCAST）：《维护国家的创新生态系统：保持美国科学和工程能力之实力的报告》2004年6月。

144. 苗雁：《中消协点名东方甄选：暴露品控短板，破圈和升级须仰仗最扎实的营销内功》，央广网，2022年7月11日。

145. 聂子龙、李浩：《产业融合中的企业战略思考》，载《软科学》2003年第2期。

146. 欧阳日辉、杜青青：《数据要素定价机制研究进展》，载《经济学动态》2022年第2期。

147. 潘家华、庄贵阳、郑艳等：《低碳经济的概念辨析及核心要素分析》，载《国际经济评论》2010 年第 4 期。

148. 彭苏萍等：《绿色低碳产业发展战略研究（2035）》，科学出版社 2021 年版。

149. 朴秋臻、曾邵璠：《日本电子产业服务化对我国的启示》，载《财金观察》2020 年第 1 辑。

150. 戚聿东、刘欢欢：《数字经济下数据的生产要素属性及其市场化配置机制研究》，载《经济纵横》2020 年第 11 期。

151. 戚聿东、肖旭：《数字经济概论》，中国人民大学出版社 2022 年版。

152. 戚聿东、肖旭：《数字经济时代的企业管理变革》，载《管理世界》2020 年第 6 期。

153. 乔金亮：《农业产业化联合体什么样》，载《经济日报》2017 年 11 月 20 日第 7 版。

154. ［日］青木昌彦、安藤晴彦：《模块时代——新产业结构的本质》，周国荣译，上海远东出版社 2003 年版。

155. 任晓刚：《数字经济是实现经济高质量发展的关键》，载《科技智囊》2022 年第 6 期。

156. 茹蕾、杨光：《日本乡村振兴战略借鉴及政策建议》，载《世界农业》2019 年第 3 期。

157. 单元媛、赵玉林：《国外产业融合若干理论问题研究进展》，载《经济评论》2012 年第 5 期。

158. 商务部：《抵御风险，行稳致远，中国纺织服装出口再创佳绩——2020 年中国纺织品服装贸易概况》，2021 年 2 月 24 日。

159. 邵培仁、张健康：《关于跨越中国数字鸿沟的思考与对策》，载《浙江大学学报（人文社会科学版）》2003 年第 1 期。

160. 沈桂龙：《产业融合及其对产业组织的影响》，载《上海经济研究》2008 年第 8 期。

161. 盛朝迅：《着力提升产业链供应链韧性和安全水平》，载《大众日报》，2023 年 2 月 7 日。

162. 盛昭瀚、王海燕、胡志华：《供应链韧性：适应复杂性——基于复杂系统管理视角》，载《中国管理科学》2022 年第 11 期。

163. 石娟、刘珍：《国外产业技术创新战略联盟发展比较分析》，载《理论与改革》2015 年第 2 期。

164. 石敏俊、夏梦寒、张红霞：《制造业服务化对制造业劳动生产率的影响》，载《社会科学战线》2020 年第 11 期。

165. 时希杰：《节能降碳服务业潜力巨大》，载《经济日报》2023 年 3 月 7 日。

166. 史沛然：《"韧性供应链"战略与中国在全球价值链中的角色再定位》，载《太平洋学报》2022 年第 9 期。

167. ［冰岛］思拉恩·埃格特森：《新制度经济学》，吴经邦等译，商务印书馆 1996 年版。

168. 宋微、史琳、杨婧：《2019—2020 年韩国政府研发投资方向及战略》，载《全球科技经济瞭望》2019 年第 10 期。

169. 宋雅静：《31 省区市 2020 年外贸规模排行榜出炉》，载《经济日报》2021 年 1 月 27 日。

170. 宋怡茹、魏龙、潘安：《价值链重构与核心价值区转移研究——产业融合方式与效果的比较》，载《科学学研究》2017 年第 8 期。

171. 苏楠：《美国如何通过创新保持先进制造全球领先地位》，载《科技中国》2020 年第 1 期。

172. 苏毅清、游玉婷、王志刚：《农村一二三产业融合发展：理论探讨、现状分析与对策建议》，载《中国软科学》2016 年第 8 期。

173. 孙晋：《数字平台的反垄断监管》，载《中国社会科学》2021 年第 5 期。

174. 孙林岩：《服务型制造：理论与实践》，清华大学出版社 2009 年版。

175. 孙谦：《两业融合"浙"七点启示》，载《信息化建设》2021 年第 8 期。

176. 太玲娟、李林红：《农产品销售市场信息不对称与应对策略分析》，载《吉首大学学报（社会科学版）》2017 年第 S2 期。

177. 汤潇：《数字经济——影响未来的新技术、新模式、新产业》，人民邮电出版社 2019 年版。

178. 唐德淼：《科业变革和互联网渗透下的产业融合》，载《科研管理》

2015 年第 S1 期。

179. 唐昭霞、朱家德：《产业融合对产业结构演进的影响分析》，载《理论与改革》2008 年第 1 期。

180. 陶长琪、周璇：《产业融合下的产业结构优化升级效应分析——基于信息产业与制造业耦联的实证研究》，载《产业经济研究》2015 年第 3 期。

181. 陶良虎：《低碳产业》，人民出版社 2016 年版。

182. 腾讯研究院、中国人民大学统计学院：《国家数字竞争力指数研究报告（2019）》，腾讯研究院网站，2019 年 6 月 15 日。

183. 田刚元、陈富良：《经济全球化中的数字鸿沟治理：形成逻辑、现实困境与中国路径》，载《理论月刊》2022 年第 2 期。

184. 田梦迪：《特色＋品控成就高分直播——农产品直播带货新模式新路径》，中国妇女网。

185. 田真平、谢印成：《创新驱动下我国农村产业融合演进机理研究》，载《长白学刊》2020 年第 3 期。

186. 涂圣伟：《"十四五"时期畅通城乡经济循环的动力机制与实现路径》，载《改革》2021 年第 10 期。

187. 涂圣伟：《推进农村产业融合发展要有更多历史耐心》，载《中国发展观察》2016 年第 19 期。

188. ［美］托马斯·西贝尔：《认识数字化转型》，毕崇毅译，机械工业出版社 2021 年版。

189. 汪小平：《中国农业劳动生产率增长的特点与路径分析》，载《数量经济技术经济研究》2007 年第 4 期。

190. 王丹：《产业融合背景下的企业并购研究》，博士学位论文，上海社会科学院，2008 年。

191. 王海燕、蔡欣然、宁升：《农村电商平台交易信息不对称困境及规避对策研究》，载《情报科学》2020 年第 11 期。

192. 王华、钱东方、江涛：《农业生产托管服务的亳州实践》，载《农业经营管理》2020 年第 8 期。

193. 王佳元：《数字经济赋能产业深度融合发展：作用机制、问题挑战及政策建议》，载《宏观经济研究》2022 年第 5 期。

194. 王佳元：《先进制造业和现代服务业深度融合的制度障碍与政策建议》，载《全球化》2019 年第 11 期。

195. 王建冬、于施洋、黄倩倩：《数据要素基础理论与制度体系总体设计探究》，载《电子政务》2022 年第 2 期。

196. 王江：《论碳达峰碳中和行动的法制框架》，载《东方法学》2021 年第 5 期。

197. 王静：《嵌入全球价值链的产业链供应链可持续发展研究》，载《社会科学》2021 年第 7 期。

198. 王岚、莫凡：《制造业服务化转型模式研究——以海尔集团为例》，载《现代管理科学》2017 年第 4 期。

199. 王丽娜、张超、朱卫东：《互联网时代制造业服务化价值共创模式研究——基于海尔的服务化转型实践》，载《企业经济》2019 年第 8 期。

200. 王茅：《提高产业链供应链的韧性与稳定性》，载《清华金融评论》2022 年第 10 期。

201. 王明利：《改革开放四十年我国畜牧业发展：成就、经验及未来趋势》，载《农业经济问题》2018 年第 8 期。

202. 王茜：《逆全球化趋势下维护我国制造业产业链供应链安全稳定的政策建议》，载《智慧中国》2022 年第 5 期。

203. 王艳、缪飞：《基于产业融合论的企业商业模式创新驱动机制研究》，载《改革与战略》2012 年第 2 期。

204. 王玉柱：《数字经济重塑全球经济格局——政策竞赛和规模经济驱动下的分化与整合》，载《国际展望》2018 年第 4 期。

205. 王振：《全球数字经济竞争力发展报告（2017）》，社会科学文献出版社 2017 年版。

206. 魏伯勤：《黑龙江克山："仁发模式"走出创新发展之路》，载《黑龙江经济报》2019 年 8 月 22 日。

207. 魏国江：《模块化生产及其对我国经济的二重影响分析》，载《商业研究》2098 年第 5 期。

208. 魏作磊：《加快生产服务业与制造业深度融合推动高质量发展》，载《南方日报》2022 年 12 月 5 日。

209. 温承革、王勇、杨晓燕：《模块化生产网络的组织与自组织特征》，载《生产力研究》2006 年第 11 期。

210. 温倩、郑宝山，王钰等：《石化和化工行业碳达峰、碳中和路径探讨》，载《化学工业》2022 年第 1 期。

211. 文彬、董娟娟：《美国更新国家人工智能研究发展战略计划》，载《保密工作》2019 年第 9 期。

212. 吴福象、马健、程志宏：《产业融合对产业结构升级的效应研究：以上海市为例》，载《华东经济管理》2009 年第 10 期。

213. 吴海英：《全球价值链对国际贸易的风险与挑战》，载《中国海关》2015 年第 3 期。

214. 吴玲、张福磊：《精准扶贫背景下农村数字化贫困及其治理》，载《当代世界社会主义问题》2018 年第 2 期。

215. 吴向明、余红娜、陈春根：《跨学科复合型人才培养模式的比较及其启示》，载《浙江工业大学学报（社会科学版)》2008 年第 4 期。

216. 吴晓青：《协同低碳创新 共谋绿色发展》，载《中国科技产业》2022 年第 9 期。

217. 伍建民：《以转型升级推动科技园区高质量发展——国内外科技园区经验借鉴及启示》，载《开放导报》2022 年第 6 期。

218. 武汉大学国家发展战略研究院课题组：《中国实施绿色低碳转型和实现碳中和目标的路径选择》，载《中国软科学》2022 年第 10 期。

219. ［美］西奥多·W. 舒尔茨：《改造传统农业》，梁小民译，商务印书馆 2006 年版。

220. 习近平：《高举中国特色社会主义伟大旗帜 为全面建设社会主义现代化国家而团结奋斗——在中国共产党第二十次全国代表大会上的报告》，人民出版社 2022 年版。

221. 习近平：《共谋绿色生活，共建美丽家园——在 2019 年中国北京世界园艺博览会开幕式上的讲话》，载《党建》2019 年第 5 期。

222. 《习近平：决胜全面建成小康社会 夺取新时代中国特色社会主义伟大胜利——在中国共产党第十九次全国代表大会上的报告》，中国政府网，2017 年 10 月 27 日。

223. 夏杰长：《以数字经济改造农业产业化服务体系》，载《经济日报》2020 年 7 月 15 日。

224. 夏杰长、肖宇：《以制造业和服务业融合发展壮大实体经济》，载《中国流通经济》2022 年第 3 期。

225. 夏琰、胡左浩：《服务型制造的转型模式》，载《清华管理评论》2014 年第 10 期。

226. 夏宇：《融合产品跨产业竞争福利效应研究》，载《东岳论丛》2020 年第 8 期。

227. 肖红军、阳镇、姜倍宁：《平台型企业发展："十三五"回顾与"十四五"展望》，载《中共中央党校（国家行政学院）学报》2020 年第 6 期。

228. 肖婧文、冯梦黎：《农村产业融合嬗变：利益联结与生产要素的互动和共演》，载《财经科学》2020 年第 9 期。

229. 肖旭、戚聿东：《产业数字化转型的价值维度与理论逻辑》，载《改革》2019 年第 8 期。

230. 熊鸿儒、韩伟：《全球数字经济反垄断的新动向及启示》，载《改革》2022 年第 7 期。

231. 熊丽：《"隐形冠军"何以光彩夺目》，载《经济日报》2021 年 10 月 14 日第 6 版。

232. 熊雪、朱成霞、朱海波：《农产品电商直播中消费者信任的形成机制：中介能力视角》，载《南京农业大学学报（社会科学版）》2021 年第 4 期。

233. 徐建伟：《聚焦短板、突破制约，构筑稳固强大的产业基础能力》，载《中国发展观察》2020 年第 23 期。

234. 徐建伟：《全球产业链分工格局新变化及对我国的影响》，载《宏观经济管理》2022 年第 6 期。

235. 徐建伟：《推进产业深度融合发展 增强装备制造业核心竞争力》，载《宏观经济管理》2019 年第 11 期。

236. 徐建伟：《优化国内产业协作关系是产业链现代化的当务之急》，载《中国经贸导刊》2021 年第 16 期。

237. 许宪春、张钟文、胡亚茹：《数据资产统计与核算问题研究》，载

《管理世界》2022 年第 2 期。

238. 杨丹辉：《全球产业链重构的趋势与关键影响因素》，载《人民论坛·学术前沿》2022 年第 7 版。

239. 杨德才：《新制度经济学：第 2 版》，中国人民大学出版社 2019 年版。

240. 杨梦培、张巍、黄琳：《中小企业数字化转型路径研究》，载《信息技术与标准化》2020 年第 12 期。

241. 杨仁发：《产业融合——中国生产性服务业与制造业竞争力研究》，北京大学出版社 2018 年版。

242. 杨仁发、刘璇：《产业融合对制造业转型升级的影响研究》，载《兰州财经大学学报》2022 年第 1 期。

243. 杨帅：《产业升级的未来方向：定制模式——文献研究的视角》，载《理论导刊》2015 年第 6 期。

244. 杨震宁、杜双、侯一凡：《目标期望与实现匹配效益如何影响联盟稳定——对中国高技术产业联盟的考察》，载《管理世界》2022 年第 12 期。

245. 姚永龙：《小农户生产与农业现代化发展：日本现代农业政策的演变与启示》，载《经济社会体制比较》2020 年第 1 期。

246. 叶玉瑶、张虹鸥、王洋等：《中国外向型经济区制造业空间重构的理论基础与科学议题》，载《世界地理研究》2021 年第 2 期。

247. 易醇、张爱民：《城乡一体化背景下的城乡产业融合协同发展模式研究》，载《软科学》2018 年第 4 期。

248. 尹莉、臧旭恒：《产业融合：基于消费需求升级的视角分析》，载《东岳论丛》2009 年第 9 期。

249. 于成丽、胡万里、刘阳：《美国发布新版〈国家人工智能研究与发展战略计划〉》，载《保密科学技术》2019 年第 9 期。

250. 于刃刚、李玉红：《产业融合对产业组织政策的影响》，载《财贸经济》2004 年第 10 期。

251. 于施洋、王建冬、郭巧敏：《我国构建数据新型要素市场体系面临的挑战与对策》，载《电子政务》2020 年第 3 期。

252. 于雯杰：《德国产业政策的路径变迁与启示——基于〈国家工业战

略 2030〉的分析》，载《财政科学》2021 年第 7 期。

253. 于洋、杨明月、肖宇：《生产性服务业与制造业融合发展：沿革、趋势与国际比较》，载《国际贸易》2021 年第 1 期。

254. 余东华：《产业融合与产业组织结构优化》，载《天津社会科学》2005 年第 3 期。

255. 余东华、芮明杰：《模块化、企业价值网络与企业边界变动》，载《中国工业经济》2005 年第 10 期。

256. 余壮雄、陈婕、董洁妙：《通往低碳经济之路：产业规划的视角》，载《经济研究》2020 年第 5 期。

257. 袁浩瀚、魏君英、何蒲明：《乡村振兴战略背景下农业生产性服务业发展现状、困境与对策研究》，载《湖北社会科学》2021 年第 4 期。

258. 苑鹏、丁忠兵：《小农户与现代农业发展的衔接模式：重庆梁平例证》，载《改革》2018 年第 6 期。

259. 张朝辉、郭凯、王锦潇等：《社会化媒体环境中企业与顾客的价值共创链研究——以美国企业 Local Motors 为例》，载《创新科技》2017 年第 6 期。

260. 张春辉、陈继祥：《渐进性创新或颠覆性创新：创新模式选择研究综述》，载《研究与发展管理》2011 年第 3 期。

261. 张弘、陈胜棋：《数字化下零售业与制造业融合发展的内涵与路径》，载《商业经济研究》2020 年第 8 期。

262. 张华桥：《打造深莞"两业融合"引领示范平台》，载《东莞日报》2021 年 10 月 18 日 A05 版。

263. 张继良、杨仁发：《论新型工业化进程中的产业融合》，载《学术月刊》2008 年第 6 期。

264. 张磊：《产业融合与互联网管制》，上海财经大学出版社 2001 年版。

265. 张明斗、代洋洋：《"两业"融合发展对区域经济韧性的影响研究——基于先进制造业与现代服务业融合视角》，载《华东经济管理》2023 年第 1 期。

266. 张茉楠：《全球贸易秩序是否将被重构》，载《经济参考报》2020 年 5 月 25 日。

267. 张骞、李瑾、康晓洁：《农业产业融合发展的国际经验与启示》，载《安徽农业科学》2021 年第 11 期。

268. 张瑞娟、宦梅丽：《农业生产托管：模式、成效及启示——来自黑龙江省兰西县的经验》，载《重庆社会科学》2020 年第 10 期。

269. 张生春：《积极推进工业领域碳减排》，载《中国发展观察》2021 年第 21 期。

270. 张腾、王迎军：《迭代式创新的研究与实践发展》，载《现代管理科学》2016 年第 10 期。

271. 张婷、秋平：《中国卡脖子技术之二——工业软件：堵点与出路》，中国科技投资公众号。

272. 张昕蔚、刘刚：《人工智能与传统产业融合创新机制研究——基于对中国智能安防产业创新网络的分析》，载《科学学研究》2022 年第 6 期。

273. 张义博：《现代服务业与制造业、农业融合发展的国际经验及启示》，载《江淮论坛》2022 年第 4 期。

274. 张熠涵：《全球价值链重构与跨国企业高质量发展》，载《中国国情国力》2020 年第 2 期。

275. 张永强、蒲晨曦、张晓飞等：《供给侧改革背景下推进中国农村一二三产业融合发展——基于日本"六次产业化"发展经验》，载《世界农业》2017 年第 5 期。

276. 张余：《数字经济促进产业融合的机理研究》，载《农村经济与科技》2020 年第 18 期。

277. 张玉来：《日本制造业新特征及其转型之痛》，载《现代日本经济》2018 年第 4 期。

278. 张玉利、尚妤、田莉：《制造业服务化升级的战略路径——以三一重工集团为例》，载《清华管理评论》2022 年第 4 期。

279. 赵嫚、王如忠：《中国文化产业和旅游产业融合发展动力机制与发展评价》，载《生态经济》2022 年第 2 期。

280. 赵霞、蒋利娜：《荷兰发展现代化农业对促进中国农村一二三产业融合的启示》，载《世界农业》2016 年第 11 期。

281. 赵玉林、裴承晨：《技术创新、产业融合与制造业转型升级》，载

《科技进步与对策》2019年第11期。

282. 郑江淮、陈英武、张明等：《建设我国韧性供给体系需把握好几个关键点》，载《中国经济评论》2022年第5期。

283. 郑明高：《产业融合：产业经济发展的新趋势》，中国经济出版社2011年版。

284. 植草益：《信息通讯业的产业融合》，载《中国工业经济》2001年第2期。

285. 中共中央宣传部、国家发展和改革委员会：《习近平经济思想学习纲要》，人民出版社、学习出版社2022年版。

286. 中国工程院：《坚定不移建设制造强国推动制造业高质量发展——制造强国战略研究（三期）综合报告》2019年1月。

287. 中国科学院科技战略咨询研究院：《2021技术聚焦》，中国科学院科技战略咨询研究院2021年版。

288. 中国科学院可持续发展战略研究组：《2009年中国可持续发展战略报告——探索中国特色低碳道路》，科学出版社2009年版。

289. 中国信息通信研究院：《数字经济概论：理论、实践与战略》，人民邮电出版社2022年版。

290. 中国信息通信研究院：《中国数字经济发展白皮书（2020）》，中国信息通信研究院2020年版。

291. 中国信息通信研究院：《中国数字经济发展白皮书（2021）》，中国信息通信研究院2021年版。

292. 中国信息通信研究院：《中国数字经济发展报告（2022）》，中国信息通信研究院2022年版。

293. 中国信息通信研究院：《中国数字经济发展研究报告（2023）》，中国信息通信研究院2023年版。

294. 周宏春：《碳金融发展的理论框架设计及其应用探究》，载《金融理论探索》2022年第1期。

295. 周慧珺、邹文博：《数字化转型背景下数字鸿沟的现状、影响与应对策略》，载《当代经济管理》2023年第3期。

296. 周茜：《中国先进制造业与生产性服务业的融合发展》，载《江苏社会科学》2022年第6期。

297. 周文泳:《低碳背景下制造业商业模式创新策略研究》,载《管理评论建设》2012年第11期。

298. 周武英:《美国商品贸易逆差创十年新高》,载《经济参考报》2019年3月8日第6版。

299. 周振华:《产业融合:产业发展及经济增长的新动力》,载《中国工业经济》2003年第4期。

300. 周振华:《产业融合中的市场结构及其行为方式分析》,载《中国工业经济》2004年第2期。

301. 朱森第:《第三次工业革命、先进制造业、热处理技术》,载《金属热处理》2014年第1期。

302. 朱文博、陈永福、司伟:《基于农业及其关联产业演变规律的乡村振兴与农村一二三产业融合发展路径探讨》,载《经济问题探索》2018年第8期。

303. 朱晓红:《迭代过程中的企业——用户互动形成和演化机制研究》,博士学位论文,南开大学,2015年。

304. 朱晓红、陈寒松、张腾:《知识经济背景下平台型企业构建过程中的迭代创新模式——基于动态能力视角的双案例研究》,载《管理世界》2019年第3期。

305. 朱宗尧:《政务图谱:框架逻辑及其理论阐释——基于上海"一网通办"的实践》,载《电子政务》2021年第4期。

306. 祝捷、黄佩佩、蔡雪雄:《法国、日本农村产业融合发展的启示与借鉴》,载《世界亚太经济》2017年第5期。

307. Abbott B, Lipsky and Sidak G J, "Essential Facilities", *Stanford Law Review*, Vol. 51, No. 5, 1999, pp. 1187 – 1248.

308. Abrahamson Z, "Essential data", *The yale law journal*, Vol. 124, No. 3, 2014, pp. 867 – 881.

309. Ahamed Z, Inohara Tand Kamoshida A, "The servitization of manufacturing: An empirical case study of IBM corporation", *International Journal of Business Administration*, Vol. 4, No. 2, 2013, pp. 18 – 26.

310. Alexandre de Streel, "Essential Facilities Doctrine in the data – driven economy", University of Namur/Namur Digital Institute, and CERRE, FSR and FCP Annual Scientific Seminar Florence, 2018.

311. Alfonso G and Salvatore T, "Does technological convergence imply convergence in markets? Evidence from the electronics industry", *Research Policy*, Vol. 27, 1998, pp. 445 – 463.

312. Argenton C and Prüfer J, "Search engine competition with network externalities", *Journal of Competition Law and Economics*, Vol. 8, No. 1, 2012, pp. 73 – 105.

313. Avi G and Tucker Catherine E, "Digital Economics", *Journal of Economic Literature*, Vol. 57, No. 1, 2017, pp. 3 – 43.

314. Bhattacharyya S C and Ussanarassamee A, "Decomposition of energy and CO_2 intensities of Thai industry between 1981 and 2000", *Energy Economics*, Vol. 26, 2004, pp. 765 – 781.

315. Blackman C R, "Convergence between telecommunications and other media: How should regulation adapt?", *Telecommunications Policy*, Vol. 22, No. 3, 1998, pp. 163 – 170.

316. BMEL, "Federal Rural Development Scheme – Contents and Objectives", (2022 – 09 – 09) [2023 – 06 – 01]. https://www.bmel.de/EN/topics/rural – regions/rural – development – support/federal – rural – development – scheme. html.

317. BMEL, "Land. Digital: Funding for 61 innovative projects", (2023 – 02 – 13) [2023 – 06 – 01]. https://www.bmel.de/EN/topics/rural – regions/digitalisation – rural – areas/land – digital. html.

318. BMEL, "More than 50 million euros for digital trial fields in the agricultural sector", (2021 – 12 – 07) [2023 – 06 – 01]. https://www.bmel.de/EN/topics/digitalisation/digital – trial – fields. html.

319. BMEL, "Universal broadband coverage – also in rural areas" (2019 – 11 – 25) [2023 – 06 – 01]. https://www.bmel.de/EN/topics/rural – regions/digitalisation – rural – areas/broadband – strategy. html.

320. Brett F and Spencer W, "Revitalizing Essential Facilities", *Antitrust Law*

Journal, Vol. 75, No. 1, 2008, pp. 1 – 65.

321. Bruc, "E Data as an essential facility in European law: how to define the 'target' market and divert the data pipeline?", *European Competition Journal*, Vol. 15, No. 2 – 3, 2019, pp. 177 – 224.

322. Bröring S and Leker J. "Industry convergence and its implications for the front end of innovation: a problem of absorptive capacity", *Creativity and innovation management*, Vol. 16, No. 2, 2007, pp. 165 – 175.

323. Chesbrough H and Rosenbloom S, "The role of the business model in capturing value from innovation: Evidence from xerox corporation's technology spin – off companies" *Industrial and Corporate Change*, Vol. 11, No. 3, pp. 529 – 555.

324. Chesbrough H, "Business model innovation: It's not just about technology anymore", *Strategy and Leadership*, Vol. 35, No. 6, 2007, pp. 12 – 17.

325. Christensen C, "Rosenbloom R. Explains the auacker's advantage: Technological paradigms, organizational dynamics, and the value network", *Research Policy*, Vol. 24, 1997, pp. 223 – 257.

326. Clark C. *The conditions of economic progress*. London: Macmillan, 1940.

327. Clark J and Doussard M, "Devolution, disinvestment and uneven development: US industrial policy and evolution of the national network for manufacturing innovation" *Cambridge Journal of Regions, Economy and Society*, Vol. 12, No. 2, 2019, pp. 251 – 270.

328. Coase R H. "The nature of the firm". *Economica*, 1937, 4 (16), pp. 386 – 405.

329. Colangelo G and Maggiolino M, "Big Data as a Misleading Facility", *European Competition Journal*, Vol. 13, No. 2, 2017, pp. 249 – 281.

330. Curran C S, BroRing S and Leker J, "Anticipating converging industries using publicly available data", *Technological Forecasting & Social Change*, Vol. 77, No. 3, 2010, pp. 385 – 395.

331. David Pearce, Anil Markandya and Ed. B. Barbier, *Blueprint for a Green Economy*, London: Earthscan Publications, 1989.

332. Department of Trade and Industry (DTI). *ENERGY WHITE PAPER: Our*

Energy Future – creating a Low Carbon Economy, London: DTI, 2003.

333. Diakoulaki D and Mandaraka M, "Decomposition analysis for assessing the progress in decoupling industrial growth from CO_2 emissions in the EU manufacturing sector", *Energy Economics*, Vol. 29, 2007, pp. 636 – 664.

334. Eric a. Posner & e. Glen weyl, *Radical markets: Uprooting capitalism and democracy for a just society*, Princeton University Press, 2018.

335. European commission, "Industry 5.0 Towards a sustainable, human – centric, and resilient European industry", 2021, http: //www. innovation4. cn/ library/r52695.

336. EUROPEAN COMMISSION, 2021. Industry 5.0 Towards a sustainable, human – centric, and resilient European industry [EB/OL]. http: //www. innovation4. cn/library/r52695.

337. Fitzgerald G, Wankerl A and Schramm C J, *Inside Real Innovation: How the Right Approach Can Move Ideas from R&D to Market – And Get the Economy Moving*, World Scientific Publishing Co. Pte. Ltd. , 2011.

338. Frank A G, Mendes G H S, Ayala N F, et al. , "Servitization and Industry 4.0 convergence in the digital transformation of product firms: A business model innovation perspective", *Technological Forecasting and Social Change*, Vol. 141, 2019, pp. 341 – 351.

339. Gaines and Brian R, "The learning curves underlying convergence", *Technological Forecasting and Social Change*, No. 57, 1998, pp. 7 – 34.

340. Geradin D, "Regulatory issues raised by network convergence: The case of multi – utilities", *Journal of Network Industries*, No. 2, 2001, pp. 113 – 126.

341. Gilbert, Miller H and Mork P, "From data to decesions: a value chain for Big Data", *IT Professional*, No. 1, 2013, pp. 57 – 59.

342. Graef I, EU Competition Law, Data Protection and Online Platforms Data as Essential Facility, Ph. D. Kluwer Law International, 2016.

343. Graef I, "Rethinking the Essential Facilities Doctrine for the EU Digital Economy", *RJT ns*, Vol. 53, 2019, p. 33.

344. Greenstein S and Khanna T, "What does industry convergence mean",

Competing in the Age of Digital Convergence, 1997, pp. 201 – 226.

345. Guo W and Yao K, "Supply chain governance of agricultural products under big data platform based on blockchain technology", *Scientific Programming*, 2022, pp. 1 – 16.

346. Hacklin F, *Management of convergence in innovation: strategies and capabilities for value creation beyond blurring industry boundaries*, Springer Science & Business Media, 2007.

347. Hacklin F, Marxt C and Fahrni F, "An evolutionary perspective on convergence: Inducing a stage model of inter – industry innovation", *International Journal of Technology Management*, 2010, p. 49 (1/2/3).

348. Hacklin F, Marxt C and Fahrni F, "Coevolutionary cycles of convergence: An extrapolation from the ICT industry", *Technological Forecasting and Social Change*, Vol. 76, No. 6, 2009, pp. 723 – 736.

349. Hacklin F, Raurich V and Marxt C, "Implications of technological convergence on innovation trajectories: The case of ICT industry", *International Journal of Innovation and Technology Management*, Vol. 2, 2005, pp. 313 – 330.

350. Heo P S and Lee D H, "Evolution patterns and network structural characteristics of industry convergence" *Structural Change and Economic Dynamics*, Vol. 51, 2019, pp. 405 – 426.

351. Hurwitz J G, "Digital Duty to Deal, Data Portability, and Interoperability", *The Global Antitrust Institute Report on the Digital Economy*, 2020, p. 28.

352. Jacopo Arpetti, "Big Data as an Essential Facility" 2019, https://www.dli.tech.cornell.edu/post/big – data – as – an – essential – facility.

353. James B Ang, "CO_2 emissions, research and technology transfer in China", *Ecological Economics*, Vol. 68, 2009, pp. 258 – 265.

354. Jonas L, "Ubiquitous convergence: Market redefinitions generated by technological change and the industry life cycle", *Paper for the DRUID Academy Winter 2005 Conference*, 2005, pp. 27 – 19.

355. Kim K and Jung J Y, "A typology of industry convergences based on sources for convergence industries and analysis of critical success factors", *Journal*

of Korean Institute of Industrial Engineers, Vol. 39, No. 3, 2013, pp. 204 – 211.

356. Kim N, Lee H, Kim W, et al. , "Dynamic patterns of industry convergence: Evidence from a large amount of unstructured data", *Research Policy*, Vol. 44, No. 9, 2015, pp. 1734 – 1748.

357. Kodama F, "MOT in transition: From technology fusion to technology – service convergence", *Technovation*, Vol. 34, No. 9, 2014, pp. 505 – 512.

358. Lakkakula P, Bullock D W and Wilson W W, "Asymmetric information and blockchains in soybean commodity markets", *Applied Economic Perspectives and Policy*, Vol. 44, No. 1, 2022, pp. 273 – 298.

359. Lambrecht A and Tucker C E, "Can big data protect a firm from competition?", Available at SSRN 2705530, 2017.

360. Lei D T, "Industry evolution and competence development: The imperatives of technological convergence", *International Journal of Technology Management*, No. 19, 2000, pp. 699 – 738.

361. Lerner A V, "The Role of 'Big Data' in Online Platform Competition", Available at SSRN: 2482780, 2014.

362. Loertscher S and Marx L M, "Digital monopolies: Privacy protection or price regulation?", *International Journal of Industrial Organization*, Vol. 71, 2020, pp. 1 – 13.

363. Lundvall B A and Borrfs S, *The Globalizing Learning Economy: Implications for Innovation Policy TSER Programme Report*, DG VIII, Commission of the European Union, 1998.

364. Malhotra A, Firm strategy in converging industries: An investigation of US commercial bank responses to US commercial investment banking convergence. Ph. D. Doctorial thesis of Maryland University, 2001.

365. Modrall J, "Antitrust Risks and Big Data", Available at SSRN 3059598, 2017.

366. Nikolas G, "Essential Platforms", *Yale Law & Economics Research Paper*, No. 24, 2021, pp. 8 – 9.

367. Noori M H, "Developing breakthrough products: challenges and options

for market assessment", *Journal of Operations Management*, 1999.

368. NTIA, "Falling through the Net: Defining the Digital Divide: A Report on the Telecommunications and Information Technology Gap in America" (1999 – 07 – 06) [2021 – 03 – 25]. http://www. columbia. edu/itc/polisci/W3923/digital_divide. pdf.

369. NTIA, "Falling Through the Net: Toward Digital Inclusion" (2000 – 10 – 16) [2021 – 03 – 25]. https://www. ntia. gov/sites/default/files/publications/fttn00_0. pdf.

370. OECD, Data – Driven Innovation. Big Data for Growth and Well – Being, 2015.

371. Ono Y, Aoki S, Ohnishi K, et al., "Increased serum levels of advanced glycation end – products and diabetic complications", *Diabetes Research and Clinical Practice*, Vol. 41, No. 2, 1998, pp. 131 – 137.

372. Pao H T and Tsai C M, "Multivariate Granger causality between CO_2 emissions, energy consumption, FDI and GDP: Evidence from a panel of BRIC countries", *Energy*, Vol. 36, 2011, pp. 685 – 693.

373. Patterson D, Pitofsky R and Hooks J, "The Essential Facilities Doctrine Under United States Antitrust Law", *Antitrust Law Journal*, Vol. 70, No. 2, 2002, pp. 443 – 462.

374. Pennings J M and Puranam P, "Market convergence & firm strategy: new directions for theory and research", ECIS Conference, The Future of Innovation Studies, Eindhoven, Netherlands, 2001, p. 20.

375. Petrov S, "Big Data in the Context of the Essential Facilities Doctrine", BASIQ International Conference on New Trends in Sustainable Business and Consumption. Foggia, 2021, pp. 178 – 183.

376. Phillip A, Herbert H, *Antitrust Law*, Aspen Pub, 2002.

377. Phillip A, "Essential Facilities: An Epithet in Need of Limiting Principles", *Antitrust Law Journal*, Vol. 58, No. 3, 1989, pp. 841 – 853.

378. Porter M E and Heppelmann J E, "How Smart, Connected Products Are Transforming Companies", (2015 – 10 – 31) [2023 – 06 – 11]. https://hbr. org/2015/10/how – smart – connected – products – are – transforming – companies.

379. Poullet Y, Triaille J P, van der Mensbrugghe F, et al. , "Telecommunications law: Convergence between media and telecommunications: Towards a new regulatory framework", *Computer Law & Security Review*, Vol. 11, No. 4, 1995, pp. 174 – 181.

380. Powell T C, "Competitive advantage: logical and philosophical considerations", *Strategic Management Journal*, Vol. 22, No. 9, 2010, pp. 875 – 888.

381. Ries E, *The lean startup: How today's entrepreneurs use continuous innovation to create radically successful businesses*, Crown Currency, 2011.

382. Rubinfeld D L and Gal M S, "Access Barriers to Big Data", *Arizona Law Review*, Vol. 59, 2017, p. 339.

383. Ryan D, "Big Data and the Essential Facilities Doctrine: A Law and Economics Approach to Fostering Competition and Innovation in Creative Industries", *Journal of Law and Jurisprudence*, Vol. 10, No. 1, 2021, pp. 84 – 112.

384. Savona M, "Governance models for redistribution of data value", *VOX, CEPR Policy Portal*, 2020, p. 17.

385. Schrobback P, Zhang A, Loechel B, et al. , "Food Credence Attributes: A Conceptual Framework of Supply Chain Stakeholders, Their Motives, and Mechanisms to Address Information Asymmetry", *Foods*, Vol. 12, No. 3, 2023, p. 538.

386. Shane G, Khanna T and Yoffie D B, *What Does Industry Convergence Mean?* Competing in an Age of Digital Convergence. Harvard Business Press, 1997, pp. 201 – 226.

387. Sheinbaum C, Ruiz B J and Ozawa L, "Energy consumption and related CO_2 emissions in five Latin American countries: Changes from 1990 to 2006 and perspectives" *Energy*, Vol. 36, 2011, pp. 3629 – 3638.

388. Stieglitz N, "Digital Dynamics and Types of Industry Convergence: The Evolution of the Handheld Computers Market", *Social Science Electronic Publishing*, 2007.

389. Stieglitz N, "Theme A Technical change, corporate digital dynamics and types of industry convergence: The evolution of the Handheld Computers Market in the 1990s and Beyond", DRUID Summer Conference on "Industrial Dynamics of the

New and Old Economy – who is embracing whom?", ed. J. F. Christensen and P. Maskell, 2002, pp. 179 – 208.

390. Thorley J, "The Future of Manufacturing: a new era of opportunity and challenge for the UK", *Operations Management*, Vol. 1, No. 2, 2015, pp. 1755 – 1501.

391. Tucker C, "Digital Data, Platforms and the Usual [Antitrust] Suspects: Network Effects, Switching Costs, Essential Facility", *Review of Industrial Organization*, Vol. 54, No. 4, 2019, pp. 683 – 694.

392. Tunturi E, "Big data as an essential facility: justifications for refusal of access", University of Amsterdam, 2019.

393. Wang D, Wang Z, Zhang B, et al., "Vendor – managed inventory supply chain coordination based on commitment – penalty contracts with bilateral asymmetric information", *Enterprise Information Systems*, Vol. 16, No. 3, 2022, pp. 508 – 525.

394. WB, "A Roadmap for Building the Digital Future of Food and Agriculture", (2021 – 03 – 16) [2023 – 06 – 01]. https://www.worldbank.org/en/news/feature/2021/03/16/a – roadmap – for – building – the – digital – future – of – food – and – agriculture.

395. WB, "World Development Report 2016", (2016 – 01 – 08) [2023 – 06 – 01]. https://openknowledge.worldbank.org/bitstream/handle/10986/23347/9781464806711.pdf.

396. Wilder – James E, "Breaking Down Data Silos", (2016 – 12 – 05) [2023 – 06 – 11]. https://hbr.org/2016/12/breaking – down – data – silo.

397. Wirtz B, "Reconfiguration of value chains in converging media and communications markets" *Long Range Planning*, Vol. 34, 2001, pp. 489 – 507.

398. Yoffie B D, "Competing in the age of digital convergence", *California Management Review*, Vol. 38, No. 4, 1996, pp. 31 – 53.

后　记

　　本书依托笔者作为首席专家主持的研究阐释党的十九届五中全会精神的国家社会科学基金重大项目"推动现代服务业同先进制造业、现代农业深度融合研究"（项目批准号：21ZDA027）展开。在该项目的研究过程中，承蒙全国哲学社会科学工作办公室相关领导和中共中央党校科研部提供了大力支持和热心指导。在课题开题论证过程中，时任农业农村部政策改革司司长（现任合作经济指导司司长）赵鲲，国家发展改革委产业发展司副司长、一级巡视员李忠娟，中国社会科学院财经战略研究院副院长、二级研究员夏杰长，中国社会科学院工业经济研究所二级研究员吕铁，以及国务院发展研究中心创新部副部长田杰棠等提供了热心指导。

　　在项目投标和研究过程中，我的老朋友中国社会科学院财经战略研究院副院长夏杰长研究员提供了积极支持，并应邀担任子课题四负责人。国家发展改革委产业经济与技术经济研究所洪群联（研究室主任、研究员）、涂圣伟（研究室主任、研究员）、张义博（研究室副主任、研究员），以及产业所工业研究室原主任、现国家发展改革委国际合作中心副主任付保宗研究员分别担任子课题二、子课题三、子课题一和子课题五的负责人，并积极组织相关子课题的研究工作。我的同事王佳元研究员、北京市科学技术研究院姜惠宸博士（高级经济师职业资格）参与了子课题四的研究组织工作。付保宗研究员荣升国家发展改革委国际合作中心副主任后，工业室新任室主任徐建伟对完成专题五也进行了大量卓有成效的后续工作。在项目投标过程中，浙江外国语学院宋海英教授，以及时任国家发展改革委产业经济与技术经济研究所副研究员、现北京师范大学经济与工商管理学院副教授王海成，共同协助完成了国内外相关研究的学术史综述工作。姜惠宸博士作为主要参与者完成了本项目投标书中子课题四——"推动服务业内部不同行业融合和发展数字经济助推产业融合研究"的内容设计工作。产业所李子文副研究员也为课题调研、本书内容编辑和本项目的组织提供了大量卓有成效的支持。洪群联、李子文和我的博士生李俊茹在项目结题及免予鉴定材料的整理中，协助完成了大量工作。课题组其他成员也积极参与项目研究工作，并提供了不同形式的支持。

对于以上单位、领导，子课题负责人、课题参与者，在此一并表示衷心的感谢！

本书各章作者分别是：第一章，姜长云；第二章，王海成（北京师范大学经济与工商管理学院）、姜长云；第三章，张义博；第四章，魏丽、姜长云；第五章，姜惠宸（北京市科学技术研究院）；第六章，姜长云；第七章，洪群联；第八章，洪群联；第九章，姜长云、蒋安玲（重庆市综合经济研究院）；第十章，李子文；第十一章，涂圣伟；第十二章，姜长云、李俊茹（中国农业大学经济管理学院博士生）、赵炜科（重庆市综合经济研究院）；第十三章，张成鹏、张义博、宋霞（山东农业大学经济管理学院）；第十四章，胡东兰（合肥工业大学经济学院）、夏杰长（中国社会科学院财经战略研究院）；第十五章，王佳元；第十六章，姜惠宸；第十七章，王佳元、张曼茵（国家开放大学终身教育研究院）；第十八章，徐建伟；第十九章，徐建伟、余新创、付保宗（国家发展改革委国际合作中心）；第二十章，洪群联；第二十一章，姜长云；第二十二章，姜长云、李子文、巩慧臻（中国农业大学经济管理学院博士生）。姜长云对全书进行了统稿，洪群联、李子文协助进行了相关统稿工作。未标注单位者，所在单位均为国家发展和改革委员会产业经济与技术经济研究所，也称中国宏观经济研究院产业经济与技术经济研究所。

本项目研究者参与本项目的部分研究成果，与推动现代服务业同先进制造业、现代农业深度融合密切相关，但属于本项目的应用或延伸领域，如关于产业融合服务农业强国的研究。因这方面的内容较多，考虑篇幅限制和研究主题的集中性，均未收入本书。请相关同事、朋友予以理解。

本项目的研究和本书的出版，固然得益于首席专家和课题组成员的努力，也同我所在单位国家发展和改革委员会宏观经济研究院（中国宏观经济研究院）、国家发展和改革委员会产业经济与技术经济研究所良好的科研环境和坚持问题导向的研究风格密切相关。作为在宏观院、产业所工作和成长起来的学者，我也真诚祝愿宏观院、产业所"明天会更好"，宏观院、产业所的同仁们"前景更美好"!

学无止境。作为一名党培养起来的知识分子，应用所学服务社会也无止境。时代的需求、国家的召唤，就是研究者的神圣使命。现代服务业同先进制造业、现代农业的深度融合仍在不断迭代更新。建设现代化产业体系、推动高质量发展，仍亟待关于现代服务业同先进制造业、现代农业深度融合的研究不断深入与创新升级。作为国家社科基金重大项目"推动现代服务业同先进制造业、现代农业深度融合研究"的首席专家，虽然项目研究已经圆满完成，但我仍会持续关注和深化相关问题的研究，并从中体会服务国家、服务社会的乐趣。

推动现代服务业同先进制造业、现代农业深度融合，本就是一个新颖、前沿的研究领域。尽管我与本书作者们为项目研究付出了大量心血与汗水，但本书仍难免有诸多不足，诚盼广大读者和学界同仁批评指正。期待本书的出版能够对深化相关研究和政策创新提供有益参考，为建设现代化产业体系、推动高质量发展作出绵薄贡献。

感谢经济科学出版社副总编辑齐伟娜和责任编辑初少磊主任、赵蕾女士等对本书出版的热心支持，他们对本书的精心编辑加工，特别是对本书章节安排的高质量建议，让本书增色不少。本书责任校对、责任印制认真敬业的工作，也是值得感谢的。

中国宏观经济研究院　姜长云
2025 年 5 月 1 日于国宏大厦

图书在版编目（CIP）数据

推动现代服务业同先进制造业、现代农业深度融合研
究／姜长云等著. -- 北京：经济科学出版社，2025.
5. -- ISBN 978 - 7 - 5218 - 6898 - 2

Ⅰ. F719；F426.4；F323

中国国家版本馆 CIP 数据核字第 20252118K1 号

责任编辑：初少磊　赵　蕾
责任校对：郑淑艳
责任印制：范　艳

推动现代服务业同先进制造业、现代农业深度融合研究
TUIDONG XIANDAI FUWUYE TONG XIANJIN ZHIZAOYE，
XIANDAI NONGYE SHENDU RONGHE YANJIU
姜长云　等著
经济科学出版社出版、发行　新华书店经销
社址：北京市海淀区阜成路甲 28 号　邮编：100142
总编部电话：010 - 88191217　发行部电话：010 - 88191522
网址：www. esp. com. cn
电子邮箱：esp@ esp. com. cn
天猫网店：经济科学出版社旗舰店
网址：http://jjkxcbs. tmall. com
北京季蜂印刷有限公司印装
710×1000　16 开　27.75 印张　440000 字
2025 年 5 月第 1 版　2025 年 5 月第 1 次印刷
ISBN 978 - 7 - 5218 - 6898 - 2　定价：108.00 元
（图书出现印装问题，本社负责调换。电话：010 - 88191545）
（版权所有　侵权必究　打击盗版　举报热线：010 - 88191661
QQ：2242791300　营销中心电话：010 - 88191537
电子邮箱：dbts@ esp. com. cn）